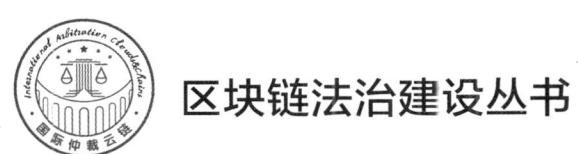 区块链法治建设丛书

云链建设报告

YUNLIAN

JIANSHE BAOGAO

区块链法治建设丛书编写小组◎编

中国政法大学出版社

2023·北京

共识·原创

"国际仲裁云链"是国际商事法律服务的基础设施

本书系教育部人文科学研究项目（22YJC820054）、中国政法大学科研创新项目（21ZFQ82005）阶段性研究成果。

著作参与单位

中国政法大学律师学研究中心

中国政法大学仲裁研究院

淄博仲裁委员会

浙江省杭州市杭州互联网公证处

北京市长安公证处

淄博齐仲民商事调解服务中心

浙江泰杭律师事务所

安泰信用评级有限责任公司

天津金融资产登记结算有限公司

备至企业信用征信（上海）有限公司

北京钛克科技发展有限公司

北京天玮拍卖有限公司

深圳市联本结算登记有限公司

北京备至破产清算服务有限公司

北京市高朋律师事务所

天津四方君汇律师事务所

北京创天律师事务所

北京境雄律师事务所

北京德和衡律师事务所

北京东卫（成都）律师事务所

重庆市两江公证处

中伦律师事务所

山东众成清泰（济南）律师事务所

丝路清算服务（广州）有限公司

广州南北通跨境结算科技有限公司

国际仲裁云链理事会有限公司

编委会主要成员简介

黄　进　湖北利川人，武汉大学法学博士，加拿大蒙特利尔大学名誉博士。中国政法大学全面依法治国研究院教授、仲裁研究院理事会理事长，兼任中国法学会副会长、中国国际法学会会长、中国国际私法研究会会长、中华司法研究会副会长、教育部法学类专业教学指导委员会副主任委员、最高人民法院国际商事专家委员会委员、常设仲裁法院（PCA）仲裁员。中国自己培养的第一位国际私法专业博士学位获得者。1995年被中国法学会评为首届全国一大"杰出青年法学家"，2000年获评宝钢教育奖优秀教师特等奖，2004年入选国家首批"新世纪百千万人才工程国家级人选"，2009年获国家级教学成果一等奖。

王进喜　中国政法大学法学院教授，博士研究生导师，法学博士，中国政法大学法律职业伦理研究所所长，律师学研究中心主任。同时兼任《证据科学》杂志副主编、司法部律师惩戒委员会委员、中国法学会律师法学研究会副会长。王进喜教授是2008年度教育部新世纪人才支持计划入选者，2010年教育部长江学者和创新团队发展计划"证据科学研究与应用"创新团队负责人；澳大利亚新南威尔士大学2009—2012年度客座研究人员，2002—2003年度美国西北大学法学院美国富布莱特项目研修学者，2010年9月—2011年6月美国加州大学戴维斯分校法学院高级访问学者。出版《〈办理死刑案件证据规定〉与〈非法证据排除规定〉的释义和适用》《律师与公证制度》《刑事证人证言论》《美国律师职业行为规则理论与实践》等著作。

姜丽丽　中国政法大学仲裁研究院副院长兼秘书长，研究员。北京大学民商法博士，主要研究领域为仲裁与纠纷解决、商事裁判。曾任职于北京仲裁委员会，担任中国国际经济贸易仲裁委员会等数家仲裁机构仲裁员，仲裁委员会委员、副主任等；并兼任中国国际商会调解中心等调解机构调解员。仲裁与调解实践经验丰富，办理过上千件仲裁案件。主持国务院法制办、司法部、国家体育总局委托的多项重大仲裁课题，部分研究成果被吸收入中央文件；自2015年发起并主持中国首个"仲裁公信力评估"研究项目，创建了仲裁服务评估的指标体系；发起拍摄中国首部仲裁行业大型纪录片《仲裁在中国》，任总策划、总监制、总撰稿。

周　蔚　国际仲裁云链理事会常务副理事长，中国政法大学仲裁研究院研究员、互联网仲裁研究中心主任，法律职业伦理专业硕士生导师，兼任多家仲裁机构委员、

1

仲裁员，以及多家调解机构调解员。中山大学逻辑学博士（法律人工智能方向）
（2013），中国政法大学证据法博士后（2019），美国西北大学法学院访问学者
（2012），美国哥伦比亚大学法学院爱德华兹访问学者（2017），博士后出站留校任教，
主要从事法律职业伦理、证据法、纠纷解决学、法律科技的教学与科研。法律服务与
司法管理的信息化项目经验丰富，主导架构设计了多家仲裁机构、调解机构的核心业
务系统，主持国家重点研发项目子课题、教育部人文社会科学研究项目、中国政法大
学科研创新项目以及多项横向课题，自 2020 年发起并推动"国际仲裁云链"的法治信
息系统建设，并将互联网仲裁、仲裁信息化相关评价指标纳入"仲裁公信力评估"体
系，开拓了区块链法治与多元化纠纷解决机制融合的创新领域。

构建商事纠纷预防与多元化纠纷解决机制

——在国际仲裁云链理事会成立大会暨第一届理事会第一次会议上的致辞

大家上午好！今天我们通过线上线下相结合的方式召开国际仲裁云链理事会的成立大会暨第一届理事会第一次会议。首先我对国际仲裁云链理事会的成立和这次会议的召开表示热烈的祝贺！

我一直很关注"国际仲裁云链"项目，也专门参加了项目交流活动，通过了解，我对这个项目有了一定认识，也非常支持，觉得它很有发展前途。

我本人一直在高校从事国际私法、国际商事争议预防与解决的教学与研究工作。据我所知，中国改革开放40多年以来，经过几代人的不懈努力，我国已经成为世界第一贸易大国，在投资领域位列第二。虽然是贸易大国、投资大国，但不一定是贸易投资强国；要想成为贸易投资强国，不仅要在量上，更重要的是要在质上、在软实力上下功夫，不断地提升。就是要在国际投资贸易领域、在国际商事领域，有影响力、有话语权；要有议题设置能力和设置权；要参与并影响规则的制定，甚至引领规则的制定，如此才能真正成为国际投资贸易的强国。

中共中央二十大报告中提出"要坚持高水平对外开放"，就是要求我国在对外开放的新时代新征程上在注重在"量"的提升的同时，还要不断地提升"质"，真正成为世界商事领域的强国，真正成为投资贸易领域的强国，真正成为具有国际影响力、国际话语权的投资贸易强国。

2018年，中共中央办公厅、国务院办公厅印发了《关于建立"一带一路"国际商事争端解决机制和机构的意见》，这个意见里面特别强调，"依法妥善化解'一带一路'建设过程中产生的商事争端……建立'一带一路'国际商事争端解决机制和机构……推动建立诉讼与调解、仲裁有效衔接的多元化纠纷解决机制……提供优质高效的法律服务"。过去几年来，中国政法大学仲裁研究院一直在按照中央两办的意见开展研究并积极建言献策，先后进行了多项课题研究，包括"区块链证据理论与应用研究"

3

"电子证据存储与司法存证课题研究""一键仲裁技术和电子数据司法存证技术研究"等，为"国际仲裁云链"项目的开展打下了坚实的基础。

"国际仲裁云链"项目是在前期研究的基础上形成的，是利用数字技术发展成果打造出来的，旨在构建商事纠纷预防与多元化纠纷解决机制平台，立志为国内国际商事纠纷的解决提供"中国方案"。该项目将"链上证据，云上解纷"要素很好地整合起来，让商事交易的证据存储在区块链上。在纠纷发生前，针对一些纠纷的苗头、萌芽，随时进行证据调取、进行研判、进行早期干预，以防止纠纷的发生；一旦发生纠纷，又可将这些存储的证据提取出来，为调解所用、为仲裁所用、为公证所用、为诉讼所用、为所有的法律服务所用。

"国际仲裁云链"项目，是以"以终为始，前置治理"为基础的解决方案。不仅能够为国内国际商事主体提供一流的法律服务，而且还能够将更多的中国仲裁机构、调解机构、法律服务机构引入其中，可以把协商、仲裁、调解、诉讼等纠纷解决机制有机衔接融合起来，将其中的典型案例总结出来，与国内国际同行进行交流，增强我国在世界商事共同体，世界法律共同体当中的影响力和话语权。如果此项目获得成功，并被市场高度认可，影响力不断提升，那么，它将发展成为商事法律服务领域重要的"中国声音"。

今天召开的国际仲裁云链理事会成立大会，就是要从体制机制上，为"国际仲裁云链"更好地行稳致远做出适当的安排。"国际仲裁云链"的万里长征已经迈出了重要一步，这还仅仅是个开始。

相信，随着"国际仲裁云链"相关工作的进一步推进，这项探索不仅会在国内商业界、国内法律服务界发生影响力，甚至可以走出国门，在国际商事交往中、在国际商事法律服务中发挥自己应有的作用，成为中国法治建设、商事法律服务领域中一张靓丽的名片。

"国际仲裁云链"项目，是为商事纠纷（争端）的预防进行的有益探索，也是对商事纠纷的解决提供的"中国方案"，更为重要的是，它是对法律服务机构更好地服务于商事活动提供的"中国路径"。

"国际仲裁云链"工作很有价值、很有意义。我对它很有信心。相信线上参会和在座的理事会成员、专家委员会成员之所以愿意参与其中，也是对它充满着信心、充满着期待、充满着对它未来美好的展望。

最后，我再次对国际仲裁云链第一届理事会的成立表示祝贺。对与会的各位理事、各位专家委员会的委员表示诚挚的问候，并致以崇高的敬意！

祝今天的会议圆满成功！谢谢！

国际仲裁云链理事会专家委员会主席　黄进
二〇二二年十月三十一日

中国政法大学仲裁研究院在交叉学科领域的
探索与实践
——在国际仲裁云链理事会成立大会暨第一届理事会
第一次会议上的讲话

以中国政法大学仲裁研究院的研究视角来看，今天的国际仲裁云链已是 3.0 版。

回顾 1.0 版，2015 年至 2016 年，中国政法大学仲裁研究院刚刚成立，重点关注仲裁行业亟需的仲裁信息化建设难题；五年前，仲裁机构的信息化建设进入蓬勃发展时期，在此期间，很多理论与实践中的问题为我们所关注。

我曾就职于北京仲裁委员会，后调到中国政法大学，对仲裁行业信息化建设整体情况有较为深入的理解。通过仲裁研究院和法治信息管理学院在 2017 年成立后的紧密合作，以周蔚老师为代表的仲裁信息化建设团队由此成立。我们发现，单家仲裁机构的信息化建设是非常局限的，其功能和作用已经不能满足现代数字正义解决的需求。因此，我们迅速进入了 2.0 阶段——仲裁云平台建设阶段。

彼时仲裁云平台处于建设阶段，已经拥有了当前"国际仲裁云链"设想的雏形——即强调共建、共商、共享的云平台的在线纠纷解决机制和服务的思路。通过友好地接入用户方、仲裁机构方、仲裁员方，实现不同端口在同一个云平台上相互的作用，同时能够为后起的仲裁机构、或是不需要单独自己建设信息化系统的仲裁机构开放使用。这其中涉及最核心问题就是证据的标准问题。只有全流程实现在线的证据留存，才能让大家放心地在这个云平台上开展争议预防与解决工作，这就是 2.0 阶段。

2.0 时期的标志，是我们在 2019 年 11 月召开的《数字正义论坛》。当时国内外众多机构，包括最高人民法院信息中心的主任徐建锋、司法部及互联网法院的领导、仲裁机构代表、高校代表，包括当时唯一代表我国香港特别行政区、受香港特别行政区政府认可的"一裁"在线争议解决机构代表也参加了此次论坛。但遗憾的是，因为新冠肺炎疫情影响，这样大型的学术研讨会没有再以此种方式延续。

三年来，"仲裁云平台建设"始终将理论与实践相结合，克服种种困难，取得了重大进展，才有了今天"国际仲裁云链"理事会的召开。

三年来，从数字正义角度来看，我们的工作一直在回应当初的三大议题。

第一个议题，数字纠纷之基。数字争议的基础是数字时代纠纷的预防与解决需求。这个需求越来越成为核心的社会治理和全球治理的需求。习近平总书记指出，要把非诉讼纠纷解决机制挺在前面，推动更多法治力量向引导和疏导端用力，也同样是强调纠纷预防的源头治理和纠纷化解的多样治理。

第二个议题，数字正义之路。我们的路径选择是怎样的？无论是 2.0 版，还是 1.0 版，争议解决界（包括仲裁界）的线上争议解决，都是通过线上解决争议，是 Arbitration Online 而不是 Online Arbitration。现在"国际仲裁云链"的发展阶段，就是全球视野之内，已经发展到了 Online Arbitration。既然全球经济的一体化，线上经济、数字经济的发展，已全部是 Online，仲裁服务必然也应当是以 Online 进行。

数字正义之路的实现方式已经越来越清晰地向我们展示：我们必须走 Online 之路。其核心要义就是通过"国际仲裁云链"的线上技术对各方交易流程的全程固化才能够实现。

最后一个议题，数字正义之论。在线争议解决的法理问题探讨。这是未来"国际仲裁云链"也将会面临的问题，是我们的理事会、专家委员会要面对的任务和发展的方向。

回顾过去，我们在"国际仲裁云链"的探索之路上，一步一个脚印，踏实地走好每一步。其中既有中国政法大学各个院系包括王进喜老师、周蔚老师以及仲裁研究院等给予彼此的支撑，也有理论和实务的交融与支持。在此，我对所有参加的机构和专家们表示特别的感谢。

自 20 世纪以来，纠纷界有一个名为 Access To Justice 的主题。在此背景下，包括仲裁在内所有争议的解决方式，无论是 ODR 还是 ADR 均有了飞速的发展和制度建构上的飞跃。进入到 21 世纪，Access to Justice 已经变成了 Access to Digital Justice，我们已经进化到如何接近数字正义的实现。从这个意义上来讲，"国际仲裁云链"所代表的就是这样的方向——即如何实现数字正义的路径选择和方向。在这个方向上，可以实现黄进校长所说的纠纷的预防与解决并重。

黄进老师此前在一次非常重要的会议上提出，当前中国的法学教育要有一个预防法学的概念，要将预防法学与当前的法学教育相结合。

事实上，"国际仲裁云链"恰恰蕴含了纠纷的预防与解决并重的思路。从这个意义上来说，"国际仲裁云链"拓展了我们对传统的纠纷解决，包括传统的仲裁制度的内涵和外延。传统的仲裁制度已经实现了纠纷解决的去国籍化，是跨国、跨境的纠纷解决；

"国际仲裁云链"则在此基础上，更为现实且更为去中心化地实现，是对未来数据法治建设更具冲击力和挑战的新变化。

在此基础上，我相信在全球经贸领域规则的制定、发展和刑诉方面，"国际仲裁云链"因其技术的支持，将会为我们创造更为诚信的环境和更为经济的交易成本。基于此，我相信国际仲裁云链的发展，未来不可限量，也相信其对法治建设的巨大冲击和促进作用。

对此，我充满期待，也希望与来自理论界和实务界的各位朋友们携手共进，朝着这样一个远大目标，共同推进"国际仲裁云链"的进一步的发展和在实务界的应用，谢谢大家！

国际仲裁云链理事会副理事长

中国政法大学仲裁研究院副院长

姜丽丽

二〇二二年十月三十一日

国际仲裁云链的前世今生

国际仲裁云链项目建设是为了积极贯彻和落实国务院《"十四五"数字经济发展规划》，中共中央办公厅、国务院办公厅印发《关于完善仲裁制度提高仲裁公信力的若干意见》，中共中央、国务院关于构建数据基础制度更好发挥数据要素作用的意见等重要文件的相关要求，由中国政法大学仲裁研究院、律师学研究中心、法治信息管理学院组成的跨学科团队孵化的产学研一体化多元化解纷机制和系统平台，通过探索区块链、云计算、人工智能等数字技术赋能企业数字化转型的创新实践来完善数字经济治理，确保法治护航数字经济行稳致远。

国际仲裁云链发展所需的知识积淀与我本人的科研兴趣经历紧密相关，甚至可以溯源到本人在武汉大学信息管理学院本科求学期间接受电子商务、法学的双学位教育期间的知识熏陶和学术训练。而后进入中山大学逻辑与认知研究所在硕士博士阶段从事当时颇为冷门的"法律人工智能"研究，如今随着智慧法院、智慧检务等法律服务与司法管理智能化趋势的影响，以往的"冷门绝学"反倒成了法学界的香饽饽，现在每年以人工智能、区块链、云计算等新兴技术与法学结合研究的成果颇为丰富。

本人从2015年下半年开始关注数字经济领域的争议解决，国际仲裁云链的1.0版本是互联网仲裁系统的发展思路，是专门针对互联网金融领域借贷违约的仲裁全流程在线的体系化解决方案，以珠海仲裁委员会的互联网金融仲裁系统是早期产学研合作的典范案例，本人负责系统架构设计和系统开发实施方面做了诸多有益的工作，目前这套系统也仍然在运行当中。

国际仲裁云链的2.0版本是仲裁云平台的发展模式，该模式与中国海事仲裁委员会进行了充分探讨和试点研究，改变了互联网仲裁程序完全排除线下程序的做法。本人认为仲裁云平台的整体设计有三大优势和特点。首先，在技术框架上，整合互联网仲裁系统技术架构，利用送达系统、当事人系统、即时通信应用、网络视频会议等互联网技术实现在线仲裁程序；第二，在功能设计上，考虑法律规定和仲裁规则之间衔接，保留了线下仲裁的优势和特点，又充分运用互联网仲裁审理方式的高效快捷，打破时空限制，实现网上立案、在线答辩、在线组庭、在线宣理、在线裁决程序；第三，在程序设计上，采用线下仲裁与线上仲裁相衔接、线下司法专递送达作为补充，通过互联网技术手段和法律人工智能方法，支持仲裁庭充分听取核实当事人提交的答辩、举证和质证的基础上作出理性的裁判。2.0 系统不仅提供前期客户服务与后期纠纷解决相结合的全流程服务解决方案，而且在仲裁过程中强调通过规范的线上线下相结合的方式实现仲裁妥善解决纠纷目标的实现，整体上凸显了"预防+解决"并重的争议解决设计思路。此外，鉴于在线仲裁和在线法院的技术标准和衔接流程尚未统一，在线仲裁裁决到司法审查阶段面临要转为线下审查的尴尬，仲裁云平台建设提出在线争议解决下一步必然要"打通"的问题，下一步区块链技术应用的发展也将促进这一问题的解决，共同构建智慧法院的多元化纠纷解决体系。

2022 年，仲裁云平台正式升级更名为国际仲裁云链项目并进入了规范发展的快车道，该项目是由中国政法大学基于"区块链证据理论与应用研究项目""电子证据存储与司法存证课题研究""一键仲裁技术和电子数据司法存证技术"等多项研究成果转化形成的法律技术平台；是由中国政法大学孵化的、产学研一体化的司法实践平台；是由中国政法大学作为监督节点并协同法院、仲裁委、公证机构、调解机构、律师事务所、会计师事务所、其他服务机构等法律服务及专业机构共同搭建的争议纠纷解决综合服务平台。

作为基于数智化技术研发的（国际）商事纠纷解决的法律服务基础设施，"国际仲裁云链"具有两大主要功能，一是司法证据数智化存储服务；二是为调解员、仲裁员、当事人提供"云上智能解纷服务"。国际仲裁云链服务两端用户，一端链接公共解纷机构，为法院、仲裁委、公证机构、调解机构等提供服务；另一端链接商事业务客户，为商事业务提供法律保障和支持，保证合约的履行。国际仲裁云链为两端用户实现双向赋能，即将用户的交易行为转化为便于取证、核验的法律证据，同时为后端纠纷解决机构提供数智化的商事纠纷解决平台。

为了体现技术中立和技术法律共治的理念，国际仲裁云链设立理事会制度，通过建立一种决策机制对各参与主体进行赋权，并对权利和义务进行相应的规范和约束，只有这样，才能保证国际仲裁云链依法合规，健康运营。通过理事会作为独立的、中立的且高度专业的决策机制，是国际仲裁云链最高的决策机构，规范参与理事会各方的行为，行使国际仲裁云链业务规则和标准的制定、修改、解释、决策等各项权力。

国际仲裁云链理事会常务副理事长

中国政法大学仲裁研究院研究员

周 蔚

二〇二二年十月三十一日

重构商事法律服务体系
推进新的国际商事法律服务规则构建

当今世界正经历百年未有之大变局。以重构产业链安全为核心的国际贸易也处在深度变革之中，全球产业链重构过程本质上就是国际贸易法律服务体系的重构，法律服务规则的重建。正如习近平总书记洞察未来的论断："全球治理体系正处于调整变革的关键时期，我们要积极参与国际规则制定，做全球治理变革进程的参与者、推动者、引领者。"长期以来，中国政法大学联合国内外法律服务机构、科技企业和研发机构等，深度融合实际，研究数智化时代新兴技术带来的国际商事法律服务体系的深度变革，并通过模拟实验取得了多方面、跨学科、跨领域的丰硕成果。我们希望这些成果能够对重构未来国际贸易规则，促进中国由贸易大国向贸易强国转变贡献力量。

一、深陷困境的商事纠纷和不堪重负的法律服务

企业是创造价值的主体，企业主体正常运行的效率高低决定其创造价值的能力大小和市场竞争力。习近平总书记指出："法治是最好的营商环境"。然而，我国企业主体深陷商事纠纷困境。

截至 2022 年 6 月 30 日，我国市场与质量监督管理总局登记在册的市场主体已达 1.6 亿户。据天眼查、企查查等企业信用信息平台显示，很多企业面临多起司法风险或身陷商事纠纷。据统计，每起诉讼平均持续 280 天。陷入官司的企业意味着陷入发展困境。

我国与全球绝大部分国家（197 个）均开展了国际贸易，已成为 140 多个国家和地区的主要贸易伙伴，是世界各类贸易组织的主要成员国，已与 26 个国家和地区签署了 19 个自贸协定，自贸伙伴覆盖亚洲、大洋洲、拉丁美洲、欧洲和非洲。截至 2022 年 9 月，我国已与 149 个国家、32 个国际组织签署了 200 多份共建"一带一路"合作文件。根据海关总署数据，2021 年我国有进出口实绩企业 56.7 万家，中国货物和服务贸易总额达 6.9 万亿美元，位居世界第一。仅在新型贸易的贸易结算笔数就达到 19 亿笔，每笔贸易均对应着一份商事贸易合同，都存在潜在的商事纠纷。

11

根据北京国际仲裁中心的统计数据，中国企业签订的 90% 以上的涉外合同都约定通过仲裁方式解决争端；90% 的涉外商事纠纷案件都选择了国外仲裁机构仲裁；涉外合同纠纷案件的仲裁结果中 90% 以上为败诉。我国是贸易大国，但我国不是贸易话语权强国。

法律是解决商事纠纷的唯一途径。深刻剖析商事纠纷化解深陷困境的根源，重构商事法律服务体系，重建法治化营商环境成为当务之急。

（一）信息不对称、信用不对称。信息是商事交流的基础，信用是商事交易的基础。在商事发展的进程中，企业商事活动的信息和信用越来越依赖于第三方服务机构，从信息披露、评估定价、公告公示、评级评价等均由第三方机构提供。由于第三方机构的主体众多、标准不统一、规则不统一、竞争激烈，导致信息失真，信用失真。商事活动为信息和信用不对称支付了高昂的成本，达到交易额的 3% 左右。

（二）法律服务成本高且难以发挥功能。首先，商事纠纷解决深陷存证难、取证难的困境。商事实践中，一切与商业活动相关的原始资料信息都将成为商事纠纷解决的关键证明材料。过去商事主体往往重视商业活动的实效而忽略出现争议后的法律的保护，致使具体商业活动中的原始文件、基础资料、真实信息等材料因没有有效而便捷的保管措施而遗失、损坏，甚至被篡改。商事主体通常在纠纷发生之后才着手收集相关资料，这一过程不但耗时费力，而且往往也不能达到证明目的，更不能弥补其商业损失。

其次，法律服务机构深陷低效率、高成本的困境。频繁的商业活动伴随着大量的商事纠纷，我国法律服务机构均为纠纷后委托受理服务模式，法律服务机构介入纠纷解决工作需要从头开始准备证据，受理后从零开始是法律服务体系最大问题。受制于证据存储本身的条件，办案人员调阅的大量证据材料真伪难辨，难以准确还原事实，难以正确适用法律规则，也达不到定分止争的目的，更不能实现法律保护企业高效健康运行的最终目的。因而呈现出商事法律服务机构"案多人少"的繁荣现象。

再次，商事仲裁、调解等服务机构证据标准不统一。商事仲裁调解具有保密高效的特点，是商事主体遭遇纠纷时首选的方式，然而不同区域的证据规则、证据标准、证明标准千差万别，并没有形成很好的衔接机制。这为商事纠纷解决带来了调解难、仲裁难、执行难等诸多问题。

最后，高昂的法律服务成本也是商事主体在纠纷解决过程中不得不面对的难题。以《中国国际贸易贸易仲裁委员会仲裁指南》所列收费标准来看，涉外纠纷以争议标的人民币 5000 万元以上为例，需要收取人民币 61 万元，另加争议标的超过 5000 万元部分的 0.5%。高昂的法律服务成本使更多陷入纠纷的企业不能及时化解纠纷并恢复正常的经营活动，如此企业则降低了对社会财富增长的贡献，更有甚者，企业因此而陷入困境成为迟滞地方经济发展的"僵尸企业"。因此，我们必须通过重构商事规则体系，重塑商事法律服务机制，从源头上彻底破解在商事活动中法律服务难以发挥功能的困境。

（三）国际商事纠纷没有话语权。在国际商事领域，主要的国际组织有：WTO、联合国贸易发展会议组织（UNCTAD）、国际商会国际仲裁院、新加坡国际仲裁中心、香港国际仲裁中心、伦敦国际仲裁院、中国国际经济贸易仲裁委员会、美国司法仲裁与调解服务公司、英国有效争议解决中心、世界知识产权组织仲裁与调解中心等。主要的国际规则有：《国际商会仲裁规则》《斯德哥尔摩商会仲裁院快速仲裁规则》《国际投资争端解决中心调解规则》《香港国际仲裁中心在线听证会指引》《新加坡国际仲裁中心远程仲裁指引》。可见，我国既不掌控国际机构，也难以影响规则制定，同时还缺少专业人才。2019年2月，习近平总书记在中央全面依法治国委员会第二次会议上的重要讲话《为做好党和国家各项工作营造良好法治环境》指出，"目前，国内能够熟练办理涉外法律业务的律师只有七千二百多名，能够办理'双反双保'业务的律师不到六百名，能够在世界贸易组织上诉机构独立办理业务的律师只有三百多名"。

这就导致我国国际商事困境更加突出，除了面临国内商事纠纷同样的困境外，还缺乏国际商事纠纷基本的话语权。在当前的世界大变局中，以产业链重构为代表的规则重建进程，本质上就是国际贸易规则重建的关键机遇期。中国政法大学及时抓住难得的窗口期，集中力量开展研究，全力以赴把习近平总书记关于全球治理的远见卓识付诸实践。

二、持续深入研究探索重构商事法律服务体系

基于区块链技术和云计算、人工智能等数智化技术的深度变革经济社会的时代背景，中国政法大学以黄进校长、王进喜主任、姜丽丽副院长、周蔚主任等数十人专家团队为代表，组织数据法治研究院、仲裁研究院、国际法学院、律师学中心、证据科学实验室等研究团队，联合境内外产学研合作伙伴，应用数智化技术重构商事法律服务体系；重建证据数智化标准存储体系；重建仲裁流程、仲裁规则；研发智慧化数字法庭；持续深入研究习近平法治思想，在以下方面取得了较为丰富的成果：

（一）国际商事未来核心竞争研究。创造性地提出了"数智化时代占领全球治理制高点应当从规则制定转向纠纷化解，贡献高效治理的中国方案"。占领国际商事纠纷化解制高点，首先要基于数智化技术，制定证据标准体系。其次要基于数智化技术，建设维护门类齐全、条目清晰的证据数据库。再次要集聚更多主体，形成国际商事纠纷解决生态系统。最重要的是要建立国际商事领域通行的纠纷解决全球行业规范。

（二）国际商事纠纷主导权研究。形成了《国际民商事争议解决机制的几个重要问题》《国际商事法庭的未来抉择》等20余篇论文，明确提炼出国际商事纠纷的"二元属性"：既是国际的，又是商事的，且其国际性不及国际公法所调整的国家间关系那么强。相对而言，更可能独立于地缘政治等外部因素，在商事共同体、法律共同体、规则共同体中有所作为。创造性地提出"将我国打造为国际仲裁目的地""设立'一带一路'国际投资贸易争议调解中心与仲裁中心"等论点。

（三）国际商事证据数智化存储标准研究。成立证据科学研究院，利用中国政法大学交叉学科优势，承做《区块链存证理论与应用研究》《电子证据储存司法存证研究》《"一键仲裁"技术与电子数据司法存证技术研究》等课题，出版著作 128 部，发表论文 768 篇，获得发明专利 4 项，实用新型专利 13 项。创造性地发掘区块链技术在电子证据保全与应用中的重大意义。日前已完成了区块链电子证据通用标准（草案）的草拟工作，突破性地打破了不同纠纷裁决方式对于电子证据存储使用的差异，即将形成行业通行标准。

（四）开展数智化智慧法庭研究和国际商事仲裁元宇宙研究。中国政法大学牵头多家仲裁委、律师事务所、调解中心和行业内领军企业，共同建设"仲裁云平台"。根据商事合同标准化的特点，将数智化证据存证技术应用于线上仲裁、线上调解和线上法律服务场景。以终为始，前置治理，将各类商事交易全程留痕留证，为仲裁、调解、公证、司法等多元纠纷解决机构提供具备"三性二力"（真实性、合法性、关联性、证明力、证据效力）的证据，为商事纠纷快速裁决提供了技术支持，并为 2022 年正式推出"国际仲裁云链"及其"链上证据""云上解纷"两大功能进行了充分的准备。

三、重构商事法律服务基础设施

中国政法大学在重构商事法律服务实践中代表性的成果是由调仲云和商事证据链深度融合、产学研深度结合形成的"国际仲裁云链"。"国际仲裁云链"是众多有关证据学、网络技术、信息技术等数智化科学等多项技术融合的成果，集中反映了中国政法大学在国际商事法律服务体系重构领域的研究成果。目前，该成果已在国内产业链、供应链等商事活动中进行了推广应用，有多家仲裁委员会、调解机构、律师事务所、公证机构和专业服务机构为商事合同在线提供服务。我们希望"国际仲裁云链"能实现国内商事和国际商事法律体系的重构，提升中国商事的效率和国际贸易竞争力，提升我国在国际贸易中的话语权。

"国际仲裁云链"通过 5 年持续研发，不断迭代升级，已经发展为 3.0 版本。"国际仲裁云链"围绕国际商事法律服务体系重构，实现了以下突破：

（一）实现了商事活动全生命周期的证据数字化和标准化。为了从根本上解决商事活动纠纷出现后的取证难的弊端，中国政法大学提炼出来了"以终为始 前置治理"的解决方案，按照调解和仲裁的证据标准，全面重新制定了数智化证据的标准并结合数智化技术研发了证据链，可以实现商事合同主体的所有商事合同全部上线和实时存储，并自动转化为证据。从"源头治理"的纠纷解决思路，完全符合 2019 年 7 月习近平在中央全面依法治国委员会上讲话《关于加强综合治理从源头切实解决执行难问题的意见》中"强化执行难源头治理制度建设"的要求。通过反复实践，实现了全线上运营和即时线上提供证据，从根本上解决了取证难的问题。证据链的标准和存储技术可以广泛推广并国际化。

（二）实现了商事用户证据存储的安全。为了保证证据的安全，利用区块链分布式原理，建立多个共信节点，通过共信节点建立共识机制，商事用户自己确认，其他主体在线确认，不仅解决了证据安全问题，还解决了信息不对称和信用不对称问题。这一探索亦是对习近平总书记在 2019 年 10 月中央政治局第十八次集体学习上的讲话要求"发挥区块链在促进数据共享、优化业务流程、降低运营成本、提升协同效率、建设可信体系等方面的作用"的践行成果。

（三）实现了全生命周期全法律服务机构贴身跟随的法律服务。"国际仲裁云链"按照企业商务需求把所有专业法律服务机构和企业商事活动进行深度融合。

凝集了专业法律机构智慧的标准化商事合同从根源上消除了纠纷发生的可能性，从源头上发挥了纠纷发生的预防作用；

包括主体的经营活动需要的标准合同文本、在合作中可能出现的纠纷点、合同执行过程中需要重新约定等有关可能影响合同执行的服务，律师事务所、公证机构和仲裁机构基于对原始合同的同步信息即时掌握，可以提供跟随式、即时贴身服务，把商事合同可能隐藏的纠纷消灭在萌芽中，所有的法律机构随时提供服务，在过程中可以有效化解争议避免纠纷发生。

当纠纷仍不可避免地发生后，由于商事主体已提前存储了标准化证据，使得证据可以实现随时取证、存证和用证，彻底改变了证据标准，建立了基于数智化技术的存证标准。

（四）极大地提高了调仲的效率。在理想状态下，"国际仲裁云链"调仲系统可以实现"一键调节""一键裁决"。由于前期合同的标准化，证据的标准化、数智化，加上智慧法庭的建设，实现了全线上裁决，达到"数据多跑路"即当事人在任何地方都可以参与的效果。国际商事活动采用标准化文本、标准化数据库和标准化业务流程，匹配对口调解机构，能很快完成裁决。目前的商事纠纷化解案例中，已经实现纠纷发生三天即可拿到裁决书。

通过对证据的数字化、标准化和安全存储，为商事主体提供全生命周期服务，以维护商事秩序，促进商事公平高效，为我国商事和国际商事贡献中国方案，这是习近平法治思想的伟大实践成果。

目前，"国际仲裁云链"运行平稳，在规则研发和系统建设等方面已取得初步成果，在化解商事纠纷领域表现出色，为后续发展和应用奠定了坚实的基础。

四、充分发挥重构后的商事法律服务基础设施价值

（一）运用重构后的商事法律服务基础设施提升国内产业链和供应链的全球竞争力。运用重构后的商事法律服务基础设施为产业链高效运转保驾护航，全生命周期提供法律服务，随时化解纠纷，降低成本，保障合同的履行，让企业将更多精力用在产业创新发展上，进而提升国际商事竞争力，建议将重构后的商事法律服务基础设施纳入国家商事基础法律服务设施，服务国家产业企业。

（二）运用重构后的商事法律服务基础设施服务国际贸易，助力中国由贸易大国成为贸易强国。重构后的商事法律服务基础设施为国际贸易提供了数智化存储和数智化的国际贸易证据存储标准和调解、仲裁、数智化的标准流程和规则，极大地提升了调解和仲裁的效率，并将规则和存储技术标准用于强化中国贸易大国的优势。2019 年 11 月习近平总书记在《中国法治国际论坛的贺信》中指出，"推动共建'一带一路'，需要法治进行保障。中国愿同各国一道，营造良好法治环境，构建公正、合理、透明的国际经贸规则体系……积极促进相关法律制度发展和完善，使法治在共建'一带一路'进程中更好发挥作用"。因此，就我国商事法律服务体系与"一带一路"、东盟等中国主导或加入的区域性经济组织进行双边或多边约定，纳入中国加入国际组织的条款，推动重构后的商事法律服务基础设施在多边国际贸易中的应用，输出中国国际商事调仲的标准，通过制定和完善标准，提升中国对世界的影响力，在未来数智化大势中，占领国际贸易制高点，促进中国由贸易大国向贸易强国转变。

（三）牵头建立商事标准或调仲的国际组织。2019 年 2 月，习近平总书记在全面依法治国委员会第二次会议上的讲话要求，"要积极推荐更多优秀涉外法律人才到国际经济贸易组织、国际仲裁机构任职，主动参与并努力引领国际规则制定，推动形成公正合理透明的国际规则体系，提高我国在全球治理体系变革中的话语权和影响力"。重构后的商事法律服务基础设施"国际仲裁云链"，模拟国际调仲组织的运行机制运行。中国政法大学与仲裁机构、公证处、律师事务所等机构一起组成理事会，制定了国际化的理事会章程，模拟运行平稳，各方面达成共识，下一步将吸收国际组织作为理事会成员，作为关键节点发挥作用，同时与我们互认标准。目前上述工作进展顺利，建议将国际仲裁云链定位为由中国发起并主导运营的国际组织，并由中国政法大学牵头设立在海南自贸港和广西自贸区的数智化商事证据存储标准研究院和"一带一路"国家商事仲裁研究院。

国际仲裁云链理事会理事长　王进喜

二〇二三年一月一日

《云链建设报告》导图

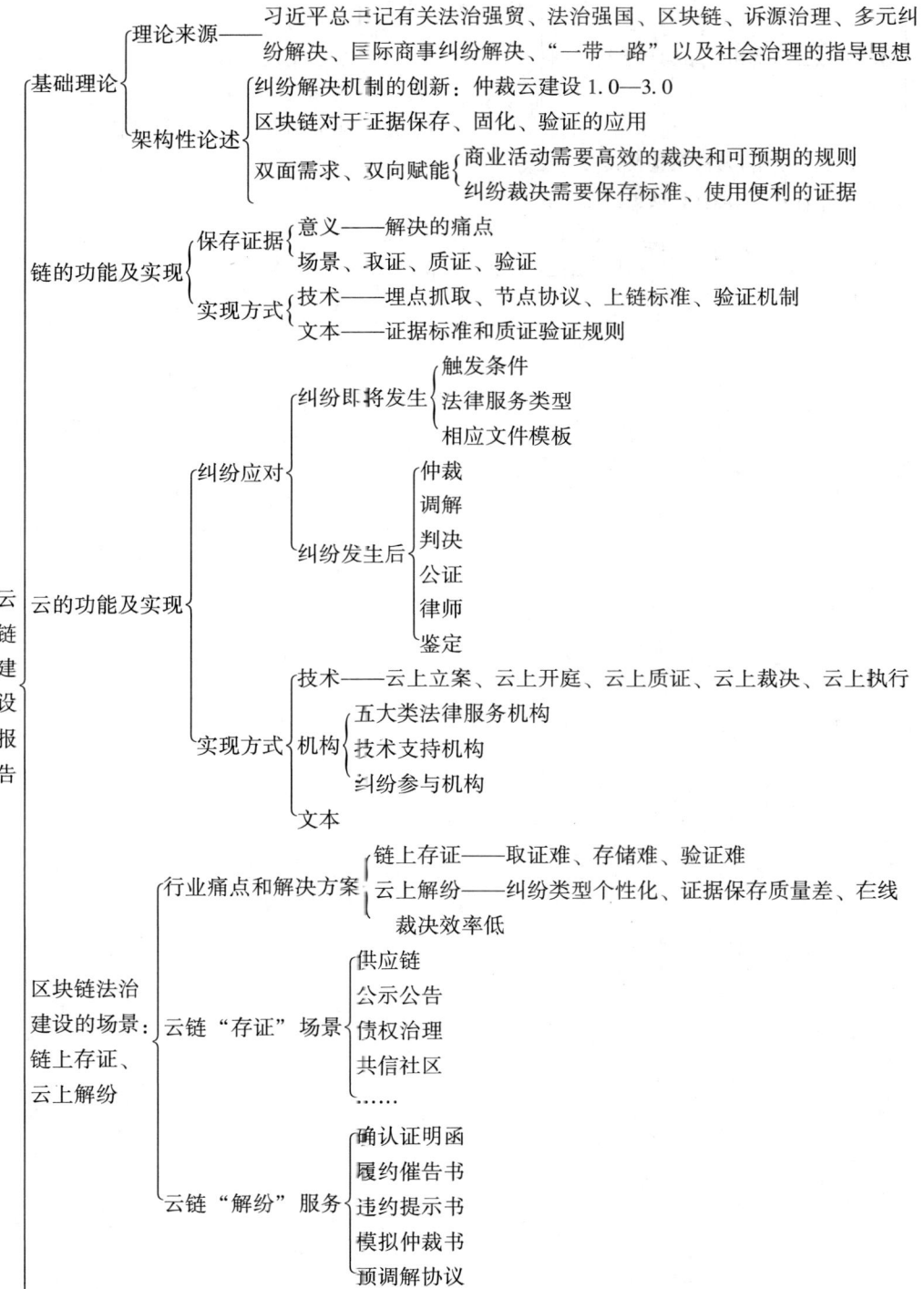

云链建设报告
├─ 基础理论
│ ├─ 理论来源——习近平总书记有关法治强贸、法治强国、区块链、诉源治理、多元纠纷解决、国际商事纠纷解决、"一带一路"以及社会治理的指导思想
│ └─ 架构性论述
│   ├─ 纠纷解决机制的创新：仲裁云建设1.0—3.0
│   ├─ 区块链对于证据保存、固化、验证的应用
│   └─ 双面需求、双向赋能
│   ├─ 商业活动需要高效的裁决和可预期的规则
│   └─ 纠纷裁决需要保存标准、使用便利的证据
├─ 链的功能及实现
│ ├─ 保存证据
│ │ ├─ 意义——解决的痛点
│ │ └─ 场景、取证、质证、验证
│ └─ 实现方式
│   ├─ 技术——埋点抓取、节点协议、上链标准、验证机制
│   └─ 文本——证据标准和质证验证规则
├─ 云的功能及实现
│ ├─ 纠纷应对
│ │ ├─ 纠纷即将发生
│ │ │ ├─ 触发条件
│ │ │ ├─ 法律服务类型
│ │ │ └─ 相应文件模板
│ │ └─ 纠纷发生后
│ │   ├─ 仲裁
│ │   ├─ 调解
│ │   ├─ 判决
│ │   ├─ 公证
│ │   ├─ 律师
│ │   └─ 鉴定
│ └─ 实现方式
│   ├─ 技术——云上立案、云上开庭、云上质证、云上裁决、云上执行
│   ├─ 机构
│   │ ├─ 五大类法律服务机构
│   │ ├─ 技术支持机构
│   │ └─ 纠纷参与机构
│   └─ 文本
└─ 区块链法治建设的场景：链上存证、云上解纷
   ├─ 行业痛点和解决方案
   │ ├─ 链上存证——取证难、存储难、验证难
   │ └─ 云上解纷——纠纷类型个性化、证据保存质量差、在线裁决效率低
   ├─ 云链"存证"场景
   │ ├─ 供应链
   │ ├─ 公示公告
   │ ├─ 债权治理
   │ ├─ 共信社区
   │ └─ ……
   └─ 云链"解纷"服务
      ├─ 确认证明函
      ├─ 履约催告书
      ├─ 违约提示书
      ├─ 模拟仲裁书
      └─ 预调解协议

国际仲裁云链的组织结构与运行机制 ┤
　　组织机构与角色 ┤
　　　　理事会——秘书处
　　　　理事单位
　　　　成员单位
　　　　受权机构
　　运行机制 ┤
　　　　决议——理事会决议事项
　　　　执行——监督机制与日常会议机制

展望与延伸 ┤
　　国际裁决机构及其云上规则
　　区块链存证的更多应用场景
　　发展趋势展望 ┤
　　　　智能合约：真正的链上交易
　　　　智慧法庭：真正的预测裁决

国际仲裁云链建设逻辑图

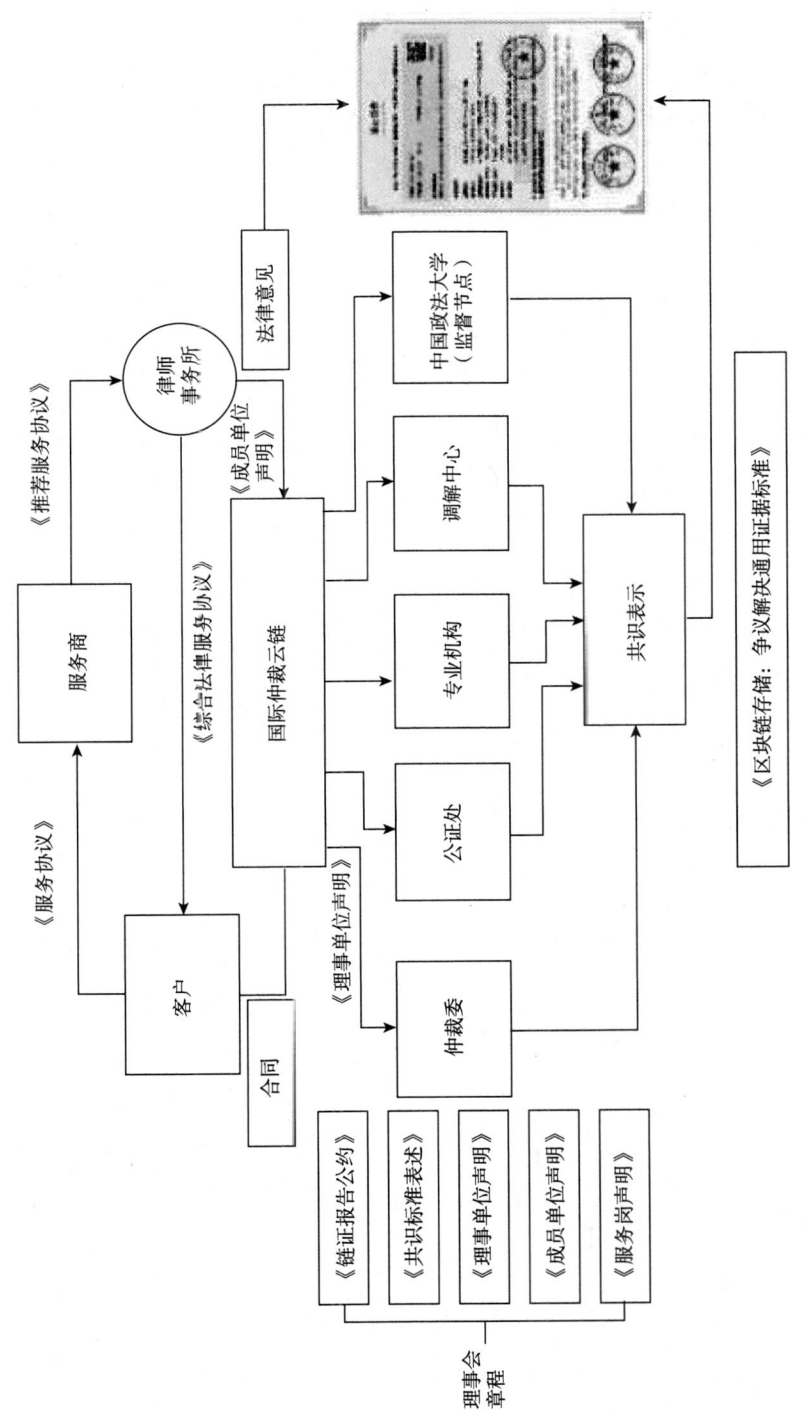

目　录

上辑：区块链法治建设的理论基石

1

上辑 ——

区块链法治建设的理论基石

第一章

区块链法治建设与法律行业共同体

司法审判视角

纸域司法改革的方向标：数智时代的区块链司法
——以《最高人民法院关于加强区块链司法应用的意见》为中心展开

孙梦龙[*]

引言

在围绕"案牍"为基础的诉讼时代，案件流程表、记录卷宗等程序性辅助工具让诉讼法所确立的信息交互功能得以在现实中运转。最新修正实施的《民事诉讼法》[1]第 16 条规定了线上诉讼与线下诉讼的效力位阶问题。最高法最新发布的《人民法院在线运行规则》（以下简称《运行规则》）对数据的部署与通信也有规定。[2] 德国诉讼法教授罗伯特·科维斯在上海市举办的 2022 世界人工智能法治大会法治论坛上介绍，自 2022 年起，德国法院与当事人之间的数据传输将由原来的自愿使用（《民事诉讼法》第 16 条亦有相关规定："经当事人同意，民事诉讼活动可以通过信息网络平台在线进行。"），变为强制使用。《运行规则》用宏大的篇幅正式拉开了中国从"案牍"转向"数据"作为通信纽带的司法程序的变革帷幕。具体而言，中国的数智司法建设中，数

---

[*] 基金项目：国家社科基金青年项目"司法区块链的制度体系、可能风险及应对策略研究"（项目号：20CFX005）。孙梦龙（1994—），黑龙江大学法学院博士研究生。研究方向：诉讼法学、网络法学、司法区块链等。
[1] 本书涉及我国法律均省去"中华人民共和国"字样，全书统一，不再赘述。
[2] 《人民法院在线运行规则》提出区块链、互联网、大数据、云计算、移动互联和人工智能等信息技术，完善智慧法院信息系统，规范应用方式，强化运行管理，以在线方式满足人民群众多元化司法需求，高效支持审判执行活动。在系统建设方面，《运行规则》明确，司法数据中台和智慧法院大脑包括司法数据库、数据管理平台、数据交换平台、数据服务平台、人工智能引擎、司法知识库、知识服务平台和司法区块链平台等。《运行规则》第 21 条和第 23 条明确，"人民法院通过智慧服务系统相应平台和司法区块链核验当事人通过区块链平台提交的相关电子文件和数据等证据材料。"

据的部署与通信受到代码架构——司法联盟链的技术标准影响。（人工智能的核心在于数据的处理，司法区块链的核心在于数据的部署与通信。）2022 年 5 月 23 日，最高人民法院公布《最高人民法院关于加强区块链司法应用的意见》（以下简称《意见》），《意见》从立案信息链上分类分级化流转，调解协议智能合约化触发立案和执行程序，审判与执行智能合约化联动，执行案件自动发起查询、冻结、扣划以及执行案款自动发放智能合约机制等角度描述了中国数智司法的部署与通信模式——司法区块链架构下的司法数据联盟式部署与分散式通信。根据《意见》，司法数据的联盟式部署与分散式通信是指人民法院与社会各行各业互通共享的区块链联盟。全面提升司法区块链数据核验、可信操作、智能合约、跨链协同等基础支持能力。

一、法律文化迭代：从"案牍法律文化"到"数智法律文化"

在案牍文书作为主流通信模式所形成的"案牍法律文化"中，中国古代的断狱竹简以及近现代逐渐发展成熟的纸质卷宗不仅建构了传统审判组织的信息通信与交互模式，也同时构成了传统案牍诉讼法律文化下的组织架构、场景设计与因果关联。基于此通信模式所建构的"案牍法律文化"塑造了传统司法模式下的行为与规范，并使传统司法程序得以组织与运转。在传统司法模式数智化的过程中，"案牍法律文化"必须与"数智法律文化"的规范框架进行比对与调适，在案牍记录的传统司法活动以代码化行为内嵌入计算机系统的过程中，如何保留传统案牍诉讼模式下的层级设计、逻辑顺位是至关重要的命题。在代码运行顺序中将原有分割，从而清晰划定法律与技术之间的边界。例如，司法证明的活动可被划分为存证、举证、质证、验证等环节。司法证明蕴含的举证活动与质证活动参与主体之间的层级设计，证明流程背后的逻辑顺位所体现的司法被动性与中立性，法官对案件的亲历性等法律价值应当予以明确。但以下关于司法证明的思路在数智司法中是否继续坚持值得思考："1. 是否一定固守'案牍法律文化'下将电子数据打印为纸质材料进行审理？2. 是否有必要为分散式存储的司法区块链节点分别认定不同的证据载体？3. 坚守原有'案牍法律文化'下，通过证明材料完成对法律事实的'猜想'，还是借助司法区块链等技术方案实时存证完成由'事后取证'的思路转向'同步存证'的思路？"[1] 卷宗同时形成了案件实体性事实与诉讼程序性事实的证据。[2] 数智技术在司法领域的模型化与结构化，将逐步取代案牍作为诉讼通信纽带和载体，这就将诞生与"案牍司法"相对称的"数智司法"。由于数据的部署与通信不可避免受代码架构的影响，主体的司法责任与客体机器技术将呈现模糊化的发展态势。（法律实务中"平台欺诈"与"算法偏差"边界的模糊便是

---

〔1〕 赵志刚："从'事后取证'转变为'同步存证'"，载《检察日报》2019 年 11 月 11 日，第 3 版。

〔2〕 杜国栋：《论证据的完整性》，中国政法大学出版社 2012 年版，第 55 页。

典型代表。） 主体的规范与实践逐步与客体技术所形成的架构相融合，并伴随着技术的复杂而产生风险。纸域司法向数智司法的转型应当坚守以人为本的价值理念，[1] 防止数据主义的倾向与人本主义的缺失。

当数字化技术对"案牍审判"的信息交互媒介产生变革时，司法程序运转效率的提升仅仅是其中一种表现形式。[2] 数智诉讼时代的数据部署与通信将引发前所未有的司法体制性、制度性、程序性变革。广州互联网法院张春和、林北征法官指出，司法区块链下的算法治理有望开启一种"溯源治理"的司法模式，并将原有的社会信任升级为自然信任、由中心依赖逐步拓展到边缘群证。[3] 这样的观念升级超出技术本身的价值，超越以往简单将在线诉讼认定为传统司法单向增强或是内部协调的工具理性认知观。借助数字工具不受特定物理时空的场域限制并能实现多段因果行为的聚合，数字工具将搭建案件审理与案件事实间更为微粒与精细化的沟通桥梁，例如以数字孪生为主导的元宇宙技术于数智司法领域的应用将建立事实与庭审的"超时空对话"。目前中国的司法区块链正将"司法链"与"风控链""征信链""服务链"等深度链接，原有法官"亲历案件庭审"的价值理念有望迈向"感受案件发生"。元宇宙技术应用于司法的目的在于使庭审活动更加客观真实、更加高效便捷、更加公平公正。信息通信与交互方式的改变也将带来司法实践方式与诉讼信息交流模式的转变，从而将"案牍审判"转向"数智审判"。莱斯格教授所主张的"代码即法律"[4] 理论，正在中国的数智司法建设中发挥日益重要的作用。当"代码作为规制手段时，它可以是行为的限制措施，但它同样可以把行为塑造成法律允许的形式。"[5]

（一）证据信息系统化——迈向"结构化证据"的电子数据与传统证据

"结构化证据"是指具有较强关联性的证据被数据化信息化分析与处理后，所形成的证据集合体。在目前的司法实践中，"结构化数据"这一概念被广泛应用。青岛市中院已经建立了智能 3D 证据管理系统，实现侵权证物电子化、技术比对电子化。该过程将被物理空间割裂的物证与鉴定意见等类型证据，以数据的方式进行"解构"与"重

---

[1] 韩旭至："司法区块链的介值目标及其实现路径"，载《上海大学学报（社会科学版）》2022 年第 2 期。

[2] 《运行规则》第 4 条规定："人民法院应当建设智慧服务、智慧审判、智慧执行、智慧管理、司法公开、司法数据中台和智慧法院大脑、信息基础设施、安全保障、运维保障等智慧法院信息系统，保障人民法院在线运行。智慧法院信息系统以司法数据中台和智慧法院大脑为核心，实现数据互联互通，支持业务协同办理。"

[3] 张春和、林北征："司法区块链的网络诉源治理逻辑、困惑与进路"，载《中国应用法学》2019 年第 5 期。

[4] "代码即法律"的观点在学术界存在一定的争议，但从知网检索互联网法院法官发表的相关论文进行分析可以发现，莱斯格的理论受到了实务界的推崇。其原因或许在于学术界未能抽象出代码框架与法律的双向思维，正如莱斯格所言："代码曾经是规避监管的天堂，但其也可以转换为生产规制武器的兵工厂。"公权力可以针对大型商业公司这样一种私权掌握之下的代码架构实施控制，从而实现对虚拟空间更为有力的监管。

[5] ［美］劳伦斯·莱斯格：《代码 2.0：网络空间中的法律》，李旭、沈伟伟译，清华大学出版社 2009 年版，第 163 页。

组"，形成了全新的结构化证据。结构化证据的原始素材来自传统证据门类，但具有更强的关联性，形成更为紧密的证据链条。根据最高人民检察院检察技术中心科研处科长赵宪伟同志的报告，手机取证报告是一份典型的半结构化数据，形式上表现为一个电子文件的报告，内容又有很多结构化的信息如发送者、发送时间、发送内容，等等。针对这样的半结构化证据，可以将其文本数据作为实体识别的输入信息，利用人工智能算法输出很多实体结果，再利用已经填写的结构化的案卡信息与算法输出的结果进行验证。该过程可以实现类似有监督的机器学习，进而实现半结构证据的结构化。大数据时代对传统证据理念的冲击在于：通过证据信息数据化"解析－解体"，并最终走向重构。司法证明模式将由"粗粒"走向"微粒"。[1] 在司法由案牍法律文化步入数智法律文化的时代，传统证据电子化与电子数据结构化是纸域司法变革的重要领域。海量证据信息的结构化分析与处理需要数字法治在理论研究时进行抽象命题的提炼与归纳。司法实践中，需要平衡海量电子数据的复杂性与办案时间的有限性之间的矛盾。除此之外，存在检察官直接将电子证据转化为书证、审查电子证据所需要配套的物质资源与人力资源匮乏以及缺乏统一的技术规范标准等突出问题。这一过程也将重塑司法证明的既定逻辑与等级结构，以细微颗粒化的数据重新配置司法证明的风险责任，形成社会化参与、网格化治理的全新司法证明格局。

证据信息结构化让原有司法证明中的顺序、操作以及法律与技术的交叉关系从功能上简化，以代码化、可计算化的形式适应虚拟空间的计算语言与逻辑架构。原有碎片性、随机性的证据被大数据解构，形成一个较为完整的证据内核。证据结构化本身成为了司法人员与证据之间全新的通信模式，也塑造了一个完整的规制场域。（最高检赵宪伟同志曾多次强调建构司法机关"平台化"分析数据系统的重要性）司法人员的证明行为、规范化流程、法律规则被代码式嵌入至结构化系统之中，使得该系统更有力地组织司法人员的工作。在结构化流程中，证据信息的组织受到通信技术底层算法的逻辑限制。尽管司法人员意识到该技术的应用将极大程度延伸原有司法证明的功能，尤其是在电子数据的审查能力方面。在结构化实际运行当中，仍应将技术的规律性特征与法律的法理性规律以及《网络安全法》《数据安全法》《个人信息保护法》等使新兴技术合法化、常态化运行的法律所形成的代码架构进行协调。这些理论所蕴含观念与价值之间的兼容程度将对证据结构化系统运行产生重要影响。

（二）裁判逻辑可视化——被裁判者参与裁判结果的"塑造"

传统司法受制于物理时空的场域限制，导致案牍司法所依赖信息以及裁判形成的

---

〔1〕［德］克里斯多夫·库克里克：《微粒社会 数字化时代的社会模式》，黄民、夏柯译，中信出版社2018年版，第131页。

过程相对闭塞，随着数智司法将司法过程可视化与场景化，数智化将以细微颗粒的数据打破物理时空场域的拘束，实现司法逻辑数智化、司法过程可视化、司法决策模型化。[1] 数智司法以数据颗粒化重置原有司法权力配置流程，裁判者的"裁判权"将部分让渡至被裁判者的"塑造权"。根据《意见》，最高人民法院积极推进构建司法联盟链与知识产权、市场监管、产权登记、交易平台、数据权属、数据交易、金融机构、相关政府部门等区块链平台跨链协同应用机制。这一过程使得数智司法更具临场性。所有权利受损的人都有权获得正义的结果和发声的机会。[2] 分配正义是触达司法的最终结果，它通过一种实施最少的方式，追求社会成本的最小化和双方利益的最大化，以达到全社会司法资源配置的"帕累托最优"。

裁判逻辑可视化也将带来全新的法律问题，特别是异步审理等视频录制技术的应用，这将改变传统法院实时庭审下的既定功能架构。在口头与案牍为通信纽带的传统庭审架构下，对质权以及律师与被告人沟通的权利将通过法官与公众见证的方式得以保障。在被告与法官被物理分割的虚拟空间中，被告与证人是否受到外界的压力与建议将更加难以判断，律师与被告人是否进行了充分沟通与交流也更加难确认。这些问题是数字化智能化过程带来的新问题，需要法律部署新的数据技术与算法制度。在未来线上庭审日益频繁的时代，以视频录制与视频会议方式进行的庭审所产生的上述合理性诉求应由司法机构出具详细的功能性保障声明与技术说明，实现线上法院的功能性闭合。

（三）事实认定分散化——信息博弈性事实与数据合作性事实的动态平衡

法律信息系统中"法院内网"与"法院外网"的设立往往涉及诉讼参与人隐私与审判公开的价值平衡。公开外网所引起的案件数据的过度公开会导致公众舆论对司法机关独立行使审判权的干预。过于强调审判数据的封闭又会造成司法数据孤岛，让司法数据库以封闭方式运行；智慧司法的案例样本出现数据不充足、不完整等问题，导致其在应用环节缺乏权威性。

在传统案牍司法的模式下，证据事实的形成主要依赖诉讼当事人的举证行为。随着案牍司法逐步迈入数智司法的模式，单个"举证"行为背后的经济价值逐渐丧失。传统司法模式下，"谁主张、谁举证"、司法被动性有利于督促当事人积极行使诉讼权利，以信息博弈的方式促动司法职能高效运转。随着纸域司法模式迈入数智司法模式，诉讼参加人的举证能力逐步受制于其掌握算力能力。"数字鸿沟"、"算法歧视"等问题严重限制传统举证权利的行使方式，传统举证模式将逐步丧失其确立的社会基础。

---

〔1〕 马长山："司法人工智能的重塑效应及其限度"，载《法学研究》2020年第4期。
〔2〕 ［英］理查德·萨斯坎德：《线上法院与未来司法》，何广越译，北京大学出版社2021年版，第81页。

随着大数据对数据与数据间关联性客观需求的增强，"单点举证"的司法数据部署模式终将迈向"分散群证"的数据通信模式。传统物理时空下因果逻辑规律将逐步流向数智化社会中更高级的多维时空因果聚合。区块链各节点全流程参与见证导致原有案牍司法模式下"单一封闭事实还原"向数智司法模式中"多维开放事实聚合"转化，进而开启人机协同、数字孪生、算法导向的规制环境。这种方式改变了以往将事实认定为单方反映与发现的结果，追求诉讼认识与客观实在的符合，从而追求结果性事实的体现。[1] 数智司法借助区块链共识节点的认知逻辑建立了更为高级的事实认定模式，即突破传统主体客体绝对二分的认知方式，以开放的程序建构法律的程序性事实。智慧司法中的数据部署与通信变革，将逐步打破结论性法律事实的"阿喀琉斯之踵"。此时应区分出需要控辩双方对抗的争议性事实与需要数据集束保留的合作性事实，厘清背后隐藏的法律价值与目标理念，最终实现智慧司法与传统司法之间的无缝对接。数据合作性事实必将推动互联网法院形成新型事实认定机制。

目前主流的司法区块链、电子数据研究仍停留在"案牍"为诉讼信息载体的思维模式上，对聚焦于区块链、可信时间戳中的"Hash 加密"技术在电子数据存证中的应用进行分析。不难发现其思维的出发点与落脚点始终离不开"文书思维"，从而无法迈入"数据思维"。由"个案文书审结"到"类案数据集束"的现代司法观念的塑造更无从谈起。当研究视角切换至以"数据"为诉讼信息载体的区块链技术在司法实践的运用，就会发现 Hash 加密技术早在 2008 年深圳法院"利龙湖"案就开始以可信时间戳技术方式被司法机关及当事人所采信，其运用的并非区块链的核心技术，而是底层技术。可信时间戳技术运用的是司法区块链技术的辅助技术。在第三方存证案件中，可信时间戳采信的案件总数远超区块链存证。据统计，在第三方存证案件中可信时间戳约占 94%，而区块链仅占 6%。[2] 学者关于区块链"去中心化"的表述较为概括与笼统，也没有认识到现有的司法区块链属于区块链三个行业（"币圈""链圈""矿圈"）中的链圈，且司法区块链技术正在经历社会主义司法实践改造，[3] 未来可能产生较为稳定、具有层级、逐步实现社会化参与的司法联盟链，许多域外区块链技术的问题不能等同于目前中国本土正在建设的司法区块链技术问题，也不能简单用国外司法区块链还未成型的理论直接解读中国逐步走向成熟的司法区块链技术。我国司法区块链技术的快速发展和强大的司法影响力决定了中国司法区块链技术的理论和实践正成为全世界智慧司法领域所关注的焦点，数智诉讼及司法区块链技术的世界性前沿理论、制度、理念、程序等即将在这里应运而生。

---

〔1〕 杨波："刑事诉讼事实形成机理探究"，载《中国法学》2022 年第 2 期。
〔2〕 数据来源于原北京高院知识产权庭审判长苏志莆法官。
〔3〕 彭巍："区块链与司法的价值共通与融合发展"，载《科技管理研究》2021 年第 6 期。

区块链去中心化引发的司法数据通信分布式部署与联盟式通信问题是被当今学界主流所忽视的理论命题，也是整个未来区块链司法的核心命题。值得庆幸的是少数学者已经意识到分散式技术所引发的司法数据部署与通信格局调整，例如中国人民大学杨东教授在《区块链与法院工作创新——构建数据共享的司法信用体系》一文中提出了数据流动对构建全流程在线审理中的核心作用，[1] 中国人民大学刘品新教授在《电子文件立法的实质性转型——以智慧司法创新为视域思考电子数据与档案管理所引发的系统性变革》中指出我国的电子文件立法彻底向实质性的立法例转型，完成针对电子文件证据规则体系的细则补位以及针对电子文件平台集约管理的规则共频等任务。[2] 华东政法大学韩旭至副研究员在《司法区块链的复合风险与双层规制》中反思司法区块链作为代码架构如何与法律形成协同的事前算法规制与事后法律规范的逻辑体系。[3]

司法区块链技术不仅使电子数据证明流程得到一定程度的优化，而且使围绕在线诉讼开展的"案牍"为信息载体的诉讼模式转向以数据部署与通信为载体的体制性、诉讼权力结构调整。关于这种调整已经在《意见》与《运行规则》的规定中得到精准诠释。[4] 为了方便理解，文章试图结合司法区块链主要应用领域——电子数据存证的一系列理论问题为主线，挖掘出司法区块链的数智逻辑，并逐步拓展到对"数据"为诉讼信息载体的司法程序变革之中，最终提出诉讼法如何实现对司法区块链技术层面的规训。在案牍司法向数智司法的过渡中，应明确如何保障司法的功能和价值不受数字技术的冲击而减损。

二、法律技术赋能：区块链司法中的技术规则法律化

（一）区块链司法法律化的法理分析

区块链司法法律化的实际运行效果受到数智技术对法律规律、法律推理和法律判断三个本质属性观念冲击的影响。

第一，法律规律层面，法律可计算化、建模化是以人工智能的认识论为出发点进

---

〔1〕 杨东、徐信予："区块链与法院工作创新——构建数据共享的司法信用体系"，载《法律适用》2020年第1期。

〔2〕 刘品新："电子文件立法的实质性转型——以智慧司法创新为视域"，载《法制与社会发展》2021年第3期。

〔3〕 韩旭至："司法区块链的复合风险与双层规制"，载《西安交通大学学报（社会科学版）》2021年第1期。

〔4〕《运行规则》第11条第1款规定："各级人民法院应当建设信息基础设施，为人民法院在线运行提供必要的基础条件支撑。"第2款规定："信息基础设施包括通信网络、计算存储、通用终端设备以及信息管理中心、执行指挥中心、诉讼服务大厅、科技法庭等重要场所专用设施。"第3款规定："信息基础设施应当为各类应用系统、数据资源和运维保障提供计算运行、数据存储、通信传输、显示控制等服务。"

行分析主义的建构。[1] 这一过程不可避免将人类社会的复杂性简化为可计算的代码，忽略了复杂的法理学讨论。数据主义认为，宇宙由数据流组成，任何现象或实体的价值在于对数据处理的贡献。数据主义主张使用数字定律打破机器和动物的界限，期待电子算法有一天能破解甚至超越生化算法。[2] 法律是一个相对封闭的涵摄系统，历史学家尤瓦尔·赫拉利指出，人类大规模合作的根基在于集体想象和虚构故事的能力，人不同于动物的根本区别在于人能够编织出规则、观念和意义之网，"其中的法律、约束力、实体和地点都只存在于他们共同的想象之中。"[3]

在区块链等技术将证据信息代码化时，证据信息便被简化为了时间戳（文件属性里的创建、修改、访问时间。其作用在于为用户提供一份电子证据，以证明用户的某些数据的产生时间。）与 Hash 值，时间戳与 Hash 数值的证据化表示是对物理空间证据信息的代码化表达，对证据信息的电子代码化，这一过程确实会导致部分基于物理空间的法律意义流失，也会产生一系列全新的基于数字空间的法律意义。但是，不经过这样的处理，法律规律、法律推理和法律判断的过程就无法实现数智化运行。在理想状态下，法律整合社会经验形成逻辑缜密的社会化网络，经过算法逻辑表达并将其嵌入虚拟空间。技术规则法律化的进程倒逼法律人更加精准和体系化地表述法律知识。法律规则的算法式嵌入直接受到法律文本表述精确程度的影响。"代码之治"（code as law）由法的运行阶段渗透至法的制定阶段，一种以技术架构来规范技术领域的思路应运而生，其核心特征是利用代码来定义人们需要遵守的规则，将法律的价值嵌入算法的运行中。但是，这些代码规则必须通过权威授权才能获得正式的批准，因为编程不等于立法。[4]

第二，法律推理层面，法律人不仅需要具备专业的法律知识，"对时代需要的感知，流行的道德和政治理论，对公共政策的直觉……"[5] 也都是法律推理不可或缺的背景知识。"一个法律工作者如果不曾研究经济学与社会学，那么他就极容易成为一个社会公敌。"[6] 人工智能等数智技术所能做到的仅仅是功能性模拟，将原有复杂的思维过程进行整合与排列。这一过程仅仅有助于形式正义的增强，算法决策过程仍难以融合复杂的社会背景知识。而区块链司法所运用的共识机制则形成了一种数据信息的

---

〔1〕 郑戈："算法的法律与法律的算法"，载《中国法律评论》2018 年第 2 期。

〔2〕 ［以色列］尤瓦尔·赫拉利：《未来简史：从智人到智神》，林俊宏译，中信出版社 2017 年版，第 333 页。

〔3〕 ［以色列］尤瓦尔·赫拉利：《未来简史：从智人到智神》，林俊宏译，中信出版社 2017 年版，第 132 页。

〔4〕 ［英］理查德·萨斯坎德：《线上法院与未来司法》，何广越译，北京大学出版社 2021 年版，第 163 页。

〔5〕 ［美］小奥利弗·温德尔·霍姆斯：《普通法》，郭亮译，法律出版社 2021 年版，第 1~5 页。

〔6〕 李霞：《波斯纳：法律的经济分析》，黑龙江大学出版社 2009 年版，第 531~532 页。

整合与调配模式，形成信息由"随机性"迈向"全样本"的观念转变。这一过程能够丰富法官对社会背景的认知能力，借助人机合一的数智嵌合结构使法官对案件事实的洞察能力发生了质的飞跃。数智司法模式借助法官与数智工具的交互作用，通过数智化的方式增强了法官主观感受与案件客观场景的互嵌与通联。法官将拥有更多的时间与精力专注于法律的价值分析与法律的适用选择之上。这一理想状态需要中国在未来司法区块链建设中以联盟链的姿态尽可能纳入更多的见证节点用以形成共识。

美国现实主义法学家格雷认为，法律推理的大前提并非像分析法学所说的那样，是预先存在的、等待法官去查找的白纸黑字规则，而是法官综合了诸如政策、道德、原则之类的价值考虑和对白纸黑字规则的具体解释而重新制定出来的规则。"制定法无法解释自身，其含义是由法院来宣布的，而且正是基于法院宣告的含义而非其他含义，制定法才作为法律被强加给社会。"[1] 司法区块链的核心作用，是建构了一种可信的协调机制，排除法律推理过程的世俗化纷扰，增强法律推理中小前提的精确程度。从中国区块链建设的前景来看。联盟链逐渐成为主流模式，传统公证机构成为共识节点中的重要节点。司法区块链或将开启一种分散式节点治理的司法权力配置样态，权利/义务、权力/责任都可以通过节点的访问权、处理权来表达和实现，进而形成全流程留痕、全场景可视、全过程回溯的司法数据推理监督模式。[2] 在杭州互联网法院审理的元宇宙 NFT 第一案，[3] 法官首次使用了"地址黑洞"这样的表达术语对节点予以法律层面的否定性评价。法院采取强迫侵权 NFT 作品在区块链上予以断开并打入地址黑洞的形式，实现停止侵权的创新形式。节点治理运用于司法数据管理中将有利于解决科层制下司法腐败容易滋生的问题，也将强制司法权的运行更加受制于事实的约束。法官可以选择性忽略证据信息开展法律推理，但他无法消除司法区块链的数据留痕。

第三，法律判断层面，法律判断的主观能动性与价值选择性应当予以保护。[4]"法官就是法律由精神王国进入现实王国控制社会生活关系的大门。法律借助于法官而降临尘世。"[5] 法律判断本身的主观能动性决定其拥有重新界定原有概念术语和推动法律变革的革新效能。在技术日益智能化的数智时代，法律的日益技术化只会加速其被取代的速度。人工智能、区块链等数智技术所取代的对象就是缺少创造性与价值判断的工作。没有法律价值与法律目的引领的数智司法将会把人异化为简单而又纯粹的符号。技术规则法律化不应成为一个单向度的工作，应将丰富的人类情感与复杂的社

---

〔1〕 刘星：《法律是什么：二十世纪英美法理学批判阅读》，中国法制出版社 2015 年版，第 73~74 页。

〔2〕 马长山："数字法学的理论表达"，载《中国法学》2022 年第 3 期。

〔3〕 参见杭州互联网法院（2022）浙 0192 民初 1008 号民事判决书。

〔4〕 张保生："人工智能法律系统：两个难题和一个悖论"，载《上海师范大学学报（哲学社会科学版）》2018 年第 6 期。

〔5〕 ［德］拉德布鲁赫：《法学寻论》，米健译，法律出版社 2012 年版，第 120 页。

会形态融于冰冷的代码运行。在技术规则法律化的过程中，法律人的目光应来回穿梭于事实与规范之间，关注数智司法的运行对身处其中的人的行为所产生的影响，防止人成为单向度的人。正如马尔库塞所言："但是，在这里。发达工业社会却使批判面临一种被剥夺基础的状况。技术的进步扩展到整个统治和协调制度，创造出种种权力的形式。"[1]

（二）在线诉讼规则的整体性调整

线上司法经历司法实践长时间的运行与检视，督促在线诉讼规则进行开拓性的整体性调整。[2] 司法系统在将卷宗与法庭等传统司法信息通信方式转化为数智司法技术性工具的流程中，由于信息与通信技术受到存储环境的清洁性、数智算法环境的安全性等因素的影响，在线诉讼过程的可解释性与运行架构必然受到技术特征的限制。目前司法机关正在积极探索一种"诉源治理"的司法观念。习近平总书记指出，"把非诉讼纠纷解决机制挺在前面""从源头上减少诉讼增量"，为破解人民群众的"烦事"和社会治理的"堵点"提供了根本遵循。2021 年 2 月 19 日，中央全面深化改革委员会第十八次会议审议通过《关于加强诉源治理推动矛盾纠纷源头化解的意见》。[3] 司法机关借助大数据通过探索、创新、优化数据模型，通过数据的集束与关联，挖掘深层社会问题，促进解决法治领域深层次问题，推动执法司法权运行机制建设与改革。比如，浙江省绍兴市检察院根据个案线索，依靠数据对比发现 142 件虚假讨薪案线索，以检察形式督促法院依法纠正不当民事裁判，从根源化解潜在的社会矛盾与可能引发的诉讼纠纷。

案件管理系统让原有依靠纸质记录案件流程的操作更加精细化与可控化，减少法官与书记员对程序的不同理解与解释空间。原本上级通过纸质材料对下级的监管模式转变为计算机代码和算法系统直接控制运行的程序。上级法院会同技术公司设计出一套精细化的审判信息系统，需要司法工作人员按照系统规定的流程输入相应案例数据，也可能需要司法工作人员使用较为固定电子文档模板。过度的代码化可能损伤司法机构的主观能动性，在适度的范围内，案件管理系统将增加司法运作的透明度与精细度，使得同案同判的诉讼目标有了更为精准的实现路径。大数据对数据的高度集中，又对诉讼流转过程的个人信息保护提出了更高的要求。以法律人的视角，在数智司法领域

---

〔1〕［美］赫伯特·马尔库塞：《单向度的人 发达工业社会意识形态研究》，刘继译，世纪出版有限公司、上海译文出版社 2008 年版，第 124 页。

〔2〕《运行规则》第 5 条第 1 款规定："智慧服务系统在互联网运行，与法院专网安全联通，为人民群众提供诉讼、调解、咨询和普法等在线服务，支撑构建一站式多元解纷和诉讼服务体系。"第 3 款规定："智慧服务系统应当具备诉讼指引、在线调解及名册管理、在线立案、在线交费、在线证据交换、在线委托鉴定、在线保全、在线庭审、在线执行、在线阅卷、在线查档、在线送达、在线公告、跨域诉讼服务等功能。"

〔3〕严展薇："加强诉源治理 推动矛盾纠纷源头化解"，载《上海人大月刊》2022 年第 2 期。

引入"可用不可见"的隐私计算技术，将司法数据根据期望公开的程度予以数字加密，才能适应数字时代的法治建设。

（三）司法区块链技术是数智诉讼中的数据布控技术

司法区块链是数智诉讼围绕着数据部署与通信调节的重要环节，司法区块链与人工智能将在司法数据部署与通信工程中发挥关键作用。人工智能强调数据的分析与处理，所以无法取代人类司法的价值判断。司法区块链则强调数据的部署与通信，改变的是传统纸域司法的审理流程与通信方式，并将成为数智司法模式的通信中枢。数据与通信是数智司法中的核心命题，也将导致数字法学研究领域内的研究范式产生分化。基于口头与书面法律关系框架下的"状态型"研究与基于新型数据布控与通信法律关系的"关系型"研究进路。原有"状态型"研究的局限在于理论框架蕴含着以传统案牍模式下的法律关系作为理论预设的特点，将研究对象内嵌于传统法律预设的法律关系框架之内，本能地将数据布控法律关系以文书思维进行分析处理。例如部分学者在进行理论研究时，本能地以个案举证、书证逻辑分析处理取代需要结构化、海量化、分散式比对的司法数据布控与通信问题。而"关系型"研究将法律关系定义为未知状态，能够比较客观地审视法律关系是否发生了变迁，从而将数据布控与通信作为未知的法律关系，进行抽象命题并加以提炼。[1]

司法区块链所引发的司法数字化由法律、技术、制度等因素共同塑造，这些因素共同塑造了法院作为司法服务者的身份。根据最高人民法院《司法区块链技术要求》，司法区块链的数据部署与通信系统主体包括业务角色和建设主体两类。业务角色提供和使用司法区块链的服务，包括见证方、服务使用方和用户三类；建设主体参与建设司法区块链以及相关的业务角色。司法区块链具有社会与政治的双向维度。正如英国学者凯伦杨指出，法学家对算法的关注实际是社会技术的组合，而不仅仅是组织和处理一组数据以快速实现预期结果的一些逻辑步骤。算法设计者旨在功能和意识形态上致力于计算知识的产生，而插入由司法信息系统产生的或与之相关的程序应是法学研究关注的重心。[2] 司法区块链欲以技术规则化制度化的形式融入司法系统性工程，需要建构预测的、反复的解释路径。[3]

三、司法数据部署：纸域"单向流转性"之于数据"反向溯源性"

（一）纸域流转逻辑与数智溯源逻辑的理念冲突

虚拟空间蕴含着大量的有价值的信息，是一座宝库。挖掘这样宝库需要法学界清

---

〔1〕孙梦龙："互联网法院的价值功能与建构路径"，载《大连海事大学学报（社会科学版）》2022 年第 4 期。

〔2〕Karen Yeung, *Algorithmic regulation: a critical interrogation*, Regulation & Governance, 4. (2012)

〔3〕Kallinikos J, *The consequences of Information: institutional Implications of Technological Change*, Edward Elgar, (2006).

楚认识到司法数据并不是冰冷的机器，而有温度的。必须用抽象法学命题的提炼让它"活"起来，要让数智司法系统与法学界对话。不能简单因为主观认知上虚拟数据"看不到""搜不着""用不好"就认为电子数据具有"虚拟性"与"易篡改性"。最高检赵宪伟同志指出，海量数据分析的人工智能算法部署并不是一件困难的事情，其实只要检察机关能够做到将侦查部门移送的数据"平台化"这样简单的事情，后面的部署就可以顺理成章进行。赵宪伟同志演示了以"时间""空间""行为"三个维度进行数据要素提取，展示了数据经由平台分析，进而由"非结构化数据"迈向"结构化数据"的历程。[1] 海量司法数据的运行模式要实现从人工司法到"人工+智能"司法的模式转变。把握数智司法的通信原理首先应当由司法第一线的理念碰撞，即"电子证据"与"传统证据"的理念碰撞为切入点。

目前，司法区块链技术已经越来越多地用于电子证据存证领域，并将逐步拓展至整个电子卷宗领域。2021年6月16日，最高人民法院公布的《人民法院在线诉讼规则》比较详细地规定了基于区块链平台存储的电子数据的真实性判断规则。《意见》也明确了人民法院加强区块链顶层算法设计并打造开放共享的全国法院司法区块链平台。[2] 最高法领头搭建了"人民法院司法区块链统一平台"，以期实现电子数据全节点可见证，全链路安全可信、全流程留痕记录、数据难以篡改，解决司法实践中存证难、取证难、认证难、鉴定难等痛点问题。截至2021年12月，杭州互联网法院已采集20.19亿数据，为网上购物、网络服务、金融借款等引发的诉讼案件提供重要的司法支撑。[3] 司法区块链存证技术与传统公证存在明显差异，电子证据证明体系呈现"国家公证"向"技术自证"的趋势发展。[4] 但是这一过程中应当明确法官作为审判者的主体地位，坚持技术辅助司法的工具立场以及司法对技术的规训地位。

区块链存证业务量总数逐年上升，未来使用区块链技术验证电子数据的案件量将逐步上升，频次也会越来越多发。区块链存证技术之所以备受青睐，是因为区块链技术高度契合存证之诉讼程序需求。经过区块链技术存储的电子数据具备传统电子数据所不具备的优点。目前，司法实践中电子证据转化式适用率较高的问题较为明显。电子证据陷入转化式适用，有着深层次的理论和实践因素。在主观上，法律人缺少对虚

---

〔1〕 信息由最高人民检察院检察技术中心科研处处长赵宪伟在"检察技术论剑：海量电子证据如何审"讲座中分享。

〔2〕 《最高人民法院关于加强区块链司法应用的意见》明确要求人民法院加强区块链顶层算法设计、持续推进跨链协同应用能力建设、提升司法区块链技术能力、建设互联网司法区块链验证平台、建立健全标准规范体系。《意见》提出要打造开放共享的全国法院司法区块链平台，加强司法区块链平台与各行业区块链平台跨链联盟建设，持续提升协同能力；要在互联网端建设司法区块链验证平台，支持当事人等相关主体对调解数据、电子证据、诉讼文书等司法数据进行真伪核验。

〔3〕 统计数据来源于2021年12月中国信通院发布的《区块链白皮书》。

〔4〕 张玉洁："区块链技术的司法适用、体系难题与证据法革新"，载《东方法学》2019年第3期。

拟空间与物理空间差异的法律认知，本能性偏好于物证、书证等传统证据和物理空间中证据的"实在感"，为法律人追求法律论证的确定性提供了定式思维癖好。区别于传统证据，电子数据以数字代码的形式存在于看不见、摸不着、用不好的无形虚拟空间中，法律人不得不借助各种电子设备将虚拟空间中的电子数据由二进制语言转化为人类语言，进而对其内容进行解读，电子数据的虚拟性让法律人对其具有天然的"距离感"。

电子证据转化适用所带来的首要问题是证据信息的部分遗失，与《运行规则》提出的数据流转平台体系相冲突。[1] 刘品新教授曾提出电子证据的系统性理论，即电子数据具有普遍联系的规律。尽管表面来看，电子数据具有易篡改性，但篡改电子数据内容的同时，需要依据系统性规律为造或编造出假的附属信息与关联痕迹，否则造假行为容易被发现。[2] 根据电子证据的系统性理论，电子证据包括了三大部分，首先是核心数据，它是电子证据最主要的部分；然后是附属信息，这部分是指在处理上述数据时所产生的相关记录，例如操作日志和资料属性等；最后是关联痕迹，即是内容数据因处理而新产生的痕迹。这三部分相互补充，构成了电子证据本身，也证实了电子证据并非孤立而是相互联系且共生的状态。[3] 电子数据转化为书证后，只保留了内容数据，而遗失了附属信息和关联痕迹。这一过程破坏了电子证据的完整性。第二个问题是电子数据的转化适用否定了电子证据本身独立的法定证据地位和价值。如果电子证据仅仅通过转化为书证形式加以适用，那么将导致电子证据的法定证据地位虚置，进而否定了电子证据的独立地位，并且难以吸收新型证据类型所蕴含的证明理念。[4]

附属信息和关联痕迹在司法区块链这一代码架构下，以 Hash 值的方式记录下来。时间戳加密将司法数据按照时间的先后顺序加以排列。在传统纸质卷宗的时代，信息的传递受时间单向推移的影响，呈现"单向流转"的特性。随着司法数据的通信模式进入数智时代，区块链式的司法数据部署将决定何种司法数据的启动与协调，呈现出"反向溯源"的特性。例如，商业性质的区块链证据在司法实践中存在着"双重上传"的风险。尽管《在线诉讼规则》第 16 条对上链前证据的真实性予以了明确，但若当事人在两个相对封闭的商业区块链中分别存储两个不同类型的电子证据，发生纠纷时仅提交对己方有利的证据，即会产生信息技术欺骗司法的不良后果。若在区块链共识节点中，有司法机关或其他公信节点的介入，形成司法联盟链的组织形式，司法机关便

---

[1] 《运行规则》第 39 条规定："各级人民法院应当建立健全人民法院在线运行相关数据生产、汇聚、存储、治理、加工、传输、使用、提供、公开等远程管理机制，明确数据管理责任，全面提升数据质量，提高数据应用能力。"

[2] 刘品新："论电子证据的理性真实观"，载《法商研究》2018 年第 4 期。

[3] 刘品新：《电子证据法》，中国人民大学出版社 2021 年版，第 15～16 页。

[4] 孙梦龙、陈文："区块链视角下技术证明与法律证明的良性互证"，载《湖南社会科学》2020 年第 6 期。

能够在核验当事人上传的证据时，借助区块链的账本结构，查询到同一当事人上传的不同数据。区块链共识算法的法律价值得以充分发挥。由于司法通信模式的变迁，未来电子数据的审查，应基于数据的部署与通信为理念进行制度性重构。具体而言可将原有合法性、客观性、关联性审查具象为"存储环境的清洁性""算法设计的中立性"以及"算力储备的充足性"（或可理解为是否具有相应的资质）。

在纸质卷宗向电子档案过渡的过程中，电子身份认证系统为电子文件创造了一个具备真实性、完整性、客观性的存储环境。在欧洲，第 1999/93/EC 号指令为基础的数字签名为当事人的身份认证提供了法律认证路径，也是司法系统用于检查提交案件资格、真实性以及交换文件的不可否认性的最佳解决方案。在中国，目前司法区块链平台针对见证方和服务方采用基于证书的认证机制，具体而言，包括以下几种认证类型：①业务系统与节点、节点与节点间采用 TLS（安全传输层协议）进行认证，认证通过后才能在可靠信通上传输业务信息。并且在共识系统与节点之间、节点与节点之间的通信经 TLS 加密[1]，抵御中间人攻击。TLS 安全传输层协议以明确可控的技术标准为法律认证提供了相对稳定的客观环境。最高人民法院在《司法区块链技术要求》中架构设计，已在传统区块链共识算法的架构基础上引入了 TLS，打破了传统区块链技术的"黑客难题"（即 51% 节点被恶意控制的技术问题）。②司法区块链应支持 TLS 协议和 HTTPS 两种协议供使用方选择，两种协议模式均应支持基于证书的双向认证，HTTPS 应支持根据使用方需求配置单向验证，使用更加灵活。③节点与节点之间应实现握手逻辑，通过在握手过程中添加验证对方节点私钥签名的方式来确保节点间通信的可靠。

（二）司法通信模式的变迁——司法数据的联盟式部署

数智司法围绕司法数据开展的通信模式变革，将呈现联盟化的发展趋势。[2] 司法数据的联盟化需要数智时代的司法机关坚持去中心化、参与式的算法结构设计，坚守以人为本的价值理念，形成社会化参与、社会化共治的司法联盟链。异步审理是一种典型的联盟式数据部署模式。借助数字技术，当事人的数据形成了一种传统口语与案牍模式下的"不在场的在场"，使原有案牍模式对信息的认知与裁断，融入了蕴含诉讼权利与义务的司法数据的加载与规制。

电子证据的采信及司法数据的管理需要司法区块链技术以可信身份、可信时间、可信环境技术、可信技术方式对于证据固定、收集、审查、判断业务等关键过程给予

---

〔1〕 安全传输层协议（TLS）用于在两个通信应用程序之间提供保密性和数据完整性。该协议由两层组成：TLS 记录协议（TLS Record）和 TLS 握手协议（TLS Handshake）。

〔2〕《最高人民法院关于加强区块链司法应用的意见》指出，推进构建与知识产权、市场监管、产权登记、交易平台、数据权属、数据交易、金融机构、相关政府部门等区块链平台跨链协同应用机制，支持知识产权保护、营商环境优化、数据开发利用、金融信息流转应用、企业破产重组、征信体系建设等。

独立公正透明记录，形成完整证据链的平台，实现整个过程可追溯、可审查、不可篡改。从源头上解决了电子数据乃至电子卷宗的生成、存储、传输、提取的可信性问题。根据最高人民法院《司法区块链管理规范规定》，最高人民法院网络安全与信息化领导小组负责对已存证的数据进行管理。全国法院可通过司法区块链门户提供的存证数据统计功能，实时掌握本单位已存证数据的情况。外部单位存证系统的运营，则供全国法院办理案件时参照适用。

区块链存证技术从数智逻辑层面改变了主体司法机关对客体电子证据之间的认知逻辑，借助时间戳技术与 Hash 加密的数智逻辑，在法律层面上为"飘忽不定"的电子数据盖上了唯一确定的"数字签章"，这样在一个从有效技术向证据合法自证的转换环节搭建了一个崭新的法律适用平台，该项平台的搭建已经得到最高人民法院的司法认可。[1] 司法区块链的数智逻辑表现为：法院在诉讼程序数字化过程中，需要一个相对稳定而又明确的技术标准或规制环境，从而为文件电子化的真实性、完整性、合法性和不可变更性创造法律保障路径。

较多法官热衷于利用可信时间戳技术与司法区块链技术进行第三方存证，因为两者均有较为明确的技术标准。可信时间戳技术由联合信任时间戳服务中心为信用背书，而司法区块链技术以权威可信节点全程参与校验码实现信用背书。电子数据尽管具有系统性特征，但由于其作为证据所承载的数据信息过于庞杂与复杂，会导致数据证明过程超越法庭证明技术本身可承载的能力范围，那么法庭出于对公正与效率的考量，不可避免地将证明责任转嫁给公证机构。目前杭州互联网法院在其电子证据交换平台规范明确了电子证据参照 GB/T 20520—2006《信息安全技术　公钥基础设施　时间戳规范》与 GB 50174—2017《数据中心设计规范》两类技术规范为技术标准。[2]"区块链+司法"模式的成功适用，不应简单视为区块链为传统司法提供了良好的工具，更为重要的是为司法机构建立数据部署与为通信为中心的司法流程提供了较为稳定的技术标准或司法证明技术架构。在技术有效、程序合法的前提下，唯有两者不断组合，才能进行有效的电子证据适用领域的司法改革。[3]

四、司法数据通信：案牍"单一庭审还原"之于数据"多元场景分布"

（一）案牍信息"单一庭审还原"迈向司法数据的"多元场景分布"

在案牍时代，司法裁判所依赖的信息主要在固定的场域——庭审中集体化处理。

〔1〕《运行规则》第 11 条第 1 款规定："各级人民法院应当建设信息基础设施，为人民法院在线运行提供必要的基础条件支撑。"第 3 款规定："信息基础设施应当为各类应用系统、数据资源和运维保障提供计算运行、数据存储、通信传输、显示控制等服务。

〔2〕见《杭州互联网法院电子证据平台接入规范》。

〔3〕[英] 罗杰·布朗斯沃德、埃洛伊斯·斯科特福德、凯伦·杨：《牛津法律、规制和技术手册》，周辉、胡凌等译，中国社会科学出版社 2021 年版，第 202~203 页。

庭审流程暗含实践、空间、人物、行为等诸多要素。在中国目前的司法区块链建设中，司法区块链致力让电子数据"生成即上链"——法院在网络消费行为产生时，即同步上链存证。版权链在作品上传之后即进行全网比对与检测。这是一种典型的由案牍"单一庭审还原"到数据"多元场景分布"的司法表现场景。尽管该模式有损害司法被动性的嫌疑。但从客观情况而言，权益遭受损害方往往处于算力极度劣势的状态，平台完全掌握着大部分数据的更新与删除。甚至在网购日益常态化的时代背景下，平台本身就掌握着纠纷处理的公权力（power），分割传统意义的司法权。此时权益遭受损害方起诉超级平台获得司法救济的权利很难得到实质性保障。司法数据"多元场景分布"将更有利于实质层面权利救济的实现。

根据《意见》，最高法推进的区块链司法体系所形成的司法数据部署模式是一种去中心化司法，或称"参与式"司法。[1] 这种司法模式相对于传统司法部门的权威认定有着不同的思路。基于区块链技术，司法数据将形成"多元场景数据分布"的数据布控模型。由于这种设计本身遵照了适用对象的公正理念与条件，相较于传统司法，更容易实现司法公正和司法效率，形成了一种精细化、网格化的公私协同治理格局。笔者认为区块链司法的建设应重点建设以下三方面：第一，基于区块链技术建立的去中心化自治组织（Decentralized Autonomous Organization）；第二，基于非对称加密的机制设计，保障案件匿名公证与制度激励；第三，维持司法的公正性。由纸域中心式司法走向数智"参与式"司法。[2] 中国《密码法》所指向的技术标准和认证机构资质，为司法区块链作为数据通信技术部署的法律化提供了必要技术保障和基本的法律保障。《密码法》关于公钥加密与非对称加密的规定为区块链提供司法数据档案库的合法性作出了规范性指引。

司法区块链提供一种提高司法机构与诉讼参加人之间透明度和协作的新方法，从而塑造出崭新的司法数据通信储存和传输模式——从"个人举证"迈向"集体记账"，从"个案审结"到"类案集束"这样一种司法数据"多元场景分布"的格局。这种司法数据布控模式有望搭建现实司法与虚拟数据库之间的通信桥梁，重构一种新的司法信任机制，提升数智司法的有序度。[3] 区块链在司法数据库上的目标可归纳为"中心"走向"分布"、"个案"走向"类案"。正如维克托·迈尔-舍恩伯格在《大数据时代》所指出的那样：数据分析应尽可能穷尽，而非局限于少量的样本。[4]《意见》提

---

〔1〕《运行规则》第 10 条第 3 款规定："司法数据中台和智慧法院大脑应当具备数据汇聚治理、共享交换、关联融合、可视化展现、知识生成、智能计算、辅助决策、证据核验、可信操作、智能合约等功能。"

〔2〕孙梦龙："司法区块链与区块链司法"，载《重庆邮电大学学报（社会科学版）》2022 年第 1 期。

〔3〕孙占利："区块链的网络安全法观察"，载《重庆邮电大学学报（社会科学版）》2021 年第 1 期。

〔4〕[英] 维克托·迈尔-舍恩伯格、肯尼思·库克耶：《大数据时代》，盛杨燕、周涛译，浙江人民出版社 2013 年版，第 29 页。

出到 2025 年建成人民法院与社会各行各业互通共享的区块链链际联盟。[1] 当传统文书被简化为机器代码，工作的顺序、实践方式也将发生相应的调整。欲使这种数据通信技术具有法律上的价值，需要一个配套法律框架予以支撑，《运行规则》的制定便为司法区块链技术规则的法律化提供了初步的法律保障。在实际运行中，应考量司法区块链技术与在线诉讼程序的契合度，权衡两者结合所带来的系统兼容性和复杂性，以避免电子司法改革无法承受的技术风险和法律风险。

（二）司法数据的分散式通信——"参与式"司法的算法法律化

司法区块链对信息共识从而形成数据通信与部署的技术策略，[2] 需要经过诉讼法的规训以确保法律功能与价值不受减损。根据哈德菲尔德和温加斯特的观点，利用司法区块链技术构建数据共享机制，辅助司法决策，应符合以下法治特征：第一，裁决公开；第二，程序化、制度化、合法化解决纠纷；第三，决策逻辑稳定；第四，案件可预期结果的制度保障；第五，决策机制客观公正，不受各方当事人等级或地位影响；第六，可以根据公众意见改进规则。[3]

区块链技术的去中心化自治组织（DAO）借助智能合约，可以优化原有的司法流程，从而辅助案件电子档案的溯源流转以及电子数据的真实性认定。[4] 诉讼法或可从如下角度开展对司法区块链的规训：

第一，裁决的逻辑公开：区块链共识的结果应由司法机关等公权力节点全流程见证、参与，并接受案件当事人的监督。

第二，制度化解决纠纷：区块链节点共识应有一套明确而确定的证明标准，实现同案同判的价值追求。

第三，决策逻辑稳定：参与式司法（或称去中心司法）的底层算法应当稳定。

第四，案件结果可预期的制度保障：最高法的案例与指导意见应当以共识节点的方式介入每一个审判案件的细节之中。

第五，决策机制客观：通过数字身份的加密，实现对审判人员与案件人员身份信息的"遮蔽"，保证案件审理的公正。

---

〔1〕《最高人民法院关于加强区块链司法应用的意见》提出到 2025 年建成人民法院与社会各行各业互通共享的区块链链际联盟，数据核验、可信操作、智能合约、跨链协同等基础支持能力将大幅提升，将司法区块链链际联盟融入经济社会运行体系，主动服务营商环境优化、经济社会治理、风险防范化解和产业创新发展，服务平安中国、法治中国、数字中国和诚信中国建设，形成中国特色、世界领先的区块链司法领域应用模式。

〔2〕《运行规则》第 39 条明确规定："各级人民法院应当建立健全人民法院在线运行相关数据生产、汇聚、存储、治理、加工、传输、使用、提供、公开等过程管理机制，明确数据管理责任，全面提升数据质量，提高数据应用能力。"

〔3〕 Gillian K. Hadfield and Barry R. Weingast, *Microfoundations of the Rule of Law*, The Annual Review Of Polticial Science, 2014, 17.

〔4〕 孙梦龙："司法区块链视域下电子数据的线上化证明"，载《河南财经政法大学学报》2022 年第 2 期。

第六，可以根据公众意见改进规则：参与式司法应当接受公众对底层代码的监督，保证区块链共识算法的可解释性。

需要注意的是，编程不等于立法。正如理查德·萨斯坎德指出，法律人无法扮演"系统架构师"的角色，但是可以以集体决策的方式预先拟定诉讼裁决规则。所有的代码需要规则委员会的权威授权，才能得以批准。司法区块链技术应用平台的搭建，应经过具有权威性的正当程序，以维系法律的公正与尊严。"不可以把规则制定和代码设计仅仅交给一群开发人员和法官去完成，不管他们多么经验丰富和动机善良。"[1] 参与式司法区块链技术是跨学科新技术，缺少成型的技术经验可循，应启动试点建设和示范项目研发，待条件成熟再普及推广。这种涉及国家司法权、国家主权的大型系统工程，须由最高权力机关、最高司法机关等进行顶层算法设计，积极组织、策划、实施，不仅需要政府政策资金扶持，而且需要司法机关、法学科研院所等法律人群体的广泛参与，更需要最高司法机关及权力机关顶层设计、完善上链标准和程序、扩大联盟链生态，为未来司法区块链发展建规立矩。[2]

北京互联网法院研发的天平链由两级节点构成，一级节点类似英美法系的法官，负责数据最终的统筹与共识。二级节点类似英美法系的陪审团，负责对案件事实信息进行全面的数据记录及表决。双级节点的范式设计调和了科层制司法结构的僵化与去中心化思潮中"无政府主义"的弊病。在纯粹理想主义的公有链模式下，司法数据面临着"黑客"攻击占有多数节点以及处理数据成本高昂等问题。[3]

五、数智司法的通信模式——区块链司法

（一）世界数智司法的缔造者与先驱者——来自东方的区块链司法

从《最高人民法院技术要求》来看，中国已经具备较为成熟的数智司法布控的建设图景——区块链司法。这种司法区块链方案有望建成世界领先的数智司法模式，为人类司法文明贡献东方智慧。目前中国司法区块链技术架构包括四个层级和一个纵向工具平台。四个层级自上而下分为：应用层、可信存证层、区块链核心层、基础层。应用层实现数智司法的诉讼服务、审判执行、司法管理等相关业务的线上运转与数据布控。应用层接入司法区块链，既是司法区块链数据的来源，也是司法区块链的服务调用方和适用方。可信存证层为司法区块链应用层提供不同级别的可信区块链服务，建立了数据上链后的数据安全可信机制。可信服务应实现基于多种认证因子的身份认证，以及可信签证、可信时间、可信环境等。

---

〔1〕 ［英］理查德·萨斯坎德：《线上法院与未来司法》，何广越译，北京大学出版社 2021 版，第 162～163 页。

〔2〕 陈文、孙梦龙："司法区块链的诉讼程序价值、功能及链际建设"，载《法治论坛》2021 年第 3 期。

〔3〕 胡铭："区块链司法存证的应用及其规制"，载《现代法学》2022 年第 4 期。

区块链核心层实现区块链系统的核心功能，分为基础服务、平台管理、接口服务三部分。基础服务提供区块链的基础能力，共识机制确保司法区块链中的节点快速达成司法数据的一致性，区块链存储的算法设计保证存储链上的信息具备法律的真实性需求，组网协议通过点到点的方式确保信息的传递具备高度的稳定性以及隐私保护应保障账户模型下账户及其交易信息的隐私性。平台管理中的链域管理实现链域范围内的网络管理、配置管理等，组织管理实现司法体系组织架构内的使用权限分配。节点管理实现共识节点加入、退出等。接口服务提供应用的接入方式。基础层提供互联网信息基础设施的服务能力，具体的数据部署方式包含公有云、私有云等云部署模式。基础层应实现数据的安全存储、分析和计算。工具平台实现系统运转的监控、管理、运维。

来自东方的区块链司法为世界数智司法模式提供了一种完美的发展样板，其核心在于提供一种标准化、可调适、全球化的虚拟司法模式。司法数据在这样的程序中实现了开源共享，同时又可以根据全球不同地区的法域做进一步的调整。[1]

（二）区块链信任部署数智司法的通信模式

区块链司法塑造一种崭新的信任模式。传统社会中，人们主要依赖道德、宗教、血缘、霸权建立不稳定的信任关系，由此而影响到传统司法关系的可靠性。区块链技术以"零知识证明"的方式构建出一种崭新的信任机制。零知识证明（Zero—Knowledge Proof）是现代密码学核心之一。20世纪80年代初，S. Goldwasser、S. Micali 和 C. Rackoff 提出零知识证明。零知识证明在区块链中的价值是指在充分证明自己是某种权益的合法拥有者的过程中，不把有关的信息泄露出去，即给外界的"知识"为零。区块链技术巧妙借助零知识证明的技术原理，以非对称加密为技术为底层技术、以《密码法》公钥加密的规定为技术标准，构筑稳固的数字正义秩序。《最高人民法院关于人民法院贯彻落实党的十九届四中全会精神推进审判体系和审判能力现代化的意见》明确将"加快建设人民法院司法区块链统一平台"作为"审判执行工作与现代科技深度融合"的重要环节。

区块链技术利用"零知识证明"的原理，建立了一种前所未有的去中心化模式下的信任关系。这种应用场景由人与人拓展至人与算法、人与机器之间，激发公众对数智司法的期盼与渴望。过于注重国家集权能力的建设，忽略公众参与机制的完善，会导致智慧司法的建设趋向于维护精英阶层和既得利益团体以"公共利益"为名侵蚀、吞并底层民众利益。[2] 司法区块链技术与数智诉讼程序的共建形成国家与社会"共进"式和多元社会力量"参与"的司法体制新格局。"法律的生命在于经验而非逻

〔1〕　［英］理查德·萨斯坎德：《线上法院与未来司法》，何广越译，北京大学出版社2021版，第64~65页。
〔2〕　［美］德隆·阿西莫格鲁、詹姆斯·A. 罗宾逊：《国家为什么会失败》，李增刚译，湖南科学技术出版社2015年版，第104页。

辑"，如果智慧司法未能建立起诉讼主体与司法区块链数据部署及通信技术之间的基础信任，数智司法的建设就无从谈起。

（三）基于区块链的元宇宙未来司法展望

2022年9月23日，全国法院首场元宇宙庭审在厦门举行。相较于传统二维的诉讼模式，元宇宙庭审中每位参与者进入的是三维虚拟法庭空间。该空间可以更加直观、具象地感受真实的庭审氛围，同步在虚拟空间中入场、起立、坐下……每一个庭审细节都能得到沉浸式体验与还原。[1] 自数智司法建设以来，其是否损害传统司法程序的亲历性与权威性一直饱受质疑。理查德·萨斯坎德在《线上法律与未来司法》以《法律的门前》作为引言向人们讲述了数字司法将会带来一种长期被人所忽视的正义——司法对普通公众的可触达性。[2] 在数字时代，数智司法或许需要司法工作者动用更多的想象力，去设想我们依据现有技术条件下最理想的司法样态。当元宇宙这样虚拟社区理念与智慧司法碰撞能不能产生更多的思想火花呢？实体和程序的天然隔阂实际上是由于物理空间时间与空间差异的概念所引起的，包括诉讼法长久以来还原案件事实的证明思路。但是当元宇宙这样虚拟空间可以被应用在司法场景时，或许我们可以在庭审现实场景与案件发生虚拟场景进行无差别循环切换，让法官在法庭也能直接抵达案发现场。借助VR技术未来司法可以通过对案发现场的模拟，诉讼参加人能够直接观察证据的原始位置，证据在案发场景中的作用，以及整个案件所发展的时间脉络。或许这样一种司法模式需要司法人员将原有还原案件事实的证明思路切换为一种健康码、行程轨迹长期在使用的新兴技术证明思路——对案件事实的客观保留。

将案发过程通过元宇宙VR技术在庭审中进行展现不仅高度维护了法官的亲历性，更进一步实现了高级的诉讼法形态——法官对案发过程的"参与性"这样一个在人类过去任何一个文明时期都不敢设想的高级法律形态。这样一种智慧司法形态不仅不会伤害司法的亲历性，更是将其由"亲历性"升级为了"参与性"，让法官直接目睹案件事实发生流程。这是一个前所未有的司法理念，它将开启人类司法的崭新模式，不仅捍卫了司法的权威与庄重，更能让智慧司法闪耀着数字时代的光辉，让法官感同身受地见证案件发生的全流程。并且数智司法将会超越诉讼功能的范畴，契合中国特色社会主义的国家治理模式——"诉源治理"。法官将直达诉讼当事人案发时的心灵深处，挖掘案件发生的社会深层原因，从而让今后的社会纠纷有望在萌芽阶段便得以消解。

诉讼当事人或许可以在庭审现实模式与案件虚拟模式两种场景中来回切换，通过

---

〔1〕 陈庚："厦门法院举行全国首场'元宇宙'庭审"，载腾讯网，https://new.qq.com/rain/a/20220924 A04TPZ00。

〔2〕 ［英］理查德·萨斯坎德：《线上法院与未来司法》，何广越译，北京大学出版社2021年版，第81页。

点击案件虚拟场景中某一个虚拟物品来查看证据信息。专家辅助人更是可以直观将自己的意见信息附在指定的虚拟案发物品，通过点击该物品，以弹出窗口的形式迅速将证据信息通过窗口的形式展现给法官。借助司法区块链，电子数据的证明模式将实现元宇宙下完全线上化与可视化，全程实现数据安全与来源可追溯。同时它也模糊了虚拟空间与物理空间的界限，让电子数据更加可视化，诉讼人与法官可以随意"触摸"电子数据，查看它的信息与样态。这样一种模式大幅降低了电子数据由于技术性而对庭审活动的冲击与庭审节奏的冲击与干扰。司法区块链全流程线上化证明以更高维度维护了法官对庭审活动的亲历性。让案件信息的处理更加聚焦于最关键的证据，在吸收英美法系当事人参与的同时，以更高的维度捍卫了职权主义下法官对庭审活动的主导地位——数字时代的法官将借助司法区块链透过繁杂的信息网络，直达案件的核心争议焦点。借助元宇宙虚实同构的观念，每个证据可以以最简化的方式向法官展现，它在案件哪个时间产生，经历了哪些流动的场景，发挥了什么样的作用。即使算法还原的场景与真实情况存在差异，针对具体差异进行的庭审质证活动也将更加具有针对性与可操作性。

结论

司法区块链技术"武装"下的数智司法重构了诉讼证据的存储、传输、证明规则及司法信息交互机制。借助司法区块链技术的"武装"的数智司法实践反向激活技术问题解码，继而展示技术的强大司法功能。诉讼法通过规训代码，实现司法先于技术、司法融于技术、司法规训技术。[1] 法律算法化的常态化运作将司法工作人员从繁重的"案牍文书"中解脱出来，其部分时间和精力从案件繁杂琐碎的证明程序得以释放，从而实现更加注重法律价值与精神的"数智审判"。来自东方的区块链司法必将成为世界数智司法的缔造者与先驱者。

---

〔1〕 齐延平："数智化社会的法律调控'，载《中国法学》2022 年第 1 期。

电子数据区块链存证的法律规制

——基于66份判决书的分析

陈爱飞[*]

一、问题的提出

2021年6月，最高人民法院印发《人民法院在线诉讼规则》（下文简称《在线诉讼规则》），在进一步规范在线立案、调解、庭审、执行等诉讼活动之时，也明确了经区块链存证电子数据的证据效力与真实性审查规则。区块链存证提供了一种新型证据鉴真路径，能够在一定程度上解决诉讼中的事实判断问题。虽然区块链存证对于提升电子数据采信率具有促进效果，但仅就如今的司法形势而言，电子数据区块链存证仍然处于探索阶段，而且存在一定的功能局限与适用困境。究其原因，既有主观层面审判者对区块链存证所持的警惕与保守态度，又有客观层面自身风险与法律规范依据的不足。目前，学界关于区块链存证的研究主要集中在区块链技术对民事司法、证明标准的影响层面，尤其体现于研究如何对区块链证据进行真实性审查，其与传统电子数据鉴真有何差异，至于合法性与关联性审查，则依然沿用传统电子数据的判断标准，并非关注的重点。其中，也有学者提到区块链"技术自证"，但他们并未对技术自证成立与否的具体情形及其相对合理性进行更为细致的类型化分析。另外，关于取证和存证的程序正当性审查、互联网法院认定区块链证据的判断标准能否成为人民法院处理同类问题的共识标准，以及技术自证与国家信用认证的冲突与协调等问题的研究较为粗浅。

---

   * 陈爱飞，中南财经政法大学法学院讲师。《苏州大学学报（哲学社会科学版）》编辑部授权转载。

有鉴于此，笔者对中国裁判文书网上与"区块链存证"相关的 66 份裁判文书进行了分析，拟从具体司法判例的视角，对电子数据区块链存证的法律规制进行综合考察。首先，明确电子数据区块链存证司法审查的规范依据与共识标准，阐明真实性审查的要素与步骤，以及技术自证的相对合理性，并通过取证、存证的过程与环境可信，阐明程序正当性审查应关注的重点问题。其次，分析与回应区块链存证难以独立于国家信用背书、技术自证并不能充分解决电子数据鉴真等实践难题，在技术自证与国家信用认证产生冲突时，最好的协调方法是依然在区块链存证中保留司法鉴定与公证等国家信用节点。尔后，立足于区块链存证的全局性视野，提出三种规制路径。

二、电子数据区块链存证的司法审查

（一）司法审查的规范依据与共识标准

1. 电子数据区块链存证审查的规范依据

《最高人民法院关于互联网法院审理案件若干问题的规定》（下文简称《互联网法院若干规定》）第 11 条第 2 款初步规定了经区块链存证的电子数据的证据效力与审查规则。《在线诉讼规则》第 16～19 条在上述规定的基础上，以更为精细的方式规定了区块链存证电子数据的审查方法与判断因素，明确要求区分上链前与上链后两个阶段，尤其应当关注上链前可能影响真实性的各种要素。从以上规定可以看出，考虑到区块链存证的天然特性，对此类电子数据真实性的审查应有别于其他电子证据，既要尊重区块链技术自证的相对合理性，又应当结合质证情况，对电子数据的真实性进行完整且充分的综合判断。

2. 电子数据区块链存证判定的共识性标准

《在线诉讼规则》颁布之前，判断区块链证据的规范依据主要是《互联网法院若干规定》，但该规定是针对互联网法院的司法解释，显然，其他非互联网法院在遇到经区块链存证的电子数据时，不能将该条款作为规范依据予以直接援引，但能否参照适用该规定确立的区块链证据判断标准呢？笔者认为，可以。从司法判例的现状来看，并没有法院直接在判决书中援引《互联网法院若干规定》作为裁判依据，却有三分之一多的案例是非互联网法院参照该规定确立的区块链证据判断标准做出的裁判。由此观之，在《在线诉讼规则》出台之前的区间，司法实践中已有不少非互联网法院将《互联网法院若干规定》确定的区块链证据判断标准作为电子数据区块链存证判定的共识性标准。

（二）真实性审查：要素、步骤与技术自证

1. 真实性审查的要素与步骤

真实性审查主要关注以下要素：其一，真实的电子数据生成。审查其产生、传输、固定的技术与路径是否真实，是否可被验证与追溯。其二，可靠的电子数据存储。由于区块链存证采用的是链上链下协同工作模式，因此可信的链上存证必然要以可靠的链下电子数据存储系统为依托。其三，完整的电子数据内容。已经上链存证的数据难以被删除、改动，客观上保障了数据的完整性。至于人民法院具体的审查步骤，则主要分为四步：首先，在区块链存证平台输入哈希值，可查询获得该数据存证的时间与区块高度，确认该份电子数据已上传至区块链中。其次，对生成的数据进行保全与认证，通过 CA 认证，确保内容客观真实。再次，比对可信时间戳，该时间戳一般由区块链平台的国家授时中心节点进行记录，以确保存证电子数据的时间可信。最后，通过对当事人提交的存证证书进行哈希值校验，可确认电子数据是否未经篡改，系涉案争议的电子数据。

2. 技术自证的相对合理性

在对存证的电子数据进行真实性审查时，需要关注其与传统电子数据的差异性，即技术自证。一般而言，两种环境下能够实现技术自证：其一，完整同步存证。电子数据自产生之时便完整同步存证于司法区块链平台，且其生成、运行、完结的整个过程均实现了链上存证，这种情况下，电子数据的真实性能够得到有效保障，因此能够实现技术自证。其二，完整上传存证。一般而言，由于网络环境下签约的合同的所有电子数据均会同步存储于平台方（服务提供商）服务器，如果该服务器同步或事后将完整且未经任何编辑的电子数据上传存证于区块链存证平台，此时技术自证也能够成立。技术自证在完整上传存证中存在相对合理性，举重以明轻，既然完整上传存证都具有合理性，那么比其更为严谨的完整同步存证则更具有合理性。针对上述两种情形，人民法院应充分尊重区块链存证的技术自证效果。但完整上传存证仅为事后存证的一种理想模式，并不能表明所有的事后存证均能实现技术自证，由于可能存在非完全上传的风险，如果事后存证并未将完整的电子数据存证于区块链平台，则无法实现技术自证的预期效果。

（三）程序正当性审查：取证、存证的过程与环境可信

1. 程序正当性缺失将产生相应的证明风险

通常情况下，程序正当性要求存证的电子数据必须经过法定、安全、可信的程序进行调查、收集、存证，否则可能因程序不正当而被排除在定案依据之外。鉴于同步取证、存证的可靠性，程序正当性审查主要针对的是事后取证、存证。如果电子数据并非一开始就同步存储于服务器并完整同步上传至区块链存证平台，则很可能缺乏程序正当性，这也是事后上传被诟病的问题之一。因而，如果一方当事人无法证明其自身已经充分履行对技术疑点的全面审查义务，取证与存证的程序完全正当，则其提供的电子数据的真实性必然存疑。

2. 程序与技术共同构成的双重保障

毋庸讳言，程序正当性审查是真实性审查的关键子环节，而程序与技术则共同构成区块链存证电子数据真实性认定的双重保障。就程序与技术维度而言，在取证与存证之前，需要对网络链接的真实性进行全面自检，以保证取证与存证的程序正当性。如果当事人在取证、存证之时，缺乏关键自检步骤，则将导致其存证的电子数据在可信时间戳层面存在缺陷，以此可否定该电子数据的真实性。因此，即使是区块链存证也必须充分保障程序的正当性，如果不存在权威第三方监督主体，当事人又不按照操作指引对计算机等智能设备及其网络环境进行充分自检，解决网络环境虚假、定向虚假访问链接、代理服务器设置等问题，那么取证环境便不具备可信度，以此存证的电子数据的真实性自然也就无法保障，更遑论作为定案依据。

三、电子数据区块链存证的实践难题

（一）依赖于国家信用背书的外在证明效力

1. 区块链存证内含多个国家信用节点

一般而言，电子数据需经司法鉴定或公证，才可能被法院采信。但司法鉴定与公证的引入，也恰好表明如今的区块链存证仍然需要国家信用背书外在证明效力的支持。以司法区块链为例，北京、杭州、广州三大互联网法院的司法区块链均为联盟链，是由包含公证处、司法鉴定机构等多个国家信用节点组成的公用联盟链。当事人能够通过区块链技术实现侵权取证，也能够利用区块链存证平台进行确权存证，法官则通过验证存证电子数据的哈希值来认定电子数据的真实性。然而，在具体的诉讼中，除非电子数据自产生之时就完全同步存证于司法区块链平台，否则法官对存证电子数据的采信依然是仰赖于联盟链节点的国家信用认证。就预期的存证效果而言，前者来自区块链的技术鉴真，后者则源于国家信用背书。因此，区块链存证平台更多地表现为电子证据提交平台，除技术自证之外，其与传统电子数据真实性认定采用的公证、司法鉴定等手段差异并不显著，未能真正发挥区块链技术的自证作用，难以完全独立于国家信用背书体系之外。

2. 国家信用背书下的两种复合型存证模式

与区块链存证相关的国家信用背书下的复合型存证方式主要有两种，即"存证+司法鉴定"模式与"存证+公证"模式。首先，"存证+司法鉴定"模式。司法鉴定机构可作为区块链存证的节点之一，在当事人或司法机关需要对原始证据进行鉴定时，司法鉴定中心即时核验原始证据文件哈希值和之前存证于节点存储系统的哈希值，核验一致则出具相应的鉴定报告。其次，"存证+公证"模式。该模式利用区块链率先实现"存在性证明"，即证明在特定时间点已有特定信息的存在。这一阶段，区块链只对"存在性"负责，而信息本身的真实性则由区块链以外的手段来鉴别。此时区块链存证

的"公证"功能绝不仅仅是省去备案环节，其可提供的无法篡改、随时参与、公开查询等特性依然是诸多传统公证服务无法企及的。但如果在区块链证据领域也同样采用上述模式，则实际上与传统电子数据获得证明力的方式并无本质区别。

（二）技术自证难以充分解决电子数据鉴真难题

1. 技术自证无法覆盖所有的区块链存证模式

技术自证在完整同步存证与完整上传存证下存在相对合理性，但在事后存证领域，技术自证存在局限。也正是基于上述考虑，2021年6月颁布的《在线诉讼规则》明确区分了上链前与上链后两个阶段。如果电子数据并非自产生时便同步存证于区块链平台，而是在生成于其他系统之后才上传至区块链平台，区块链存证仅作为一种技术加密或验证手段，此时，仅能确保上传之后这一期间存证的电子数据的完整性，无法保证电子数据在上传至区块链平台之前是否被蓄意篡改，如此则无法判断电子数据内容的真实性，更不能从根本上克服传统电子数据真实性认定的窘境。故而，在一定程度上，我们应当承认技术自证的相对合理性，但也应直面其现实局限，在面对当事人的质疑时，有必要通过司法鉴定与公证、技术调查官等手段对电子数据的真实性予以补强。

2. 技术自证讨论的本质实为电子数据的证明力问题

究其本源，技术自证讨论的是电子数据的真实性、关联性、可采性等综合构成的证明力问题。首先，就真实性判断而言，经区块链技术取证、存证的电子数据能否在不需其他证据链支持的情形下，实现自身的真实性验证。由于可能存在"产生—存证"的时间差，区块链技术只能保证电子数据存证后不被编辑、修改，而且在采证时若未严格按照规范程序进行操作，也可能导致取证环境的不可信，产生虚假代理、虚假访问链接，以及虚假时间戳等问题。如此种种，皆能否定"真实性认证"的预期效果。其次，就关联性与可采性而言，区块链存证的电子数据可能并非诉讼系争之证据。通过区块链技术抓取的电子数据能否证明待证事实还需经过庭审中当事人双方的举证、示证与质证，由法官对电子数据与待证事实之间的关联性与可采性进行审查，最后决定其是否能作为定案依据。是故，若仅从真实性判断而言，"产生—同步"的事前上链之电子数据在真实性自证层面能够得到保障，但就关联性与可采性而言，其是否系诉讼系争之证据则需由法官在庭审中进行认定。同时，对于非同步存证的事后上链之电子数据，则其真实性、关联性与可采性均无法实现技术自证。

四、电子数据区块链存证的规范路径

（一）监督与信任："技术自证+国家信用认证"的双重司法信任机制

1. 证明与信任补强：不止于存在性证明

技术自证的出现不仅引起了能否解决电子数据鉴真问题的讨论，而且也引发了其与国家信用认证的冲突问题。既然存在技术自证，那么还有必要对区块链存证的电子数据进行司法鉴定或公证吗？易言之，是否还有必要在区块链存证中保留司法鉴定与公证节点？技术自证的合理性表明，通过区块链存证的原始数据的真实性、完整性能够通过技术手段得到证明。因此，区块链存证发挥的并不只是"存在性证明"的效果，"真实性证明"也能得到保障。但对于如何理解司法解释规定的"能够证明其真实性"则需要结合当事人质证进行解读，在技术自证无法完全适用的情形下，司法鉴定与公证却又恰好是法院认可的鉴真方式。此时，依然有必要在区块链存证中保留司法鉴定与公证两大国家信用节点。

2. 案后解纷转为诉源治理：回应"司法机关中心化"伪命题

传统电子数据司法信用机制是由公证处、司法鉴定机构等多个带有公权力属性的部门共同组建而成，具有中心化的显著特点，尤其是以公证处、司法鉴定中心的外在证明效力为中心的国家信用背书。与传统的司法信用机制相比，区块链存证构建的新型信用机制则实现了去中心化，即使是有司法机关介入的存证，也可称为"虚中心化"。对于有学者提出的"司法区块链具有司法机关中心化风险"的问题，笔者认为这是一个伪命题。首先，司法区块链作为公用联盟链，其中的各个节点是平等、对等共存的地位，并不存在以司法机关节点为中心的问题，且司法机关并不干预存证。其次，与其他节点差异在于，司法机关的作用不仅体现为见证与监督，还能够回归诉源，发挥诉源治理之效，涉区块链存证案件诉前调解结案数的增加便是例证，在人民法院利用区块链存证认定电子数据的真实性之后，当事人往往将更愿意接受诉前调解的方式结案。再次，退而论之，即便真的将司法机关作为司法区块链存证的中心，其风险也是可控的，甚至从当事人的角度来看，更有利于增加裁判的可接受性。

（二）从司法末端到争议全程：双轨制的数源规制与风险规制

1. 数源规制：个人信用与区块链信用的协同

如果认为区块链创建了"去中心化与可信化"分布式交互机制的基础，区块链"智能合约"则是这项可信交互机制的升级版，其以代码的方式实现既定的复杂业务，从数据产生的源头就开始规制电子数据区块链存证。在区块链产生之后，智能合约得到更为广泛的运用，尤其是在复杂业务与垂直行业业务领域，作用更为显著，也丰富了区块链司法存证系统的操作空间。正如前文所述，区块链能够使电子数据自产生之时起就同步存证于区块链平台，此为技术自证的关键环节，也表明其运用价值不仅存在于末端的司法环节，还能提前进入合同订约阶段。尤其是在线交易领域，一般将这种通过区块链技术，以数字代码生成协议、规则、合同，记录并同步存证交易、合同履行全过程的订约形式称为区块链智能合约。有别于传统合同履约主要仰赖于签约双方个体自觉性的"单轨制"，区块链智能合约构造了由个人自觉与技术保障组成的"双轨制"履约保证机制。

2. 风险规制：数据主义倾向与个人信息保护缺失

值得注意的是，应当将预防原则作为科技风险控制的基本原则，防范司法区块链智能合约系统可能产生的两大风险：其一，数据主义风险。避免"数据主义"倾向，不能固守合约的机械式"自动执行"，可以适当增加处事之"灵活性"，以规避唯智能合约产生的法律风险，如果出现自动执行困境，应允许当事人对智能合约进行合理修正。其二，个人信息保护风险。在数据治理模式下，应当尤为注意对司法区块链智能合约当事人个人信息的保护，最好是通过代码设计的方式在合约系统中专门设置个人信息保护模块，保障当事人的隐私权或商业秘密，形成由内在代码防护与外在法律保障构成的双重保护机制。

（三）引入技术调查官，克服审判人员面临的主客观风险

1. 引入技术调查官的必要性

首先，面对区块链存证的局限与质疑，可以借鉴知识产权诉讼案件中的技术调查官制度，尝试引入技术调查官或专家辅助人作为审判辅助人员，解决涉区块链存证案件中可能出现的电子数据真实性判断偏差问题。其次，区块链取证与存证技术本身就具有较强的专业性，需要掌握熟练的计算机知识才能对电子数据的证据问题有较为精准的把握。然而，法官的专业能力主要表现在法学理论积累与法律运用实务层面，其知识结构体系中不一定具备与区块链技术相关的专业能力，这就可能导致法官在做出是否采用电子数据的判断时出现误差。因而，可以借助专业技术人员的知识能力，对取证、存证到事后勘验等环节可能出现的影响电子数据真实性的技术操作、程序规范进行辅助性审查，说明运用的技术原理，以及可能存在的技术漏洞，以准确认定电子数据的真实性。再次，在中立性与权威性方面，技术调查官优于专家辅助人。关于审判辅助人员的引入，具体可分为两种方式：其一，技术调查官。法院依职权主动指派技术调查官参与涉及区块链取证、存证案件的庭审。其二，专家辅助人。

2. 引入技术调查官的可行性

首先，在区块链存证领域，比较法视野下的"专家证人"能够产生与技术调查官类似的诉讼效果，表明专业人员的引入对于促进涉区块链存证案件的解决具有可行性。然而，对于何者能够成为"专家证人"需有特定的范围限制，在我国语境下，即可将其定位为前文所称的技术调查官与专家辅助人。由于区块链技术具有极强的专业性，因此理想情况下，区块链证据最好附有具有专门知识的人对特定交易机制的技术解释，以说明交易的内在可靠性。其次，从理论可行转化为实践可行时，需要注意在涉及区块链取证、存证的案件中引入技术调查官时，应明确其参与诉讼活动的程序、效力等要素。

五、结语

总体而言，区块链存证能够在一定程度上解决电子数据鉴真难题，提升电子数据采信率，而且互联网法院关于电子数据区块链存证的认定标准具有共识性，能够适用于非互联网法院。一般情况下，人民法院在将存证的电子数据作为定案依据时，需要对其真实性、合法性、关联性、程序正当性进行审查，即便已经确认其真实性，仍然需要与其他证据相互印证。然而，觉我国目前的电子数据区块链存证趋势而言，其本身也具有依靠外力的局限，甚至可能产生数据主义导向、司法机关中心化、个人信息泄露的风险。因此，在对电子数据区块链存证进行法律规制时，既要关注正面效果，也应直面其现实局限与衍生风险，警惕"神化区块链存证"的现象，以期构建更为全面的司法信任机制与电子数据证明体系。

区块链证据规则体系

杨继文 *

一、引言

在当前的大数据时代，"区块链"成为法律界乃至司法实务部门的热词之一。区块链在本质上是一系列成熟技术的组合：它是分布式账本，通过基础数据和智能算法实现的非人为操作的数据库，应用非对称加密技术保证隐私和数据安全，融合了能自动执行约定条件的智能合约。在美国，佛蒙特州参议院在 269 法案中，明确规定了区块链证据的司法应用价值，法院可以不经过国家公证和司法鉴定，直接确认区块链技术认证的证据材料之证据效力。在我国，在 2018 年颁布实施的《最高人民法院关于互联网法院审理案件若干问题的规定》中，明确了基于区块链技术的证据材料，能够证明案件事实之真实性的，互联网法院应当确认。这在司法解释中首次明确了区块链证据的法律地位，实践中有的法院进行了相关改革试验和探索（表 1）。在司法实践中，"《杭州华泰一媒公司诉深圳市道同科技公司侵害作品信息网络传播权纠纷案》，是杭州互联网法院采用区块链证据进行案件事实认定的第一案，这是法院首次确认了区块链证据的证据效力"[1]。

---

* 杨继文，华东政法大学刑事法学院讲师。《苏州大学学报（哲学社会科学版）》编辑部授权转载。

[1] 关于本案中区块链存证以及区块链证据的司法应用，参见张玉洁："区块链技术的司法适用、体系难题与证据法革新"，载《东方法学》2019 年第 3 期。

表 1 法院应用区块链的改革和探索

序号	法院	名称	主要特点	备注
一	北京	天平链	可信电子证据区块链平台——"天平链"，完成版权、著作权、互联网金融等 9 类 25 个应用节点数据对接，以天平链存证提交审理案件 331 件，促进了电子证据存证难、取证难、采信难问题的解决。	2018 年 9 月 9 日，北京互联网法院挂牌成立。
二	广州	互联网智能审理平台	广州互联网法院智慧审理平台，引入 5G、区块链等技术成果，提供"一键立案、一键调解、一键调证、一键审理、一键送达"全流程在线诉讼服务，完善证据存取、文书送达智能化辅助功能，利用平台电子送达累计 2 万余人次，成功率达 98%，存取证据 139 万余条（涉互联网金融类证据 62 万余条），大幅缩短了案件审理周期。	2018 年 9 月 28 日，广州互联网法院正式挂牌成立。
三	浙江	司法区块链平台	杭州互联网法院首创异步审理模式，率先上线司法区块链平台，探索人工智能在审判全流程应用，实现 1849 件金融借款案件智能裁判，法官每案投入工作量减 80 万分钟。	2017 年 8 月 18 日，杭州互联网法院成为中国首家互联网法院。
四	吉林	全国首批应用区块链技术存储、管理电子档案的法院	截至 2019 年 8 月末，全省法院上链电子档案材料 312 万份，文件材料上链 446 253 份。强化"四类案件"智能监管。开发上线院、庭长监督管理系统，全面加强审判管理信息化操作水平。	

在本案涉及区块链证据的审查判定过程中，法院主要审查了区块链技术应用和存证的合法性、关联性和真实性问题，从是否真实上传至网络、侵权网页的取证技术可信度以及区块链存证方式等具体方面展开，确认了区块链证据的证据能力和证明力，进而实现了通过区块链证据来证明侵权事实的最终目的。我国首例涉及区块链证据的案件，区块链技术驱动的证据材料得到了司法应用，通过区块链存证平台的保全网抓取证据材料，然后进行哈希运算基本上能够保证证据的不被篡改。这种联盟链意义上的互联网法院司法区块链，是我国司法机关主动拥抱互联网技术和大数据时代的有益尝试，值得学界去研究和探讨区块链证据及其证据应用规则，有必要对区块链证据的

基本内涵和具体制度进行科学揭示，对该证据进行证据风险分析和研判，最终构建具有理论指导和实践操作意义的区块链证据规则体系。

二、区块链证据的基本范畴

（一）区块链技术的证据价值

《中国区块链技术和应用发展白皮书（2016）》明确指出，区块链是"分布式数据存储、点对点传输、共识机制、加密算法等计算机技术在互联网时代的创新应用模式"。具体来看，区块链是分布式存储、P2P技术、智能算法和共识机制促成的新兴技术和系统平台。它具有三大技术基础，具体体现为不可篡改和可追溯的数据基础、人人记账和协作激励的合作基础、去信任化和智能共识的算法基础。在区块链中进行权利行使和关联信息时，不需要依赖中心化的第三方机制对案件事实进行证明，最终形成了具有独特价值的证据与事实的关联载体。区块链技术对于电子证据应用和证据分析具有重要的价值和意义。其一，区块链技术的核心内涵和数据基础，在技术上有利于完善传统电子证据的矛盾和缺陷，尤其是解决了传统电子证据中的数据集中存储高风险问题。从传统的数据集中存储及其防火墙保护，并通过密钥的加密性和不可篡改性保障实施。其二，区块链技术的司法应用，有利于解决证据法中的证明资源有限性之基本矛盾，有利于构建基于证据分析的证据与事实关系的资源再利用体系。区块链技术的非中心化的分布式布局，有利于关联多主体、多平台和多渠道，将极大地拓展反映案件事实情况的路径和信息，降低各个主体之间的司法沟通成本，在很大程度上杜绝了案件被干扰和影响的可能性。其三，区块链的存证特性和技术操作，有利于解决传统电子证据的记忆被篡改和被污染问题，使得司法机关对于基于区块链技术的证据材料之真实性和完整性进行较为准确地判断，不可篡改性和不可伪造性极大地提升了传统电子证据的证明力及其被采信能力，实现智能法学时代从"国家公证"向"技术自证"的体系转变。

（二）区块链证据的性质和本质

1. 区块链证据的性质是一种存证机制

在中本聪的《比特币：一种点对点式的电子现金系统》白皮书中，第三方信任机制存在十个方面的问题和缺陷，他主张通过排除第三方参与、通过密码学原理和经济学博弈论实现信任机制，进而形成区块链技术的基本范畴和主要内涵。在劳伦斯·莱斯格所强调的"代码即法律"理论框架下，区块链证据材料的应用在性质层面，可以表现为一种"代码即证据"的存证机制，通过区块链系统中的电子数据材料之哈希值唯一性和存证机制中的多重属性体现。首先，区块链证据材料存证的中立性。这体现在区块链"去中心化"的体系，不被任何个人或组织掌握，一定程度上起到了"公证"作用。区块链技术的具体应用，是一种与公证原理相类似的信任机制，通过更加分散性的证据与事实的关联关系来实现证明作用。在区块链技术驱动的证据材料中，可以通过去中心化、可追溯以及可验证等基本特性来实现电子证据的存证中立性。区块链证据的存证可以实现非第三方的介入，通过算法和数据保证"去中心化"，而非简单而单一的电子证据或者电子数据。同时，通过区块链技术及其存证机制，可以实现多主体之间的沟通技术便捷化，提高数据信息的利用程度，在密钥加密技术的加持下实现证据材料存证的法律要求。其次，区块链证据材料存证的可信任性。区块链的共识、安全、开放等核心价值，使得"匿名社会"的信用机制得以建立。通过区块链的实践运行，可以在分类账和共识算法的基础上，通过智能合约以及司法区块链等实践操作实现线上的存证价值功能。区块链证据材料的可信任性，突出地体现在它的去中心化原理和特殊的信任机制。它主要是通过区块链参与者中的人与人等主体之间的"自愿主动型的双向信任"或"权威-服从被动型的单向信任"转变为一种不添加任何人为色彩的"机器信任"，这种"机器信任"将传统信任机制转化为非第三方担保的代码程序规则。在这些代码程序规则面前，用户彼此之间是否信任已不再重要，因为代码程序已足以促使用户相互之间达成"无需信任的信任"。再次，区块链证据材料存证的完整性。每个节点都存有完整的数据库副本，对已有记录的修改——包括删除需要控制网络中大多数节点，几乎是不可能的。当然，若区块链网络规模过小，或者过于中心化，那么"不可篡改"性可能将受挑战。从区块链的产生以及发展过程来看，它本身即是一种优良的网络行为与相关交易的记录机制（图1）。"人人记账""抢先记账"，通过共识算法等技术机制实现每个节点全样本证据材料的可获得性。区块链技术

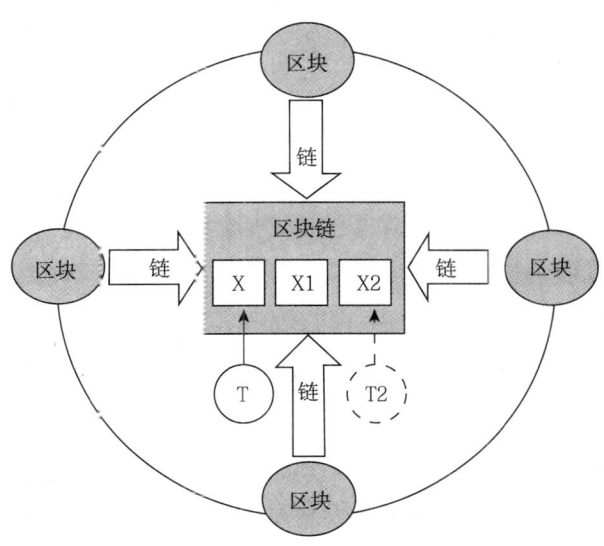

图1　区块链中的时间与事实对应关系

"不可篡改"性，实现了时间（T2）与数据信息（X2）之间的一一对应关系，通过区块与区块之间的时间戳（T）进行链上的验证，最终整合了各个区块完成区块链的构造，即：区块（完整历史）+链（完全验证）=时间戳。"区块+链"的基本结构形式，是一种基于数据库和智能算法的完整的事实（X）和历史状态。

又次，区块链证据材料存证的证明性。这种证明性主要体现为数字签名技术，证明了链上的数据确实由现实中某个实体（组织或者个人）发布。区块链证据通过哈希值计算和公钥等技术，实现证据材料和信息的可信性和决策上的一致性，进而通过共识证明机制实现案件事实的工作量证明、代理人股份授权证明以及权益证明等。如果在无法篡改的区块链上通过相关数据密码技术记录权利和义务相关的数据信息，那么不通过国家或者企业第三方机关，就能证明数据信息的存在与否和权利义务关系。而且，区块链上的权利转移不会遗漏任何数据的变更记录，可以实现彻底的追踪功能。最后，区块链证据材料存证的规则性。理论上所存储的任何证据都是智能合约产生的，是在所有节点上运行相同代码得到的一致结果。区块链技术驱动的算法及其去中心化信任机制，实现了点对点的、线上的"机器信任"。通过"机器信任"的"顶格写"和"时间戳"等非第三方代码程序规则，可以实现证据材料与证据材料、证据材料与事实认定的"代码合意"和"共识算法"，实现案件事实情况的全过程记录和全样本总账的"无需信任"的信任。

2. 区块链证据的本质是一种体现过程和结果的线上电子证据

从证据法理来看，过程证据是形成于案件之后，是一种证明诉讼行为过程之事实的证据材料。它是与结果证据相对应的证据类型。基于过程证据的基本法理，与传统司法实践中的笔录类等过程证据相类似，区块链证据作为一种存证机制和记录互联网上事实发生发展过程中的证据类型，具有前述所谓的中立性、可信任性、完整性、证明性和规则性等基本性质，因而可以被称为一种过程与结果相互结合的线上电子证据，形成区块链技术驱动的证据材料及其证明机制。区块链证据作为电子证据的一种类型，具有存证机制与证明机制合一、证据过程和结果信息合一等基本特征。一方面，区块链证据的本质是一种线上过程电子证据，具有存证机制与证明机制的合一属性。需要明确的是，区块链证据的形成与发展，是以时间发展顺序为基础的，典型地体现为是一种不同于传统回溯性证明的，以时间戳节点和分享要素为基础的历时性证明，实现"存证即是证明"。区块链证据中的被添加的记录特性被建立为一种安全时间戳系统。假如想要证明在时间 T 我们就知道了 X 的值，但并不想披露它的具体值，只有在未来很长时间后，当有可能需要证明我们确实知道这个值的时候，才有可能去披露它。当然，如果我们在时间 T 知道 X 的值，我们在 T 之后的时间还是知道这个 X 的值。而且我们一旦证明了这一点，就使得这个证据具备永久性。因此，区块链证据的证明机制和基本架构，能够回到案件事实原点，还原纠纷发生当时的人、物、行为、时间、结果等基本情况。另一方面，区块链证据还具有证据过程和结果信息的合一属性。对过去事实之主张的盖然性真实的判断必须建立在外部世界对事件之共识的现有"知识库"的基础上；在任何既定社会的某一时间里，"知识库"包括了——按照由高到低的概率等级——业已确立的科学共同体所接收的概括、专家意见以及以社会成员为基础的"常识"数据库。如果需要充分发挥区块链证据的价值和功用，实践中要明确区块链证据的基本内涵和证据种类表现形式。将区块链证据在法律适用上还原为电子数据或者电子证据，在去中心化的过程中防止证据风险的非确定性，通过区块链技术和时间戳技术实现过程与结果的合一，通过哈希验校值检验实现证据过程的合法性，通过电子数据（电子证据）取证规范实现证据结果信息的相关性，进而在防范"证据风险"的基础上保证区块链证据的证据能力和证明力。

　　3. 区块链证据的价值体现为"第四方"事实认定功能

　　区块链证据的功能和价值，使其成为独立于法院、诉讼两造之外的"第四方"事实认定机制。基于语义理解和高度智能化的"大智慧"信息系统，将人类的思维推进到四维空间，这有利于保存案件发生进程的原始事实状态，将已经发生的三大类纠纷，调取至云计算的信息或者数据，这将从技术上"还原"案件的事实状态。这种数据管理技术和存证应用，是一种独特的审查认定证据与事实之间关系的规则和路径，并不是"替代"事实裁判者的角色，而是具有电子档案性质和"第四方"过程证据属性。作为纠纷解决的"第四方"，科学技术的解决纠纷能力和范围处于非常重要的转变时期：从注重沟通和便利性的应用程序到注重应用算法和研发人工智能。这意味着以后我们可能不再需要调解人员、客服代表或其他纠纷处理专员了。这就是我们所说的从人为干预到软件协助的转变，从简单的信息交换程序到解决纠纷程序的转变。由于存在前述基于信任机制产生的存证机制，使得区块链证据的适用将会提供专业性和特殊性的个性化乃至自动化数据服务，更为契合于互联网纠纷的治理和解决需求。这种事实认定的功能和价值，使得基于区块链的事实情形和当事人状态得以中立性地展现。虽然随着区块链去中心化的适用，以及参与主体之间的数据交换和互动，使得时间戳上的各方主体及其数据信息越来越多，呈现新的事实维度和数据量级，但是区块链系统平台可以与相关大数据、智能算法产生关联，纳入法院司法治理的程序运行中，形成基于数据交换原则（表2）的区块链证据和相关电子证据的采信报告，提高区块链证据材料之纠纷解决的治理价值和事实认定功能。

表2 数据交换原则的基本内容

序号	主题	内容	备注
一	数据可访问性	数据项应该很容易且合法地被收集	
二	数据全面性	数据包括所有必需的数据项目	
三	数据一致性	数据的价值应该可靠并且在不同的应用程序中相同	
四	数据更新程度	数据应该是最新的。特定时间点的最新数据,如果数据时间和数据无法匹配则视为数据已经过时	
五	数据定义	明确的数据定义,以便当前和未来的数据用户知道该数据的含义 每个数据元素应该有清晰的含义	数据质量及其核心要素
六	数据粒度	数据的属性和数值应该按照正确的细节水平上进行定义	
七	数据精度	数据具有价值足以支付应用程序进行分析	
八	数据相关性	数据对于收集过程或应用程序的性能具有价值	
九	数据及时性	及时性取决于数据的使用方式和上下文的关系	

在数据交换原则的要求下,区块链证据的事实认定机制需要还原于计算机科学的"函数约定",形成"多方参与—非中心化—安全性/公平性"的事实认定路径(表3)。具体来看,"第四方"事实认定的计算原理体现在,首先,每个人选一个大的随机数,并发布它的哈希函数值;然后,每个人披露各自所选的数字;接着,其他两个人查证这个被披露的函数值和在第一步发表的数据是否正确;最后,计算这三个随机数的结果,形成安全和公平的结果。在实践案例中,以太坊体系中的一个"函数约定"即是一个智能合约,形成了区块链中的一个程序。每个参与者支付费用,形成任意一个数据(字符串)和建立特定操作的以太坊合约,通过专门的智能合约虚拟机来执行。而这种数据一旦上传,就会永远储存在区块链里。

三、区块链证据的风险分析

(一)证据风险理论下的区块链技术

对于区块链技术的证据风险分析和司法操作,需要强调从技术本身的"安全风险"到法律层面的"证据风险"的转换逻辑和话语分析。

表 3　区块链"函数约定"的安全性和公平性

序号	函数约定	事实结果
一	每个参与者选择任意一个数据（字符串）	每个参与者发布对应的哈希函数值 H（x）、H（y）、H（z）
二	每个参与者披露他们所选的数据 x、y 和 z	每个参与者查证这些数据，是否与上面发布的函数值相互吻合
三	最后的输出是（x+y+z）÷3 ＝安全性	最后输出的结果是随机的 ＝公平性

一般认为，证据风险往往会导致各类案件的错判风险。证据制度的本质和重要价值就在于识别和防止证据风险，排除存在法律风险和事实认定风险的相关证据材料。从证据能力和证明力双重视角来进行审视，证据风险可以分为证据能力性质上的法律风险和证明力性质上的事实认定风险。从证明力的程度来看，证据风险又可以分为认定证明力过高的事实肯定风险，以及认定证明力过低的事实否定风险。在具体案件的证据审查中，法律风险与事实认定风险相互交错的证据风险普遍存在，这是一项证据制度实践运行过程中的司法规律。证据风险的产生，往往与新技术发展和应用主体及其范围有关，同时也与证据材料的载体形式和自身特性密切相关，如证人证言等言辞证据往往具有易变风险和主观风险，物证等实物证据则存在失真风险，鉴定意见等科技证据也存在误导和误读风险，等等。如前所述的区块链证据司法应用的第一案，从本质上来看，是通过区块链存证平台来收集网络侵权的电子证据材料，通过日志、页面等电子证据材料，再加上哈希值计算来实现证明案件事实并进行同一认定的最终目的。这一在杭州互联网法院审判的全国首例区块链案件，具有卡尔·曼海姆所引入的"关联主义"上的客观知识的可能性，这种"硬事实"具有怀疑主义者所主张的认识论上的扭曲性，同样存在着以下两个方面的争议和风险。一方面，根据 sha-256 算法本身的特点可能会引起质疑，hash 算法可能会产生冲突碰撞，结果是不同的文件也可能生成相同的 hash；另一方面，保全网的取证操作是发生在单个服务器上的，可能会出现对原电子证据进行修改的行为。这种联盟链意义上的杭州法院区块链存证取证模式，可能由于共同记账和广型机制难以达成而存在较大的安全隐患和证据风险。

（二）证据风险及其表现形式

1. 区块链证据材料的确定性风险

在区块链系统的信任机制和透明性、确定性判断过程中，需要特别注意的是围绕政治而不是经济原因建立的社会控制形式，这种控制形式也是影响区块链概念落地的重要力量。这就意味着区块链是一把双刃剑：一方面，区块链的匿名化可以立即创造不允许金融秘密传播的条件，但数据的永久可用也会存在一定的隐私问题，同时它支持建立社会组织规范的技术控制。因此，区块链政府的幽灵一直困扰着那些可能从技术解决缺乏开放性的无害且善意的尝试，并且认为不是每个人在技术经济的和技术社会的包容性方面都能拥有"一席之地"。要想充分发挥区块链服务和技术的优势，需要在确定性上进行投入和研发，增加可信性的技术基础，而单纯意义上的交易记录不可修改性和可信性是明显不足以支持确定性的。作为去中心化的分布式分类账，虽然每个节点的证据材料都可以显示区块链的整体情况，但是如果具有 51% 以上的节点，区块链证据风险将明显加大，可能难以保证证据法则上对区块链证据材料的确定性要求。

2. 区块链证据材料的泛化风险

现实中，区块链证据的技术风险和泛化风险是明显存在的。例如，以新兴技术为主体的区块链平台乃至事实认定智能机器人的应用，可能会产生"人之悖论"的技术风险。以区块链技术代表的事实认定智能机器人，可能并不能提升人的能力。汽车、飞机可以提升人的能力，甚至洗衣机也能提升人的能力。机器人如果太像人，对人用处不大，反而变成一种威胁。人并不希望机器人取代他，而是希望机器人能提升人的能力。如果不能做到这点，机器人始终不会有很大的市场。但如果能做到这点，机器人可能就不再是（像人的）机器人了！机器人会洗衣服，它可能变成智慧型洗衣机，不再是（像人的）机器人。这是机器人最大的吊诡：如果机器人像人，它就不能在商业上成功；如果机器人在商业上成功，它就不再是（像人的）机器人。再如，现实案例中体现出来的技术泛化风险，体现为基于区块链和比特币的门头沟（Mt. Gox）"挤兑"风险、2008 年麦道夫案例中不断借新还旧的"庞氏骗局"以及普遍存在的"黑客入侵"等。这正如美国著名学者凯文·沃巴赫所言："区块链的信任系统并不是无懈可击的，以智能合约、分类账为代表的区块链服务商和代币经营者具有无法避免的层次风险和信息风险。"一方面，实现"去中心化"的"化名"或者"匿名"机制将使得证据与事实的同一认定存在难题。代码本身的加密存证机制使得证据材料与证据信息的关系审查判断具有局限性，而这又与区块链的共享开放性产生矛盾，例如比特币的内部与外部双重系统。去中心化机制并不是匿名，在公链系统，如区块链中的侧链和主链普遍使用匿名机制，将导致这种区块链证据的证据能力存疑，以及合法性判断成为监管争议的焦点问题之一。另一方面，区块链的安全只是一种具有局限性的"闭环安全"。如果在这个"闭环"之外，"闭环"内各个节点之间的交易过程以及拥有的权益可能被黑客破坏，最终导致证据与事实的关系可能存在扭曲危险。从区块链技术的电子证据应用视角来看，传统的电子取证技术往往针对单台计算机、具体的非计算机设备、单独文件及其取证对象的隔离和保护，采取物理只读、数据镜像等技术证明案件事实。而在区块链技术驱动的证据材料审查中，去中心化的云平台和数据库，使得多用户共同参与使用分布式资源，可能无法有效保证云服务提供者、调查者、用户等多方参与者不会合谋篡改数据。根据传统电子取证技术将无法有效获取能够用于判罪量刑的电子证据。因此，区块链证据的应用应当防止泛化风险，促使区块链向善，并在区块链内部和外部进行证据应用规则体系的构建和完善。

四、区块链证据规则的体系构建

区块链证据规则体系的构建和完善，需要在涉及区块链技术应用的司法裁判中进行积累并总结实践智慧，在之后的具体案件裁判中作为法庭庭审的一种惯例，为诉讼两造和法官、律师等法律职业共同体提供实践指引和指导规范。具体来看，区块链科技的技术性导致司法应用的工具主义倾向，而互联网司法治理的功能主义又产生对新兴技术的规则要求，进而在司法功能主义的理论框架下实现区块链证据规则的技术内部性与司法外部性之融合统一。

（一）区块链内部的证据规则构建

1. 区块链证据的电子证据存证规则

如前所述，区块链证据第一案本现了区块链证据的电子证据本质及其应用规则。该案件本身并不复杂，引起人们广泛关注的原因是该案件既没有求助于传统的公证处进行公证，也没有采用可信时间戳的方式。主要是应用区块链技术中的分布式存储原理，不可篡改性等特点增强了电子数据的证明力，进而得到了法院的认可。法院从电子证据是否真实上传到区块链网络，以及电子证据和本案存在的关系角度，审查了采用区块链存在的真实性和关联性。从侵权网页抓取技术的可靠性，区块链技术的保全程度和区块链存证方式的合法性审查了区块链电子证据的证明力，法院最终结合其他相关的证据，认定了区块链电子证据的有效性。从该案件的分析来看，可以构建区块链电子证据的一般存证规则。一方面，区块链电子证据的生成规则构建。其流程一般是，保全网根据用户提交的 URL，服务器采用谷歌的开源技术 puppeteer 进行网页抓取，获得网页截图，同时采用开源传输工具 curl 获取网页的源代码，最后把网页截图、源代码以及调用日志通过 SHA256 算法①打包为相应的 hash，并把这个 hash 提交到区块链网络。法院认为保存网采用了阿里云的服务器，在一般情况下，可以认为阿里云的环境是安全清洁的。同时，基于区块链技术的上述特性，以及密码学和鉴定机制的保障作用，可以认为这种区块链技术完全可以保证证据审查判断的完整性和可靠性，形成了技术驱动的区块链证据材料的存证和生成规则。另一方面，区块链电子证据的司法审查与认定规则构建，具体来看，首先需要明确区块链技术的本质和性质，其次对具体案件中的区块链平台进行资质合规审查，再次对具体取证技术和工具进行司法鉴定，最后完成对区块链证据材料的综合性整体判断。

2. 区块链证据的证据能力规则

区块链证据的证据能力规则构建，需要明确基于区块链技术所提供的证明符合证据的真实性、关联性以及合法性要求。区块链证据的真实性，是以区块链技术和前述特性为媒介的证据材料，保证区块链载体和数据信息的完整性和真实性。区块链证据的关联性，是指在区块链技术所导致的某项新证明出现，能够进一步印证待证事实，或者黏合案件事实碎片，或者补强现有证据证明力。区块链证据的合法性，这一属性要求与法律规定更加密切。区块链证据作为电子证据的一种类型，其合法性必须要有法律保证的，需要在取证过程中进行主体、程序、运用等方面的审查认定。区块链证据的证据能力规则需要明确以下几个方面的规则体系。其一，关于真实性的判断规则。如前所述，"区块链的去中心、时间戳、防篡改、共享、透明等基本特征，可以解决谁在什么时间、什么地点干了什么事情，可以被完整记录，并且不可篡改，这恰恰契合了司法对证据真实性的要求"。"基于法律与技术的交叉研究表明，认识电子证据的真实性应当从原件、具象、整体和空间的理性立场出发，实现电子证据的理性真实观。"基于前述案例实践中的解决方案，可以让联盟中的每个节点进行独立的取证操作，然后采用分布式存储技术，把截图、源代码和运行日志进行保存，然后将 hash 存储到区块链网络中，在用户需要取证的时候，调取全部相关的证据，这样大大增加了电子证据的真实性和可信度。具体来看，可以借鉴美国佛蒙特州的具体规定，首先，明确区块链的电子证据属性和记录信息内容；其次，通过证人、鉴定人等其他证据材料来证明载入区块链的具体时间；再次，明确区块链中具体记录信息的事实内容；最后，通过举证与质证等庭审技术实现区块链证据的质疑和审查判断。其二，对于区块链证据应用的平台合规规则。在区块链内部，需要完善平台及技术公司的合规机制，建立一种有效的合规计划。通过立法乃至司法的明确规定，赋予区块链公司平台的证据存证资质和牌照，实现区块链证据存证平台和传统公证机制的有机衔接和同等对待。从认证程序和监管保障上防止区块链平台的"暗网交易"和易被攻击等负效应，严格禁止利用区块链进行洗钱或者恐怖主义行为活动等。在区块链智能合约的共享平台构建中，需要借鉴法律工程学的合同形成程式，预先进行案件事实问题的标准化要素的审核，进而采用法律审计方法进行刑事合规判断和审查。最终，要确保区块链证据材料的证据能力，在强调真实性规则和平台合规规则构建的基础上，还需要明确区块链证据与事实认定的关系审查维度。其一是证据的内容和数据要具有客观性，这一点主要通过确保证据提取来源的直接性来实现。具体来讲，就是要确保区块链技术操作没有人为地对提取路径介入、篡改或者删除，保留经核实的源代码可追溯，保证数据直接从原始材料中获取，并可以以原路径追溯核实。其二是提取数据后的存证载体，必须是经过专业资质许可的区块链平台，可以在公证公司的介入下严格审查技术平台的存证能力，并且可以对取证平台适用回避制度，避免与案件有利害关系的主体参与取证存证过程，最大程度保证最终进入区块链的证据客观真实。"在司法实践中，采用区块链证据的证据能力和存证取证规则应当明确以下几点：一是采用区块链技术取证，应当制作笔录，必要时可以采用全程录像的方式记录取证过程。二是采用区块链技术取证，应当证明取证过程中抓取数据和存储数据使用技术手段确系区块链技术，证明的方法可以是书面的情况说明、取证人的技术资质材料，也可以是由专门知识的人的证言。三是由于案件事实的复杂性，即使采用区块链技术搜集和保存的证据，也可能是行为人故意留存的伪证，是否作为定案根据，要综合认定，这就意味着即使采用区块链技术取证，也不应盲目采信取证结果，应当允许反证。"

3. 区块链证据的证明力规则

区块链证据的证明力规则构建，需要充分体现区块链证据的优势。因为区块链证据的不可篡改性使得它在补强证明力上远远高于普通电子证据，保证了数据和信息的真实可靠。所以，在关联性审查时，可以将目光更多地集中于存证的前置程序上，只要确保了提取过程，一旦将证据存储于区块链中，基本上就得到了保障。区块链证据的证明力规则，可以从传闻证据及其推定适用来进行构建完善。一方面，区块链证据的传闻证据规则。区块链证据作为"第四方"事实认定机制，是在法庭之外产生来证明案件事实的，需要构建涉及区块链证据的传闻证据规则构建。借鉴美国佛蒙特州的相关规定，区块链证据材料，以电子证据和相关数据信息来证明案件事实，需要在前述真实性鉴定和平台资质审查的基础上，对区块链中的传闻例外"定期进行的业务活动记录"，以及证人等其他材料来实现证明的基本可信度。另一方面，区块链证据的推定规则。借鉴美国佛蒙特州的相关规定，"通过区块链技术的有效应用进行核实事实或记录是否真实。但对该事实或记录真实性的推定不适用于内容的真实性、有效性或法律地位。因该事实处于不利地位的一方当事人有责任提供足够的证据，证明相关事实、记录、时间或身份与添加到区块链时的事实、记录、时间或身份不符，但该推定并不影响原先的证明责任配置"。

（二）区块链外部的证据综合印证规则

证据之技术规则的详细研究，需要敏于关注程序和制度语境的差别，以及潜藏在刑事、民事及其他种类诉讼程序中的不同技术原理和实施政策之间的差别。而区块链证据规则体系的构建与完善，应当强调在区块链证据应用的外部，需要完善线上证据与线下证据的综合印证机制。如前所述，区块链证据的电子证据属性，使得对于其的应用需要考量综合利用间接证明体系，通过综合的印证证明，"对案件确定事实进行不断追寻的，进而达到对象特定性和信息完整性的稳定的证明结构"。

1. 明确代码法律化和法律代码化的融合机制

需要通过代码法律化和法律代码化，实现证据法律规范与区块链技术的有机融合。在区块链证据的电子证据规则应用过程中，"需要注意辅助数据的交互作用，通过计算机系统或者网络系统自动生成的相应日志文件，证明在特定时空条件下某一特定的计算机存在某种操作行为"。通过区块链及其代码技术的法律化，可以实现区块链证据材料的有效监管和合法性审查，使得区块链证据的证据能力能够符合法律规范的确定性要求和应用需求；通过证据规则应用及其证据材料的三性判断的代码化，实现证据法律规范与智能合约要件精准配对，促进"法治主义"意义上的法律秩序治理与"技治主义"意义上的区块链技术平台的深度融合。

2. 构建区块链证据与其他案件事实的配对审查机制

将区块链证据中的计算机代码和技术参数，通过将事实层面的计算机哈希验校值与法律规范代码进行配对，进而实现区块链证据的"证据自证"证明性，以及与其他证据材料来综合证明事实基本情况的应用目标。在这一配对审查过程中，需要通过中介机构的保证机制和多重签名程序设置来进行保障，实现区块链技术的"服务性法治"最终目的。

3. 实现线上过程证据与线下传统证据的印证融贯机制

在真理融贯论和最佳解释论的背景下，区块链证据线上与线下的印证融贯性判断规则，需要明确在区块链中，应用过程中需要判断数据体之间的时间顺序是否连贯。线上的区块链过程证据需要结合线下的传统证据种类，进行综合印证融贯审查判断。在区块链证据应用过程中，需要对比传统记录的过程证据材料，进而在证据法理和相关规范中确认区块链证据的证据调查规则和审查判断标准。例如，可以借鉴美国亚利桑那州的证据法案，首先明确区块链证据中电子签名的证据价值和法律效力。然后进一步完善区块链证据与事实信息的法律评价和印证融贯关系，参考佛蒙特州的证据法律规范，赋予区块链证据以明确的证据能力，能够作为"呈堂证物"，在随后的法庭审理中对其再进行可采性和证明力综合判断。

五、结语

区块链科技和技术的发展，使得区块链证据的良好司法应用成为目前最为重要的课题之一。区块链是分布式存储、P2P技术、智能算法和共识机制促成的新兴技术和系统平台。它具有三大技术基础，具体体现为不可篡改和可追溯的数据基础、人人记账和协作激励的合作基础、去信任化和智能共识的算法基础。因此，在司法实践中，必须把握区块链证据的存证性质、线上电子证据本质和"第四方"事实认定价值。需要明确区块链证据的泛化风险，解析证据与事实的同一认定难题和区块链信任安全的局限性。最终，构建具有"中国之治"特征的区块链证据规则标准体系，完善区块链证据的电子证据应用规则、证据能力规则、证明力规则和综合印证规则，实现科学技术与证据事实认定的良好互动，构建技术主义和司法理性融合贯通的司法功能主义进路。

参考文献：

1. 《区块链冲击》编辑委员会编著：《区块链冲击：改变未来产业的核心技术》，鲁维琼、魏宁译，中国人民大学出版社 2018 年版。

2. 刘品新："论大数据证据"，载《环球法律评论》2019 年第 1 期。

3. 龙宗智：《证据法的理念、制度与方法》，法律出版社 2008 年版，第 3 页。

4. 纵博："人工智能在刑事证据判断中的运用问题探析"，载《法律科学（西北政法大学学报）》2019 年第 1 期。

5. 高晋康、杨继文：《迎接智能法学的到来》，法律出版社 2019 年版。

6. ［美］凯文·沃巴赫：《链之以法——区块链值得信任吗?》，林少伟译，上海人民出版社 2019 年版，第 11 页~第 12 页。

7. 陈瑞华："论刑事诉讼中的过程证据"，载《法商研究》2015 年第 1 期。

8. ［美］阿尔德文·纳拉亚南等：《区块链：技术驱动金融》，林华等译，中信出版社 2018 年版，第 284 页。

9. ［英］威廉·特文宁：《证据理论：边沁与威格摩尔》，吴洪淇、杜国栋译，中国人民大学出版社 2015 年版，第 20 页。

10. 霍宪丹、常远："证据系统工程的基本范畴与发展前景"，载《中国法律评论》2015 年第 4 期。

11. 何家弘："证据的审查与认定原理论纲"，载《法学家》2008 年第 3 期。

12. ［美］伊森·凯什、［以］奥娜·拉比诺维奇·艾尼：《数字正义——当纠纷解决遇见互联网科技》，赵蕾等译，法律出版社 2019 年版，第 68 页。

13. Marcelo Corrales, Mark Fenwick and Helena Haapio. *Legal Tech*, *Smart Contracts and Blockchain*, Singapore：Springer Nature Singapore Pte Ltd. , 2019.

14. 刘静坤：《证据审查规则与分析方法——原理·规范·实例》，法律出版社 2018 年版。

15. Marcelo Corrales, Mark Fenwick, Nikolaus Forgó. Robotics, *AI and the Future of Law*, Singapore：Springer Nature Singapore Pte Ltd. , 2019.

16. ［英］威廉·特文宁：《反思证据：开拓性论著》，吴洪淇等译，中国人民大学出版社 2015 年版，第 136 页。

17. ［英］罗伯特·赫里安：《批判区块链》，王延川、郭明龙译，上海人民出版社 2019 年版，第 103 页~第 104 页。

18. Joseph J. Bambara, Paul R. Allen. Blockchain：*A Practical Guide to Developing Business*，*Law*, *and Technology Solutions*, McGraw-Hill Education, 2018.

19. ［德］汉斯·摩托维克：《机器人——由机器迈向超越人类心智之路》，韩定中、刘倩娟译，台湾商务印书馆 2004 年版，第 3 页。

20. Robert Herian. Regulating Blockchain，*Critical Perspectives in Law and Technology*，Routledge，2019.

21. 龙卫球、裴炜："电子证据概念与审查认定规则的构建研究"，载《北京航空航天大学学报（社会科学版）》2016 年第 2 期。

22. 刘品新："论电子证据的理性真实观"，载《法商研究》2018 年第 4 期。

23. 陈瑞华："企业合规制度的三个维度——比较法视野下的分析"，载《比较法研究》2019 年第 3 期。

24. 张庆立："区块链应用的不法风险与刑事法应对"，载《东方法学》2019 年第 3 期。

25. 施鹏鹏、叶蓓："区块链技术的证据法价值"，载《检察日报》2019 年第 4 期。

26. ［美］特伦斯·安德森、戴维·舒姆、威廉·特文宁：《证据分析》，张保生等译，中国人民大学出版社 2012 年版，第 386 页~第 387 页。

27. 杨继文："印证证明的理性构建——从刑事错案治理论争出发"，载《法制与社会发展》2016 年第 6 期。

28. 龙宗智、夏黎阳主编：《中国刑事证据规则研究》，中国检察出版社 2011 年版，第 423 页。

解锁链上仲裁
——区块链技术在仲裁中的应用

樊晓娟*

引言

电子数据早已成为民商事活动中不可或缺的组成部分，支付宝转账、微信聊天，等等，无一不是日常生活中司空见惯的场景。这些基于电子应用形成的电子数据，如何能被认定为有效的证据，终于有了官方标准答案。2020年5月1日，新修正的《最高人民法院关于民事诉讼证据的若干规定》（"新证据规则"）即将生效。新证据规则对于电子数据作为证据的效力和认定程序规则有明确而具体的规定。

仲裁，相较于诉讼具有更强的保密性、更高的灵活性和独有的跨国性。从全球范围来说，仲裁一直是解决商事纠纷，尤其是国际商事纠纷的主要途径。更低成本和更快捷的仲裁一直是仲裁机构和当事人所追求的目标。电子数据相关的相关证据规则和电子签名法的相继出台和修订，在电子合同签订及相关纠纷处理方面形成了较为完整的法律体系。在此情况下，链上仲裁能否借机在中国的全面解锁呢？我们相信答案是肯定的。

一、区块链应用于仲裁程序的意义

区块链是一种由多方共同维护，采用加密技术的链式数据结构存储的分布式账本（数据库）分布式存储的记账技术，具有不可篡改、可溯源、安全可信等特点。基于区块链的以上特征，区块链技术已经被广泛应用于司法存证、溯源等领域。尽管如前文

---

* 樊晓娟，中伦律师事务所合伙人，中国及美国纽约州执业律师。微信公众号"中伦视界"授权转载。

所述，相比诉讼，仲裁具有诸多优点，但也有其痛点。因此，区块链应用于仲裁程序对于降低仲裁成本，简化流程，提高效率具有积极意义。

仲裁，尤其是国际商事仲裁，成本相对高昂，耗时较长，是人们对于国际商事仲裁望而却步的原因之一。除了仲裁机构受理费和仲裁员案件处理费用、律师费外，办案人员的差旅、纸质书面形式的证据、仲裁协议、仲裁裁决文件的公证认证和传递、裁决的承认和执行中所产生的费用和时间不可小觑。

区块链技术不可篡改、可溯源、安全可信、加密性等特点为证据保存和固定、文件传递和溯源提供了新的思路。利用区块链技术生成、储存和传输的电子数据，如果可以被认定为有效的证据，将降低当事人举证的经济成本，也降低仲裁庭审查证据的时间成本。而仲裁裁决等仲裁文书如可以在区块链链上生成和传输，则在当事人向法院申请承认和执行仲裁裁决时，无须等待法院对于仲裁裁决作真实性审查的冗长时间。

举例来说，跨境仲裁裁决的承认和执行过程中，当事人为证明存在符合纽约公约[1]要求的仲裁协议，需要对仲裁协议和仲裁裁决进行公证及/或认证，导致整个过程冗长且产生巨额费用。如果当事人在整个交易过程中均采用区块链技术进行文件传送，仲裁机构在整个仲裁过程中亦采用区块链技术生成及分享仲裁文件，当事人根据纽约公约申请承认和执行时，就可以轻松通过区块链将仲裁协议和仲裁裁决提交给相关法院。[2]另一方面，就仅涉及数字资产的纠纷，如果仲裁程序全面在链上进行，裁决储存到区块链的同时，嵌套相应的智能合约，甚至可实现仲裁裁决的自动执行而无需依赖法院执行程序。

二、区块链在仲裁程序中的应用现状

事实上，区块链已经被引入仲裁程序，并且正在为仲裁程序的进步起着积极作用。

（一）境内

南京仲裁委员会官网消息，南京仲裁委员会网络仲裁平台（网址：https：//www.njac.cn/）已于2018年9月上线试运行。该平台深度利用区块链技术，协同存证机构、金融机构、仲裁机构等对电子数据的存管，实现证据实时保全、电子送达、在线审理与裁决。南京仲裁委员会制定了专门的网络仲裁规则，明确网络仲裁案件审理时效缩短至30日；网络仲裁案件收费标准也明显低于普通线下案件的收费标准。[3]

广州仲裁委员通过仲裁链的应用，在2020年2月到3月抗击新冠疫情期间，高效

---

〔1〕 1958年6月10日在纽约召开的联合国国际商业仲裁会议上签署的《承认及执行外国仲裁裁决公约》，简称纽约公约。中国于1987年加入纽约公约。

〔2〕 顾华宁："区块链推动仲裁革新"，载《中国对外贸易》2019年第4期。

〔3〕 http：//ac.nanjing.gov.cn/zczx/gzdt/201809/t20180927_5801949.html，最后访问时间：2020年4月24日。

处理了 150 件金融借款案件，平均结案时间不超过 3 个星期。据广州仲裁委员会官网介绍，通过仲裁链的应用，当事人身份信息、是否存在仲裁协议、仲裁申请和证据的形式审查都可以通过线上审核完成，同时，申请人的线上金融借款业务发生时，即通过"仲裁链"与广仲"云仲裁"系统的对接，对交易行为实时记录并存证固化且不可被修改，因此仲裁庭在审核案件材料时可以直接通过验证存证情况，确认电子证据的真实性，大大简化了证据真实性的审核工作，让仲裁庭将审理案件的精力集中在实体审核上，确保仲裁裁决的高效作出，也有利于保障仲裁裁决的专业性。[1]

（二）境外

在境外，链上仲裁也在快速研发和推广之中，且因为法律适用的不同，除仲裁机构外，私人部门也活跃链上仲裁的业务当中，成为机构仲裁的重要补充和创新。

注册于瑞士的 Jur AG 公司研发和运营的 JUR 项目是一个基于区块链技术、提供法律合同编制和交易、以及链上争议解决等去中心化服务的法律生态系统。JUR 项目提供三种链上争议解决方式。包括：①适用于传统合同以及智能合同中标的金额较大的争议 Court Layer，其裁决结果可依纽约公约获得承认和执行；②适用小型争议，通过投票机制，将裁判权交给链上的参与用户的 Open Layer，虽无法律效力，但能快速简洁地为双方解决争议提供了一种参考思路；③适用于中型争议，争议将被提交给争议双方共同选择的社区中的专家成员进行裁决 Community Layer。

从前述的介绍来看，区块链概念在数年前即引入仲裁程序，并已经付诸实际应用，但是应用的范围还相当有限，例如国内仅有个别仲裁机构在应用；应用的程度还有待进一步加深，例如境外仲裁机构基于区块链技术应用的仲裁裁决的在境内法院的承认与执行如何更顺畅的衔接。

三、区块链在仲裁程序中应用的法律支持

正如本文开头所言，随着法律体系的日益完善，区块链在仲裁程序应用，法律条件已经基本具备。

（一）应用智能合约和/或电子签名的交易

美国、新加坡、欧盟、中国香港、中国内地等各法域都有关于电子签名和电子交易的立法，虽然在具体规定上不尽相同，但原则大同小异。从各法域的立法情况来看，各法域通常都秉持技术中立原则，认为应用电子数据签署或记录合同内容不应成为影响合同效力的原因。

智能合约的本质是一系列计算机代码的调用和组合，并不属于区块链上自动运行。

---

〔1〕　https：//www.gzac.org/WEB_CN/NewsInfo.aspx？KeyID＝57d39d52－144f－4207－9171－e1b0b45f0dcf，最后访问时间：2020 年 4 月 24 日。

基于智能合约的本质，智能合约可以被理解为是一种电子记录或者数据电文。

包括中国在内的各法域对于电子签名的也有普遍适用的原则，即电子签名属于电子数据的一种，如果一个电子签名同时具有以下特点的，应当认为该电子签名是有效的：

1. 可用于识别签字人身份并将签字人与他人区别出来；

2. 电子签名与电子记录记载的合同内容可以在逻辑上被联系起来；

3. 电子签名本身是可靠可信的。

综合来看，智能合约及电子签名的应用本身不会导致文书法律效力被否定。

（二）电子数据的举证

2018 年公布的《最高人民法院关于互联网法院审理案件若干问题的规定》第 11 条第 2 款规定："当事人提交的电子数据，通过电子签名、可信时间戳、哈希值校验、区块链等证据收集、固定和防篡改的技术手段或者通过电子取证存证平台认证，能够证明其真实性的，互联网法院应当确认。"从这一角度来说，中国最高人民法院的司法解释早在 2018 年已经肯定了基于区块链的电子数据认定。新证据规则对此细化并且推广到全部法院，明确电子数据可以作为证据。

电子签名法对于数据电文进行了定义[1]，但没有采用列举的方法框定数据电文的范围。新证据规则进一步以通俗易懂的语言列举了电子数据的范围。根据电子签名法及新证据规则的规定，基于区块链的生成、储存和传输的文书属于典型的电子数据。

就电子数据的效力和真实性认定，新证据规则也给出较为明确的指引。证据审查主要围绕真实性、关联性及合法性。其中，根据新证据规则第 93 条规定，概括而言，对电子数据真实性的审查主要关注电子数据的生成、收集以及保存与传送。[2] 新证据规则第 94 条进一步规定："电子数据存在下列情形的，人民法院可以确认其真实性，但有足以反驳的相反证据的除外：……（二）由记录和保存电子数据的中立第三方平台提供或者确认的；……"从中可以看出，区块链技术特点决定区块链平台的所记录和保存的电子数据的真实性较容易得到肯定。

基于以上规定，类似于前文所列举的南京、广州等地的链上仲裁模式，其立案受理、证据审查、承认执行全程在区块链上完成，属于电子数据在区块链平台上记录、保存和传输，该等操作具有明确而完整的法律依据。

---

〔1〕《电子签名法（2019 年修正）》第 2 条："本法所称电子签名，是指数据电文中以电子形式所含、所附用于识别签名人身份并表明签名人认可其中内容的数据。本法所称数据电文，是指以电子、光学、磁或者类似手段生成、发送、接收或者储存的信息。"

〔2〕 吴慧琼："涉及区块链纠纷解决方式的选择及应用"，载上海市法学会微信公众号，https：//mp.weixin.qq.com/s/UxNnFpXRWFwvVYW4vlHTWA，最后访问时间为：2020 年 4 月 24 日。

（三）链上仲裁裁决的承认和执行

根据纽约公约，仲裁裁决得到承认和执行的前提是有经争议各方正式签署的"书面"仲裁协议，并需在申请承认和执行时提供仲裁裁决和仲裁协议的正本或复印件。随着电子形式的广泛应用，过于狭窄的书面形式限制了纽约公约的适用。2006 年 7 月 6 日，联合国国际贸易法委员会通过关于纽约公约第 2 条第 2 款和第 7 条第 1 款的解释的建议，将"书面"范围扩大至电子通讯方式。

根据前文分析，记载于区块链上的仲裁文书毫无疑问属于电子通讯方式。由此可见，仲裁文书的区块链记载形式，已不是仲裁裁决跨境承认执行的法律障碍。

展望

从现状来看，链上仲裁方兴未艾，其法律条件已经基本具备，但是应用的广度和深度有待进一步加强。我们相信，随着区块链技术的成熟，人们对于区块链技术的认知程度和接受程度提高，以及司法体系相应程序的配套完善，链上仲裁终会成为仲裁程序的主要形式之一。

区块链+法治，公证是核心工具

袁　野[*]

2008 年，中本聪（Satoshi Nakamoto）发表的一篇题为《比特币：一种点对点电子现金系统》的文章将区块链技术带进了大众视野[1]。作为一项或将引领新一轮技术变革和产业变革的新一代数字技术，区块链技术及其应用引发了各行业的广泛关注与争论。经过多年的实践发展，区块链的应用场景日益丰富，应用手段也更加成熟，在经济和社会发展及治理中发挥着独特的功能和作用。

一、区块链技术的核心特征

概言之，区块链是一种按照时间的先后顺序将各数据块相连，组合成链式数据结构，并利用密码学方法保证数据不可篡改且不可伪造的分布式账本系统。区块链的技术结构决定了其具备高透明度、无法篡改和可以追溯的三个核心特征。基于这些技术特征，其应用可以实现信息数据多方维护共享，链上数据可追溯而不可篡改，在此基础上实现业务协作，因此区块链技术的结构特点及其应用功能对于构建可信数据管理体系、发展数字经济具有基础性作用。

随着社会不断进步和发展，越来越多的社会活动实现了数字化和数据化记录，数据治理的可信性、可靠性对建设可信社会越来越重要。而区块链技术的高透明度、无法篡改性和可追溯性，正是通过提升数据本身的可信程度实现数据治理的最佳技术路线。具有国家资质的区块链服务供给主体所提供的数据存证，理论上可以作为一切数

＊ 袁野，重庆市两江公证处执行主任。微信公众号"两江公证"授权转载。

〔1〕 中本聪（Satoshi Nakamoto），又译中本哲史，于 2008 年发布了论文《Bitcoin：A Peer-to-Peer Electronic Cash System》，在该论文中描述了一种基于特殊加密技术的电子货币即比特币，这种加密技术即区块链技术。

据治理的基础数据来源。一言以蔽之，区块链技术保证了数据的真实性，故其提供了数据可靠性的信任机制和保障手段。

二、区块链技术的发展阶段

区块链技术在我国的发展，经历了3个阶段。

2019年10月24日之前为第一阶段，这个阶段的特点是一切为发币。比特币在中国市场热度和价格的快速升温掀起了第一轮密码货币投资热潮。与之伴随的是信仰颠覆、改造生产关系等缺少实质内容的抽象概念在对技术似懂非懂的圈子里狂轰滥炸，而实质则是利用信息不对称的市场地位实现"割韭菜"的最终目的，在这样的口号诱导和利益驱动下，知识精英被裹挟，理性的声音被压制。2018年5月，中央电视台经济频道曾连续播出三期针对密码货币、ICO和区块链的报道，对国内交易所通过外迁开通场外交易来吸引国内投资，从而规避监管以及代币市场乱象横生等运用区块链技术来实现发币逐利目的的现象提出了质疑，并发挥舆论监督导向的职能，提出无币区块链的发展模式。通过这一报道，能够看出监管层对于当时区块链技术囿于发币逐利这一发展乱象的反思和批判，虽然并未发布明确的政策文件，但已开始释放出一定的监管信号。

从2019年10月24日起，到2021年9月中央网信办等17个部委发文《关于组织申报区块链创新应用试点的通知》（中网办秘字〔2021〕1482号）为我国区块链技术发展的第二阶段。这一阶段中，国家数字货币战略确定并实施，在国家战略的引领推动下，市场上的科技公司与政府合力探索创新，推动了区块链技术在不同行业和领域中与实体产业进行碰撞，并产生了星星点点的火花和成果。同时政府对区块链应用管理上的认识也逐渐深化，以发币为目的的产业被彻底禁止，而区块链技术在国家与社会治理各个方面的作用则被逐渐重视，例如2019年11月19日公布的《中共中央、国务院关于推进贸易高质量发展的指导意见》指出，推动区块链与贸易的有机融合[1]；2019年12月，中共中央、国务院印发的《长江三角洲区域一体化发展规划纲要》，指出加强大数据、云计算、区块链、物联网、人工智能、卫星导航等新技术研发应用[2]；2020年1月2日，《中共中央、国务院关于抓好"三农"领域重点工作确保如期实现全面小康的意见》指出，加快区块链等现代信息技术在农业领域的应用[3]。在

---

〔1〕　新华社："中共中央 国务院关于推进贸易高质量发展的指导意见"，载中国政府网，http://www.gov.cn/gongbao/content/2019/content_5462502.htm，最后访问时间：2022年8月18日。

〔2〕　新华社："中共中央 国务院印发《长江三角洲区域一体化发展规划纲要》"，载中国政府网，http://www.gov.cn/zhengce/2019-12/01/content_5457442.htm，最后访问时间：2022年8月18日。

〔3〕　新华社："中共中央 国务院关于抓好'三农'领域重点工作确保如期实现全面小康的意见"，载中华人民共和国商务部官网，http://www.gov.cn/zhengce/2020-02/05/content_5474884.htm，最后访问时间：2022年8月18日。

这一阶段，随着区块链技术在技术革新和产业变革中的作用日益显著，其在政策语境中的地位得到了极大提升。而在政策地位提升的背景下，区块链应用的进一步规范化治理则面临着更高的法治要求。

本文之成稿日期，正处于第三阶段的开始。2021年12月27日，中央网络安全和信息化委员会印发《"十四五"国家信息化规划》，其中所传递的政策指导的核心是：前沿、探索、示范、有序发展。据此可以研判，在第三阶段中，区块链在某些领域将大放异彩，而在另一些领域则并不适宜。这一政策导向也符合技术的客观性规律，一切皆可区块链的呐喊已经成了历史，将技术的先进性聚焦于合适的领域是充分发挥技术效能的前提条件。司法，正是区块链技术可以大展拳脚的领域。

三、区块链+公证的必要性论证

（一）数字化社会中司法领域的公证难题

司法领域包含了多种业务模式，以事实为依据、以法律为准绳则是其万变不离的核心。而我国的公证体系则在发现事实、确定事实、佐证事实等方面发挥着不可替代的制度职能。《公证法》规定，公证是公证机构根据自然人、法人或者其他组织的申请，依照法定程序对民事法律行为、有法律意义的事实和文书的真实性、合法性予以证明的活动。从业务细节分类可见，公证处主要完成的是佐以法律评判所需事实信息的证明，从而帮助认证和辅以裁决。

简单说，公证程序其实是在信任缺失的普遍情况下，由公证处作为中立第三方依靠各种信息查证手段，按照法定程序对事实进行查明并示明以弥补信任缺失的信任补全机制。

而随着社会活动的数字化和数据化，越来越多的公证业务事项需要在对数据信任的基础上展开，如果仅仅依靠传统社会治理中政府的中心化权威及不同部门间专业人员的人工信息核查，则不仅会造成查证方式成本高而效率低的问题，在某些场景下甚至会出现反复证明、循环证明、无效证明等"公证能力失效"的困境。技术进步所带来的数字难题，也只有依靠拥抱技术来加以解决，一个领域或行业只有审时度势地研判技术的发展趋势并努力解决随之出现的技术难题，才能够紧跟技术前进的步伐，做到将技术为我所用乃至引领这一领域技术的发展方向，而相反，故步自封则只会在科技进步的摧枯拉朽中走向式微。

（二）区块链+法治中，区块链+公证是面向社会治理的首要选择

国家对于区块链+法治的功能定位，包含内外两个层面的内容，分别为：对内要使用区块链技术保障强制类机构工作的公平透明；对外要通过区块链技术与公证等业务结合，优化社会治理提升法治水平。公证作为对事实和行为的真实性、合法性进行证明的法律活动，作为定分止争的预防性法律制度，在行政执法、司法证据保障、普遍

性法律服务方面发挥着核心工具的作用。

区块链的技术特点和应用方向与公证的证明职能存在逻辑上的衔接性和功能上的互补性，加之公证在司法体系中作为预防性司法制度的职能定位，决定了区块链+公证是区块链+法治面向社会治理的首要选择。

从逻辑的衔接性上进行分析，区块链技术保障了数据的不可篡改性，但并不能保障数据上链过程中不会产生人为干扰或修改，亦即无法证实原始数据的真实性，更无法说明其合法性。而公证机构通过提供法律服务以保障数据真实性，并能够对数据来源的合法性乃至关联性作出说明。故而两者的配合是链上数据在法律逻辑上的必然衔接，对于形成相关待证事项真实且合法的完整逻辑闭环缺一不可。

从功能的互补性上分析，事实记录仅仅是司法领域的原材料，不是司法职能行使的终端产品，在其进入司法领域后乃需调动相应的司法资源对其进行解读、说明及评判。因此区块链技术可以为司法领域提供证据来源的形式，却无法直接抵达法的彼岸。而证据这一素材恰恰又与法律有着不可抽离的联系，且证据的存在不以纠纷的产生为前提，亦即除了纠纷的解决环节，在纠纷的预防环节同样有着大量的证据留存需求，因此区块链+公证所形成的功能互补是源头治理的重要创新手段。区块链所记录的信息，是依靠区块链技术增强真实性的主要数据，用于证明案件中的争议事实；而解读性意见是基于"区块"与"链"上信息所作出的解释、说明，用于辅助前者。证明材料上链后所形成的存放内容，即为区块链记录，而呈现为第三方存取证平台的技术说明或认证证书、公证机构的公证书或公证保管函、专家证言、情况说明以及专业司法人员、专家辅助人的判断等均为解读性意见。区块链记录为主证据，解读性意见为从证据，构成"主—辅"型证据组合。而正如前文所言，具备国家资质的区块链服务供给主体所提供的数据存证，理论上可以作为一切数据治理的基础数据来源。公证处作为具有国家资质和社会公信力的证明机构，在证据获取、保全和存证方面具备较高程度的公信力，而其预防性司法制度的属性又处于社会矛盾纠纷溯源治理的最前沿，因此是区块链+法治中面向社会治理的首要选择。

(三) 区块链技术与公证业务的深度融合趋势

区块链技术在公证领域的应用可以促成公证人员有效优化业务生态、拓展业务领域，有利于公证行业实现安全、高效、低成本的数据确权应用和价值高效传输，从而解放和提高公证机构的生产力。公证与区块链的有机结合，既能充分利用区块链的技术优势，又能更好地发挥公证的职能作用。

区块链在公证行业的应用不仅仅是一个使用工具的问题，而是触及到生存方式的变革。公证处在人们心中建立的信任，是国家机关的公信力，或者是专业人士基于法律法规对事实的判断，而当技术发展导致人的判断出现盲区时，没有区块链工具对于数字数据的监督，大量的公证工作就可能面临无法进行的困境。所以，利用区块链科技提升公证法律服务的能效和能级，创新公证服务手段刻不容缓。

四、区块链+公证的可行性论证

（一）公证联盟链的设计思想，是区块链技术与公证业务融合的基石

按照区块链节点的分布情况，区块链被分为公有链、联盟链、私有链三种类型。根据区块链技术发展的阶段，国家在"十四五"规划中已经明确区块链技术的发展路线"以联盟链形式为主"。

联盟链由一小群节点做新区块的创建、验证，签名和互相监督，大幅度地减少了区块创建和确认所需要消耗的时间和算力成本。联盟链中的节点准入制，可以理解为已经赋予了节点一定的信任。在司法领域更是解决了去中心化与司法判断权集中的矛盾。

如何组建联盟，确定分工、责任，是"区块链+"的核心基石与顶层设计。区块链早期发展过程中，轻联盟、重技术和轻平衡、重智能的倾向，导致区块链应用特别是司法领域的应用出现了一些偏差，一些创新超越了法制规范的边界，核心原因就是忽略了联盟的顶层设计。

（二）区块链+公证的实践证明——以重庆、江苏为例

在司法实践中，重庆公协和江苏公协这两个省级单位，在本地司法局/厅的支持下，分别于 2019 年、2021 年通过国家网信办区块链服务备案了完全符合公证联盟链设计思想的区块链系统。

其中重庆公协主导建设的行本公证链，已经在行政执法、司法存证两大领域开展了覆盖市场监督、安全生产、城管林业农业等执法事项以及金融、电力、社保、医院等司法存证取证的业务，可谓提前进入了第三个阶段。

五、区块链+法治，任重道远

社会治理纷繁复杂，治大国如烹小鲜。《中共中央关于制定国民经济和社会发展第十四个五年规划和二〇三五年远景目标的建议》再次确认了党的十九大所提出的法治建设目标——"基本实现国家治理体系和治理能力现代化，人民平等参与、平等发展权利得到充分保障，基本建成法治国家、法治政府、法治社会"。对于推动国家治理体系和治理能力现代化这一进程，治理技术的进步和法治建设的推进二者缺一不可。

大道之行，天下为公，身处这一法治进程中，公证同侪更是来不得半点浮躁。公证机构不能将经济衡量高于一切而偏离法治的大道，而是必须时刻铭记制度使命，克己奉公，尊崇法治。在与科技的结合中，一些不顾原则、利益第一的行为，实为用反了科技这把双刃剑，利刃出鞘而背离正确方向则将危害社会，最终伤到自身。如何在技术浪潮中拥抱科技、拥抱变革，坚守公证的初心，吾辈同侪任重道远。

参考文献：

1. 中本聪（Satoshi Nakamoto），又译中本哲史，于 2008 年发布了论文《Bitcoin：A Peer-to-Peer Electronic Cash System》，在该论文中描述了一种基于特殊加密技术的电子货币即比特币，这种加密技术即区块链技术。

2. 新华社："中共中央、国务院关于推进贸易高质量发展的指导意见"，载中国政府网，www.gov.cn，最后访问时间：2022 年 8 月 18 日。

3. 新华社："中共中央、国务院印发《长江三角洲区域一体化发展规划纲要》"，载中国政府网，www.gov.cn，最后访问时间：2022 年 8 月 18 日。

4. 新华社："中共中央、国务院关于抓好'三农'领域重点工作确保如期实现全面小康的意见"，载中华人民共和国商务部官网，www.mofcom.gov.cn，最后访问时间：2022 年 8 月 18 日。

区块链框架下公证行业发展的思考

杨少飞*

作为核心技术自主创新的重要突破口，区块链技术得到国家各行业、部门的认可与支持，区块链技术的概念也被大家了解。与公证行业共同扮演维系社会信用的重要角色，区块链技术可能在实践中遇到短期内无法得到普及、去中心化与安全的相对性以及存储硬件达不到要求等问题，公证行业要从国家层面区块链应用的基础上，开发自己的专用私有链，还要用专业的法律知识来稳定区块链技术的发展趋向。

一、区块链蓬勃发展的契机

区块链技术在国内推广缓慢的一个表现，就是比特币的长期遇阻。但是这种状况在国家高层的重视下将得到极大的改善，因为区块链观念得以普及和区块链有关应用能够获得尝试取决于大家的积极参与，更需要相关部门的支持和扶持。

习近平总书记 2019 年 10 月 24 日在中央政治局集体学习时强调，我们要把区块链作为核心技术自主创新的重要突破口，加快推动区块链技术和产业创新发展。同年 11 月 16 日，司法部在南京召开了信息化建设应用推进会"区块链+法治"论坛，不仅在金融行业，区块链技术也已经在法律服务中得以认可，公证行业当然也不能够脱离其间。

另据新华社 2019 年 11 月 18 日调查消息，在 3000 多家 A 股上市公司中，超过 500 家自称同区块链有关联，但真正披露具体区块链业务内容且属实的只有不到 40 家。"蹭热点"现象的突出，也侧面反映了区块链技术在当前各行各业中大热，同时彰显了

---

* 杨少飞，北京市长安公证处业务七部公证员。微信公众号"长安公证"授权转载。

区块链技术所蕴藏的巨大潜力。

二、绕不开的区块链概念简介

区块链是分布式数据存储、点对点传输、共识机制、加密算法等计算机技术的新型应用模式，它的实质是一个不断增长的去中心化的分布式结算数据库，能完美解决信息系统中的信任危机。

区块，作为区块链的基本结构单元，由包含元数据的区块头和包含交易数据的区块主体构成；哈希算法，是区块链中保证交易信息不被篡改的单向密码机制，特点：加密过程不可逆和输入的明文与输出的散列数据；公钥和私钥，就是一般大家提到的不对称加密方式，提高了以前对称加密方式（账号与密码）的安全性；时间戳，即时生成的交易记录的认证，证明发生事项的真实性；Merkle 树结构，区块链利用 Merkle 树的数据结构存放所有叶子节点的值，并以此为基础生成一个统一的哈希值。

三、公证行业遭遇区块链技术

科学技术的进步，改变了无数行业以及从业者的命运；当前，随着区块链技术的崛起，公证行业也将深陷其中，甚至有玩笑夸张地说"公证行业可以下岗了"，因为真实的价值转移已经"无需"公证的监督。

区块链与公证行业相爱相杀背后的共同价值——信用。在笔者看来，区块链之所以能够与公证联系得如此紧密，是因为它们维护的背后价值相同，均为信用。目前由于信用的缺失，民众所反应的以及需要解决的很多信用成本问题已非个例，市场经济实质就是信用经济，尤其在国家快速发展时期体现得淋漓尽致。公证行业一直就信用问题坚守在社会实践第一线，预防纠纷、减少诉讼，维护当事人的合法权益，承担起信用保障的责任。而伴随着区块链技术的发展，其所特有的不可篡改特性，可以为经济社会发展中的信用难题提供解决方案，为实现社会信用提供全新的思路，存在很大的市场发展空间。公证行业以及区块链技术都为服务民众做出了卓越的贡献，尤其是区块链技术会直接成功地超越我们所提倡的"只跑一次"，甚至一次都不用跑。

区块链技术在公证实践中所面临的问题。区块链技术毕竟尚处于早期的萌发阶段，在国内理论基础、技术安全、应用场景以及标准监管等还要不断地完善。从目前看，区块链技术在理论和公证实践上至少有下面几个问题无法回避：

第一，区块链技术短期内无法得到普及，普惠性得不到保障。从历史的角度来看，任何科学技术的突破都无法惠及所有社会阶层和领域，区块链技术也是如此。观念的落后、实际的需求以及基础设施的不足，都可能成为区块链技术推广的一个瓶颈。公证行业能够在县域一级最大限度地保证群众享受公证服务，降低信用成本，而区块链技术在没有整齐划一的应用前提下，根本无法服务到每一个角落。

第二，去中心化自身就具有相对性。全世界都在乐此不疲地宣传区块链技术的去中心化，但是群龙无首的后果是乱作一团。在区块链应用中，每个人都记录了所有人数据，事实上每个人都可以称之为中心。在所有的这些"中心"里，技术规则或者说电子协议由谁来制定？制定规则的人或者机构，算不算是中心里的中心？如果这个问题无法解决，区块链技术也就失去了去中心化的真正意义，仅仅是去掉了我们传统意义上的中心而已，以公证为例，他们去掉的可能是法律的中心、公证信用的中心。

第三，安全的相对有效性。所有互联网通讯技术都会有漏洞，经常性的系统升级以及修补漏洞就足以证明所言并非绝对，谁也不敢说自己的区块链完美无缺。在笔者看来，区块链技术包含三个方面的安全隐患：一是数据录入的安全性，公证人员面对面都无法解决的意思表示真实、有效问题，双方或者多方在自己的电脑、手机等设备上点击就能完成所有的操作，如何确定他们并非胁迫而属自愿？另外，如果数据输入本身就造假，又能如何杜绝造假？二是数据输出的安全性，并不是所有的人都有开发或者设定"加密数字货币"的能力，如果开发者发现不利于自己事项出现而更改或者关闭系统，所有的数字价值均会化为乌有。三是技术上容易遭受第三方的威胁，以比特币为例，2017 年 5 月 12 日，众多的学校、医院的文档都陆续被一个叫"永恒之蓝"的勒索蠕虫病毒锁定了，只有缴纳了一定数额的比特币才可以重新打开那些重要的文件。既然是技术，总会有更高明的攻击方式等候，区块链技术也不例外。

第四，技术存储空间的要求高，硬件基础较难达到。如前文所述，每一个区块链的节点都是一个中心点，每一个哈希值的变化都会引起整个区块链的整体信息变更。这就会直接导致两个问题，区块链技术适用的机器设备存储空间必须要足够的大，区块链技术所适用的网速一定要足够地快，否则就会导致一个信息还没有全网更新，余下的信息接着蜂拥而至。还是以比特币为例，最初体量小的时候，基本普通电脑就足够应付一切，但是后期就出现了专门的"挖矿机"，甚至听说还有直接导致电量不足的情况。

四、如何解决公证行业与区块链技术兼容并包的问题

公证行业可以不懂区块链的技术，但是在当前这种环境下绝对不能视其为无物；区块链的技术由谁开发不重要，如何成为区块链中的一环才格外重要。公证行业与区块链技术的有机融合，并不仅仅是他们的目的一致性，更是因为公证行业能够解决区块链很多的问题。

第一，从国家层面开发推广区块链应用。针对"区块链技术短期内无法得到普及，普惠性得不到保障"和"去中心化自身就具有相对性"的问题，可以从国家层面开发并进行推广。以最强大的资金和技术支持，将社会各个所需部门都纳入到全国性的区块链范围之内，统筹各个地区所需，无差别化地消灭各自的资金、设备以及技术之间的差异，做到无差别化纳入有关体系。这不但在设备和技术上保障各方都能享受到科学技术带来的红利，也从根本上保证了由真正的中心来"去中心化"，而且由国家公权力对区块链应用进行信用背书，杜绝了超国家权力的技术滥用，至少国家的父爱原则永远不会缺失。公证行业也必须在合适的时机，纳入进国家所开发的区块链应用，在便民利民等促进民生领域发挥自己的作用。

第二，公有链、私有链以及联盟链的有机使用。公有链就是所有人都可以使用并有权限修改的区块链；私有链，就是在小范围内使用的区块链；联盟链就更直接了，可以共同建设开发，可大可小，甚至可以国际化开展适用。就公证行业来说，纳入共有链，就是进入到国家民生层面的区块链，与其他政府部门共同组成一个有机共同体；建设自己的私有链，面对前面所提的问题，公证行业要有自己的区块链所加持，一是为了防止公有链会有什么突发变化，二是可以作为一份长期的备份，以最简便的方式保证拥有最安全的信用保障；而联盟链，就可以视情况对部分的业务或者不同地区更加需要的事项进行专门项的建设。

第三，加快区块链技术研发，做好基础设备跟进工作。储存臃肿、技术设备要求高，这是当前区块链技术所遇到的一个瓶颈。要加大区块链的技术研发，生产更好的适用设备，如果每个人在手持设备就能办理大部分的事务，那就足以解决所有的问题。公证行业可以开发适合自己的区块，但是尽量有所链接，否则与普通的办公软件无异，仅仅是蹭热点、找噱头而已，不值得提倡。

第四，专业的事项必须要由专业的人来完成。"上帝的归上帝，凯撒的归凯撒"，专业的公证法律服务当然需要由专业的公证人员来完成。技术规则可以变化，但是法律规定以及法律所赋予公证的公信力无法改变。这不是简单的有为和有位的问题，技术约定或者电子协议，可以在网络上点击完成，但是约定的内容是否合法、是否有效，就必须要由专业的公证人员来进行审核并提出专业意见。以赋予强制执行效力公证书为例，我们在区块链内可以确定双方确实签署了赋强协议，甚至可以看到协议内容，但是如何签署协议以及协议如何变更，则需要专业的人员进行指导和监督。从另一方面来讲，公证员对区块链的信息录入起到了严防死守的作用，"信用"的双倍加持，足以保护区块链信息免遭居心叵测之人的侵袭，保障各项公证事项能够在区块链技术范畴内合法、合规地开展。

五、小结

区块链技术创造的是一个环境，公证业务的真正问题还是要由公证人员来解决。伴随着区块链技术的长足发展，公证行业不仅不会"失业"，反而在区块链中还要扮演更加重要的角色。杜绝"沉锚效应"，防止先入为主把区块链技术视为豺狼虎豹，至少要在国家体量级的区块链建设中谋有一席之地。与"互联网+"不同，区块链是一项后台核心技术，现在仅仅作为"一夜暴富"的"诈骗工具"，显然是大材小用。技术是人研发的，当然更需要人来维护或者监管，而公证行业的公证人，就是极好的选择。

司法鉴定行业区块链视角

汪　政[*]

一、引言

司法鉴定是现代司法活动中广泛使用的一种司法证明方法，具体是指在诉讼活动中鉴定人运用手段对诉讼涉及的问题进行鉴别和判断并提供鉴定意见的行为。我国的司法鉴定行业在经过结构调整，淘汰落后产能，摈弃不合格企业的情况下，在新形势、新时期随着社会的发展、居民消费观念的转变以及人民对美好生活品质提高的前提下，司法鉴定行业有很大的发展空间。

目前司法鉴定行业逐步向新模式、新流程、新制度转变，而司法鉴定信息化建设是推动司法鉴定行业高效持续发展的基础。区块链技术为大数据时代的天子校准，司法鉴定工作信息化建设必须牢牢抓住区块链新技术的应用，积极探索打造"司法鉴定+区块链"公共服务新模式，不断推进区块链技术在司法鉴定领域的广泛应用。

二、当前司法鉴定发展存在的问题

随着中国社会法治化的不断完善，司法鉴定作为诉讼、仲裁、调解民事纠纷领域中的重要科技证明手段，随着国家政策的利好，社会需求的不断释放，司法鉴定产业链主体的不断丰富，产业链也不断壮大。因此，司法鉴定在发展壮大的过程中，也伴随发展出现以下问题：

（一）司法鉴定机构设置乱

当前的司法鉴定机构属于社会中介机构，各种性质的机构都有，比如司法系统内

---

* 汪政，国际仲裁云链第一届理事会理事，中国政法大学法学院博士生，浙江泰杭律师事务所主任，浙江合众法律科技智能研究院院长。

部机构、学校、医院、独立的专业性机构等。虽然建有名录，但是各机构基本是各自为战，都各自按照自己模式进行管理，相互间缺少必要的沟通和联系，缺乏统一的监督和管理制度，且未能有效地规划及设置机构。

（二）司法鉴定收费乱象问题

出现收费混乱情况。虽有《司法部办公厅关于做好司法鉴定收费标准制定相关工作的通知》（司办通〔2016〕6号）和《关于进一步加强司法鉴定收费专项管理工作的通知》（司鉴〔2017〕4号）等文件，但是各个鉴定机构都采用企业盈利及谋取自身的发展的商业模式，机构之间的价格竞争非常激烈。鉴于现在通讯手段方便，由于存在同类机构，委托人会进行比价，势必出现机构间价格恶性竞争的情形。

（三）司法鉴定标准不一

没有建立规范化的司法鉴定标准库。目前多数鉴定领域没有技术标准，因此鉴定机构主观随意性较大问题，导致不同机构出现不同的检测标准和不同结论。

（四）多头和重复鉴定

在实践过程中经常会出现多头鉴定和重复鉴定问题，此问题往往会影响最终的司法鉴定结果。对于一些专业疑难问题会交由多个机构进行鉴定。重复鉴定是第一次鉴定结论有争议，进行第二次甚至多次的鉴定工作。

我国设置的鉴定机构多且乱，缺少统一规范的程序管理。在市场化条件下各种商业利益驱动，使众多鉴定机构在开展司法鉴定工作时，往往出现多个截然不同甚至相异的鉴定结论，从而使裁判机关无所适从。

（五）鉴定机构和鉴定人行业门槛低

当前的司法鉴定机构与鉴定人的准入门槛过低，缺乏统一的后续机构和人员的培训考核制度、责任追究制度、机构后续监督考核机制等问题。鉴定机构的执业水平的持续性无法保证，鉴定人员的专业能力无法持续的进行监督，新加入人员的素质参差不齐，没有统一考核机制，没有专业能力的人员因为利益大量进入，进而降低鉴定人员的素质。鉴于此原因，导致鉴定结果出现差异，同一问题的复现度低，造成民众对于司法鉴定的认可度低，同时增加当事人的鉴定成本，阻碍司法鉴定行业的发展。

（六）鉴定人出庭作证制度不够完善

鉴定人出庭制度不完善。机构派出的鉴定人去出庭作证的人员，很大概率不是真正实施鉴定工作的人员，实际鉴定工作都是由其他人员完成，往往都是由过往出庭经验丰富的人员进行，出现了一种专门出庭作证的专业户，往往不能体现案件的真相。

（七）行业服务无序化

没有统一的服务流程，各个机构的服务流程差异化非常大，同时对服务的公开度不够，造成委托人无法获悉鉴定过程的进度和各式节点的时效，对于鉴定的事项一切未知，只能等待机构不知何时能出的鉴定结果。往往有些结果也是不太看得明白，造成委托人的体验感非常差。

三、区块链技术在司法鉴定行业的应用前景

随着互联网与信息技术的不断发展和更新，电子数据已成为司法鉴定证据领域中非常重要的组成部分。在各类电子数据证据中，区块链证据无疑是较为先进的类型。可通过区块链技术的应用来改善行业现状，彻底解决目前存在的问题，依托区块链的技术将逐步实现以下效果。

（一）司法鉴定机构数据的统一管理

利用区块链技术将司法鉴定机构涉及的仪器设备、人员档案、机构运行状态等情况进行模块化设置。利用区块链技术将该类信息进行网上区块链存证，并要求机构实时动态地更新数据，但需保留更改或更新前的原始记录，保证所有数据的溯源性。

仪器设备应建立设备校准溯源模块，设备的校准证书应能链接到提供校准服务的机构，能有效防止社会无资质机构出具的假证书；建立仪器设备的规范化管理，建立设备唯一性码，防止无效设备的使用；建立设备溯源的预警信息；建立设备的不正常使用情况等。防止无效设备或替代设备的不正当使用。

人员模块应设立完整的人员信息库，涉及人员的学历、学位、职称、工作经历等信息应经验证后才能录入人员库，有效的防止人员信息造假；建立完善的从业人员资格确认流程，建立人员资格考核专家库，随机进行人员的考核确认，加强从业人员的专业度；建立从业人员的后续培训库，规定后续教育的频次及考核要求，建立失职、诚信问题、能力问题、工作作风问题等预警机制，对于发生严重问题的人员进行限制入库或清理出库。建立司法鉴定出庭人的管理模块，人员必须关联到实际的检测工作，由实际参加工作的人员进行。

机构运行状态应将建立机构主要负责人员、设施、环境、外部监督，体系运行情况等信息进行控制，机构应将人员变动、设施的改变、环境控制的变化，外部监督等情况进行上传，并对于实验室资质的变化如证书的有效性、检测产品和检测标准的变化、评审的不符合项、内部评审的不符合项等内容进行控制，防止因机构自身问题在不具备资质的情况下仍然继续开展司法鉴定业务。

建立基本收费标准。建立各专业基本收费标准并能由鉴定人方便地获取。收费标准应建立具体的收费名目，一目了然。对于非常规的收费应在完善收费标准后方可实施报价，做到有价格必有收费标准，并能做到价格复现。一经发出的收费单保留在区块链存证系统中。

建立鉴定能力范围。目前机构获得认定的目录太过宽泛，实际机构往往获得的能力仅是大目录中的一块。因此机构需对鉴定能力进行细化，并能详细地展示检测标准，

利用区块链技术，完整并精细地展示给需要获此信息的用户。对于监管方，利用机构报备的检测方法能方便地进行检测标准库的建立，同时能对检测方法的有效性进行预警。通过鉴定机构的梳理及业务的统计，统筹安排鉴定机构的数量和地域分布。

建立信访投诉模块，建立客户投诉与沟通的渠道，能让客户方便地进行投诉；利用区块链技术将最真实的信息进行采集，进行关键人员回避制度，进行及时并有效的处理机构。同时将处理结构进行公示。

对于上述的司法鉴定机构的信息需上传系统，后续涉及的内容必须更新系统并一一对应，对无法一致的情况将不得出具鉴定意见，进而倒逼机构更新最新信息及规范化管理。

（二）实现司法鉴定流程的一体化

应用区块链技术的司法鉴定信息系统严格按照《司法鉴定程序通则》要求设计操作流程，在司法鉴定委托受理、鉴定实施程序、意见书出具、费用收取、司法鉴定人出庭等内容进行模块化设计。

建立司法鉴定委托受理模块，各专业模块设计应符合专业要求，体现客户的诉求，重点完善时效等信息，并由机构规定人员经专人授权进行操作。

实现鉴定实施程序、意见书出具、费用收取、司法鉴定人出庭等工作的流程化。鉴定程序的主要工作内容必须由授权的人员进行实时上传，在条件允许的前提下，应将鉴定工作各流程的原始数据进行上传，由设备产生的数据直接链接上传到区块链系统；对于无法采集的数据，在征得客户同意的前提下应进行录像并上传。从信息化技术层面推动鉴定流程的科学化、便捷化，包括选择鉴定人员、鉴定人员利冲回避、鉴定意见书起草、复核、签发、送达等环节都需要根据系统流程逐步操作。鉴定系统操作、文档操作等全部流程留痕，系统自动进行缺项和时限监控，提示和要求操作人员按要求在规定时间内完成文书项目输入，能够实时展示鉴定工作的状态和流程节点的时效，各个节点由授权的人员操作，防止后补，代替他人操作等情况。

（三）实现司法鉴定服务的便捷化

运用区块链技术，结合手机、电脑、平板等移动终端，能进行方便的查询。

在业务询价阶段，客户通过移动终端能方便地查询机构的鉴定资质、机构的收费标准、机构的人员、机构统一社会信用代码等基本信息。

在鉴定业务进行阶段，客户能通过授权通道查询鉴定业务各个阶段的状态，包含受理日期，预计出具鉴定意见等时间。

对于拿到鉴定意见书后，通过移动终端能查询上述各个信息，提供信访和投诉的通道。

（四）实现司法业务监督的精准化

首先区块链技术应用后，各司法鉴定管理部门可使用区块链技术的一站式、一体化司法鉴定管理系统，积极研究大数据统计分析方法在司法鉴定管理工作中运用，加强对司法鉴定机构、人员、业务等数据进行动态监管，不定期随机抽查各类鉴定案件，通过大数据分析抓取关键节点，对鉴定程序不规范、鉴定文书不规范、超时限鉴定、超资质范围等进行即时督办，在实践中不断提高司法鉴定管理精准性和时效性。

其次，监管部门可全面掌握鉴定数据运行态势，进而开展数据间的关联性分析，提炼警示指标，如某一类案件大量出现某个或某些机构鉴定的情况，运用信息化手段进行聚类分析，排查出委托单位、代理律所、保险公司等主体信息，及时查找鉴定"黄牛"线索，有效规避违法违纪执业行为。

最后，按照司法鉴定数据上链的要求，系统对多来源的鉴定机构、人员、案件、专业数据进行归集统一，全面促进司法鉴定信息数据共享，在一定范围内，聚焦海量数据中的高危事件（如多头、重复鉴定、鉴定超时、许可证和执业证到期等）进行预警，进一步完善司法鉴定风险管理，这有利于进一步规范鉴定行为、促进司法鉴定程序公正。

四、区块链技术应用在司法鉴定行业的优势

区块链技术更安全。以往每家机构的数据中心就是一个数据库，一旦受到攻击后，数据无法恢复就存在数据丢失的风险。同时机构也是社会企业，一旦企业因经营问题出现状况，也存在数据丢失等情况。区块链技术能有效地避免数据丢失的问题。

区块链更能保护隐私。虽然所有的数据都是上传的，数据都能查看，但不会泄露隐私，因区块链的信息都是加密的，需要公私钥匙才能查看。

区块链更具溯源性。区块链能建立分布式的账本，每家都有自己的账本，因此无论是修改任何一方的数据都会造成出入，能有效避免别有用心的修改。

区块链更具经济性。区块链具有公开、开源、透明等属性。利用区块链建立区块链联盟，每家鉴定机构成为一个节点，通过信息查询可以找到别家的信息，利用社会共同的资源，避免重复建设，促进良性竞争。

五、结束语

区块链技术在司法领域已经如火如荼地应用，作为司法领域中重要科技证明手段-司法鉴定势必将进行无缝对接。未来结合司法鉴定领域自身发展的需求，将区块链的技术与互联网及司法鉴定信息化工作相结合，必会给司法鉴定领域带来革命性的影响，司法鉴定机构通过区块链的技术能更好地服务客户，进而提高客户的满意度，同时方便司法鉴定管理部门更精准、快速的进行监督，督促司法鉴定机构落实监管要求，从而促进司法鉴定行业的高质量发展。

区块链技术对法律服务的重构

——律师行业视角

汪　政[*]

中共中央政治局 2019 年 10 月 24 日进行第十八次集体学习。中共中央总书记习近平在主持学习时强调，区块链技术的集成应用在新的技术革新和产业变革中起着重要作用。我们要把区块链作为核心技术自主创新的重要突破口，明确主攻方向，加大投入力度，着力攻克一批关键核心技术，加快推动区块链技术和产业创新发展。"10.24"讲话一出，便引发各界热议并由此激发各行各业区块链创业热情。2020 年 4 月 20 日，国家发改委创新和高技术发展司司长伍浩回应外界对新基建的热议，新型基础设施主要包括信息基础设施、融合基础设施、创新基础设施等 3 个方面内容。其中明确将"区块链"纳入新型基础设施中的信息基础设施。

区块链在律师行业一直存在两大误区，一种认为区块链是一项技术，在提供专业法律服务的律师行业没有可用之处；另一种认为区块链是万能的可替代数据库，在未来可以代替甚至颠覆整个律师行业。我们认为区块链带来了生产关系的变革，触发了新的商业模式，区块链是一种生态，但区块链不一定适合于任何行业。本文主要探讨律师行业有没有利用区块链的必要性和必然性问题。为解决上述问题，我们必须回答以下三个问题，一是区块链到底是什么？二是新技术生态下传统律师行业目前存在哪些迫切需要解决的问题？三是区块链技术能否帮助解决这些问题？

---

　* 汪政，国际仲裁云链第一届理事会理事，中国政法大学法学院博士生，浙江泰杭律师事务所主任，浙江合众法律科技智能研究院院长。

一、区块链到底是什么?

(一) 区块链的定义及特性

区块链 (Block Chain) 一词由区块 (Block) 和链 (Chain) 组成。区块 (Block) 是包含了一定时间内的系统全部资产数据、时间标记和指针信息的数据存储单元。链 (Chain) 是后区块通过密码学方式 (哈希值) 指向前区块,将区块连接起来。区块链本质上是靠区块来保存、记录数据的,且区块与区块之间通过密码学的方式链接在一起。这种连接方式和传统的指针连接方式有很大的区别,它会把前区块所保存的数据,通过算法加密生成哈希值放至后区块里。链式结构本质上是为了防篡改。由于链式结构不存在中心化硬件,任意节点的权利和义务都是均等的,系统中的数据块由整个系统中具有维护功能的节点来共同维护。

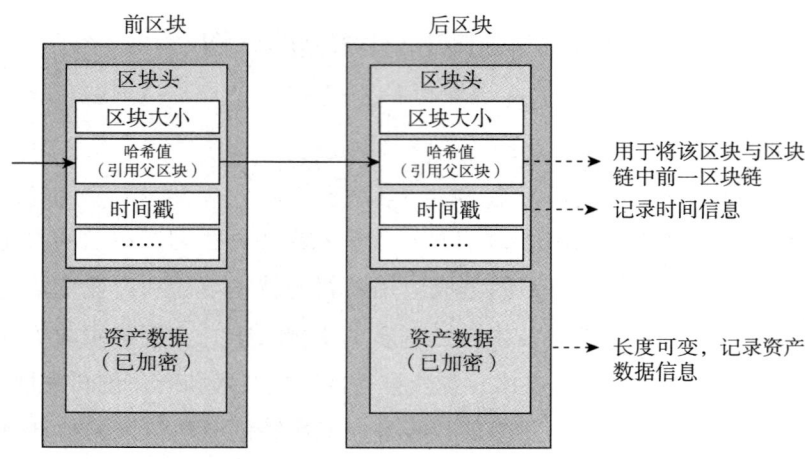

图 1 区块链资产数据存储链式结构图解

智能合约和共识机制被视为区块链互信机制建立的核心组件。智能合约是一段安装好运行在区块链上的程序代码,本质上就是商业合同。智能合约可以强制性自动处理,可以防止商业合同的篡改,并且可以让合同在满足条件以后,自动触发,人为无法干预。为区块链提供防篡改、防抵赖属性。智能合约当前还处于初期的发展阶段,存在部分安全问题。区块链网络中每个节点的数据互为副本完全一致,地位对等,节点间通过算法实现互信共识,这种算法就叫作共识机制。共识机制规定各个对等节点间的数据同步、协同记录、防止造假,进而实现节点间互信及数据一致性。根据以上区块链定义及核心组件分析,区块链具有三个特性:一个是时间戳,二是可溯源,三是不可篡改性。

（二）区块链与法律科技的融合发展

法律科技是指运用人工智能、大数据、区块链等信息技术，为协同法律活动而研发的各种工具、设备、技术和服务。法律科技也可泛指：与所有法律活动有关的科学技术。21世纪新一轮科技革命和产业变革加速演进，大数据、云计算、区块链、人工智能等新技术新应用新业态不断拓展法律科技的应用边界。法律科技是法律与科技深度融合趋势下的产物。法律和科技的融合将分为四个阶段：

第一阶段是法律信息和流程数字化、在线化。包括律所信息化建设到智慧法院、互联网法院、移动微法院等均体现了法律信息和诉讼流程的数字化、在线化。

第二阶段是法律活动的智能化、自动化，法律大数据分析的发展和法律机器人的出现使得立法、司法、执法及法律服务市场（律师和企业法务）在一定程度上呈现出自动化、智能化发展趋势，目前的应用已可实现合同、判决书等法律文件自动生成、案件结果预测、合同审查、智能化的法律咨询、精准立法、自动化行政等。

第三阶段是通过代码规制，在网络平台中代码不仅能够高效调节用户行为，而且可被用来保护法律权利或打击违法。如通过代码限制终端用户对版权内容的复制、分享，利用AI算法筛查、过滤侵权内容或违法内容等。

第四阶段是法律代码化，即代码之治，在这一阶段代码开始发挥、承担法律的功能，代码不仅被用来执行法律规则，而且被用来制定和阐明法律规则。

区块链和法律科技二者的融合发展具有广阔的应用场景，比如在知识产权保护领域，我们可以把版权等知识产权做成电子证据交易模式，区块链智能合约则可以做到实时分账，不管版权拥有方是多少，都可在大数据版的区块链上做到实时分账，通过链上完成知识产权确权和交易行为。目前，区块链在法律科技方面的应用主要表现为区块链存证、智能合同审查、知识产权、电子签章、法律检索、在线法律服务、律所管理、司法链、数字社会治理等领域的应用。

二、新技术生态下律师行业存在的主要问题

（一）安全问题

作为代理人的律师，如何把握信息的完整性、真实性对律师来说极为关键。如何保证信息无论在律师手里还是在律所都不被毁损、盗窃、非法复制、泄露、伪造、篡改，维护信息的安全性是律师行业的难题。

按照当前人们的工作样态，危及信息安全的来源主要来自于以下两个方面：其一，绝大多数文件仍主要以纸质的方式存在，非常容易失窃、毁损、倒签伪造，电子数据的脆弱性在诉讼法里都明确规定其呆留方式与作废方式更何况在律师管理中；其二，电子文件多数以单机保存，单机存储设备遭受攻击、损坏，人员的频繁流动都会导致数据的灭失、泄露，数据受到单方面篡改的风险非常大。上述两方面的内容反映出人们目前管理数据的方式存在诸多弊病。一是缺乏系统性,调取、使用文件十分随意,无须经过授权与验证,也不对调取人、调取时间、文件去向作任何记录,极易导致文件失窃、泄露,当前律所数字化管理不是非常普及导致此现象尤为突出;二是缺乏时间排序,文件于何时产生只能依赖于其上记载的签署时间,而该时间又极易篡改和伪造,客观上难以真实反映文件的生成时间;三是缺乏安全性,对数据进行变更无须获得他方认可、验证,篡改数据十分容易且没有痕迹保留,为后续调查取证听证带来了无穷的隐患,涉及律师职业伦理的挑战也油然而生。

（二）信赖问题

如何证明真实性是律师工作的难点。简单又难以证明的问题本质牵涉到信赖缺失,信赖利益保护关系是人际交往的基石。最狭窄的社交圈可以通过人与人之间直接交往建立信赖关系;大一点的社交圈则要通过"小范围的长者""邻里间的熟人"来为信任关系牵线搭桥。社交圈的逐步扩大,信赖利益保护就从感性走向了制度保障,人们开始将此托付给一个个"位高权重"的中间机构,通过政府、银行和知名企业等信用中介的背书来维系信赖关系。建立信任关系的步骤越来越复杂,验证程序也越多且复杂化。然而,即使存在这样一个载体由此产生信赖关系依然值得提出疑问,因为当前的信任载体都是人的参与,而只要有人的存在,就总会制造出新的问题,信息的真实性一直是值得怀疑的永恒话题。如今互联网技术已能够将信息在瞬间传递到全球每一个角落,但仍然没有实现价值和信任在全球任何个体之间的无缝传递。律师和客户之间的信赖利益保护十分重要。在律所对律师的规范管理,律师协会对律所的行业考核,司法行政机关对律所和律师的行政管理,律师执业中和法院、检察院、公安等各司法机关联系过程中如何建立有效且可信的机制化保障对维护当事人合法权益及维护律师自身合法权益有着重要的意义。

（三）效率问题

随着社会的快速发展和客户端不断日益增长的各种需求,律师行业的工作节奏和工作量正在与日俱增。诉讼业务需严格遵守各个时间节点,非诉业务也需配合商业需求争分夺秒抢占先机。然而,按照目前的工作方式,律师不得不花费很大一部分精力在实际业务之外的事情上。主要包括以下几个方面:一是文件传送,执业律师的一大特征是文书来往多,正副本需在多方主体之间传递,耗时耗精力;二是文件管理,业务中需要对文件原始稿和复印件进行分类归档,业务结束后也需要对各项文书进行整理封存,这些工作无不需要耗费大量的时间与精力;三是文件真实性的证明,承前所述,信赖利益保护在传统司法生态中的缺失导致律师不得不花费极高的时间成本去不断地证明其真伪。由于当前的技术尚不足以还原客观事实发生的真实状态,这就决定了人们只能依靠现存的证据去通过司法途径论证辩论接近事实,但却难以还原事实本身。即使律师在经历了大量证据搜集，客观事实与证据展现后，案件事实待证事实仍存在无尽的想象空间，况且还需要根据相应的诉讼法则选择相关的证明标准，人们在煞费苦心地作出与事实相关的证据推定后，律师们依然无法从根本上排除其他可能性。

三、解决方案

（一）安全问题的解决

区块链运行准则是按时间顺序排列、数据由区块成员共同维护的特点为解决律师与律所安全问题这一难题提供了解决方案。关于数据的提取，因为区块链存储的是电子数据，为此在使用数据时就不一定要将数据从区块中调离，只要在区块中检查，这样可防止数据丢失；对于倒签，一旦开始使用区块，区块内成员可以约定成员之间所有的交易数据都必须上链保存。这样操作的好处是，没有上链的数据将直接被视为事后伪造，这样便能解决倒签的认定问题；关于篡改，在区块链系统当中，任何成员都无权单方变更数据，必须经过全体成员的验证才能完成数据修改，这样在区块链中单方篡改数据几乎不可能。

（二）信赖问题的解决

在解决"安全"问题后，"信赖"问题便可以迎刃而解。区块链技术的一大革命之处就在于其将信赖的重托由人的手中转交给了制度化的系统，是一种机械化的运行保障。区块链中的一切动作均可追根溯源，数据全部安全加密，程序也可以自动执行。系统内成员无须建立任何情感层面的关系，无须再依赖任何人的决定，也不用复杂的联络系统，只需沿袭数据链准则便可完成所有操作内容。这种运作模式能够保障每个终端用户都拥有自己的自主权、隐私权、知情权，平等地作为计算、通讯、运营的节点，无需第三方机构进行信用背书。正是通过这种方式，区块链中的成员就能够形成稳定的共识，信赖利益保护得以确立。

信赖问题的解决还包含了在诉讼领域。信赖利益保护是通过区块链的取证过程实现的。首先，在第三方存证平台上注册用户信息，用户资料通过审核后，将知识产权文件上传至第三方平台，平台审核通过后将知识产权信息转换成哈希值记载于区块链上，并将存证编号文件反馈给注册人。其次，经数据监测，第三方存证平台发现注册人在平台上存证的知识产权遭到第三方侵权，便会自动收集相关侵权证据记载于区块链上，并向注册人反馈存证编号文件。最后，注册人起诉至有同样共享此区块链服务的法院，后者将根据注册人提供的区块链存证编号自行在区块链上调取证据并进行验证，若验证通过即可作为区块链证据获得司法认可。

如上的操作极大地提高了律师办案的工作效率，大大节约了诉讼时间和精力成本，借助区块链技术完成了确权、维权的过程。如果注册人对知识产权进行了授权，还可就授权情况上链，如此便完成了一个完整的确权、授权、维权的过程。在这整个过程中，证据收集即取证工作是存证平台自动化进行的，极大地提高了诉讼效率，降低了社会资源的空转和浪费，节约了成本，传统的诉讼流程被彻底革命性地颠覆。除此之外，基于区块链的不可篡改性，当事人面对区块链证据也会表现出更高的善意度、诚信度，对证据申请鉴定或勘验以拖延诉讼的情况将大幅减少，滥用诉讼程序的现象也将得到一定程度的遏制。

（三）效率问题的解决

前述第一、第二个问题的根源在于律师行业包括律所文件管理的数字化智能化不足，第三个问题的根源仍在于安全问题、信任问题未得到解决，如今区块链技术能为此提供解决办法。就效率方面的传输文件而言，只要文件上链享有权限的人就可随时查看，不必另行传输，为此节省下来的时间对全球化与跨省之间的业务往来尤其有成效；就文件管理而言，合理使用数字签名和智能合约，区块链能够实现文件自动归档、批量修订、实时监控等一系列功能，可以极大提高文件管理水平；就证明真伪而言，区块链技术的一大贡献就在于它的不可篡改、按时间排序的特点使得历史再现成为可能，律师在日常办案时的客观真实与证据真实之间有了无缝连接且安全系数百分之百可靠。一旦认定这是一个区块链证据就不必再行探讨证据内容的真伪，为律师的诉讼解决了证据取证和后续一系列问题和隐患，极大提高办案律师工作效率，同时证明标准在诉讼法之间复杂的转换也将成为历史话题。

智能合约将大大提高律师效率。不同于传统合同，智能合约通过代码自动执行。对于合同条款的履行条件，智能合约不需要由律师来逐字逐句地审查细则，而是自动化地根据各个网络节点的信息执行计算，以验证条款履行的各个方面是否已经完成。如买卖合同案例，当事人约定的付款日期到来，智能合约就会自动将买受人的钱款扣划至出卖人账户中。如款项不足，智能合约就会自动调用控制权，即使标的物已交付给了买受人，智能合约仍能通过生物检材等识别方式将标的物的实际控制权按照已交付款项的比例交付留在出卖人手中。该过程都是由上链的智能合约自动化履行的，既符合法律法规效力性强制规定更提高了交易效率与律师审查、执行合同的效率。不按人的意志为转移，而是按代码的意志执行，能够最大限度地排除人为因素的干扰，保证原始合约的履行，同时提升律师在整个合同履行过程中的执行效率。

四、总结

律师是社会公平正义的捍卫者，是法治中国的坚定推动者。法律与科技的深度融合将会推动司法数字之治，实现数字社会治理能力与治理规则的全面提升，数字法治将真正保障和便利公民实现公平公正和社会正义。

法律规范下的链上数据证据化

——国际仲裁云链的基础价值简评

郑碧波[*]

当今之下，互联网、区块链技术正以前所未有的速度和方式，创新社会生产模式，重构社会治理规则。数据时代对于法律应用最重要的影响之一就是电子数据作为一种独立的证据类型得到确认，即"电子数据的证据化"。电子数据有别于传统证据的物理形式或呈现外观，原始状态难以简单固定，修改不易留痕。因此，电子数据天然具有以相应的手段固化其真实性的需求。区块链技术应用场景的不断延展，对司法存证领域的应用产生重要影响，其不仅对于提升电子数据认定效率有着极大的使用价值，对于提高解纷效率、降低解纷成本也有着重要意义。

国际仲裁云链致力于通过"以终为始，前置治理"，实现"云上解纷，链上证据"。由此而观，通过区块链技术完成存证的"链上证据"具有不可忽视的基础价值功能。

本文拟从现行法律对电子证据的调整规范与"链上证据"特性的契合关系，对这一基础价值功能进行简要阐述。

一、电子数据证据的法律规范与"链上证据"属性具有一致性

电子数据是我国立法机关于2012年修正《中华人民共和国民事诉讼法》时新增的一种证据形式。

2020年5月1日，《最高人民法院关于修改〈关于民事诉讼证据的若干规定〉的决

---

* 郑碧波，国际仲裁云链第一届理事会理事，北京境雄律师事务所主任。

定》（以下简称《证据新规》）施行，其中第 15 条对电子数据的范围作出具体规定，明确电子数据包括下列信息、电子文件：①网页、博客、微博客等网络平台发布的信息；②手机短信、电子邮件、即时通信、通讯群组等网络应用服务的通信信息；③用户注册信息、身份认证信息、电子交易记录、通信记录、登录日志等信息；④文档、图片、音频、视频、数字证书、计算机程序等电子文件；⑤其他以数字化形式存储、处理、传输的能够证明案件事实的信息。

《最高人民法院关于适用〈中华人民共和国民事诉讼法〉的解释》第 116 条规定，电子数据是指通过电子邮件、电子数据交换、网上聊天记录、博客、微博客、手机短信、电子签名、域名等形成或者存储在电子介质中的信息。存储在电子介质中的录音资料和影像资料，适用电子数据的规定。

链上证据，指基于区块链的一切证明材料，包括基于区块链生成、存储、核验的证据。区块链生成的原生型证据，主要指在无人工干预的情况下原生于区块链平台，在数据形成时就以技术来达到防篡改的目的。基于区块链技术存储的证据指将已经形成的证据通过电子化的形式存入区块链平台。基于区块链核验的证据指通过加密算法，将电子证据的哈希值存入区块链，再通过前后哈希值的对比验证电子证据是否被篡改。

由此可见，链上证据是基于区块链技术对我国现行法律规范中的电子数据作为民事诉讼证据的专业处理，是电子数据以区块链技术作为存储和验证手段的新形态。它保持了电子数据的本质，并为其增质赋能。虽然《证据新规》对"电子数据"证据的范围、判断方式、采信标准等所作的具体规定中未提及链上证据作为"电子数据"证据的明确界定，但其中第 14 条"其他以数字化形式存储、处理、传输的能够证明案件事实的信息"的兜底条款，为电子数据与链上证据的一致性属性提供了法律支持。

二、"链上证据"的真实性具有优于一般电子数据证据的特质和法律属性

证据的有效性和证明力，表现为其真实性、关联性、合法性。其中电子证据在关联性和合法性方面与一般的证据类型无异，但因电子证据与其他证据相比，具有一定的虚拟性和流动性，在信息本身和存储介质之间，存在一定的时空差，对其真实性的审查和认定需要由《证据新规》等法律规范进行专门性调整。

链上证据的显著功能就在于建立对电子数据真实性的共识，形成对其真实性更具优势的认定。对于以电子形式存在的证据而言，利用区块链技术可以保证其上链后不被篡改。基于区块链生成的证据，入链可以覆盖数据的全生命周期，能够对证据提供全过程的真实性保障。

在技术层面，区块链技术的哈希值检验、时间锁定、节点印证，是支持区块链证据真实性的三大强支点。既可有效防止证据在入链后被篡改，又确保其完整性。

在法律规范层面，最高人民法院《关于互联网法院审理案件若干问题的规定》第

11 条第 2 款规定："当事人提交的电子数据，通过电子签名、可信时间戳、哈希值校验、区块链等证据收集、固定和防篡改的技术手段或者通过电子取证存证平台认证，能够证明其真实性的，互联网法院应当确认。"这无疑在法律上宣告链上证据对证据真实性的认同和强化。体现在仲裁和诉讼中，如果当事人为诉讼目的自行存证的电子数据证据与区块链形成的电子数据证据不一致，则可推定后者更具真实性保障，具有更优证明力。

三、"链上证据"和区块链技术的司法应用已然成为必然趋势

随着法律体系的日益完善，区块链技术在仲裁、诉讼中应用所需的法律条件已经基本具备：

（一）区块链司法应用体系建设已经由我国最高审判机关作出部署

2022 年 5 月 25 日，最高人民法院公布《最高人民法院关于加强区块链司法应用的意见》（以下简称《意见》）。《意见》包括七个部分 32 条内容，明确人民法院加强区块链司法应用总体要求及人民法院区块链平台建设要求，提出区块链技术在提升司法公信力、提高司法效率、增强司法协同能力、服务经济社会治理等四个方面典型场景应用方向，明确区块链应用保障措施。《意见》提出，保障电子证据可信。健全完善区块链平台证据核验功能，支持当事人和法官在线核验通过区块链存储的电子证据，推动完善区块链存证的标准和规则，提升电子证据认定的效率和质量。这与国际仲裁云链的基础功能定位是不谋而合的。《意见》作为区块链司法应用的纲领性文件，所提出的目标和部署，必将有力推动区块链司法应用体系的有序建设和普遍实施。

（二）智能合约和/或电子签名下的交易

美国、新加坡、欧盟、中国内地、中国香港特别行政区等各法域都有关于电子签名和电子交易的立法，虽然在具体规定上不尽相同，但原则大同小异。从各法域的立法情况来看，各法域通常都秉持技术中立原则，认为应用电子数据签署或记录合同内容不应成为影响合同效力的原因。智能合约的本质是一系列计算机代码的调用和组合。基于智能合约的本质，智能合约可以被理解为是一种电子记录或者数据电文。包括中国在内的各法域对于电子签名也有普遍适用的原则，即电子签名属于电子数据的一种，如果一个电子签名同时具有以下特点的，应当认为该电子签名是有效的：电子签名与电子记录记载的合同内容可以在逻辑上有所联系；电子签名本身是可靠可信的。由此，国际仲裁云链的节点认证、电子签名、交易文件和数据的链上存储，其法律效力在纠纷处理程序中的认同，已经成为国际范围内的共识。

（三）电子数据的举证

上文所述《最高人民法院关于互联网法院审理案件若干问题的规定》第 11 条第 2 款的规定，肯定了基于区块链的电子数据认定。新证据规则对此细化并且推广到全国

范围内的各级法院，明确电子数据可以作为证据，进一步以通俗易懂的语言列举了电子数据的范围。因此，基于区块链的生成、储存和传输的文书属于真实性更优的电子数据。依照《证据新规》第 93 条的规定，对电子数据真实性的审查主要关注电子数据的生成、收集、保存以及传送。第 94 条进一步明确："电子数据存在下列情形的，人民法院可以确认其真实性，但有足以反驳的相反证据的除外：……（二）由记录和保存电子数据的中立第三方平台提供或者确认的；……"由此可见，区块链技术特点决定区块链平台所记录和保存的电子数据的真实性较容易得到肯定。

综上，国际仲裁云链应时而动，应运而生，是有志于以新时代技术实现"云上解纷，链上证据"的创新革命式的探索和创举，具有坚实的技术基石和法律应用条件。随着区块链技术的不断成熟和法律制度的进一步完善，市场主体对国际仲裁云链体系认识的加深和共鸣，国际仲裁云链的应用范围必将愈来愈广泛，为有效提高解纷效率、优化纠纷程序产生积极和深刻的社会影响。

当合同法遇见智能合同

高璐 陈曦*

不仅法律可以调整人类行为，"科技亦拥有影响个人行为的能力。"[1] 相应地，社会生活越发受到了网络信息技术的塑型。智能互联网时代的到来更加速了这一趋势。当法律人还在忙于应对大数据、人工智能等新科技带来的挑战时，区块链这一颠覆式创新也已被广泛运用，以区块链为支撑的智能合同的涌现则使得合同法同样面临新挑战。在智能互联网时代，万物皆智能、智能皆联网。智能合同可使得物联网内的装置"共享资源、互换数据，并在无需集中管理的情况下实现自动运行"，[2] 以国家权力为基础的合同法似乎在智能合同面前略显过时。乐观者放言："智能合同可以脱离任何支配式法律体系而自动运行，它们体现了科技对法律体系的替代。"[3] 然而，悲观者却认为智能合同只是一种庞氏骗局。于是，问题旋即而生。智能合同是法律合同吗？如果是，法律人应如何应对挑战呢？

* 基金项目：国家社科基金"人工智能对劳动法的挑战及其应对研究"（19BFX178）阶段成果。高璐，经济学硕士，助教，主要从事跨境电商理论与实务研究；陈曦，法学博士，特聘副研究员，主要从事法理学研究。

〔1〕 P. D. Filippi and A. Wright, *Blockchain and the Law：The Rule of Code*, Cambridge：Harvard University Press, 2018：194.

〔2〕 K. Werbach, N. Cornell, Contracts EX Machina, *Duke Law Journal*, 2017（67）：337.

〔3〕 A. Savelyev, Contract Law 2. 0：《Smart》Contract as the Beginning of the End of Classic Contract Law, *Information & Communications Technology Law*, 2017（26）：130.

一、智能合同的技术背景

（一）传统智能合同

早在20世纪后期，供应链行业就已使用电子数据交换平台提高效率，电子商务的普及更是令消费者对电子合同习以为常。然而，这些徒有电子形态的合同还远谈不上智能。因为它们除了在形式上将已确定的合同条款数据化外，在内容上与传统合同无异。科技的发展催生出了可计算合同。与电子合同不同，可计算合同"的核心要素则由预先精确定义的电脑数据表达"。[1]可计算合同不是对已有合同内容的"复写"，而是借助编程语言并根据数据运算生成，它是由电脑"制定"并可被其理解的合同。尽管如此，可计算合同仍不是真正的智能合同。因为，电脑在合同履行上仍只能做初显性（prima facie）判断。合同最终是否履行、如何履行依然取决于当事人的选择。在这一点上，可计算合同与传统合同并无二致。

（二）区块链智能合同

比特币的出现为合同智能化提供了契机。比特币是一种基于点对点技术的开源软件，借助这种软件，交易者能经由通信节点网络进行交易，在这个意义上，比特币是基于特定算法的电脑文档。[2]同时，比特币还是一种电子货币。当然，由于此种货币并不兼具交换媒介、价值储存、记账单位功能，因此它并非严格意义上的货币。与传统货币不同，比特币不由特定机构发行，其价值主要由数学、密码学以及技术代码保障。任何人安装这类软件后，只要能解决某项复杂的数学问题以保证分布式账本（即区块链）的一致性，就可获得相应的比特币作为奖励，这个过程俗称"挖矿"。通过运用分布式账本，比特币交易无需任何传统信用机构背书，即可在协议接受者之间高效进行。换言之，它促成了一种"无需信任的信任"的交易生态。

与传统交易依赖于中心化网络数据库不同，如没有房产信息登记就无法保障房产交易的安全性和合法性，区块链则是一种基于加密算法而在点对点网络中形成的分布式账本。在区块链上，重要的交易信息都按照时序"广而告之"，相应地，参与者则可在区块链上查询对应数据并获得同步更新的账本拷贝。区块链的独创之处在于它保障了参与者对账本真实性和一致性的共识。一方面，在区块链上，交易的有效性并不取决于任何人的言辞，而取决于"挖矿"解决散列难题以保障分布式账本一致，[3]交易核准完全由区块链参与者的共识触发。借助这一机制，交易是否有效最终取决于数学

---

〔1〕 H. Surden, Computable Contracts, *University of California Davis Law Review*, 2012（46）：639.

〔2〕 P. Cuccuru, Beyond Bitcoin：an Early Overview on Smart Contract, *International Journal of Law and Information Technology*, 2017（25）：181.

〔3〕 K. Werbach, Trust, but Verify：Why the Blockchain Needs the Law, *Berkeley Technology Law Journal*, 2018（33）：501~502.

问题是否被解决，动机因素对交易的影响得以排除。另一方面，人为篡改区块链数据极为困难。当随机节点解决散列难题后，新的区块随之生成。当存在冲突时，则以体现所有参与者共识的最长链条为准。某人要想篡改区块链，必须变动最长链条。无疑，极高的硬件要求不仅会令篡改者望而却步，而且天量的电力消耗更是令其得不偿失。正是上述优势使得以区块链为支撑的真正意义上的智能合同粉墨登场。

二、智能合同的技术定义

智能合同即可自动执行的合同。在萨博（N. Szabo）看来，智能合同是一组具有电子形式的承诺，是"可自动执行合同条款的计算机交易算法"。[1] 智能合同之所以"智能"，主要体现在它的自动执行上。然而，萨博的定义明显过度包容。例如，自动贩卖机就符合该定义，但由于它在执行上依然离不开人为介入，如投币，因此它不属于智能合同范畴。区块链是智能合同得以智能的关键，故更恰当的智能合同定义应体现这一特色。对此，我们可以从技术特征的角度定义智能合同。

其一，智能合同以电子形态为媒介。由于智能合同是代码，因此它必然以电子形态为媒介。当然，这并不意味智能合同不能与传统合同并存。例如，同一份合同就可兼具这两种形态。其二，智能合同必以特定技术为支撑。如前述，当下的智能合同运行就无法脱离区块链技术。此外，智能合同的运行还需运用电子数字签名这样的加密技术。其三，智能合同以条件句为结构。智能合同是运用布尔逻辑表达的条件句。即"如果 A，那么 B"。在这一点上，智能合同与传统合同的附条件结构一致。其四，智能合同可自动执行。智能合同一旦生成，其执行无需人为介入且不取决于任何人的主观意图。根据区块链及其互联数据，智能合同在相关条件成就后就会自动执行。同时，由于篡改区块链极为困难，因此智能合同相应具有防篡改特征。在这个意义上，智能合同是难以被违反的。[2]

综上，智能合同是在区块链平台上实施的具有自动执行特征和条件句结构的代码。

三、智能合同是法律合同吗?

那么，这种代码的法律性质是什么?首先，作为代码，智能合同在法律上可被视为智力成果，其理应受知识产权法等相关法律调整。其次，并非所有的智能合同都是合同。一方面，智能合同作为记号（token）具有表征财产权等其他功能;另一方面，智能合同完全可以意在执行某种不具有合同意义的行为。鉴于此，本文仅讨论那些用于合同实践的智能合同。

法律合同是体现法律权利义务关系的协议。判定一个实体是否是合同应考虑如下

---

〔1〕 Nick Szabo. *Smart Contract in Essays on Smart Contract*〔EB/OL〕，1994，2022-03-06.

〔2〕 E. Mik，Smart：Terminology，Technical Limitations and Real World Complexity，*Law，Innovation and Technology*，2017（9）：281.

方面。其一，是否存在两方或多方当事人；其二，当事人是否存在意思表示；其三，意思表示是否一致；其四，意思表示是否设立、变更、终止权利义务关系。

第一，智能合同存在两方或多方当事人。虽然智能合同通常不由合同当事人直接编写，而由科技公司代劳，但是否运用相关软件以及平台却由当事人决定。与传统合同一样，智能合同也具有主体依赖性。从功能上看，智能合同主要涉及数字资产或可数字化的线下资产交易，即平等主体之间的财产关系。其中，显然存在两方或多方当事人。

第二，智能合同当事人存在意思表示。与传统交易不同，智能合同涉及的要约、承诺发生于区块链上，且我们可以非常准确地认定它们。[1] 虽然当事人利用智能合同交易可能不知道相对人的身份，但这并不影响当事人对合同内容具有意思表示。在本质上，智能合同的内容依然是由当事人设定。此外，即便智能合同由电子代理自动缔结，它依然是法律合同，学界对于其法律意义亦鲜有争议。[2] 甚至当电子代理缔结的合同与当事人的意思表示存在偏差时，由于他理应知晓这类行为的可能后果，因此我们亦可推定他对此具有概括性意思表示。

第三，智能合同当事人之间存在意思表示一致。从过程上看，智能合同具有完整的形成过程。例如，在众筹智能合同中，受益人发出要约，捐赠人则通过将特定资产转入资金池进行承诺。应当强调的是，智能合同的承诺与履行往往同时发生，它"不是待履行的，因为对它而言没有要履行的行为；它也不是已履行的，因为结果尚未达成"，故它突破了待履行合同与已履行合同的传统区分。当然，这并非否认智能合同是合同的充分理由，因为是否尚待履行并不是判断某个实体是否为合同的根本标准。

第四，智能合同旨在设立、变更、终止权利义务关系。与传统合同一样，智能合同是旨在变动当事人权利义务的自愿机制，如当事人通过智能合同交易可变更财权归属。虽然智能合同是代码，但由于"合同法并没有禁止以数据方式表达合同义务，合同法基本原则可以主动包容数据导向式的表达。"因此，将代码视为合同非但没有违反法律原则，反而表明了这种合同的新颖性。

四、智能合同对合同法的挑战

智能合同会对现行法律体制造成诸多影响，合同法则首当其冲。

第一，合同立法。首先，合同法的一大功能是保障合同履行和提供事后救济，然而，智能合同的自我执行特征使得与合同履行、担保以及违约等相关制度规定变得无

---

〔1〕 T. I. Kiviat, Beyond Bitcoin: Issues in Regulating Blockchain Transactions, *Duke Law Journal*, 2016 (65): 607.

〔2〕 E. M. Weitzenboeck, Electronic Agents and the Formation of Contracts, *International Journal of Law and Information Technology*, 2001 (9): 204~234.

用武之地，其事前导向特征与传统合同法的立法理念相左。其次，合同法以意思自治为基础，兼顾合同安全与公平。然而，智能合同的设计理念是去中心化、去意志化，其更强调效率与平等。在这种理念引导下，不仅因误解、欺诈、胁迫导致的意思表示不真实情形易被忽视，而且在缺乏有效规制下，合同自由还可能被滥用。

第二，合同变更。基于合同自由原则，当事人可根据合意变更甚至解除合同。然而，智能合同一旦编码完毕并置入区块链后，其不仅执行不再需要人为介入，而且内容亦难更改。如果人们想要增加智能合同的弹性以应对客观情势变化，那他们只能预先将合同变更、解除的情形以及相应内容编入代码之中。显然，这会给合同起草和谈判带来极高的成本。智能合同极强的刚性增加了人们在合同刚性与弹性之间取得平衡的难度。某种意义上，智能合同变更只是一个"伪问题"。

第三，合同责任。作为代码，智能合同不可避免会因漏洞、瑕疵等原因导致法律风险。例如，当代码编写与当事人意思表示不一致而致损时，责任如何界定分配就是一个亟待解决的问题。再如，代码漏洞可能被黑客利用。2016年发生的"The DAO事件"，黑客就利用代码漏洞，以完全符合代码逻辑的方式窃取了相关当事人的数字财产。然而，包括合同法在内的现行法对这种符合互联网规则的行为并未明确定性。最后，智能合同的匿名、中立特征，使得相关当事人隐而不现，这无疑会形成司法介入的天然屏障并更易滋生犯罪。

第四，合同解释。合同的意义判定必然涉及解释问题，然而，智能合同的运作逻辑会动摇合同解释规则甚至减损解释本身的价值。例如，法官如何判定代码是否符合当事人的意思表示呢？智能合同以人工语言表达，包括法官在内的多数普通人并不知晓代码含义，除非代码被转译为自然语言，否则合同解释规则无法适用。然而，即便智能合同被转译后解释，由于技术专家对代码转译拥有最终话语权，因此，解释结果在很大程度上取决于技术专家的判断，而这会削弱法律解释对这类案件的意义。再如，编程语言崇尚简洁、精确，转译后的智能合同会较为简略、机械。面对这样的合同，法官似乎除了诉诸实际结果进行政策判断外，并没有太大的解释空间，这意味着解释对智能合同的重要性会大打折扣。

我们应辩证地看待上述现象。一方面，我们在承认智能合同带来挑战的同时，应当认识到合同法并不会因此被替代。合同法既具有指引行为、创设义务等事前、事中功能，又具有解决纠纷、提供救济等事后功能。显然，智能合同对于事前和事中功能不会造成实质影响。更重要的是，智能合同依赖于编程语言，故它难以成为模糊条款或开放条款的有用安排，当当事人想要对合同履行享有裁量权时，他们可以不选择智能合同，这意味着智能合同的适用范围有限，其带来的挑战同样有限。另一方面，智能合同的自动执行并不意味完美执行。去中心化带来高效与精确的同时，也暗藏着压迫与不公。规制者显然应高度警觉智能合同可能造成的负面影响，在坚守法治价值的基础上结合智能合同的自身特征形成应对思路。

五、基本应对思路

（一）代码规制与法律规制结合

一方面，智能合同的代码特性决定了代码规制是有效应对挑战的基础。智能合同的核心价值正在于它以去中心化的共识机制大幅降低了交易成本。因此，规制智能合同不能单一依靠"国家信用背书"的老路子，而应强化代码自身的规范效应，尽可能将副作用以符合代码逻辑的方式予以抑制。正所谓，"通过代码本身进行规制，是规制代码系统的最佳途径。"另一方面，智能合同的影响程度与代码规制局限决定了法律规制是应对相关挑战的保障。可以预见，智能合同在未来会得到广泛运用并影响社会生活诸方面。虽然代码规制在灵活性、针对性、确定性、有效性以及降低成本等方面具有优势，但作为一种自我规制，代码规制可能因相关组织的卡尔特化、规制俘获、政策制定懈怠、执行不严等原因损害公共利益。这意味着，规制智能合同不能只停留在代码自我规制层面，而需要有法律规制保障。

（二）法律代码化与代码法律化结合

就法律代码化而言，智能合同设计者可将与合同操作部分相关的术语、条款模块化于智能合同之内，当事人则可根据自身需要或法律要求，采纳他们希望自动执行的部分或是必须采纳法律所要求的部分（如强行性条款）。对于前者，当事人可通过选择相应合同范本各取所需；对于后者，则应被强制编入所有智能合同之中。针对智能合同的不可撤回特征，我们可以运用修改变量捕获术语、删除功能捕获术语等区块链编辑技术"变更"合同，甚至运用区块链自毁功能直接废除合同。可以说，随着以区块链为中心的合同机制越发标准化和模块化，法律执行与代码执行不再泾渭分明。由此观之，智能合同可将合同法中的部分内容以代码形式转化呈现，从而为合同法律实践提供了新的可能性。

就代码法律化而言，智能合同本可作为法律规制平台。虽然智能合同具有自动执行特征，但它仍需与外在世界交互。通常，我们将与智能合同联系的外在反馈源称为"预言机"，其可能是数据库、组织或个人。据此，我们可设置独立第三人作为"预言机"，并赋予其独立密钥，从而形成合同纠纷解决平台。当当事人发生争议时，合同是否执行需以第三方反馈为准。通过这种机制，代码得以法律化。此外，我们还可专门设计区块链调控机制。此时，智能合同就不单是法律规制的对象，区块链也不只是被法律规制的技术，而是法律规制借助的手段。由此观之，智能合同带给合同法的不单是挑战，其亦为合同法提供了发展机遇。

（三）创新规制架构

在规制架构方面，规制者可考虑如下方面使智能合同规制架构更为多元、动态、开放。

第一，多元参与。针对智能合司的去中心化，我们应当形成国家、行业、个人多元参与的规制架构。例如，"沙箱"技术就体现了这一思路。所谓沙箱，是"一个允许创新者在暂时免除他们某些或全部法律要求的环境中测试其产品或商业模式的规则集"。[1] 在这种架构中，行业代表需要向官员解释技术原理从而获得更大的创新空间；官员则需要了解技术产品从而制定针对性政策；而消费者则能在技术产品的真实接触中获得益处。据此，规制者和被规制者的二元区分不再泾渭分明，多元参与的协商式民主价值得以彰显。

第二，数据驱动。全面、准确、及时的数据是决定规制效能的关键。特别是在大数据时代，智能合同造成的诸多社会影响和潜在风险大体皆可以数据表征。根据并通过数据规制代码，不仅能使规制者直接快速地回应，而且能够为其研判规制客体提供基础。鉴于传统规制架构旨在调整较低流动性的社会环境，因此，建立具有更强动态回应性的规制架构，有利于对因智能合同产生的新问题作出正确诊断，甚至为规制者进行事中调整创造空间。无疑，这在很大程度上可以降低智能合同规制手段的不确定性，令规制者更能有的放矢。

第三，原则强化。如果规制架构仅由规则构成，那么它就需以频繁的变动频率应对变化。即便变动有时非常及时、准确，可这与法治要求法律不应频繁变动且通常不应溯及既往的要求相左。对此，规制者可考虑强化原则在司法实践中的作用从而使得规制架构更具开放性。一方面，这有利于减轻规制者选择规制时机时承受的负担；另一方面，这种架构更易与传统合同法兼容。例如，当规制者面临智能合同导致的突发性风险时，他就无需临时设立规则并溯及既往，而可直接发展既有原则从而兼顾法治诉求与智能合同的特点。

六、结语

正如科技在挑战法律的同时亦促进法律发展，智能合同对合同法的影响同样具有双面性。虽然智能合同会对传统合同法带来挑战，但它既不会颠覆合同法，亦不应成为游离于合同法之外的事物。智能合同带来的新情况，不但无法证实合同法将被替代乃至消亡的夸张言论，反而为包括合同法在内的众多法律的进化提供了契机。当然，智能合同对法律的影响并不局限于合同法，一个适于智能合同高效运行的良好法律框架也不只关乎于合同法。对此，我们需要从整体规制的角度对智能合同进行规制架构设计。

---

〔1〕 Michèle Finck, Blockchains: Regulating the Unknown, *German Law Journal*, 2018（19）：677.

第二章

区块链法治与多元纠纷解决机制专题

区块链的"司法化":发展、挑战与应对

张 生[*] 李 妮

自第一批比特币被开采以来,区块链技术变革银行、金融和商业的潜力逐渐被挖掘,去中心化的概念获得越来越广泛的认知[1]。尤其在全球交易市场领域,区块链技术分布式账本的应用,具有去中心化、匿名化和难以篡改等特征,促进跨境贸易朝着便捷、高效、安全和保密的方向发展。然而,在推动全球经济发展和开启跨境贸易新时代的同时,区块链技术的自治性特征使其容易规避国家监管,引发法律风险。近年来,区块链技术带来的法律挑战开始被学界广泛关注,其中区块链系统内部"司法化"对传统争端解决机制的冲击尤为值得深入研究。

在区块链技术的架构下,传统的争端解决机制似乎对"链上纠纷"力有不逮。技术的"加持"为犯罪分子实施违法活动提供了便利,在某些情况下区块链技术会被犯罪分子用于集资诈骗,甚至从事洗钱或恐怖主义等严重犯罪[2]。为弥补传统争端解决机制的不足,一种基于区块链技术的"内生型"自治系统应运而生,即当事人利用区块链分布式账本的特征和智能合约(smart contract)技术形成的分散性自治组织(Distributed Autonomous Organization,DAO)形式来解决纠纷。当区块链内部交易出现纠纷时,链上当事人通过事先自行设计的仲裁条款,构建"内部私人仲裁系统"来解决交

---

* 张生,西安交通大学教授,博士生导师。原文载《西安交通大学学报(社会科学版)》2021 年第 1 期。

〔1〕 王延川:"'除魅'区块链:去中心化、新中心化与再中心化",载《西安交通大学学报(社会科学版)》2020 年第 3 期。

〔2〕 范拓源:"区块链技术对全球反洗钱的挑战",载《科技与法律》2017 年第 3 期。

易纠纷，促使依托于区块链技术的争端解决机制在性质上趋向于"司法化"。它改变了传统的司法中心化体系，创设了一种基于现代科技的新型社会声誉体系。虽然该"内部私人仲裁系统"能提供有效的事前规范并减少强制执行成本，但它在很大程度上绕开了法院的管辖，间接"隔离"了法院基于承认和执行程序对仲裁裁决行使的控制权。与此同时，基于内部私人仲裁而形成的数字权利也跨越了主权国家的界限，对以国家为中心的司法权带来了巨大挑战，也逐渐导致国家司法体系的"边缘化"。

有鉴于此，本文基于区块链"司法化"的演变历程，阐述内部私人仲裁系统的含义及特征，从程序法的视角深入剖析区块链"司法化"给以主权为基础的国家司法管辖控制权带来的挑战。在此基础上，分别从区块链技术自身完善和国家对策等内外两个维度提出应对方案。本文最后结合当前区块链"司法化"发展趋势，指出我国应当积极参与国际对话，提升国际话语权和规则制定权。

一、区块链"司法化"的演变历程

（一）雏形：第三方托管

区块链技术的概念肇始于2008年中本聪发布的白皮书，其被描述为"去中心化"的分布式账本数据库。白皮书提出要发一种"在没有可信方的情况下通过通信通道进行支付"的架构，货币的交换媒介、价值尺度等基本职能只在对等基础上执行，而不依赖于任何中央机构。比特币作为区块链技术的第一种应用，也具有这样的去中心化和相对独立的特性，与比特币有关的第三方托管机制被赋予解决争议的职能，成为区块链"司法化"的雏形。

自2008年金融危机以来，金融机构记账的唯一性使得政府无限增发货币，造成金融机构"行走在信任危机边缘"。一些密码学家和计算机专家对以国家金融机构为中心的货币监管模式日益不满，期待重建一种新型的数字货币支付体系，允许所有人记账，让整个账本完全公开透明。该体系从本质上来说是一次摆脱中心机构监管的"跨国实验"，其所设想的交易环境是在绕开国家监督权的情况下，双方在对等基础上进行贸易往来。然而，该体系也暴露出一个问题：在没有国家监督和提供事后救济的情形下进行的交易，个体的合法权益有时候无法得到有效保障。现实中区块链有时会被滥用于明显违背人类基本价值的活动，比如有人通过毒品交易网站"丝绸之路"和暗网交易平台"阿尔法湾"从事洗钱或贩卖儿童等犯罪活动[1]。同时，买方在无法确保卖方真实身份且缺乏国家权力机关监督和救济的情况下，也会对资金交付的安全性存有疑虑。中本聪在白皮书指出，"第三方托管机制可以很容易地用来保护买家"。这里的"第三

---

[1] 凯文·沃巴赫、林少伟："信任，但需要验证：论区块链为何需要法律"，载《东方法学》2018年第4期。

方托管机制"实质上意味着买方可以将价款托管给第三方，而不是直接向卖方支付销售价款。如果当事人双方就履行合同没有产生争议，托管资金将以卖方为受益人解除锁定。反之，任何一方就合同本身或合同履行发生争议，托管服务提供商将有权最终决定资金应流向卖方或退还买方。在"代码即法律"的理念下，代码既是技术也是"监管工具"，其与市场和法律共同充当秩序维护者的角色[1]。因此，比特币的常规托管机制实际上是要构建一个跨国仲裁系统[2]，即绕开国家司法管辖，当事人自行设计对双方有效的内部裁决机制，选择他们喜欢的私人裁决者。从这个角度来看，该常规托管系统实质上是一个自由放任的"自律管辖系统"，此时管辖权不再是国家主权的产物，而是一项基于争议各方同意而选择的私人服务。正如有研究所指出的："区块链使公民更加容易创制'习惯法'体系，公民可在自定的科技法律框架内任意选择和实施规则。"从这个角度来看，这种自律管辖系统实际上相当于建立了一个独立的数字司法管辖区。例如阿拉贡项目（Aragon Project），它承诺建立类似的独立于司法的管辖区，试图在区块链中构建一个与真实世界中的特拉华州一样的商业友好监管环境[3]。

（二）形成：链上内部仲裁

随着区块链技术在跨境贸易中的广泛应用，越来越多的交易行为通过技术控制实现，交易行为也越来越依赖于合同协议和技术规范之类的"软法"来调节，技术逐渐成为直接执行规则的手段。这类新型技术的核心特征是依靠代码来界定交易方需要遵守的规则，规定可为和不可为行为。正是由于区块链技术具有自治性特征，私人当事方依托区块链能够预先设定交易规则与协议条款，在发生争议时通过技术程序解决争议并实现自动化执行，从而提高裁决的执行力。然而，该程序也在很大程度上绕过了法院通过裁决的承认与执行程序对仲裁权利行使一定程度的控制权。因此，区块链开始向"司法化"方向发展，形成了以代码为核心，基于多重签名地址的自动化决策机制和解决争议的"内部私人仲裁系统"[4]。这种内部私人仲裁系统在智能合约中体现最为明显。当事人通过智能合约进行交易，并在发生纠纷时利用内嵌的内部私人仲裁系统解决纠纷，确保链上交易有序运行。从本质上看，智能合约所涉及的争议解决办法与传统纠纷解决机制并无特别的区别。对于当事人之间的争议，除了内部私人仲裁外，双方也可以选择法院诉讼、仲裁和调解等多种救济途径。但是相比诉讼和其他救

---

[1] L. lessig, *Code: and other laws of cyberspace*, Version2.0, New York: Basic Books, 2006: 157~168.

[2] P. ortolani, Self-enforcing online dispute resolution: lessons from bitcoin, *Oxford Journal of Lega lStudies*, 2016, 36 (3): 595~629.

[3] D. alberto, S. reiner, *Digital revolution-new challenges for law*, Baden-Baden: Nomos Verlagsges, 2019: 313~326.

[4] P. ortolani, The impact of blockchain technologies and smart contractsons on dispute resolution: Arbitration and court litigation at the crossroads, *Uniform Law Review*, 2019, 24 (2): 430~448.

济方式，内部私人仲裁因其灵活高效和充分尊重当事人意思自治最受青睐[1]。

1. 基于多重签名地址的自动化决策机制

在区块链交易环境中，用户通过多重签名地址构建内部私人仲裁系统，该系统比中本聪设想的托管系统要更加复杂。所谓多重签名地址就是多个主体对同一个账户进行数字签名，该签名是对账户内数字资产所有权限的标记。如要使用账户内资产需要多个私钥才能打开账户，通常一个账户是由 n 个密码共同管理，使用至少 m 个密码才能支配该账户，其中 $m \leqslant n$[2]。更形象地说，这个装置就像一把有三个钥匙孔的锁，只有同时用两把钥匙才能打开。交易双方使用该锁储存交易款项，当契约约定义务履行完毕，双方就会获得开锁的数字密钥，如果没有争议，他们可以使用这两个密钥解锁完成交易。反之，在发生争议的情况下，交易双方都不能自主解锁，但他们中的任何一方都可以要求私人仲裁员审查案件的事实并确定争议资金归属。仲裁员裁决的仲裁形式与托管服务提供商不同，争议方不能单方面使用有争议的资金，只有仲裁员向胜诉方提供第三把钥匙才能明确资金的归属。多重签名地址允许交易双方建立一个争端解决系统，用来有效解决和执行争议矛盾。有数据显示，现有存储在多重签名地址的数字货币已超过了30%，由此说明很多当事人正在自主选择提供仲裁服务的网络平台来解决争端。从技术角度来看，多重签名地址的仲裁行为是在国家法律权利范围之外运作的，这种基于区块链的裁决形式是"非区域化仲裁"理论的先进实践[3]。

2. 解决争议的"内部私人仲裁系统"

前已述及，内部私人仲裁系统在智能合约中体现最为明显。智能合约是一种能在区块链上运作并利用区块链去中心化特征的程序。智能合约由代码、代码验证与代码自动软件构成，当智能合约代码中预先规定的前提条件获得满足后，数字财产就会通过智能合约自动转移。从严格意义上看，智能合约并非法律合同，而是自动履行基于法律合同所产生的义务[4]。在智能合约的框架下，内部私人仲裁系统是与区块链技术一起被"量身定制"的。该系统的设立是交易双方通过智能合约来谋求建立数字司法管辖区。智能合约作为双方"合意"制定的规则，当事人接受在规则约束下进行交易，但这些规则与任何一个涉及主权的司法管辖都不相关。智能合约服从于第三方仲裁人员做出的裁决，并根据裁决确定某些争议资产的最终接收人。智能合约检索到的外部

---

　　[1]　F. kreis, M. kaulartz, Smart contracts and dispute resolution-a chance to raise efficiency?, *ASA Bulletin*, 2019, 37 (2): 336~357.

　　[2]　M. Dai, S. Zhang, H. Wang, et al., A low storage room requirement framework for distributed ledger in blockchain, *IEEE Access*, 2018, 6: 22970~22975.

　　[3]　R. Michaels, Dreaming law without a state: scholarship on autonomous international arbitration as utopian literature, *London Review of International Law*, 2013, 1 (1): 35~62.

　　[4]　王延川："智能合约的构造与风险防治"，载《法学杂志》2019 年第 2 期。

信息可以是仲裁裁决，程序代码可以用于强制执行。通过这一方式，中本聪提出的"第三方托管机制"中固有的自我执行潜力可以扩展到更广泛的经济互动，将不同类型的智能合约转化为程序代码，并在发生争议时由内部私人仲裁系统自动予以解决。区块链技术的内部私人仲裁系统作为一种替代性治理机制和独特的"跨国仲裁形式"，允许链上当事人根据"合意"创建一个具有可自动执行的治理系统，该系统能同步实现裁决的发布和执行，具有高度的终局性和自给自足性。

（三）发展：数字法院的构想

2020年3月，来自日本东京大学和加拿大英属哥伦比亚大学的两位经济学者建议设立数字法院，以利用区块链技术节约争端解决的时间和金钱成本。数字法院除了实现智能合约的自动执行外，也可以用于拍卖、商业合同以及销售领域判决的快速执行。

数字法院是基于区块链技术设置的一种具有传统法院功能的新机制。根据智能合约可以直接更新区块链内账户余额，形成当事人之间的"承诺权"，当事人可以在不依赖法律强制执行的情况下达成可执行的协议[1]。数字法院运用智能合约作为承诺装置以防止当事人违约，是对智能合约现有思想的扩展，其本质是设计了一个以数字法院作为审理和执行机构的智能合约。数字法院通过算法汇总当事人提供的信息、双方交易行为信息、"法官"意见，识别交易行为中违背协议规定的一方当事人，扣留初始协议期间的保证金对该方当事人行为进行规制。在数字法院的运行机制中，智能合约无法自动执行争议标的额，而是经过数字法院审理，由"法官"将审理结果输入智能合约系统，以确定争议标的最终归属并对违约方进行限制。

考虑到区块链的匿名性特征使其易成为非法活动的"温床"，为了保护社会免受非法活动的威胁，数字法院以检查当事人之间的协议是否合法为前提，只有在协议内容合法的情况下，才能帮助当事人解决纠纷和执行协议。与此同时，数字法院以区块链技术为引擎，能降低司法成本，并能有效解决现实中司法服务效率低的难题，提高社会契约执行效率。

二、区块链"司法化"的挑战

区块链"司法化"对国家司法体系的发展而言是一把"双刃剑"。当事人通过区块链技术不论是事先协商制定交易规则，还是事后链上争议处理及强制执行，体现的都是一种链上"内生型"的规则维护机制，表现出"自组织"的特性。所谓的"自组织"是指在没有外部指令的情形下，系统按照相互默契的某种规则，各尽其责而又协调地自动地形成有序结构，反之，如果一个系统靠外部指令而形成组织就是他组织。作为一个自组织系统，其无须外部指令即可自行运作，并能自主地从无序状态走向有

---

〔1〕 M. Hitoshi, N. Shunya, *Mechanism design with blockchain enforcement*, Kyoto：KIER Working Papers，2020.

序状态[1]。鉴于此，依托区块链技术构建的内部仲裁系统可以无需通过"外部指令"对案件进行自决，既可以提高司法效率减轻办案压力，还可以通过分布式账本提高透明度，实现创新性发展。但是通过技术赋权而建立的数字司法管辖区也对传统争端解决机制带来了巨大冲击，侵犯了以国家司法机关为中心的监管体系。区块链的"司法化"发展，使现有的法律制度面临着日益频繁的"破窗性"挑战[2]。

（一）区块链"司法化"规避国家司法管辖权

根据属地管辖原则，国家对在其领土边界内发生的活动享有管辖权。国家权力的行使与司法行政基础设施的发展之间存在着复杂的关系，前者既是后者的先决条件，又是后者的驱动力。从第一个角度看，国家控制是建立司法管辖权的必要条件，如果没有通过强制手段确保法律得以遵守的能力，国家就不可能建立一个解决争端的法院结构体系；从第二个角度看，国家权力的行使为司法系统依法独立执行法律提供依据，为维护司法公正和提高司法权威提供保障。但在区块链"司法化"的背景下，区块链技术能够在不依赖国家支持的情况下，对越来越多的资产和资源进行自主且分散地管理，随着超越国家主权的链上跨国裁决体系的发展，国家法院的审判职能就面临被日益"边缘化"的局面。现实中，一些"链客"和链上平台都宣称：基于区块链技术的数字司法管辖权能完全独立于国家司法管辖而运作。例如 EOS（Enterprise Operation System）核心仲裁机构，即在 EOS 中，依据章程设置核心仲裁机构，由"链上仲裁员"裁决纠纷，解决争端，并将最终的裁决交由投票产生的节点直接执行[3]。还如阿拉贡项目事先在内部构建具有约束力的"宪法体制"，规定了各种现成的条例、法规等，并宣称通过内置的"在线分散法院系统"可有效解决线上纠纷。阿拉贡项目成为了第一个以分布式自治组织形式在以太坊平台上运营的数字司法管辖区，其目标是挣脱领土管辖的束缚，形成线上数字管辖权，建立一个不以国家领土为界的数字法庭，该法庭不仅可以审理交易平台上当事人之间因智能合约履行产生的争议，还可以对法庭做出的裁决直接强制执行。总的来说，当区块链内当事人的权利和义务通过加密行为制成智能合约时，阿拉贡项目就变成了一个类似于现实司法体系的争端仲裁系统，这个系统表现出"准司法属性"的特征，从而排除了主权国家的专属管辖。链上程序设计者通过内部私人仲裁系统对当事双方的交易行为、交易争议进行监管，其监管范围具有显著跨国性，侵蚀了管辖权的地域性原则，使法院的级别管辖和地域管辖出现失灵，对既有的纠纷解决机制产生巨大的冲击。

---

[1]　王春业："自组织理论视角下的区域立法协作"，载《法商研究》2015 年第 6 期。

[2]　马长山："智能互联网时代的法律变革"，载《法学研究》2018 年 4 期。

[3]　O. Rabinovich, E. Katsch, Blockchain and the inevitability of disputes: The role for online dispute resolution, *Journal of Dispute Resolution*, 2019, 6（2）: 1~29.

（二）"自我执行"架空国家审查

每一个争端解决机制在结构上都面临着当事人不履约问题，也都在谋求解决这一问题的结构性路径。针对当事人不履约的问题，需要通过"强制"执行来确保裁决被遵守，而强制执行权需依靠国家的协助，这不仅适用于法院判决，也适用于仲裁裁决。传统上，仲裁裁决只有在被承认后才能在特定的国家法律体系中产生法律效力，国家通过承认和执行程序、撤销程序来确保对仲裁裁决效力的控制权。例如，在国际仲裁方面，《纽约公约》第5条规定了拒绝承认和执行外国仲裁裁决的情形；在国内仲裁方面，我国《仲裁法》第58条规定六种可以申请撤销仲裁裁决的情形。可以看出在仲裁裁决的撤销及承认与执行方面，法院审查程序是对仲裁裁决最低限度但又很必要的制衡，是当事人自治和公权力控制之间的平衡，其目的是防止那些显失公平的裁决产生实际效果，是国家公权力阻止违反程序正义或社会公共秩序的仲裁裁决产生法律效力的工具。

相比之下，区块链内部仲裁系统的构建，在开辟仲裁新路径的同时，也使得现有仲裁裁决的承认和执行程序、撤销程序成为"摆设"。在基于区块链的内部私人仲裁系统中，裁决的发布和执行具有重叠性，即裁决一经发布立即执行，其不依赖于国家对裁决的承认即可使裁决发生约束效力。当事人可以在不请求国家支持的情况下使裁决获得强制执行力，由仲裁员直接将有争议的资产强制分配给胜诉方，国家对这部分案件的审查权则被搁置。因此，内部私人仲裁系统的自动执行忽视了仲裁裁决不得违反公共政策的强制性规定，打破了自治与管制的平衡，违反了仲裁裁决取得法律效力的强制性要求，忽略了国家"制衡工具"的功能作用，架空了国家司法审查。

（三）自动决策的瞬时性侵犯公民的基本权利

通常，当裁决被强制执行时需要在确保债权人合法权益和保护债务人基本权利之间取得一定的平衡。如果被执行人未能如期、足额支付裁决中命令款项，法院通常会从债务人的工资中予以扣除，但人民法院在采取措施时，通常要按比例保留一定的收入，以确保被执行人及其所抚养家属维持最低的生活水平。例如，我国最高人民法院于2004年出台的《关于人民法院民事执行中查封、扣押、冻结财产的规定》明确规定对债务人的某些财产禁止采取执行措施，其中第6条明确规定对被执行人及其所扶养家属生活所必需的居住房屋，人民法院可以查封，但不得拍卖、变卖或者抵债。不少国家法律也规定执行程序需要满足一定的合理期限，不使债权人能够立即获得强制执行结果。这不仅是因为某些情况下瞬时执行在实践中不可行，更主要的是因为执行程序是根据不同权利和需要之间的平衡标准来运作的。

然而，区块链内部仲裁机制裁决的执行并不遵循平衡当事人双方之间权益的逻辑。因为通过技术手段将有争议的财产分配给胜诉方的过程是瞬间进行的，完全不考虑平衡因素。最重要的是，自动决策的瞬时性排除了听取意见、说明理由的环节，违反了正当程序的规则，容易造成对债务人基本权利的侵犯。例如，在签订智能合约的房屋租赁情形下，一旦房东通过前期设定的程序代码触发驱逐情形，使用通过区块链技术管理的智能门锁可能会立即使租户无法打开房门，在这种情况下，自动强制执行就可能会导致侵犯承租人基本权利的情况发生。由此可见，执行自动化决策的逻辑是一种技术上的自动化，有的情况下并不考虑合理裁量的意义，难以与传统上的平衡模式相协调。

三、应对方案

随着科技的发展，法律和技术之间的相互影响日益明显，在技术赋能且技术赋权的背景下，技术会使公权力的影响趋于边缘化，因此保持技术权利与国家权力间的平衡就成为关键。从多个角度来看，区块链技术的出现是对国家司法体系的一种外来冲击。一方面，像比特币和以太坊这类的区块链平台允许私人当事方以数字货币进行交易，这种货币不仅不是任何一个诉讼发生地国家发行的，也不属于任何国家，案件管辖权归属难以认定。例如在 Tezos 基金会案件中，美国加州法院驳回了原告要求对基金会行使管辖权的请求，法院无法证明对总部位于瑞士的 Tezos 基金会拥有管辖权。因此如何通过国家管辖权对区块链上的行为进行监管十分必要。另一方面，如前文所述，区块链的多重签名技术实现了高度的自动化，私人当事方利用智能合约，可以自行约定合意规则，形成内部协议，那些由协议引起或与协议内容有关的争议，当事人可以选择链上仲裁员通过内部私人仲裁系统予以解决，并且作为跨国仲裁系统其执行不取决于国家控制的承认和执行程序[1]。有鉴于此，为应对以上挑战，本文认为各国需要从内部合法性和外部合法性两方面做出努力。

（一）内部合法性

1. 区块链内部设置"特权"节点

传统的法律规则具有一定的灵活性和模糊性，而技术规则要求高度准确性，几乎没有空间来澄清歧义。区块链的编程代码往往是"if……then……else"等逻辑结构，程序代码只允许协议中具有高度确定性的部分自动化，对于不确定的抽象概念，如诚信、合理性和自由裁量等一般性条款以及情势变更或不可抗力的异常情形，不太可能约定在智能合约中，即便约定了也难以安排针对性的解决方案。此外，链上仲裁允许当事人在不依赖国家支持的情况下实现裁决的强制执行，导致这部分私人裁决不受任何类型的国家审查，国家被剥夺了对线上案件的控制权。但内部私人仲裁系统并不总

---

〔1〕　O. Pietro, Self-enforcing online dispute resolution: lessons from bitcoin, Oxford Journal of LegalStudies, 2016, 36（3）: 595~629.

是准确无误的，有时可能会产生完全相反的结果，这是因为基于程序算法的自动化决策系统具有局限性，无法对约定事项进行价值判断，还有来源于程序员和仲裁员的主观取向渗入代码也可能会导致算法歧视和自动化偏见。在内部私人仲裁系统中，一旦触发自动化决策，那么任何一方当事人都无法干预裁决的自动执行，但当出现异常情形使裁决有误时，不间断的自动执行就会导致不公正结果的产生，这时公权力能及时介入并进行干预就显得至关重要。

尽管区块链设计的初衷是"去中心化"，并谋求建立超越国家主权监管的自治空间，但实践中区块链与现实世界之间不可避免的交互作用，会对主权范围内个体的合法权益造成影响。为确保个体的合法利益不受侵害，在必要情况下国家可对链上的"私人"协议进行技术化规制。在这方面，可以以代码为中介授予政府可信第三方的地位，使之成为享有"特权"的超级节点。该特权节点可以根据当事人申请来审查仲裁过程并干预仲裁执行，即赋予政府一种"介入审查"和"暂停执行"的特殊权力。"介入审查"就是该超级节点可以根据当事人申请或行政机关主动介入到争议标的额巨大的案件仲裁过程中，对有争议的仲裁过程进行审查，避免当事人利用链上仲裁从事违法行为，同时也避免出现程序不公的结果；"暂停执行"是在线上仲裁庭发布仲裁裁决后，如该裁决确实显失公平或还有其他争议，该超级节点可以通过触发相应的代码来中止内部私人仲裁裁决的发布及自动执行，并冻结争议标的额。实践中，2018年10月，阿里巴巴公司已经向美国专利商标局提交了一项区块链系统专利申请，该系统允许政府作为第三方管理员加入链中，可以自由获取智能合约数据，还能向链上用户发布"特殊处理指令"，比如，中止一个智能合约或是冻结与非法活动相关的账户，该专利为区块链进行行政干预提供便利。此外，尽管通过技术手段来履行合同义务越来越普遍，但这并不意味着当事人必须通过内部私人仲裁解决合同纠纷，对于自动执行导致的"错案"，国家可以下令将自动执行的标的额以"链外"方式返还。总之，裁决的自动执行不是"全自动"，过度的机械性反而会适得其反。只有赋予政府通过审查或中止等行政行为对以技术为基础的自我执行进行干预，才能确保国家的审查权，并且在自动化决策的结果与法律要求的结果背道而驰时，通过行政干预追求公正。因此，技术的发展使传统静态法律逐渐向动态化发展，在动态化过程中，法律规范不仅始终要优先于代码规范，还要充分发挥行政干预的积极作用。只有将科学技术和法律"因地制宜"地相结合，才能真正带来有效的革新和进步。

2. 对内部自动化决策设定限制

随着自动化决策逐渐渗透到生活的各个方面，平衡自动化决策和公民基本权利之间的关系显得愈加重要。自动化决策作为新技术，其运行只有遵循一套权责相符的治理原则，用户才会认为程序可靠，从而促进内部私人仲裁系统成为链上合同体系的基础。为了在鼓励技术发展的同时，避免公民基本权利遭受损害，可行的方法是制定一种"代码执行法"，该"代码执行法"明确规定自动化决策的范围和标准，从而对内部仲裁的执行方式进行必要的限制。以汽车的起动器中断装置（Starter Interrupt Device，SID）为例，该装置是安装在以按揭方式购买的车辆中，借贷人使用车辆仪表板中的远程激活设备来控制车辆启动，并可以跟踪车辆的位置和运行轨迹，在当事人逾期付款时阻止汽车启动，以此强制收回欠款。在美国安装 SID 的汽车超过 200 万辆[1]，这些汽车在触发中断模式时，会使正常运行的汽车突然熄火。倘若紧急情况下（如紧急就医）阻止汽车使用，将会引发严重事故。因此，必须严格审查自动执行中断行为的合理性，尤其是还款逾期时间比较短的情况下，可以通过技术内部保障措施予以解决，允许在紧急情形下，启用紧急代码恢复车辆运行[2]。但是，技术保障不能完全取代法律价值判断，探索设立法律规制和技术升级相适宜的路径才是正确方式。如在美国内华达州，一项新的立法对使用 SID 的适用范围进行限制，其中包括消费者信息披露，禁用通知至少提前 48 小时告知当事人，以及明确了 22 个紧急情况特例等。

鉴于此，当基于区块链技术的自动执行侵犯公民基本权利时，就需要公权力进行规制。此时，法律制度必须发挥能动性，采取切实有效的措施行使权利，对自动执行过程进行规制[3]。在内部私人仲裁的自动决策和执行方面，可借鉴汽车起动器中断设备的相关规定，不仅从技术上进行更新升级建立新型代码监管系统，而且从法律上对内部私人仲裁的自动执行设定必要限制，严格规定自动决策范围与法律边界。对此，可以通过对自动化执行系统设定一定阶段的宽限期，在裁决作出后，将裁决结果送达到双方当事人，并告知在宽限期内任何一方都可以向仲裁庭提出异议，仲裁庭也必须听取当事人的陈述，在宽限期结束后自动执行。同时，还可以设置自动执行例外清单，尽可能地预见技术使用将产生的不利后果，并制定应对政策，尽早防不可控的异化因素，降低技术的消极影响。此外，可以建立自动化决策事前评估机制，借鉴欧盟《通用数据保护条例》（General Data Protection Regulation，GDPR）中关于算法自动决策的"数据保护影响评估"办法，在自动化执行前由链上仲裁员对自动执行可能导致对个人权利造成的影响进行事前评估。事前评估内容可以包括：对预期决策过程和决策目的进行系统性描述；评估决策过程的必要性和比例性；评估自动决策行为对当事人权利侵害的风险；自动化决策不能损害社会公共利益和破坏公序良俗等。最终，通过明确

---

[1] E. N. Sweeting, Disabling devices: Adopting parameters for addressing a predatory auto-lending technique on subprime borrowers, *Howard Law Journal*, 2015, 59（3）：817~848.

[2] M. Raskin, The law and legality of smart contracts, *Georgetown Law Technology Review*, 2016, 2（1）：305~371.

[3] 凯伦·杨、林少伟："区块链监管：'法律'与'自律'之争"，载《东方法学》2019 年第 3 期。

自动决策的法律边界和事前决策评估机制，对区块链内部私人仲裁系统中的自动化决策设定必要限制，可以更好地平衡自动化执行和公民基本权利维护之间的关系。

（二）外部合法性

1. 链上链外争端解决系统相结合

虽然传统司法管辖权在某些情况下也会存在管辖权的冲突，但司法管辖权和数字管辖权的差异在于其各自具有约束力，链上争端解决系统和链外争端解决系统如同争议解决的两极，当事人可以根据需要选择合适的争端解决方式。新兴的基于区块链的内部私人仲裁系统正在设法搭建自动执行机制（如智能合约）与传统争端解决机制所需的人工判断之间的桥梁[1]。尽管内部仲裁系统在一定程度上侵蚀了国家的管辖权，但目前并不会从根本上导致国家司法系统的边缘化。因此可探索根据案件的复杂程度和标的额数量对链上链外争端解决系统进行区分，在低价值索赔方面优先采用链上仲裁系统，发挥其技术上的优势，实现案件快速审理；而在高价值区发生的争端，应由国家介入来公平、稳妥地处理纠纷。

为了实现当事人自治权利与国家司法权力间的平衡，应在不影响国家司法主权的前提下，发挥区块链"司法化"的优势，考虑构建内部私人仲裁系统与国家司法系统分工合作的协调机制：其一，构建小额索赔的争端解决激励框架。在多重签名交易中，链上用户可以确保在有争议的情况下，选择第三方裁决者来决定储存在该地址中货币的最终归属。例如，存储在依赖于多重签名地址的 P2SH（Pay to Script Hash）中的比特币一旦发生争议，就会自动通过内部私人仲裁系统解决纠纷。据统计，从 2017 年底起，P2SH 中比特币总量急剧增加，目前占比已超过 31%，因此可以看出比特币用户正在更多地使用多重签名方法设计私人的、非正式的内部裁决系统，以实现争议的快速解决和裁决的有效执行。此外，由于区块链的高度匿名性，使得参与数字货币的发行、交易或维护的主体，在链上留存的"身份"信息仅为该主体所有的独一无二的字符串，导致法院很难确定被告的身份，更不用说对其进行审判和强制执行判决了。因此，国家应部分承认"区块链内部仲裁系统"的合法性，构建小额索赔的争端解决激励框架，鼓励争议标的额较少的案件通过内部私人仲裁系统自治解决，不仅可以提高办案效率，还能节约司法资源。其二，对于那些涉案标的额巨大、社会危害性强的案件，应由国家司法系统管辖。区块链上高价值区诉讼的典型案例是首次发行代币（Initial Coin Offering，ICO）现象。实践中，有的 ICO 会扰乱了风险投资和金融市场的秩序，比如代币的发行可能被视为证券欺诈，代币发行公司如果无法完成发行阶段承诺的开发步骤

---

[1] T. M. Evans, The role of international rules in blockchain-based cross-border commercial disputes, *Wayne Law Review*, 2019, 65（1）：1~17.

等，会引发一些影响较大的诉讼案件，这些案件本可以通过内部私人仲裁系统来处理。但当事人更倾向选择国家司法系统。尤其在争议标的额价值巨大且可识别被告身份时，法院诉讼仍然被视为可靠且有吸引力的替代方案。

因此，在国家治理体系现代化的背景下，国家管制与社会自治的双向建构发展格局要求我们探索与科学技术共同发展的制度文明，创制既有利于科技健康发展，又有利于社会规范体系完善的管理制度[1]。鉴于此，"链上自治"与"链外管制"不是非此即彼，而是相辅相成的关系，应考虑根据案件标的额和性质对争议进行归类，实现内部私人仲裁系统与国家司法系统分工合作，二者结合才是区块链"司法化"的最佳路径。

2. 推动构建国际发展框架和标准

区块链作为互联网的产物，具有全球化的属性。在区块链平台，使用数字货币进行交易自动跨越了领土边界，因而为解决线上交易设置的内部私人仲裁系统天然具有跨国性。原则上，各国可以自行对智能合约进行监管，合理限制自主权范围，从而禁止某些强制执行行为。然而，在没有任何多边条约的情况下，不同的国家对区块链技术可能会采取不同的方法予以监管，造成技术受到不同规则的约束，从而导致对从事同一类型交易的各方保护程度参差不齐，提高了合规成本。此外，区块链作为一种新的技术形态，其内部私人仲裁机制的发展水平在世界范围内并不均衡，所有国家并不能平等地参与有关区块链管辖权和监管的讨论，全球各国还没有准备好达成一项解决区块链监管问题的多边协议。如同气候变化应对需要全球合作一样，区块链平台作为一个国际环境，其监管问题也需要具有国际导向的解决方案。从实际来看，国际对话仍然是解决该问题的有效途径，区块链管辖权争议从根本上来说是关于国际发展框架和标准的构建问题，这些框架和标准将塑造各国未来共同理想的数字时代。因此，只有通过加强国际合作，明确区块链"司法化"发展空间的适用范围，制定新的平衡框架和多边条约，才能推动数字经济可持续发展，维护区块链的开放性和合法性。

针对区块链交易天然的跨国性特征，在争端管辖权不明确的情况下，可以考虑建立一个专门处理区块链相关问题的仲裁机构，仲裁机构的仲裁员由密码专家、计算机专家、法学家组成，共同协调处理链上交易争端案件。由于区块链技术涉及到很多计算机领域的专业性问题，对于这些专业问题，当事人可以在协定中列明仲裁机构可以根据争端双方的请求提供仲裁服务。目前已经有这样的尝试，例如，2018年11月，俄罗斯工业家和企业家联盟就宣布建立仲裁机构，旨在处理与区块链技术、初始代币发

---

〔1〕　吴东汉："人工智能时代的制度安排与法律规制"，载《法律科学（西北政法大学学报）》2017年第5期。

行项目、智能合约相关的案件，并负责解决数字经济参与者之间的争端分歧，该委员会称："从 2020 年至 2025 年，此类案件的数量将会增加 40 倍。"因此，只有通过加强国际合作，共同推动区块链"司法化"相关标准和框架的构建，才能发挥区块链技术的最大效用，实现数字经济可持续发展。

四、结论

区块链作为一种新型的技术形态，被视为第四次工业革命的关键技术，其相关应用日趋广泛。本文以程序性规则视角为切入点，探讨了区块链内部仲裁系统在快速解决链上争端方面展现出的极大潜力，同时剖析了该系统对以领土为边界的国家司法主权造成的挑战。这些挑战从深层次上反映了国家不能很好地处理技术变革和规则运行之间的平衡，而这样的平衡恰是确保区块链健康发展的关键。区块链的各种内部私人仲裁系统，其共同目标是利用智能合约，来克服传统争端解决程序繁琐、耗时长等缺陷，推进高效率和低成本的新型仲裁程序的构建。国家法律应部分承认链上内部仲裁的合法性，根据案件类型分类管辖，将链上自治和国家管制有机结合，二者相得益彰，让法律与科技共同推进区块链"司法化"发展。

当前围绕高新技术产业为核心的国际竞争日趋激烈，区块链作为前沿技术，其影响已渗入司法领域。作为世界上最大的发展中国家，我国要主动拥抱区块链"司法化"的创新性发展，保持技术变革与传统法律制度之间的平衡，抓住科技发展机遇，促使我国在"区块链+司法"领域走在理论最前沿，进而占据创新制高点。正如习近平总书记所言："要探索建立适应区块链技术机制的安全保障体系，引导和推动区块链开发者、平台运营者加强行业自律、落实安全责任。要把依法治网落实到区块链管理中，推动区块链安全有序发展。"因此我国要尽早开展顶层设计、大胆进行试点改革，探索区块链技术在司法领域，尤其是智慧法院建设领域的有效运用，使区块链技术在司法领域落地生根。实践中，我国国家互联网信息办公室已于 2019 年 2 月发布实施《区块链信息服务管理规定》，明确规定了监管对象是区块链信息服务活动、监管主体是网信办、技术标准监管者为工信部的监管格局，旨在为区块链信息服务使用、管理等提供有效的法律依据，促进区块链技术及相关服务健康发展。可以预见，未来是区块链"司法化"发展和应用的爆发期，中国无疑有强大能力在这一过程中发挥引领作用。目前区块链的司法应用尚处于起步阶段，我国只有加强区块链技术相关领域的研究，才能在参与全球治理体系变革时提升国际话语权和规则制定权。同时我国作为负责任的大国应积极鼓励国际社会就区块链"司法化"相关理论和技术进行磋商与对话，推动建立利益共识机制，引导数字时代朝着更加公平的方向发展。

基于智能体的在线调解框架研究进展

周　蔚　　詹捷宇*

1. 引言

随着网络经济的发展，在线调解成为网络经济领域解纷处置的主要方式，也是中国智慧法院建设的重要领域。[1] 在线调解框架始于互联网技术应用的纠纷解决技术框架，其基础理念来自于传统调解理论，[2] 现已成为在线争议解决机制（ODR，Online Dispute Resolution）的主要形式，以技术导向强调纠纷解决的效率与公正。随着网络社会与现实生活日益交织重叠，民商事活动的"场所（场合）、地域"等"域"也延伸至网络空间，涉网纠纷逐年增加，[3] 例如互联网金融领域的纠纷多发，呈现出标的额小、案件量大、跨地域、跨时空以及案件复杂度日益提高等特点，对现有在线调解框架提出挑战。因此，如何对小额、批量且法律关系简单的民商事案件提供高效自动化的争议解决技术方案成为现实中亟待解决的问题。

在线调解框架研究的主要目标是消解网络经济活动中的交易纠纷，一方面研究解决当前在线调解技术框架效率提升问题，另一方面要使得在线调解框架能为争议局中人提供和解机制，促成争议的局中人在信息不完备的情况下自愿达成和解。随着人工智能技术在法律领域的结合趋势，[4] 人工智能技术已经在第一代 ODR 系统中有所应

---

* 周蔚，国际仲裁云链常务副理事长，中国政法大学仲裁研究院研究员。詹捷宇，华南师范大学计算机学院研究员。

〔1〕 中华人民共和国最高人民法院编：《中国法院的互联网司法》，人民法院出版社 2019 年版。

〔2〕 范愉："《人民调解法》的历史使命与人民调解的创新发展"，载《中国司法》2021 年第 1 期。

〔3〕 北京互联网法院：《北京互联网法院审判白皮书》。

〔4〕 黄俏娟、罗旭东："人工智能与法律结合的现状及发展趋势"，载《计算机科学》2018 年第 12 期。

用，但第一代 ODR 系统更多使用信息通信技术、信息系统技术对法律事务工作提供辅助支持，纠纷高效处理的自动化技术在第一代 ODR 中发展不足，[1] 仍然面临效率瓶颈问题。当前快速发展的第二代 ODR 系统尝试运用人工智能技术，把智能体技术为代表的人工智能技术引入在线调解框架，将显著增强在线调解框架智能化水平，以自动化纠纷解决技术应对当前在线调解机制的瓶颈挑战。

智能体（Agent）被定义为自主的解决问题计算实体，能够在动态和开放的环境中有效地操作，通常部署在与其他可能有冲突目标的智能体（包括人和软件）交互或合作的环境中。[2] 基于多智能体协商系统的调解人（mediatorbased multi-agent negotiation systems）通过分布式人工智能方法，通过模拟争议解决过程的各方，包括当事人、调解人，以协商（Negotiation）的形式解决当事人之间的争议。当调解智能体在协商中发挥更加积极的作用时，协商转为调解（Mediation，Conciliation）。多智能体协商系统最初应用于电子商务交易摩擦的谈判或协商，智能体作为协商中第三方调解人的研究成果近年来集中出现，[3] 被应用于在线争议解决的不同程序和场景，如在线协商、在线调解、在线仲裁以及在线诉讼。不同的在线调解系统中，智能体根据其功能、定位和参与强度各不相同。从计算机科学与法学相互结合形成计算法学的学科特征来看，在线争议解决系统的智能体技术需面向法律工作的现实需要，应用形式多样，例如，人的情绪是我们日常交往组成部分，也是争吵发生的主观因素，在第一代 ODR 设计时已对协商过程中智能体的情绪因素进行考虑，提出了考虑智能体动态情绪产生和变化的计算模型。[4]

在线争议解决机制对智能体技术集成，能够提高现实规模化纠纷案件处理效率。以小额、批量且法律规定明确的借贷类案件为例，智能体在纠纷解决各阶段作用不同。在线纠纷发生后，一个核心问题是当事人对涉及自身利益的效用表达或者评估方式存在差异导致争议不能解决，若智能体能为争议当事人各方提供合适的偏好表达和提议评估方法，将有利于推动争议的解决。在协商过程中，智能体可充当协商秩序维护者

〔1〕 D. Carneiro, P. Novais, F. Andrade, et al. Online dispute resolution: an artificial intelligence perspective, *Artificial Intelligence Review*, 2014, 41（2）: 211~240.

〔2〕 M. Luck, P. Mcburney, C. Preist, *Agent Technology: Enabling Next Generation Computing（A Roadmap for Agent Based Computing）*, 2003.

〔3〕 D. Carneiro, D. Carneiro, P. Novais, et al. Using Case-Based Reasoning and Principled Negotiation to provide decision support for dispute resolution, *Knowledge and information systems*. 2013, 36（3）: 789~826. V. E. Ospina, *J Xe A, Xf R*, et al. Agent-based mediation system to facilitate cooperation in distributed design, WSEAS Transactions on Computers, 2009. R. H. Guttman, A. G. Moukas, P. Maes, Agent-mediated electronic commerce: a survey, *Knowledge engineering review*. 1998, 13（2）: 147~159. A. Dietrich, P. C. Lockemann, O. Raabe, *Agent Approach to Online Legal Trade*, Berlin, Heidelberg: Springer Berlin Heidelberg, 177~194. W. Liu, D. Chen, J. Guo, *Goal-Capability-Commitment based Mediation for Multi-Agent Collaboration*, IEEE, 2018.

〔4〕 J. D. Velásquez, Modeling Emotions and Other Motivations in Synthetic Agents, *AAAI Press*, 1999.

的角色，当事人按照在线协商的技术协议（Protocol）自主进行沟通博弈，尝试达成和解。与在线协商相比，在线仲裁中，智能体作为居间裁判者更加积极主动，当事人不能就争议达成一致形成和解时，智能体需要对纠纷作出裁判预测，法律人工智能裁判论证建模在这方面做了大量有益探讨。[1] 而在线调解中，智能体在争议解决过程中的作用更加灵活，采取理性说服局中人的方式，运用证据分析和案例数据挖掘分析完成，主要通过对利益的博弈计算给出建议，智能体通过提出参考建议调整当事人各方的信念，从而促成协商一致。相较于在线仲裁而言，在线调解需要在调解人的帮助下由当事人各方形成一致意见达成和解，即法律意义上的调解协议。在现实的调解过程中，调解人在纠纷协商过程中的参与程度、调解技巧因人而异。调解和仲裁可看作是协商的一种支持机制，在调解过程中，调解人可从利益均衡和法律推理两个方面帮助协商参与者化解纠纷。[2] 因此，为了更好地应对网络经济领域中日益规模化的纠纷处置问题，在线争议解决框架中引入智能体技术有利于提升纠纷自动化处置效率，智能体在解纷过程中循序渐进地发挥调解作用，以最短路径实现纠纷当事人的一致和解意见，当纠纷陷入僵局时，智能体应当及时提供最终解纷方案，实现基于智能体在线调解框架的效率、公正价值。

基于自动化协商和类案推理技术的在线调解框架应用于网络经济商贸活动，成为电子商务、法律人工智能的研究关注的领域。网络交易争议发生后，争议当事人在处置纠纷的过程中，对于提议效用的不清晰，包括效用表达和效用评估不清晰，是导致在线争议解决效率难以提高的关键原因之一。在线调解框架引入智能体技术，其数学建模方法和对法律人工智能的集成，能够提高当事人效用表达和评估精确性，实现在线调解效率和解纷质量的提升。近年来在线争议解决技术框架的研究成果快速涌现，但是从计算机与法律工作结合的角度引入智能体技术，探讨在线调解框架的综述性工作较少。本文基于智能体技术，从当事人效用表达和评估方、协商协议的制定、调解过程的证据分析和类案分析等多个方面作为破解争议处置僵局的方法展开研究，分析当前方法所面临的问题，并就研判在线调解框架的研究趋势，为在线争议解决技术框架的发展提供参考。

2. 研究现状

从 ODR 研究视角，当前在线调解框架是当事人在第三人的协助下，利用第一代 ODR 技术进行纠纷解决，最终达成和解协议的处置过程。在线协商通常是在线解决争议的第一步，当未达成和解时，当事人进一步申请在线调解。在线调解框架是 ODR 技

---

〔1〕　熊明辉："法律人工智能的推理建模路径"，载《求是学刊》2020 年第 6 期。

〔2〕　D. Walton, D. M. Godden. Persuasion Dialogue in Online Dispute Resolution, *Artificial intelligence and law*. 2005, 13（2）：273~295.

术模型的一种表现形式，与在线协商、在线仲裁具有相似且通用的技术架构。早期在线调解的理论研究要集中在分析 ODR 机制的概念、运行模式、优势、发展障碍等问题，同时关注国外 ODR 的发展状况及其对国内 ODR 发展经验的总结。[1] 从技术相似性和社会普及程度来看，在线仲裁是在线调解与仲裁机制的技术结合，代表了在线调解框架的研究现状。[2]

本文根据调解人的应用角色功能总结目前基于智能体的在线调解框架的研究现状和发展趋势。在线调解框架中，智能体介入程度根据对应的情景有所不同，我们主要总结中介在四个方面的作用：①对协商参与者偏好表达和提议评估方式的建议；②基于中介的协商协议制定；③调解过程的证据分析；④调解过程的类案分析。

2.1 偏好表达与提议评估

协商是调解的初始形态，在不同的协商场景中，协商者对于提议的效用表达或者评估方式是不同的。在线调解框架通过借鉴已有的在线协商的评估方式帮助局中人采用合适的方式评估自身效用。本节将详细讨论争议自动协商理论发展过程中偏好表达和提议评估的不同方法，在调解框架中调解人可以根据协商的实践情况，为协商者推荐合适的偏好表达和提议评估的方法。

最常见的一种方法便是基于多议题的加权平均效用函数，[3] 这是一种线性的方法。协商者对于每个议题的不同赋值都有明确的效用，并且每一个议题对应一个明确的权重，用以表达协商者对该议题的重视程度。针对一个具体的提议，协商者分析其中的议题的赋值，然后通过加权平均的方法评估该提议的实际效用。这种方法基于不同议题之间是相互独立的这一假设，一般用公式（1）表示提议的效用。

$$u(x_1, \cdots, x_n) = \sum_{i=1}^{n} w_i ev_i(x_1) \tag{1}$$

其中 x_i 表示第"i"个议题的取值，u（$x_1, \ldots, x_n$）是一个提议的总体效用，而 ev_i 是关于每个议题的评估方程。公式（1）表明每个议题对整个提议效用的贡献仅仅依赖于自身的取值以及权重。

〔1〕 丁颖："在线解决争议方式的发展及其对策"，载《云南师范大学学报（哲学社会科学版）》2011 年第 6 期。高兰英："ODR 与 ADR 之明辨"，载《求索》2012 年第 6 期。高薇："互联网争议解决的制度分析 两种路径及其社会嵌入问题"，载《中外法学》2014 年第 4 期。韩烜尧："我国非司法 ODR 的适用与完善——以闲鱼小法庭为例"，载《北京工商大学学报（社会科学版）》2020 年第 5 期。郑世保：《在线解决纠纷机制（ODR）研究》，法律出版社 2012 年版。차경자, S. Choi, A Study on the Practices of Online Arbitration System of Guangzhou Arbitration Commission in China, *JOURNAL OF ARBITRATION STUDIES*, 2011, 21（1）: 215~238. P. Cortés, Developing Online Dispute Resolution for Consumers in the EU: A Proposal for the Regulation of Accredited Providers, *International Journal of Law and Information Technology*, 2010, 19（1）: 1~28.

〔2〕 周蔚、罗旭东："一种替代性纠纷在线仲裁系统"，载《计算机科学》2020 年第 S1 期。

〔3〕 S. S. Fatima, M. J. Wooldridge, N. R. Jennings, Multi-Issue Negotiation with Deadlines, *The Journal of artificialintelligence research*, 2006, 27: 381~417.

然而在现实协商场景中议题的数量往往是比较多的，并且议题之间一般是具有相互依赖的关系，这将导致提议相关的效用函数是非线性的，也就是说可能存在多个最优解的情况。[1] 例如当两个议题之间具有互利互惠的影响时，如果这两个提议的取值都提高之后，将会获得额外的效用，而这些额外增加的效用就不能使用简单的线性加权平均的方式表示。[2] 因此，使用公式（2）可以表示每个议题对整个提议效用的贡献还受到了其他议题取值的影响。

$$u(x_1, \cdots, x_n) = \sum_{i=1}^{n} w_i ev_i(x_1, \cdots, x_n) \tag{2}$$

在公式（2）表达非线性提议评估的基础上，文献[3]通过基于约束满足的方法来表示具有非线性关系议题的提议效用。对于每一个协商者都有对应的一系列约束 c_i，每个约束其实是若干个议题维度的区域，当且仅当一个提议 $\vec{s}$ 中与之相关的议题取值刚好落在这个区域中，这个约束具有相应的值 w (c_k, $\vec{s}$)。通过这样的设定，一个提议的效用就可以通过其满足的所有约束的效用之和来表示，其可形式化地用如下公式表示：

$$u(\vec{s}) = \sum_{c_k \in C, \ \vec{s} \in x(c_k)} w(c_k, \ \vec{s}) \tag{3}$$

其中 x (c_k) 表示能够满足约束 c_k 的一系列提议。通过这样的表示方式，协商者的效用空间会更加复杂，呈现出多个山峰和山谷，也就是说存在多个局部最优解。

在上述的非线性方法中，协商者的提议对于约束只有满足与否的判定，并且约束之间并没有轻重之分。而在很多场景中约束的满足并不仅仅只有满足和不满足的区分，有时候是在某种程度上满足了一些约束，另外，不同的约束对于提议的总效用的贡献往往也是有所不同的。在文献[4]中，考虑到买方对满足自身需求的产品的细节往往是不够精确的而对自己的需求是比较清楚的，同时，对于一个产品买方也不会总是完全地接受或者拒绝，并且对于产品的不同属性偏好也不同，所以采用了模糊约束来表示需求，并将提议的接受度评估看作是一个优先模糊约束满足问题。考虑到仅仅根据议题取值来评估每个约束准确的满意度是不大现实的，协商者在评估约束满足程度的时

〔1〕 M. Klein, P. Faratin, H. Sayama, et al. Negotiating Complex Contracts, *Group decision and negotiation*, 2003, 12 (2)：111~125.

〔2〕 K. Hindriks, C. Jonker, D. Tykhonov, et al. Eliminating issue dependencies in complex negotiation domains, *Multiagent and grid systems*, 2010, 6 (5-6)：477~521.

〔3〕 K. Hindriks, C. Jonker, D. Tykhonov, et al. Eliminating issue dependencies in complex negotiation domains, *Multiagent and grid systems*, 2010, 6 (5-6)：477~521.

〔4〕 X. Luo, N. R. Jennings, N. Shadbolt, et al. A fuzzy constraint based model for bilateral, multi-issue negotiations in semi-competitive environments, *Artificial intelligence*, 2003, 148 (1-2)：53~102.

候可能存在犹豫的空间，所以在文献[1]中，约束被进一步表示为犹豫模糊约束，从而将提议的评估看作是一个优先直觉模糊约束满足问题。

在自动协商中也使用了其他能够表示议题之间相关影响关系的偏好表达方式，例如文献[2]采用条件偏好网和效用条件偏好网的方法表达了不同提议对协商智能体产生的效用。条件偏好网是一种能够表示具有相互依赖关系的多属性偏好的图模型，一般用于定性地从同等条件偏好声明来描述和推理偏好信息。[3] 效用条件偏好网则是允许模型中的节点对应的偏好声明具有量化的偏好信息，而不仅仅只是偏好排序的声明。[4] 在这种表达方法中，条件偏好网中的每个点对应议题变量，通过偏好声明的方式可以表示在某一特定条件下该议题的不同取值的偏好排序，而条件偏好网的形状则表达了议题之相互影响的方式。例如议题 B 的效用评估是受议题 A 的影响的，则会有从表示议题 A 的节点到达表示议题 B 的节点的箭头。然后通过条件偏好网可以得到推导偏好图，用于表示全部提议之间的偏好关系。

2.2 基于智能体的协商协议

协商协议（Proposal）是自动协商研究的重要方向之一，是指控制协商交互的一组规则，用于规定参与者的类型、协商的状态、导致协商状态转变的事件、参与者在特定状态下的有效行动等。[5] 在线调解的过程也需要特定的规则来规范参与人的行动，才能保障调解的顺利进行。而调解过程的一个重要特点在于调解智能体的参与，其作用将对调解结果产生重要的影响。在自动协商的研究中有一部分工作便是假设居间调解智能体的存在，并在此假设基础上构建基于智能体的协商协议。对基于智能体的协商协议研究现状的介绍，将有助于开拓在线调解框架研究的思路以进一步与法律人工智能技术结合，因此这一部分我们将总结自动协商研究中一些包括第三方调解智能体的协商协议。

首先我们总结在双边协商中考虑到调解智能体的协商协议。文献[6]提出了一种基于强化学习的双边协商模型，用于价格和数量两个议题的协商。这个协商模型通过引

〔1〕 J. Zhan, X. Luo, Y. Jiang, An Atanassov intuitionistic fuzzy constraint based method for offer evaluation and trade-off making in automated negotiation, *Knowledge-based systems*. 2018, 139: 170~188.

〔2〕 S. Ghosh, T. H. Kyaw, R. Verbrugge, Conditional preference networks support multi-issue negotiations with mediator, *Transactions on Computational Collective Intelligence*, 2014.

〔3〕 C. Boutilier, R. I. Brafman, C. Domshlak, et al. CP-nets: A Tool for Representing and Reasoning withConditional Ceteris Paribus Preference Statements, *Journal of Artificial Intelligence Research*, 2011, 21 (1): 135~191.

〔4〕 C. Boutilier, F. Bacchus, R. I. Brafman, UCP-Networks: A Directed Graphical Representation of Conditional Utilities, *Morgan Kaufmann Publishers Inc*, 2001.

〔5〕 N. R. Jennings, P. Faratin, A. R. Lomuscio, et al. Automated Negotiation: Prospects, Methods and Challenges [J]. *Group Decision & Negotiation*, 2001, 10 (2): 199~215.

〔6〕 L. Chen, H. Dong, Z. Yang, *A reinforcement learning optimized negotiation method based on mediator agent*, A reinforcement learning optimized negotiation method based on mediator agent, 2014.

入调解智能体的方式实现加速协商进程和提高协商成功率的目的。智能体的作用主要包括在协商开始初期通过市场分析与双方协商确定数量的取值区间，在协商过程中收集买卖双方同时提交的提议，判断是否存在交易机会，并根据不同的情况进行反馈。其中如果存在交易机会则自动生成初始化的商定价格交给双方进行判断。基于调解智能体自适应学习的协调协商方法，在期望恢复率的基础上引入基准让步效用函数，中介智能体能够通过基准函数调整买卖双方的预期恢复率，影响买卖双方的协商策略，从而促进协商的开展。

在基于非线性提议效用表示方法的协商场景中，参与者的效用空间十分复杂，这个时候往往需要调解智能体的参与，实现简化协商复杂性，提高协商效率的目的。文献[1]根据非线性提议效用表示方式的场景，提出了一种基于调解智能体的协商协议，在协商开始时由调解智能体随机提出提议，然后再由参与者给出接受和拒绝的答复。如果协商者都接受的话那么智能体将通过逐步改变某议题的取值的方式再提出新的提议，直到至少有一位协商者拒绝该提议，那么智能体将重新给出最近双方都接受的提议。为了避免陷入囚徒困境，作者对协议进行改进，将退火算法（Simulated annealing）的功能转移到调解智能体上，这样子调解智能体不仅是对双方接受的最后一项提议提出修改，而且还会追踪被协商者拒绝的提议。这样处理可以帮助协商者走出效用空间的低谷，促进双赢局面的出现。

而文献[2]也提出了类似的协商协议，主要包括四个部分，分别为在效用空间进行抽样；通过模拟退火算法调整到局部最优点；通过调整后的采样根据满足的约束值总和来评估效用；调解智能体通过找出所有相互一致的出价组合来确定最终的提议。该协商协议在理论上可以保证找到最优提议，但是随着提议空间的增大，寻找出价组合的计算成本会迅速增长。考虑到非线性提议效用空间的复杂程度比较高，文献[3]提出了新的协商协议，这种协议赋予了调解智能体将高度复杂空间重组为可处理的子空间的功能，这将有助于降低在复杂空间搜索最优解的难度。

文献[4]提出了一个自动调解器，并将其用于受到时间约束的多议题双边谈判中。协商按照如下的协议进行：如果协商者对自身的偏好不清晰的话，那么调解器将通过

---

〔1〕　M. Klein, P. Faratin, H. Sayama, et al. Negotiating Complex Contracts, *Group decision and negotiation*, 2003, 12 (2): 111~125.

〔2〕　T. Ito, H. Hattori, M. H. Klein, *Multi-issue negotiation protocol for agents: Exploring nonlinear utility spaces*, IJCAI 2007, Proceedings of the 20th International Joint Conference on Artificial Intelligence, Hyderabad, India, January 6-12, 2007.

〔3〕　Katsuhide, Fujita, Takayuki, et al. Efficient issue-grouping approach for multiple interdependent issues negotiation between exaggerator agents, *Decision Support Systems*, 2014.

〔4〕　M. Chalamish, S. Kraus, Auto Med: an automated mediator for multi-issue bilateral negotiations, *Autonomous Agents and Multi-Agent Systems*, 2012, 24 (3): 536~564.

提问诱导偏好等方法提取协商者的偏好，然后进入协商环节。在协商过程中协商者可以提出完全的或者部分的提议，也就是说提议不一定要包括全部议题的取值。在收到其他协商者的提议后可以选择接受和拒绝。而调解器则会监测协商情况并进行偏好的分析，提出可能的解决办法，协商者在收到调解器的提议后可以选择接受或者拒绝。协商者可以在任何时候选择退出。实验表明拥有自动调解器的协商比非调解的协商完成得更快。

智能体不仅被用于双边的自动协商，也被用于处理多智能体协商的情景。文献[1]在多智能体协商的框架下引入了调解智能体的概念。在这个协商框架中，每个参与者都提交了自己关于议题（方案）的偏好函数，然后在调解过程中调解中介将个体的偏好进行汇总得出总体偏好，并根据预先制定的协商停止规则判断协商是停止还是进入下一轮。由于该方案的协商过程其实是试图适应其他行为者的观点和愿望的过程，作者认为在协商的过程中应该奖励那些更愿意接受他人观点的参与者。基于这点考虑，该工作赋予调解智能体一项功能，即提高那些对替代方案的选择更加适应的协商者的重要性，并且在聚合总体偏好的时候会将这种重要性考虑其中，这是一种奖励协商者具有开放性的机制。后续工作[2]基于这样的智能体奖励机制发展了相关的协商策略，由于有中介奖励机制的存在，在确定自己对不同备选方案的偏好函数时将会考虑到对奖励的获得，这将直接影响最终的协商结果。

文献[3]基于条件偏好网的偏好表达方式也提出一种考虑了调解智能体在内的多智能协商协议。智能体采用了单一协商文本（Single Negotiation Text）的框架。智能体在协商的过程中提出一个提议交给各个协商参与人，然后协商者会根据智能体的提议各自私下向智能体提出自己的修改意见，然后调解智能体根据意见提出新的提议反馈给协商者，这个过程会持续到协商者都能够接受智能体提出的提议或者找不到合适的提议为止。该研究提出了一个智能体算法帮助寻找合适的调解提议。智能体先根据协商者提供的条件偏好网或效用条件偏好网生成对应的推导偏好图，这样智能体就可以把握所有协商者的提议偏好信息。协商者先各自根据自己的偏好提交能够获得最大个人效用的提议给智能体，智能体根据每个协商者的推导偏好图计算每个提议达到其他提议的可接受概率，然后以获得最大可接受概率的提议作为新的提议推荐给协商者，协商者再根据智能体提出的新提议进行判断，如果该提议产生的效用和自己的最大个人

〔1〕 R. R. Yager, Multi-Agent Negotiation Using Linguistically Expressed Mediation Rules, *Group Decision & Negotiation.* 2007, 16（1）：1~23.

〔2〕 D. A. Pelta, R. R. Yager, Decision Strategies in Mediated Multiagent Negotiations：An Optimization Approach, *IEEE Transactions on Systems Man and Cybernetics-Part A Systems and Humans*, 2010, 40（3）：635-640.

〔3〕 S. Ghosh, T. H. Kyaw, R. Verbrugge, Conditional preference networks support multi-issue negotiations with mediator, *Transactions on Computational Collective Intelligence*, 2014.

效用的差距不超过预先设定的阈值则接收，如果超过则拒绝并重新提交提议，智能体接收反馈后如果有协商者提出拒绝就进行新一轮提议推荐。

文献[1]提出了一个用于多边多议题的基于论证的协商通用框架。在这个协商框架中，智能体扮演了重要的角色。每个协商智能体都要通过智能体进行协商，智能体主要是组织他们之间的对话以及在未达成共识的情况下进行介入以使他们摆脱协商遇到的瓶颈。一开始智能体主要是扮演联络人的角色，主要负责协商者的沟通，所以框架中的一些相关指令与沟通息息相关。比如指令"Why"被用于反对者向智能体寻求倡议者的解释，而"SAY Why"被用于智能体要求倡议者为其提议辩护。而当协商进入瓶颈之后，智能体就会以调解人的身份介入并试图尽量公平地最大化双方的效用，这里假设了协商者用于表示偏好的效用函数是线性的，智能体将这个最大化问题转变为一个线性求解问题。智能体根据倡议者和反对者的线性偏好函数计算出使得双方效用最大的提议。调解智能体提出提议后，协商者会把提议的个人效用与其保留效用进行比较。如果超出保留效用则会接受，否则他们将拒绝该提议，协商也将以失败告终。

文献[2]扩展了文献[3]提出的协商协议，新的方案在考虑到对协商者偏好隐私的保护情况下，提出了基于反馈的多边协商协议的两种变体。在这两种变体中，调解智能体均通过使用协商智能体对调解智能体的出价反馈信息来对每个协商智能体的偏好进行建模，从而达到生成具有针对性的出价而不是任意出价的目的，使得能够在较短的时间内达成和解。该协议方案的主要特点在于调解智能体对协商中局中人的偏好建模，该工作假设议题之间在偏好上并不是相互依赖的，所以能够相对容易地从反馈中得到议题不同取值的偏好，然后根据多个反馈构造出不同议题的偏好图，并用打分的方法给出议题取值的偏好值，从而给协商者的偏好进行建模。预估了协商者的偏好之后，调解智能体就可以根据需要寻找合适的新提议，例如用纳什积作为社会福利价值的计算方法时，智能体就计算出使得纳什积最大的议题的取值。偏好的学习主要依赖于协商者的反馈，协商者对智能体的反馈不再限于接受和拒绝，而是可以表达目前的提议比之前的提议"更好""更差"或者"一样"。中介通过一些技巧完善协商者偏好的信息，例如尽量尝试以前提议中某些议题没出现过的取值，或者检查目前的信息中

[1] Rihab Bouslama, Raouia Ayachi, and Nahla Ben Amor, *A new generic framework for mediated multilateral argementation-based negotiation using case-based reasoning*, In Symbolic and Quantitative Approaches to Reasoning with Uncertainty, ECSQARU 2019, volume 11726 of Lecture Notes in Computer Science, pages 14~26, Springer, 2019.

[2] Reyhan Aydogan, Koen V. Hindriks, and Catholijn M. Jonker, *Multilateral mediated negotiation protocols with feedback. In Novel In-sights in Agent-based Complex Automated Negotiation*, volume 535 of Studies in Computational Intelligence, pages 43~59, Springer, 2014.

[3] M. Klein, P. Faratin, H. Sayama, et al. Negotiating Complex Contracts, *Group decision and negotiation*, 2003, 12（2）：111~125.

哪些议题取值和目前提议中的议题取值还是不可比较的，那么就可以通过提出该取值完善协商者偏好信息等。

从上述总结的协商协议框架研究中可以看到，协议的制定主要基于通用协商模型，调解智能体的功能往往是致力于构建公平的协商环境，帮助协商参与者在复杂的效用空间中探索双赢的结果。然而大多数的工作都忽略了法律背景下在线调解的特殊性。首先，在线调解过程中参与者关于提出提议和对提议作出反馈都需要基于自身所掌握的证据，并且证据的论证强度深刻地影响着参与者协商的走向。其次，不同于一般的协商环境，在线调解有着大量背景相关的类似案件可以进行参考，对以往的相似案件的分析也有助于对目前协商形势的判断，并且有助于找到走出协商瓶颈的线索。因此，在线调解的智能体除了具有一般协商模型中强调的功能之外，应该具有符合法律处理流程的一些基本功能。下文将就证据分析和类案分析的相关工作进行总结。

2.3 智能体基于论证检索的证据分析

证据在争议解决过程中扮演着重要作用，争议解决过程中，具有证明力的证据可作为争议解决过程中事实认定的依据。调解智能体对证据的运用相对诉讼更加灵活，然而由于纠纷局中人往往缺乏专业的训练而存在信息不对称，对证据证明力评价表现为主观的不确信，进而传导至协商、调解中，导致对自身利益效用表达或者评估方式的模糊。

智能体作为调解人，基于论证检索的证据分析，核心问题是要对证据证明力进行定性或定量分析。在证据法研究中，基于朴素贝叶斯理论的主观概率方法评价证据相关性，广泛地应用于司法案件事实认定的证据分析。比如在当下 P2P 网贷纠纷中"P2P 平台有 90% 的概率为借贷活动提供了担保"，这里的 90% 是事实认定者、当事人、调解人内心的确信程度，持这种主观概率进路的学者被称为"贝叶斯理论主义者"，他们对主观概率计算的公式称为贝叶斯规则[1]，此公式表达为：

$$\frac{P(H \mid E)}{P(\bar{H} \mid E)} = \frac{P(H)}{P(\bar{H})} \times \frac{P(E \mid H)}{P(E \mid \bar{H})} \tag{4}$$

这个公式的直观意义是基于证据 E 的假设 H 的概率与基于证据 E 假设 $\bar{H}$ 之比，其中 H 表示假设，$\bar{H}$ 表示可替代假设，E 表示证据，用文字表述为：后验几率＝先验几率×似然率[2]。根据贝叶斯公式，案件参与各方基于证据 E 对案件事实假设 H 的主观确信度可以计算为：

$$P(H \mid E) = \frac{P(H \mid E)}{P(H \mid E) + P(\bar{H} \mid E)} \tag{5}$$

---

[1] 周蔚："论证据的相关性"，载《中山大学法律评论》2012 年第 2 期。
[2] 杜文静："证据评价的贝叶斯模型"，载《湖北大学学报（哲学社会科学版）》2018 年第 6 期。

其次，基于叙事理论的贝叶斯证据网络，贝叶斯理论适合处理法庭科学中定量统计类证据分析，而在实际争议解决过程中，调解智能体更加倾向对证据进行叙事性或论证性描述，从而理解案情全貌，推动争议解决。基于案情的证据推理的目标在于形成符合事实认定者对证据直觉的案情或者故事，典型的路径是对比多种叙事案情的关键情节，通过证据证明力对案情重要情节的支持情况作出判断。[1] 通过案情、案情质量和证据证明力组合的贝叶斯网络方法，结合了传统贝叶斯理论定量分析的优势，也结合了叙事理论的整体性优点，对于证据分析有了更加全面的评估，能够更好地帮助争议当事人更好地看待证据和案情。[2]

最后，基于案例大数据的证据分析。[3] 随着法律大数据技术的发展和裁判文书信息资源的积累，通过大数据技术手段对裁判文书开展数据挖掘，调解智能体在大量案例实证观察的基础上提出争议所涉事实的发生趋势以及事件发生的基础概率，为后续案件待证事实提出证据评估或者背景知识，实现调解智能体为纠纷的解决提供线索和证据分析，帮助纠纷局中人调整对于纠纷解决的预期。

2.4 智能体基于认知计算的类案分析

类案分析是智能体运用认知计算引入人类社会纠纷解决的可行路径。类案对于纠纷解决的价值在于使得协商、调解过程及结果符合法律规定。纠纷调解智能体援引相似案例的解决方案或解纷要素对案件的结果做出预判，帮助纠纷局中人理解纠纷处理的趋势，以便更精确地评价对方的提议，有利于争议的明确与消除。

2.4.1 类案标准

基于类案的推理（CBR）是调解智能体援引类案说服当事人的方式，而确定类案的标准某种意义上是"预判裁判标尺刻度的标准"。类案标准是计算案件相似度的依据，决定了对过往案例裁判文书进行解构和自然语言分析的技术选型，以及类案选择上的价值取向。法律专业人士参与争议解决过程中有检索过往类似案例的工作习惯，从法律检索流程看，主要从"争议焦点""裁判论证（裁判要旨）""基本事实"三个标准对案件相似度进行判断。[4]

2.4.2 基于类案相似度计算对象

裁判文书属于文本，理论上可以适用于文本相似度的计算方法。但是"如果直接

〔1〕　S. Charlotte, Vlek, et al. A method for explaining Bayesian networks for legal evidence with scenarios, *Artificial Intelligence and Law*, 2016, 24 （3）: 285~324.

〔2〕　R. Hoekstra, C. S. Vlek, H. Prakken, et al. Extracting Scenarios from a Bayesian Network as Explanations for Legal Evidence, *Frontiers in Artificial Intelligence and Applications*, 2014, 271.

〔3〕　周蔚："大数据在事实认定中作用机制分析"，载《中国政法大学学报》2015 年第 6 期。

〔4〕　四川省高级人民法院、四川大学联合课题组、陈明国、左卫民："中国特色案例指导制度的发展与完善"，载《中国法学》2013 年第 3 期。

将裁判文书的全部内容作为相似度计算的对象，则会引入大量噪声信息，影响检索结果的准确性"，[1] 故在计算案情相似度时，需要对裁判文书根据类案标准进行文本处理，从而提炼裁判文书中的争议焦点、裁判规则和基本案件事实的内容。

裁判文书是具有规范性的特殊文本，[2] 以民事案件为例，"案件名称是当事人与案由的概括，民事一审案件名称表述为'原告×××与被告×××……（写明案由）一案'"，裁判文书的事实主要包括："原告起诉的诉讼请求、事实和理由，被告答辩的事实和理由，法院认定的事实和据以定案的证据"，事实认定的格式应为"根据当事人陈述和经审查确认的证据，本院认定事实如下：……"以民事案件裁判文书各部分内容为例，可抽取作为计算相似度对象的元素，如表 1 所示。裁判文书中表示争议焦点内容的起始字样亦有清晰的逻辑引导词："本院认为，双方的争议焦点为"。由此，根据裁判文书的体例知识，计算案情相似度的文本对象能够事先锚定。

表 1　裁判文书中逻辑引导句示例

Judicial document structure	Starting mode	Ending mode
state of the case	Plaintiff claims（原告诉称）	The court holds that（法院认为）
reasons and results	The court holds that（法院认为）	Chief Judge，Judge（审判长、审判员）

2.4.3 案情相似度计算方法

调解智能体对类似案例相似度计算，基于对案例裁判文书的相似度计算，常规步骤包括：首先抽取出裁判文书中的案件事实部分；其次将抽取出的案件事实部分的文本拆分成词汇，分析其内容中词项的重要性；最后通过向量空间模型将两个文本相似度计算问题转化为两文本各条语句相似度计算问题，算法公式如（6）式、（7）式所示[3]。

$$Sim\ (\ Con_1,\ Con_2\ ) = \frac{\sum\limits_{i=1}^{n}\max\limits_{j=1,\ \cdots,\ m} Sim(\ Sen_{1i},\ Sen_{2j})}{NumofSen(\ Con_1)\ NumofSen(\ Con_2)} \tag{6}$$

---

〔1〕 王君泽等："裁判文书类案推送中的案情相似度计算模型研究"，载《计算机工程与科学》2019 年第 12 期。

〔2〕《最高人民法院关于印发〈人民法院民事裁判文书制作规范〉〈民事诉讼文书样式〉的通知》。

〔3〕 王君泽等："裁判文书类案推送中的案情相似度计算模型研究"，载《计算机工程与科学》2019 年第 12 期。

$$Sim\ (\ Con_1,\ Con_2\ )\ =\ \frac{Sen_{1i}\ \cdot Sen_{2j}}{||\ Sen_{1i}\ ||\ \cdot||\ Sen_{2j}\ ||}\ =\ \frac{\sum_{k=1}^{n} t_{1k}t_{2k} * weig?\ t(t_k)}{\sqrt{\sum_{k=1}^{n} t_{1k}^2}\ \sqrt{\sum_{k=1}^{n} t_{2k}^2}}\ (7)$$

其中 Con_p、Sen_{mn} 分别表示整体案情文本向量和文本中的语句向量，NumOfSen 表示某案情文本的语句个数。"案情内容所包含的语句数目的多少，从一个侧面反映了案情的复杂程度甚至严重程度——显然，案情内容所包含的语句越多，则说明该案情可能越复杂。"t_k 表示词项，$weig?\ t_{tk}$ 表示词项的权重。该相似度计算方法对于某些刑事案件的表现较好，但该方法的不足之处在于，未对数量型词项的阈值做出严格的识别和判定算法，未有效使用词项之间的语义关联信息，以及对裁判文书中"认定事实的证据"部分信息利用得不足。

文献[1]在此基础上，针对数量型词项阈值的识别和判定算法、未有效使用词项之间的语义关联信息以及裁判文书中"认定事实的证据"部分信息利用不足等问题，改进了传统的仅通过词频计算提取文章中关键词的 TF-IDF 方法，在文本预处理阶段该方法利用"搜狗"在线法律专业词库以提高关键词提取的有效程度。此方法尝试解决了传统算法在词性、语义等方面考虑不周的问题，并针对裁判文书的特点对算法做了定向改进。但是该方法仍然可以进一步改进，例如同义词的处理工作还有加强的空间，未收录词项的影响尚未被充分考虑，以及在提取关键词时还可以结合更多特征性来提升提取效果。

3. 研究趋势及展望

上一章节我们详细论述了计算机科学和法学领域关于利用中介处理在线调解问题的相关研究方向和研究现状。在本章节中，我们将从跨领域交叉的视角结合这两个领域的工作提出关于在线调解框架的一些展望。

回顾计算机科学与法律工作的结合历史，法律工作技术化趋势不再仅仅将技术视为法律规制研究的客体，而是把相关技术知识作为法学研究的重要内容，引导技术成为社会治理的一环，甚至利用信息技术创新纠纷解决机制。[2] 不同人工智能技术理念下在线调解系统存在差异，运用智能体技术的目的是构建新型的在线争议解决系统，采用网络通信技术和信息系统，使得法院背景下的在线诉讼过程更简单、更高效、更适应网络环境，诉讼工作流程更高效便捷。随着多元化纠纷解决方式推崇技术革新提高处置效率，面对经济社会发展中新出现的网络纠纷，仅仅依靠法院诉讼的解决机制

---

〔1〕 白凤波等："裁判文书关键词提取的改进方法研究"，载《计算机工程与应用》2020 年第 23 期。

〔2〕 N. R. Jennings, P. Faratin, A. R. Lomuscio, et al. Automated Negotiation：Prospects, Methods and Challenges, *Group Decision & Negotiation*, 2001, 10（2）：199~215.

不足以解决司法资源供需矛盾关系。尽管在线争议解决的人工智能技术在法院诉讼背景中得到了长足发展，提出了一系列模型，[1] 促进了法律人工智能技术的发展，但是司法作为社会矛盾解决的"最后一道防线"，受到了司法诉讼程序、法律职业伦理以及道德实践等诸多方面的制约。网络社会庞杂且巨大的案件量难以全部通过司法诉讼机制解决，而应当发挥非诉讼程序的灵活性，分流纠纷案件以缓解法院当前案多人少的压力，通过运用智能体为代表的人工智能技术实现争议处置自动化，并将局中人自愿调解的解纷优势引入在线协商、在线仲裁甚至在线诉讼中，实现在线调解技术的革新。

法律人工智能的研究目标是开发法律推理的计算模型，基于计算模型通过法律推理预测法律纠纷的结果。智能体系统可与计算模型结合，通过分析情境、回答法律问题、预测结果或作出法律论证，能够提升智能体机制在纠纷调解中的智能化应用。传统上，这是法律论证的计算模型（Computational Models of Legal Argument，CMLAs）的研究范畴，通常以法律专家系统的形式为用户提供法律专业技能和所需知识，但是专家系统的方案对于在线调解存在一定的局限性，不能满足当事人动态变化的争议解决诉求。[2] 为了克服法律专家系统的弊端，新的智能技术理念，不仅解决用户的法律问题，还进一步从法律文本中提取语义信息，基于这些信息帮助用户解决法律问题，亦包括争议调解的方案。因此，智能体技术将与法律人工智能紧密结合，为纠纷局中人提供更加公正的解决方案，主要包括两方面的法律人工智能技术。

概念法律信息检索（Conceptual legal information retrieval）技术，能够根据用户的角色和法律问题检索相关法律文本，以匹配类案检索的需求。[3] 该技术集成于智能中介，聚焦于争议解决的焦点问题，为争议各方提供所需信息，从而消除因为信息不对称产生的意见分歧，由此形成了基于法律论证的相关信息可靠概念法律信息检索。人工智能通过使用提取的语义信息绘制关于检索到的文本的推理结构，其目标在于使得信息检索更加智能化。

认知计算（Cognitive computing），是法律人工智能当前发展的另一技术趋势，其目的在于构建"人—机"协作机制，提升人工智能对于法律概念的理解，更好地支持当事人参与争议解决过程，其技术目标不是开发模拟人类思考或认知的人工智能系统。在认知计算的智能体系统中，智能或者知识体现在了文本语料中，例如法律案例数据库。系统从语料库中提取候选方案或解决方案元素，并根据与当前问题的相关性对解决方案进行排列，从而使得争议冲突当事人对相关解决方案进行了解。在相关性排列

〔1〕 李训虎："刑事司法人工智能的包容性规制"，载《中国社会科学》2021 年第 2 期。

〔2〕 K. D. Ashley, *Artificial Intelligence and Legal Analytics*, Cambridge：Cambridge University Press, 2017.

〔3〕 J. P. Dick, *Representation of legal text for conceptual retrieval*, International Conference on Artificial Intelligence & Law, 1991.

过程中，将法律专业知识、公正理念、道德准则等因素赋予智能体，使之在参与调解过程中更加精准推送类案，提升智能体理性说服争议局中人的能力。

结束语

本文对基于智能体的在线调解框架研究进展进行了总结分析，首先给出了多智能体系统的定义，并提出了影响在线争议解决质效的核心问题之一是纠纷局中人对涉及自身利益的效用表达或者评估方式不恰当，即纠纷当事人对争议解决方案存在认知偏差。其次，从智能体作为调解角色的角度，归纳总结了自动协商领域当前效用表达及评估的趋势性工作。再次，结合当前文献，对有第三方参与的自动协商的协商协议研究进行了分类总结，对于在线调解框架在不同场景的应用提供了协商协议参考。最后，法律工作与人工智能结合的现实需要出发，归纳提出概念法律信息检索与认知计算是智能体在纠纷处置应用的技术趋势，通过智能中介对法律文本解析，实现证据分析与类案推理在调解中的自动化应用。智能体技术作为法律人工智能的主要技术方向，其效率与效果对于新一代 ODR 框架的发展影响深远，当前在线调解框架作为 ODR 的主要分支发展迅速，而相关研究有限，没有就技术与法律的交叉部分进行深入探讨，因此本文希望能为研究者们提供参考与启示。

第三章

区块链法治建设的应用场景专题

区块链在保险数字化中有何应用场景
——以知识产权保险存证为例
林 海 卜天舒

"知识产权侵权险存证业务"，既是区块链存证在知识产权金融的应用场景，又是保险数字化服务的体现。通过区块链+保险数据存证+哈希值（hash）校验+在线仲裁相结合的方式，能够实现知识产权保险交易信息在区块链平台上链"存"与"证"。

四方共治的保险科技应用场景

该服务能够为企业和金融机构提供知识产权金融所需的线上登记、存证、确权、仲裁等服务，能解决电子数据保全过程中遇到的取证手段有限、证据效力不确定、纠纷处置效率低等问题，起到了提升交易（保险+其他金融服务）效率，确保双方合法权益，从源头治理纠纷，服务实体经济，保证高新技术孵化的作用。

这种场景下，一般会有四方参与这一场景：

一是保险公司，数字化技术的发展对保险公司的商业模式产生了巨大冲击，使保险公司积极投身保险科技应用。保险公司作为知识产权等权益的保护伞，是推动知识产权存证落地的最大需求方，同时也是将区块链存证应用于其他保险科技场景的推广方。

二是投保客户，随着保护知识产权意识增强，商标、专利价值逐步提高，越来越多的创新型企业希望购买知识产权保险产品为企业发展保驾护航，他们是通过存证保障其金融服务中权益的需求方。

三是存证平台，存证服务提供商打造了面向保险公司（和其他金融机构）的科技服务平台；能够将知识产权保险的线上申请、核验、承保、理赔、业务管理全流程上链存证，并且提供纠纷解决所需的核验服务，有效实现了"治理前置"的经济效果和社会效果。

四是纠纷裁决机构，这一机构不但是最终的裁决者，还应当是存证规则的制定者（或者至少是认可者）。该类有权机构需要对于证据目录提供指导（解决相关性问题），对存证过程提出标准（解决客观性问题），最重要的，要接受核验机制的效力（解决真实性问题）。

这四类主体共同合力，才可能实现区块链存证技术在保险科技中的应用。

为什么是知识产权？

近年来我国知识产权市场不断发展，2019 年，中国通过世界知识产权组织《专利合作条约》（PCT）途径提交的专利申请数量，超过美国，成为提交国际专利申请量最多的国家。与此同时，知识产权侵权事件频发，对创新的破坏影响了经济发展，保护知识产权就是保护创新、助力经济发展成为各方共识。

此外，专利、商标和著作权等知识产权（IP）已成为企业重要的无形资产，可以代表公司市场价值中相当大的一部分，企业应该尽可能地申请知识产权保护。但是，一方面企业有预算限制，另一方面国内知识产权侵权成本低、维权难度高，严重打击创新者的积极性。保护创新是知识产权市场健康发展的必要前提。

传统存储的知识产权电子证据，易复制、易篡改、易泄露。一旦发生纠纷，存在取证难度高、纠纷处理耗时长、成本高等问题，如何更好地保护知识产权、提升交易效率、减少人工耗损迫在眉睫。需要有一个平台，能够使交易各方在发生交易行为的同时，实时同步电子数据至某平台存档，并且确保所保全的电子证据满足证据的真实性、合法性、关联性要求。一旦发生纠纷，可一键发起联网仲裁申请，仲裁委员会可以直接在链上查阅电子数据，并通过互联网络完成包括立案、受理、审理、裁决、送达等全部仲裁程序，解决交易资产处置效率低、成本高、解决时间漫长等困难。

于是我们看到，区块链存证被运用至知识产权金融场景中，为知识产权金融提供线上的登记、存证、确权、仲裁等服务。通过区块链+保险数据存证+哈希值校验+在线仲裁相结合的方式，实现知识产权保险交易信息在区块链平台上链存证，为用户提供高效、可追溯、安全的司法存证服务。

打通证据孤岛，形成数字化市场

运用区块链存证，不但可以在事后高效解决纠纷，还可以事先实现数据联通，打通知识产权信息孤岛，构筑知识产权所有者、知识产权运营方、金融机构各方互信，形成有效的数字市场，促进知识产权金融化良性发展。

基于区块链技术建立知识产权联盟，通过区块链、大数据来保证金融交易双方的权益，由知识产权运营方、知识产权所有者、金融机构和平台搭建区块链知识产权联盟链，每一条交易知识产权信息任何人无法篡改且随时可追溯。

从目前的流程来看，知识产权保险存证有以下运作过程：

（1）登记。知识产权运用方与保险机构、银行、基金、证券公司等金融机构发生交易时，交易平台系统记录双方提交信息。

（2）确权。交易平台系统自动比对运营方提交的知识产权信息，并与知识产权局确权，交易双方确认金融机构提交的服务信息后确权。

（3）存储。交易平台系统自动抓取主体信息、交易过程信息和文本文件进行存储，签发可信时间戳，确保交易真实、时间可信。

（4）上链。运用区块链存证，存储的数据信息通过区块链平台上链，并形成存证报告。区块链所保全的电子证据满足证据的真实性、合法性、关联性要求。

（5）核验。存证双方可以通过平台查阅证据并进行证据有效性核验，其他想阅读存证文件的企业，可以提交申请，经存证方同意后，可以获取查阅（及核验）权限；存证报告的查阅和核验将收费提供。

（6）仲裁。交易双方一旦发生纠纷，可在系统向提前约定好的仲裁机构发送仲裁申请，运用区块链技术达成防篡改、可验真、可溯源的电子证据可一键发送至仲裁机构，高效、便捷完成纠纷处理。

区块链应用从技术上解决了知识产权金融交易证据不易获取、校验难度大、处理成本高的问题，促进金融机构为企业提供更优质的服务，激发创新型企业更高的创新热情，是国家知识产权保护战略重要的落地应用。总结来看，打造区块链技术在知识产权金融场景中的经典样本，实现了以下四个方面的突破：

第一，丰富了知识产权金融的实现形式。知识产权金融化最早起源于美国，随后在英国、欧洲等国家或地区发展。我国起步较晚，目前还处于起步发展阶段。由于商标、著作权、专利的保护不健全，金融化的基础薄弱，相较于复杂度高的专利，商标和著作权更容易金融化。但是信息孤岛问题使知识产权运营方、知识产权拥有者、使用客户、金融机构难以有效整合资源，提高知识产权收益。而区块链技术的应用，通过规避现有知识产权金融服务各流程中大量存在的手工操作，以解决效率瓶颈、交易时滞、欺诈和操作风险等痛点，使知识产权中最复杂的专利也能享受更多的金融服务，丰富了知识产权金融的实现形式。

第二，为后续提供知识产权金融服务提供抓手和出发点。区块链技术使得金融交易市场的参与者享用平等的数据来源，让交易流程更加公开、透明、有效率。通过共享的网络系统参与知识产权金融交易，使得原本高度依赖中介的传统交易模式变为分散的平面网络交易模式，加速了交易的达成。而记载于区块链中的客户信息与交易记录为后续金融服务提供了抓手和出发点。如在银行进行客户身份识别（know your customer，KYC）时，区块链不仅使客户信息及交易记录可以随时更新，同时帮助银行识别异常交易并有效防止欺诈。

第三，打造保险科技样本，服务能力全面提升，助推保险行业加速数字化转型。保险作为市场经济条件下的风险管理手段，已经成为金融体系及社会保障体系的重要组成部分。随着专利、商标、著作权构成的无形资产在企业占比越来越高，通过保险管理创新风险，成为各界关注的重点。区块链因其去中心、难篡改、可追溯、开放透明等优点，成为了解决信用问题一个底层技术手段。保险经营机构能够应用区块链技术，将信用记录在公开的网络上，接受全网监督，时间戳的功能会保证所有交易记录不可更改，以此解决信用问题。管理成本大大降低，更可能回归到保险最初的互助本意。保险行业通过将其身份管理、数据和流程的所有权和管理权授权给客户，积极寻求新技术和新策略来创新产品、提高服务质量，引入新兴技术应用来留存客户和创新商业模式，可以实现真正意义上的长期战略利益。

第四，存证有助于实现电子交易场景下的诉源治理。电子证据易篡改、取证效力低、司法认定成本高、举证难等问题，导致法院对电子证据的真实性、关联性、合法性认定变得很困难。区块链存证技术以其信息公开透明、不可篡改、可追溯等特性，较好地将商标、著作权、专利权益从产生、认证、交易、金融化等全过程运用区块链记录，利用可信的技术手段将所有信息公开记录在"公共账本"上，从而实现了基于身份流转的所有的追踪和记录。防止篡改、事中留痕、事后审计、安全防护，提高了知识产权电子证据提高可信度和真实性。著作权、商标侵权等诉讼重灾区将得到有效治理。

大数据、区块链与知识产权法律服务的驱动

程守法*

大数据和区块链是新一代互联网的底层技术，他们提供了技术层次的基础。大数据是指无法用现有的软件工具提取、存储、搜索、共享、分析和处理的海量的、复杂的数据集合。大数据为确认知识产权的创造或创作提供了新的检索范围和方式，对于知识产权创造性标准将进一步提高，而区块链则以其数据的可信性确认提供了高效的方式。区块链首先解决的是信任成本，从而使得交易成本能大幅降低。其次区块链通过密码学理论解决了互联网的价值传输，而不是传统的信息复制。大数据与区块链是两种并行不悖的技术，可以互相支撑。知识产权是与技术或创新结合最为密切的一种权利，大数据与区块链将对知识产权的创造、运用和保护产生深刻的变化，甚至变革整个知识产权法律服务的未来。

一、对知识产权创造的深层次变革

依据目前的知识产权保护现状可以分为依申请取得知识产权和依创造完成的客观事实取得知识产权两种，大数据和区块链技术对于不同知识产权类型的影响分述如下：

（一）依申请获得知识产权创造问题

专利权和商标权，依申请获得有在先权利及优先权的问题。现有技术包括在申请日（有优先权的，指优先权日）以前在国内外出版物上公开发表、在国内外公开使用或者以其他方式为公众所知的技术。现有技术应当是在申请日以前公众能够得知的技术内容。换句话说，现有技术应当在申请日以前处于能够为公众获得的状态，并包含

---

* 程守法，淄博仲裁院仲裁员，山东众成清泰（济南）律师事务所律师。

有能够使公众从中得知实质性技术知识的内容。

时间界限问题显得尤为重要，也是权利归属各方争议最为密集又难以举证的内容。现有技术的时间界限是申请日，享有优先权的，则指优先权日。广义上说，申请日以前公开的技术内容都属于现有技术，但申请日当天公开的技术内容不包括在现有技术范围内。现有技术公开方式包括出版物公开、使用公开和以其他方式公开三种，均无地域限制。商标权同样存在申请在先和在先权利的问题，不过这个申请在先是指向商标局（知识产权局）提交申请时间。申请在先和同日申请使用在先都对时间提出严格要求。

网络大数据是无地域限制的，但网络数据的可信性需要进一步证明，区块链共识算法就解决了可信的问题。某一时间完成的特定数据不可更改，具有极高的证明力，从而为权利人提供了一项保护自己优先权或在先权利的极佳途径，不必依赖于第三方的出版或其他媒介证实的滞后性，可以实时上传数据并完成确认。

（二）依创造完成事实取得知识产权类型的创造问题

著作权和商业秘密是依据创造完成的客观事实而获得知识产权。作品完成之日即事实上获得著作权保护，非依申请方式取得造成作品权利人及创作时间只能依据其公开发表时间为准，而对于商业秘密而言因其保密问题是不可能为公众所知悉的。《专利审查指南》否定了商业秘密等处于保护状态的技术属于现有技术。在知识产权权利人尚未决定公之于众的情况下，如何证实其已经实际拥有某项技术方案或作品？

保密或是公开是一对矛盾的对立面，但在大数据和区块链面前变得模糊。分布式存储是一种数据存储技术，通过网络使用每台机器上的磁盘空间，并将这些分散的存储资源构成一个虚拟的存储设备，数据分散地存储在网络中的各个角落。做到既可以保密又同时能够公开，保密内容也可以通过区块链加密方式公布于众，他人不能完整知悉保密完整内容，让技术或方案有选择性公开，同时又解决了保密问题。

甚至可以考虑通过"区块链"技术，打造无法篡改的、互联互通的环球公开数据库，通过将每一个已经注册的知识产权、商标的信息作为一个"区块"嵌入"区块链"被永久确认之后，逐一国家商标专利注册或合作条约制度将被改写。

二、对知识产权使用的深层次变革

知识产权的使用首先是权利人自用，其次是许可他人使用，大数据和区块链技术将对知识产权的使用产生深刻影响。

（一）权利人自用知识产权留痕问题

在商标权领域有撤销三年不使用注册商标的问题，而对于注册商标权人而言，尽管不必提供每年每月的使用证据，但在没有做好档案管理情况下，被提出撤销三年不使用商标的争议也难以从容应对。如何回溯三年时间内记录商标使用情况成为举证难题。如果商标局主动采用区块链方式跟踪记录注册商标权人使用记录，就可以通过数据管控直接发现实际使用情况，从而实现对商标大数据的资源管控，及时收回被浪费的商标资源。作为商标权人也会因管理需要，积极配合上传使用证据而留下使用记录痕迹。从而实现管理和使用的相互协同。

（二）权利人许可他人使用知识产权问题

区块链构建的共识机制有助于知识产权智能合约形成，只要大家对同样的算法建立共识交给机器处理即可，也就是说每个权利人或被许可人不必了解对方资信，也不必通过第三方担保，省略了所有交易过程中的调查核实，只需交给机器就能建立互信。在庞大的知识产权许可数据面前，单个的权利人和被许可人可以各自发布信息，自动撮合成交建立智能合约关系，减少了大量的交易成本。权利人坐等收益，许可人低价获取所需知识产权，出现供求关系的实时平衡。

目前知识产权人对于网络传播或公开其技术方案内心都存在狐疑，担心整个网络公开造成的泛滥和侵权。这个担心无非是担心他人无偿使用拒不支付许可费用，但实际上可以借鉴区块链的激励机制。原创的知识产权内容上传后，首先用区块链确权，所有人确认知识产权的权利主体，将原创知识产权内容传播转化为激励机制，内容分发过程中依据点赞或转发让原创者打赏获益，保证知识产权人获得合法利益的愿望。同时传播过程中形成的大数据提供了用户喜好习惯画像，原创作者获得了对其生产内容的数据反馈，从而为知识产权创造方向提供参考。

三、对知识产权保护的深层次变革

知识产权的保护一直是知识产权权利人痛点，为此有的授权中介机构进行区域性维权，有的授权著作权集体管理组织保护市场，但均无法防止非法来源被大量使用。基于大数据可以发现市场侵权状态，而区块链技术则可以将保护问题简单化，比如区块链共识机制可以辨别某区块中知识产权为非法区块，从而将其排除在外并做标记，抑制未经许可的非法使用，从而防止进一步传播损害权利人利益。

总之，知识产权是最容易转化为数据的信息，知识产权大数据将通过区块链技术，进行再造并保护好原有权利，促进知识产权合法使用。无需行政执法、司法保护即可实现知识产权人最低限度的保护要求，从而让权利人安心创造知识产权，被许可人合法使用知识产权，从而形成知识产权生态系统，建立最佳的知识产权创造、保护和运用的循环机制。

注：《商标法》第31条 两个或者两个以上的商标注册申请人，在同一种商品或者类似商品上，以相同或者近似的商标申请注册的，初步审定并公告申请在先的商标；同一天申请的，初步审定并公告使用在先的商标，驳回其他人的申请，不予公告。

第 32 条　申请商标注册不得损害他人现有的在先权利，也不得以不正当手段抢先注册他人已经使用并有一定影响的商标。

区块链存证+保理=供应链 ABS 的新解法

焦　翔

保理，全称保付代理，又称托收保付，是一个金融术语，指卖方将其现在或将来的基于其与买方订立的货物销售/服务合同所产生的应收账款转让给提供保理服务的金融机构（保理商），由保理商向其提供资金融通、买方资信评估、销售账户管理、信用风险担保、账款催收等一系列服务的综合金融服务方式。

近年来，不论是国内贸易还是国际贸易，赊销结算方式日渐盛行，在赊销贸易下，企业对应收账款的管理和融资需求正是保理业务发展的基础。在保理业务中，三方参与者分别为供货商（债权人）、采购方（债务人）、保理公司。

一般来说，供货商与采购方签订贸易合同之后，采购方不会直接付款，而是会有一个账期，供货商为了早点回款保持健康的现金流，可以选择将这笔应收账款的债权转让给保理公司，保理公司直接用现金收购债权并收取一定的费用，债权到期后由保理公司与采购方索要账款。这样一来，供货商直接拿到了资金，保理公司赚取了差价，达到了双赢的局面。简单来说，保理业务就是企业为了强化应收账款管理、增强流动性，将对外的应收账款作为标的，向保理公司获取中短期融资的一种业务。

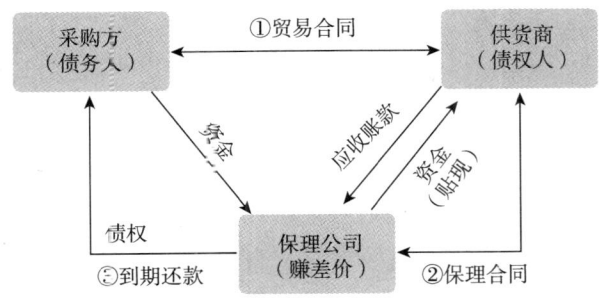

图1 保险业务一般流程

近年来随着我国保理行业的快速发展，保理公司的数量已超过万家。国际保理商联合会对保理业务定义的服务对象是中小企业，发达国家保理商在开展保理业务时也做到了这一点。不难发现，保理业务最大的风险就是这些应收账款的真实性，因此我国保理商为了逃避较高的风险，把保理业务的目标客户群设定在资信状况良好、还款能力充足、银行授信等级高的优质大中型企业上。而事实上，对保理业务的需求最为迫切的是自身资本不雄厚、急需资金周转、融资渠道少又窄的中小企业。因为就目前的行业现状来看，依然存在一些困境：

第一，核心企业确权难。核心企业占有优势地位，不愿意为保理公司确权，除了因为核心企业强势和流程繁琐以外，核心企业也担心是由于自身拖欠应收账款导致下游企业再去融资，会影响其商业信誉；

第二，票据真实性验证比较复杂。保理业务通常涉及多家企业，包括了大量的应收账款票据，如何识别票据的真实性，避免同票据多次参与融资的情况，也是行业亟待解决的问题；

第三，再融资难。目前商业保理企业主要依托自由资金和股东，银行授信有限，其他融资渠道尚未形成规模，商业保理企业面临资金吃紧的局面。

不过，区块链技术的出现，有望帮助改善于保理行业发展中的一些困境。区块链技术基于其去中心化、不可篡改的特点，可以极大提高企业信息的准确性，帮助商业保理机构核实应收账款的真实性，降低经营风险，对于涉及多个交易主体的金融复杂交易场景具有重大意义。

例如作为保理业务分支之一的供应链金融业务，过去供应链金融是一种中心化的模式，基本上都是金融机构、保理公司依托一家核心企业，通过核心企业将产业链的上下游整合在一起，是由核心企业对银行达成的一种对于整个产业链的金融服务，因此这些核心企业实际在某种程度是中心化的单位，为其上下游企业提供一些征信。

而基于区块链存证的供应链金融可以实现授信担保中的去中心化，实现支付与结算的自动化、高效化，让物流与资金流统一。在其中区块链技术发挥两个作用，首先是核心企业确权过程，包括整个票据真实有效性的核对与确认；其次是证明债权凭证流转的真实有效性，保证债权凭证本身不能造假，实现信用打通，进而解决二级供应商的授信融资困境。在这个信任的生态中，核心企业的信用（票据、授信额度或应付款项确权）可以转化为数字权证，通过智能合约防范履约风险，使信用可沿供应链条有效传导，降低合作成本，提高履约效率。更为重要的是，当数字权证能够在链上被锚定后，通过智能合约还可以实现对上下游企业资金的拆分和流转，极大地提高了资金的转速。

随着近年来供应链融资的快速发展，保理融资债权作为一种新型债权类基础资产，已逐渐成为各类券商在开展 ABS 中竞相追逐的目标资产之一。但一直以来，受公司规模、资产规模、资产安全性的限制，能达到 ABS 门槛的保理公司并不多，成功发行 ABS 的保理公司的底层资产多为少量、大额应收账款。但有了区块链技术的加持，许多分散、小额应收账款也能成为 ABS 的底层资产并成功融资。

例如，2018 年 12 月 18 日，由度小满金融担任技术服务商，重庆魏桥金融保理有限公司作为原始权益人和资产服务机构，中泰证券股份有限公司担任项目安排人及销售机构，天风证券股份有限公司担任计划管理人的"中泰天风-金保贝供应链金融第 1 期资产支持专项计划"成功发行。

该资产专项支持计划发行总规模 2.6 亿元，基础资产为保理公司受让的供应商向中国宏桥集团有限公司下属公司提供货物或服务而享有的未到期应收账款债权。供应链金融 ABS 基础资产通常为小额分散的应收账款，基于核心企业信用为其上游供应商提供融资服务，这类产品不仅拓宽了小微企业的融资渠道，还降低了融资成本。尽管如此，供应链金融 ABS 遇到的最大难点仍是资产信息披露不充分等问题，单一依靠核心企业信用难以确认债权资产真实性问题。

除了度小满，国内其他几家互联网巨头也对"区块链+供应链=保理 ABS"的业务有所布局。例如，2018 年 10 月，腾讯公布了旗下上线的国内首个"供应链金融+区块链+ABS"开放平台，即"微企链"平台，将应收账款债权资产与资金对接，实现一体化全线上开放。在资产导入端，通过区块链技术，突破传统"核心企业——级供应商"的反向保理模式，实现基于真实贸易背景的核心企业和 N 级供应商的应收账款拆分。在这个模式中，核心企业作为最终付款人，提供风控抓手。在产品化端，通过银行、券商等机构、公募市场和过桥资金，通过 ABS 流转资产。据当时报道，"微企链"上链流转资产超过 240 亿元，核心企业 71 家，有多个核心企业+供应商正在交易所储架申报中。

图 2　腾讯—微企链平台应收账额业务逻辑

到了 2020 年 4 月，对于供应链底稿进行区块链存证，并以此支持发行 ABS 的首单项目问世。这就是由能链科技与民生证券联合发行的"北控清洁能源–供应链金融 1–X 期资产支持专项计划"。据介绍，该项目是国内首单依托区块链技术实现底稿存证的资产证券化产品，储架发行总规模为 50 亿元，本期发行规模近 1 亿元。不过，值得注意的是，该项目存的不是供应链数据，而是券商的发行底稿。据介绍，该项目通过区块链底层技术 DTFN，协助民生证券实现对发行底稿的存证和验证，助力民生证券透明化高效率开展资产证券化业务的同时，满足监管机构对底稿存证的规范要求和金融监管效率的提升。

物联网+区块链存证：动产融资痛点的新解法

焦　翔

动产融资业务作为供应链金融的重要组成部分、中小微企业重要的融资渠道，具有广阔的发展空间。但是"确权难、监管难、处置难"等问题一直阻碍着该业务的发展。担保物在不交付的情况下，如何能确保不易毁损、状态可控、处置便利、纠纷易裁？从目前的技术方案看，物联网+区块链，使担保物权上链与数字化，或许能有效地做好动产质押及后续金融服务的全过程治理。通过担保物权的数字化、智能化、存证化，实现动产融资可视、可信、可控的目标，有望解决实体企业融资难、金融企业动产融资贷款监管难的问题。

国家曾多番呼吁"动产融资"，鼓励企业以自有或第三人合法拥有的动产或货权为抵/质押，实现金融机构（如银行）以企业动产或货权为基础的授信或贷款。其中，"动产"是指银行认可的生产或流通领域有较强变现能力、价格相对稳定的通用商品，通常包括有企业生产时使用的机器、存货以及知识产权、应收账款等。动产融资业务能够充分盘活企业资产，拓宽企业融资渠道，解决中小微企业融资难的问题。

目前，我国的动产融资市场目前仍处于起步阶段。根据世界银行统计数据显示，中国的动产资产规模在 70 万亿元左右，金融机构每年的短期贷款余额在 30 万亿元左右。其中，动产担保贷款只有 5 万亿元左右，低于发达国家动产担保贷款占短期贷款总额 60% 至 70% 的比例。从发达经济体的经验看，统一的动产和权利融资担保登记平台是金融基础设施建设的重要组成部分。据统计，目前全球已有超过 70 个国家实现了动产担保物权的统一登记，并且都建立了全国统一的基于互联网的电子登记系统。在银行业高度发达的个别经济体中，95% 的中小企业贷款均为担保融资，其担保品 90%

以上是动产，动产担保融资极为普遍。

但是，动产融资的痛点也十分明显。由于动产和权利自身难以确权、估值、监管等特点，导致其在实际中难以作为担保物为企业融资。相比而言，不动产具有固定性、独特性、异质性、耐久性、数量有限性、一定的保值增值性等特点，这也是金融机构可以用不动产抵押贷款的原因。而动产由于不具备这些特性，尤其其移动性较强，往往无法控制动产的去向、价值，存在太多的不确定性，造成无法可视、可信、可控，监管难度大，贷款的风险较大，动产很难作为抵押物进行融资贷款。例如养殖类的动产，动物容易出现生病、跑丢、死亡、被宰杀、被售卖等情况；再例如非活体类动产，运输过程中易出现被调包、被处理（私卖）、被跑路的情况，存储过程中易出现被更换、被私售、被破坏等情况。这些情况在过去是无法被及时发现、及时处理的，等到发现的时候，已经造成价值流失、金融风险，存在太多的不确定性，也就是动产监管的不可视、不可信、不可控问题。

如果能解决质押登记（存证）问题，相信动产融资业务将是一片蓝海。例如供应链金融产品，只要把握好货和处置渠道，在众多电商平台、物流平台看来，甚至可以视作低风险业务。阿里金融、京东金融、找钢网、有色网等平台都在依托自身优势，在各自领域内广泛开展。随着物联网、区块链存证等技术的成熟，动产融资业务或许将迎来新的机会。物联网是指通过各种信息传感器、射频识别技术、全球定位系统、红外感应器、激光扫描器等各种装置与技术，实时采集任何需要监控、连接、互动的物体或过程，采集其声、光、热、电、力学、化学、生物、位置等各种需要的信息，通过各类可能的网络接入，实现物与物、物与人的泛在连接，实现对物品和过程的智能化感知、识别和管理。物联网是一个基于互联网、传统电信网等的信息承载体，它让所有能够被独立寻址的普通物理对象形成互联互通的网络。将质押物信息无缝衔接融入信息网络，通过计量货物的数量重量，记录货物的移动路线，识别周围环境变化等手段，运用智能算法实现无人干预下实时对货物进行全方位的监控。

而区块链作为分布式账本技术的一种形式，是一种在网络成员之间共享、复制和同步的数据库，用于记录网络参与者之间的交易，比如资产或数据的交换。不需要依赖一个受信中央验证系统，因此可以有效降低因调解不同账本所产生的时间成本。其本质上是一种可以帮助参与者以安全、高效的方式创建、传播和存储信息数据库的技术，可降低市场参与者的信任成本、实现点对点的交易，降低中心化服务系统的开发成本和维护费用，提高金融系统交易的支付清算效率、业务流程的透明度，从而简化业务流程、缩短交易周期，有效降低风险，提高金融业体系的运行效率和经济效益。"物联网+区块链存证"在动产融资中的应用，具体来说有三个环节：

一是可以实现动产的标准化、智能化。动产融资业务中，质物的选择是最基础也是最重要的一环，传统商业银行业务只将可质押物进行简单分类，根本原因是部分商品无法标准化，难以估值且难以监管。目前可标准化的质物包括标准仓单，这主要是适用于大宗商品，对于大部分半成品或者工业制成品则很难达到标准仓单要求。另外是标准产品，主要适用于制成品，如流通性非常好的 3C，家电，例如 iPhone，同一型号的产品和价格几乎一致。但是这两项标准标的局限性仍然非常大。利用物联网技术，可通过多种手段感知质物动产的客观存在，提炼出质物的重量、质量、位置、状态、性质、外观形态等，通过数据对物的描述，生成特定可识别的押品，实现质物的标准化、数字化。质物最终可以体现为一串独有的特定代码，一旦对应质物发生变化，代码也将实时发生变化。

二是可以实现动产质押的区块链存证。当质物数字化之后，如何有效地保证其真实性，则是当前区块链技术的应用。区块链技术通过分布式账本技术，能快速有效地收集物联网所感知的真实世界的数据以存证的形式存储和广播，并防范数据被篡改。动产存证的区块链化，还使得动产交易变得可追溯，可分拆，并且其不可篡改的特性极大地保障了交易的可信度，数字化后的质物甚至逐渐具有货币特性，流转速度也进一步加快。

三是可以实现风控措施的系统化升级。伴随物联网与区块链思维在供应链领域的广泛应用和渗透，实现物物、人物的价值交互，动产融资下的风控思维、风控手段和流程都将发生颠覆性变化。在贷前风控决策过程中，通过描绘客户与物的真实画像，从而实现对参与方风险的多维度精准识别。在贷中风控决策中，通过对场景化平台中各方信息的收集分析，交叉验证客户的使用用途、贸易背景真实性，从而精准判断市场风险和信用合规风险。在贷后风控管理中，通过实时化的跟踪感知押品状态，分析库存产品周转情况、市场价值变化情况等，第一时间做出反馈措施，化解风险。甚至，可以真正实现提前处置质物，使之货币化（所有权和担保物权不变更）从而更易于降低风险，真正实现"治理前置，交易增信"。

总之，将物联网和区块链各自的技术特点应用于动产融资中，将真正实现质物的数字化，打通线上线下的交易形态，不但将构建全新的诚信体系，还有助于拓展区块链应用的新场景、新战场。推而广之，这或许还将是物理世界数字化与金融化的接入端口，使产业互联网与互联网金融真正打通，形成一场全新的"物""权"数字革命。这一切，或许值得期待与布局。

第四章

区块链法治实践与全球治理专题

人工智能时代的法律职业：现状、限度与线路

周　蔚　郭旨龙*

人工智能、大数据、区块链等现代科学技术的迅猛发展，已经极大改变了法律服务与司法管理的传统方式。新的法律服务业态出现，例如在线争议解决、离岸外包、知识管理、电子卷宗、法律职业相互流动人员管理，新的法律服务和司法管理机构随之产生，例如虚拟律师事务所、共享律师事务所、智慧法院、智慧检察院等。日益增长的非律师人员的新型法律服务提供者（NEWLAW）涌现，对复合型人才提出了迫切要求，人工智能时代的法律人面临重大挑战和发展机遇。如何确保以人工智能为代表的各类新兴技术负责任地、道德地、合乎国家规制要求地融入各类形式的法律服务与司法管理中，本章尝试给出现状描述、限度和发展线路。

从人工智能技术对法律服务业务流程再造的角度，可探讨以律师为代表的法律职业如何利用人工智能技术，分析人工智能在法律执业的局限性，以及选择人工智能提升法律服务质量的技术管理路径。法律职业运用人工智能主要体现在法律研究与电子取证、合同管理与诉讼管理、法律文件工作自动化、法律大数据分析等领域。法律职业运用人工智能可以推动法律职业的全面深化革新，促进法学与人工智能交叉学科创新发展，服务国家发展人工智能战略。法律论证思维的转变以及运用人工智能技术衔接法律工作流程，都是对于法律职业的挑战，但人工智能和法律职业不会也不应当形成对立格局，而要形成人工智能与法律职业融合发展的数字人文关怀。人工智能时代

---

　*　周蔚，国际仲裁云链理事会常务副理事长，中国政法大学仲裁研究院研究员。郭旨龙，中国政法大学讲师。原文载《中国法学教育研究》2021 年第 3 期。

法律人的理性应对包括精通技术，加强法律事务策略关注，增强商业管理才干，以及通过法学教育尽早正视法律人工智能的到来。[1]

一、引言

如今新冠疫情的全球大流行，彻底改变了法律职业传统的运作模式，出于应对疫情保持社交距离的需要，法律职业共同体不得不利用信息技术维持法律系统的运转。在人工智能时代，在线律师事务所、智慧法院、在线仲裁等法律信息系统的出现，为法律职业使用包括人工智能在内的信息技术提供了方便之门。为满足疫情防控条件下客户法律服务的需求，以律师为代表的法律职业加大了信息化建设的投入，一方面利用律所"云办公室"突破疫情带来的困境，另一方面运用信息技术改造律师专业服务流程，促使人工智能技术应用于具有"高感度（High-touch）"特征的法律服务业务，律师使用法律信息系统在线提供法律服务已经与线下服务一道成为常态化法律服务形式。

对于法律职业中运用人工智能有两种不同的观点。一种观点持积极拥抱态度，指出对法律职业具有颠覆性作用的人工智能技术是机器学习，即通过"响应式 AI"和"有限内存 AI"的应用改变法律职业，例如电子案情先悉系统（E-discovery System）通过机器学习在每次执行任务时变得更好，且工作得比大多数律师更快，更准确。[2]为了应对人工智能对法律职业带来的深刻变化，主张法律职业应当积极运用人工智能技术的观点不在少数。[3]

另一种观点表现出对于人工智能代替法律工作的警惕和担忧。这种观点实质上是对人工智能替代法律人道德领域主体性的风险考虑，认为奇点到来时人工智能技术将重新定义人的存在，人类面临主体客观化的大变局。[4]法律职业在运用人工智能过程中，试图将法律实践中一部分道德意识传递给机器，让它们变得非常接近人类。由于机器没有类似人类成长过程中"轮回染习"的过程，机器不具有天然善意，因而如何与机器相处，规避人工智能隐含的风险成为人类共同需要应对的问题。[5]为了应对人

〔1〕 "中国律所'云办公室'当下有为未来可期"，载法治网，http://www.legaldaily.com.cn/judicial/content/2020-10/27/content_8338923.html，最后访问时间：2022 年 7 月 7 日。

〔2〕 K. Watkins, R. E. Simon, AI and the Young Attorney: What to Prepare for and How to Prepare, *Landslide*, 2018, 22.

〔3〕 T. R. Moore, The Upgraded Lawyer: Modern Technology and Its Impact on the Legal Profession, *University of the District of Columbia Law Review*, 2019, 27; M. Markovic, Rise of the Robot Lawyers, *Arizona Law Review*, 2019, 325; B. H. Barton, D. L. Rhode, Access to Justice and Routine Legal Services: New Technologies Meet Bar Regulators, *Hastings Law Journal*, 2018, 955; H. Frostestad Kuehl, Technologically Competent: Ethical Practice for 21st Century Lawyering, *Case Western Reserve Journal of Law, Technology and the Internet*, 2019, 1; 郑戈："大数据、人工智能与法律职业的未来"，载《检察风云》2018 年第 4 期；李茂久："人工智能时代：律师们应该思考些什么"，载《中国律师》2020 年第 7 期。

〔4〕 赵汀阳："人工智能提出了什么哲学问题？"，载《文化纵横》2020 年第 1 期。

〔5〕 蔡恒进："人工智能时代必须敬畏的天命"，载《湖南大学学报（社会科学版）》2019 年第 1 期。

工智能对法律职业的挑战，法律职业开始对人工智能在法律中的应用进行反思，并尝试提出解决方案。[1]

面对人工智能对法律服务效率提升的趋势，法律职业工作模式面临挑战，法律人担心由于人工智能服务技术的引入，法律事务的智力性工作将被取代，大部分人力工作内容是枯燥重复性的审核与对机器工作的监督，相同法律服务的每个问题计费的总时数将减少。由于提供相同法律服务将花费更少的时间，律师事务所雇用更少的合伙人，但却要求合伙人分担更多律所成本。法律职业对于人工智能时代的到来既欣喜，同时也感到茫然失措。人工智能技术赋能律师能够更快、更便宜、更好地满足委托人的需求，但与此同时入门级法律岗位招聘减少引发法律人的担忧，当前法学院为了应对这一挑战，对于律师的执业技能培养越来越重视新兴技术的理解与创新，为年轻律师未来成功提供必要的训练。[2]

要理解人工智能时代下的法律职业，须将法律职业置于信息化革命发展历史脉络中予以观察，一方面回顾法律人工智能的发展历史，另一方面研究商业领域法律信息管理系统的发展脉络，从而反思提炼法律职业对于人工智能技术的立场、态度以及所需技能。以往的研究更多地从宏观视角探讨人工智能对于法律职业的利弊，回避了信息系统这一在商业领域成熟的技术管理范式，本书旨在从人工智能技术对法律服务业务流程再造的角度，以法律职业如何利用人工智能技术，探讨人工智能在法律职业中的局限性及其应用边界，以"人—机"系统绩效最优的管理视角选择人工智能提升法律服务质量的技术路径。

二、法律职业运用人工智能的现状

人工智能的实质是一种通过机器学习、推理或决策等方式模仿人类自然智能的计算机程序，是具有感知、逻辑和学习能力的机器的总称。近年来，人工智能方法开始应用于法律服务的文件审查、审阅大量信息、解释合同和进行法律研究。根据国际法律人工智能协会的统计，人工智能技术在法律中的应用主要体现在十个方面：①法律推理的形式模型；②法律决策的计算模型；③证据推理的计算模型；④法律推理多主体建模；⑤可执行立法检验建模；⑥文本自动分类与总结；⑦法律信息的自动提取；⑧电子取证的机器学习；⑨法律信息的检索系统；⑩法律机器人的研发。[3]

随着社会信息化对人工智能概念的普及，委托人期望律师提供更快、更便宜、更

---

〔1〕　R. Yu, G. S. Ali, What's Inside the Black Box? AI Challenges for Lawyers and Researchers, *Legal Information Management*, 2019, 1：2~13.

〔2〕　A. Carrel, Legal Intelligence Through Artificial Intelligence Requires Emotional Intelligence：A New Competency Model for the 21st Century Legal Professional, *Georgia State University Law Review*, Vol. 35, 2019, 4：30~31.

〔3〕　熊明辉："从法律计量学到法律信息学——法律人工智能70年（1949-2019）"，载《自然辩证法通讯》2020年第6期。

好的服务，对律师亦提出了掌握信息能力的要求。越来越多的法律人工智能系统为律师执业活动提供服务支持，赋能律师提供对客户的附加价值，并从长远降低法律服务成本。律师作为市场化程度最高的法律职业人群，运用人工智能提高法律服务质量和效率是对委托人当前需求的回应，法律职业运用人工智能主要体现在律师法律实务工作中的人工智能开发。

（一）法律研究与电子取证

法律研究是法律工作的基础技能，在法律研究过程中可以使用自然语言处理人工智能技术，例如 IBM 的法律人工智能系统 ROSS。该系统使用 IBM 的 Watson 技术。法律研究的技术进步使律师可以用人工智能技术讨论法律理念，并让 ROSS 基于这些理念而不是严格的搜索词来分析案例。

证据分析与法律研究是紧密关联的法律工作。人工智能广泛应用于电子取证工作。电子取证是一个广义概念，包括但不限于为诉讼活动取证，例如在诉讼和交易环节对事实认定的证据材料的整理和相关性分析。人工智能在机器学习过程中可以接收数千份文件并存储这些材料，然后搜索并找到相关的内容，从而支持律师在各类业务中进行大量的取证工作，例如帮助委托人进行争议解决、商业谈判、尽职调查、税务审计等工作。一些法律科技公司专门开发面向法律职业的电子取证的人工智能产品，甚至改变了法律服务的理念和流程。

EverLaw 是一款基于云计算的电子取证解决方案，它能让律师团队的协作力量更彻底地调查问题，更快揭示信息系统中记录的交易实际情况，通过各种模型和可视化工具更清晰地展示电子取证的情况。[1] OpenText 是一个帮助法律团队识别、保存、收集、搜索和调查数据的电子发现工具，具有集成的内容管理功能，能够在各个阶段、各项文本中有效地管理法律内容，可以安全地存储文档进行文档协作，并通过人工智能增强对企业的搜索和调查功能。[2] Brainspace 是一个调查、电子取证和合规分析平台，基于概念和非结构化数据分析对文档进行检索，为法律职业用户评估法律风险，制定法律策略和降低法律成本。[3] iManage 为律师事务所、企业法务部门和其他专业服务公司提供法律工作管理解决方案，能够简单地检索并实现对证据相关性分析。同时，在整个工作产品的创建、共享过程中维护数据的安全性、进行数据治理，帮助专业机构更有效地服务于他们的客户。[4]

TrademarkNow 提供了基于互联网 web 的智能商标管理平台，能够对专利和商标进

〔1〕 *Everlaw Cloud-Based Ediscovery Software ∣ Electronic Discovery*，https：//www.everlaw.com/.

〔2〕 *OpenText ∣ Information Management Solutions*，https：//www.opentext.com/.

〔3〕 *Home*，https：//brainspace.revealdata.com/.

〔4〕 *iManage ∣ Knowledge Work Platform*，https：//imanage.com/.

行检索，实现即时搜索和查看商标结果，或对合同中的特定条款或非经常性条款进行检索，供公司、律师事务所和品牌持有机构使用，[1] 使用机器学习和自然语言分析来快速确定一个商标是否能够被保护，使用户能够管理其商标，评估潜在的侵权者，并监视其竞争对手的商标。在专利诉讼的领域中，寻找现有技术（即可能导致专利无效的既存技术和文件）就像大海捞针。基于此，一些公司创建人工智能系统来识别相关的现有技术专利，以便发明者可以评估他们的发明的原创性。人工智能技术可以帮助专利申请人确认是否可以安全地进入特定的技术领域，而不用担心专利侵权事件。此外类似的还有，美国专利和商标局（USPTO）从信息管理角度寻求通过人工智能提高其专利搜索能力。[2]

（二）合同管理与诉讼管理

人工智能系统应用于合同管理主要体现在合同的起草和审查的自动化。大型商业机构无论是与供应商、承包商还是客户，每年可能有数百甚至数千份合同执行。而合同的起草和审查是公司法务的经常性工作，由于合同签署流程涉及跨部门的协作，因此需要大量的沟通、协作以及流程等待。人工智能系统在合同管理中的应用，旨在检查人工合同审核流程中存在的不一致和错误，并就法律风险提出建设性意见。从实际运行情况来看，人工智能系统在某些合同起草、审核中不又比人工审查更准确，而且更省时。除了公司法务的合同管理，律师事务所也利用人工智能技术开发"合同机器人"，解决律师文档辅助系统/业务模板库的专业知识更新问题，保障法律服务能力。[3]

美国法律科技公司 LegalSifter 提出使用人工智能和专业技能可使合同签订更容易，其使命是通过人工智能为用户提供可负担的法律服务。Legal Sifter 直接向各类组织机构提供法律人工智能产品，也通过与律师事务所业务组合提供法律专业服务。[4] LawGeex 专门开发了有深度学习能力的法律人工智能系统。通过对数据仓库中大量真实合同的学习，该系统能够在复杂条件下生成符合具体实际情形的合同。从实际效果来看，LawGeex 起草的合同质量高于简单模板的适配，甚至好于有多年经验的公司法务经理起草的合同文本。[5]

国内法律信息平台"北大法宝"推出智慧法务平台，通过开发法律大数据技术，主张人工智能技术可为企业法务提供以合同管理为核心的智慧支持，提供包括纠纷案

---

[1] *Trademark & Brand Clearance-Corsearch*, https：//corsearch.com/solution/trademark-brand-clearance/.

[2] *Artificial Intelligence ｜ USPTO*, https：//www.uspto.gov/initiatives/artificial-intelligence.

[3] "大成'合同机器人'上线——利用共享社区，造就基于神经网络的自适应专家系统"，载大成网，http：//www.dachenglaw.com/cn/news/dachengNews/139971.html，最后访问时间：2022 年 7 月 8 日。

[4] *Home ｜ LegalSifter*, https：//www.legalsifter.com/.

[5] *Lawgeex-Conquer Your Contracts*, https：//www.lawgeex.com/.

件、规则制度、授权委托、法律风险、合规审查等内容的法务管理解决方案，将法律知识嵌入法务工作业务流程，集成系统中积累的内部业务数据、外部司法大数据，对合同拟定中的法律风险预警，辅助法务人员开展合同起草与审核，以数据驱动法律服务。

（三）法律文件工作自动化

除了合同起草、审核的自动化外，人工智能也被用于自动化处理传统上人工处理的法律工作内容。目前常见的法律人工智能程序可以起草专利、检测错误和格式缺陷、从合并和收购文件的数据库提取数据、创建保密协议模板，以及编辑律师最初创建的合同。近年来出现的一系列法律人工智能软件帮助律师，特别是公司事务律师创建各种法律文件和表单。[1]

人工智能软件也在帮助委托人自动化核实律师的计费工时，Intapp 通过识别律师与特定案件间的交互，包括电子邮件信息及人员参与情况，对律师服务的计费工时进行科学统计。[2] LegalZoom 为普通民众提供自动化的、负担得起的"格式"法律文件起草服务；[3] Wevorce 系统可以对离婚进行自动化处理，通过输入客户的离婚诉讼案件信息，输出对于离婚如何进行的预测判断；[4] DoNotPay 为世界主要城市的人们提供了停车罚单自动化维权的应用服务。[5] Rowan Patent 根据申请人所提供的信息自动生成专利申请，预测申请被拒绝的可能理由，以便在起草过程中减少这些风险。[6]

此外，人工智能还被整合到法律文件翻译服务中。大型翻译公司 Trans Perfect 在基于人工智能的机器翻译上投入了大量资金，这种机器翻译可以利用人工神经网络模仿自然语言。[7] 机器翻译比人类翻译要快得多，也便宜得多。根据翻译的目的不同，基于人工智能的翻译通常足以替代人工译者，尽管这一技术在法律职业中的应用仍待进一步优化。

（四）法律大数据分析

相较于法律人，人工智能最大的优势是大数据分析能力。律师能够在大数据分析工具的加持下，将律师的直觉和以往类似案件经验进行结合，对案件的发展趋势进行

---

〔1〕 *Intellectual Property Management Software and Services from Anaqua*，https：//www.anaqua.com/；*Integrated Patent Drafting Software ｜ Rowan Patents*，https：//rowanpatents.com/；*Automating processes just got easier-Neota*，https：//www.neotalogic.com/.

〔2〕 *Connected firm management for professional and financial services · Intapp*，https：//www.intapp.com/。

〔3〕 *LegalZoom ｜ Start a Business，Protect Your Family：LLC Wills Trademark Incorporate & More Online ｜ legalzoom.com*，https：//www.legalzoom.com/country/cn.

〔4〕 *Premiere Online Divorce，Private Divorce，Private Judge-Wevorce*，https：//www.wevorce.com/.

〔5〕 *Do Not Pay-The World's First Robot Lawyer*，https：//donotpay.com/.

〔6〕 *Integrated Patent Drafting Software ｜ Rowan Patents*，https：//rowanpatents.com/.

〔7〕 *Language & Technology Solutions for Business ｜ TransPerfect*，https：//www.transperfect.com/.

预测分析。在人工智能与法领域，法律信息的智能运用是重要研究课题，如何整合并利用公开法律相关信息毫无疑问是这个领域的重要方向，大数据分析方法让我们看到了瞬间大批量处理非结构化信息的可能性，同时大数据分析方法能够弥补人类对庞大数据分析理解上的不足，为法律人提供了基于数据的"数据经验"或者"特殊经验"。[1] Lex Machina 是一个法律分析系统，它收集了几乎美国全部的法院裁决、争议和解、损害赔偿以及各种联邦法院实践领域的数据，并基于司法大数据分析对于案件的结果进行预测。该系统通过自然语言处理来提取法院判决中包含的信息，并使用机器学习来分析数据。从这些数据中，该系统可以提供对诸如审判时间、早期驳回动议成功的可能性以及某一方当事人或律师解决案件的可能性等因素的分析。[2] 运用法律大数据开展诉讼案件获胜率评估，并已然成为法律人工智能落地应用的方向。

Ravel Law 利用相关的判例法和法官先前的裁决来预测法官如何对类似的案件作出裁决，从而确定案件的可能结果；[3] Lex Predict 采取数据驱动方式对诉讼的结果进行预测；[4] Loom Analytics 根据法官过去的判决来决定案件或客户的胜负率；[5] Intraspexion 检索"高风险"文件，监测诉讼中的风险后进行提示；[6] Premonition 从律师的案件代理获胜率，案件或审判的代理时间长度展开分析进行预测，能够预测哪些案件会得到解决，哪些案件会进入审判，如果案件进入审判，谁将是胜诉方。[7] Casetext 的另一种系统叫 CARA，它会根据对方律师过去的论证说理，来判断对方律师当前会如何陈述自己的论证及观点。[8]

三、法律职业运用人工智能的益处

法律职业运用人工智能，不仅能助益于法律职业工作本身，而且能与法律教育良性互动，在此过程中更加重要的是服务国家发展人工智能的战略。人工智能作为国家战略近年来被提到了前所未有的高度，人工智能的迅速发展呈现出深度学习、跨界融合、人机协同、群智开放、自主操控等新特征，已经深刻改变人类社会生活以及世界各国的战略发展格局。

（一）推动法律职业的全面深化革新

技术驱动法律服务理念的革新。法律职业和人工智能相结合，能够提升律师的工

---

〔1〕　周蔚："大数据在事实认定中作用机制分析"，载《中国政法大学学报》2015 年第 6 期。

〔2〕　*Legal Analytics-Quickly Uncover Strategic Information*，https：//lexmachina.com/legal-analytics/.

〔3〕　Greg Lambert，*Ravel Law's New Analytics Tool for Us Courts*，https：//www.geeklawblog.com/2016/12/ravel-laws-new-analytics-tool-for-us.html.

〔4〕　*Home*，https：//www.lexpredict.com/.

〔5〕　*Court Analytics*，https：//www.loomanalytics.com/court-analytics.

〔6〕　*Intraspexion*，https：//intraspexion.com.

〔7〕　*Premonition：Legal Analytics | Unfair advantage in Litigation*，https：//premonition.ai/.

〔8〕　R. Patel，*Casetext：Best Legal Research Software | #1 Rated*，https：//casetext.com/.

作效能，展示法律服务中与众不同的创意和服务能力。如何以科学技术手段带动业务，已经是法律职业不得不面对的问题。人工智能在处理某些法律问题时，相比于人类具有无可比拟的优势，例如可在相对短时间内完成大规模重复性的工作，提高工作效率，甚至可以分析案件、预测审判结果、选择诉讼策略，提高解决问题的准确率。

人工智能的使用可以解决和减轻潜在的人为错误风险。与人工智能相比，人类律师在处理某些任务时，比如审阅文件，成本相对较高、效率低、速度慢。而人工智能的一个主要优势是结果的可重复性，人工智能遵循严格的规则（即算法），一个给定的人工智能系统应该基于相同的输入提供相同的结果，在"人—机"结合的场景中，法律人的经验缺乏或身体疲惫不会影响人工智能系统的不间断运行。

人工智能的工作速度和效率也比类似的人工操作要快得多。人工智能擅长执行包含明确定义参数的任务。尽管律师们很清楚如何使用法律数据库作为研究工具，但是人工智能的进步使之超越了传统手工法律检索。例如可使用机器学习来分析基于最初输入的参数确定的响应文档，以确定其他关键字、时间框架、管理员或之前未确定的将导致确定其他响应文档的其他参数。这个过程称为预测编码，经常用于电子存储文档的审查和生产，特别是电子邮件。在"摩尔定律"的预言下，"强人工智能"可为法律工作提供更多决策支持，[1] 法律职业通过商务智能（BI）系统作为人工智能技术载体，开展联机分析处理（OLAP），基于数据挖掘提供更高效、精准的法律服务。

法律职业使用信息系统应对法律服务全球化。法律服务全球化包括两层含义。一方面，我国法律服务机构走向国际法律服务市场，例如仲裁机构、律师事务所在国外设立分支机构，特别是在"一带一路"沿线国家开展涉外法律服务。另一方面，允许国际知名法律服务机构到我国来设立办事机构，与我国法律职业开展国际合作。全球化给中国法律职业，特别是律师服务带来了挑战和机遇，同时也将使法律服务机构承受更多的风险和挑战。如何及时获取全球各个地区的法律服务需求信息，对市场信号做出及时的反应，向世界各地的用户提供优质法律服务是商业化运作的法律服务机构亟待解决的问题。面对国内大循环和国际协作带来的外部环境挑战，法律职业迫切需要利用包括智能互联网在内的新兴技术支持其全球化服务。

法律职业使用信息系统应对知识经济、信息经济转型。当今世界正向信息经济、大数据经济、知识经济转变，新经济时代的法律人不仅仅是法律信息的输出，而是对于法律问题的知识性成果创造。知识经济时代催生了大批基于知识和信息的密集型组织，[2] 新型法律服务业是典型的知识密集型行业。更多的知识工具运用到了律师工作

---

〔1〕 D. N. Kluttz, D. K. Mulligan, Automated Decision Support Technologies and the Legal Profession, *Berkeley Technology Law Journal*, 2019, 853.

〔2〕 刘仲英主编：《管理信息系统》，高等教育出版社 2017 年版第 7~9 页。

中，律师需要借助信息系统对信息和知识进行处理，从而作出决策，帮助委托人实现最优法律解决方案。相较于以往的工业经济时代，知识管理对法律服务业显得尤为重要，而对于传统法律服务的办公环境、实体设施的依赖逐渐减少，更多地取决于组织的知识产权、组织知识储备以及人力资本等无形资产。

（二）促进法学与人工智能交叉学科创新发展

法律职业运用人工智能有益于开展跨学科探索性研究。人工智能与法律的研究至今已有 50 年的历史是[1]人工智能是通过模拟人的思维而建立的智能计算系统，而法学则是以社会关系作为研究对象的法律知识理论体系。由于法律职业涉及多种知识结构、储备，且不同法系的法律规范形式具有差异，法律推理机制可分为基于规则的推理或基于案例的推理，并且法律的解释适用和案件事实认定过程，不是也不能是机械地演绎逻辑推导。自由心证的形成、价值判断、司法政策影响等因素，使得法律职业更多采取论辩引起反思的方式开展工作。法律领域活动为人工智能的发展提供了研究素材，"法律人工智能（Artificial Intelligence and Law）"发展成为人工智能的子领域，并作为正式的学科概念于 1987 年在美国波士顿举办的"第一届法律人工智能国际大会"提出。在西方的传统中，法律和计算一直是相互依赖的，法律文化常常被称为计算文化，例如霍尔姆斯大法官曾经提出："理想法律体系应该从科学中得出它的假设和立法证成。"[2]1946 年第一台计算机"埃尼阿克"（ENIAC）诞生，同年凯尔索在《洛基山法律评论》上提出了"法律需要技术革命吗？"之问，[3] 1983 年龚祥瑞、李克强撰写文章《法律工作的计算机化》是我国探索计算机辅助法律工作的开端。[4] 因此，通过将计算机应用于法律工作有益于法律实践的思考可以追溯到 20 世纪 40 年代电子管计算机诞生之初，并在我国改革开放之后，法律工作采取计算机信息系统管理提高工作效率的思想传入我国开始影响法律学科。

人工智能与法学深度交融发展加深了法律职业运用人工智能的理解，并潜移默化地改变着法学学科的教学与研究范式，以至于有学者指出司法领域中以网络化、数字化和智能化融合驱动为基础的人工智能技术的应用，形成了从"接近正义"迈向"可视正义"的中国司法改革图景。[5] 我国学界目前出现了两个相似却不同的学科界定，即"法律人工智能"和"人工智能法律"。前者体现了这一学科关注的是人工智能在

---

〔1〕 B. G. Buchanan, T. E. Headrick, Some Speculation about Artificial Intelligence and Legal Reasoning, *Stanford Law Review*, 1970, 40.

〔2〕 S. Erdelez, S. O'hare, Legal Informatics: Application of Information Technology in Law, *Annual Review of Information Science and Technology (ARIST)*, 1997, 367~402.

〔3〕 L. O. Kelso, Does the Law Need a Technological Revolution, *Rocky Mountain Law Review*, 1945, 378.

〔4〕 龚祥瑞、李克强："法律工作的计算机化"，载《法学杂志》1983 年第 3 期。

〔5〕 马长山："司法人工智能的重塑效应及其限度"，载《法学研究》2020 年第 4 期。

法律中的具体应用问题，本质上是人工智能问题，后者关注的是人工智能技术的运用会带来什么样的新法律问题，其本质上仍然是法律问题。

人工智能法律，基于知识系统、理性思辨和法律逻辑，将人工智能视为法律的规制对象或者法律规制的方式，是一种外在视角的、以法律为本的思考和研究的理论进路。[1] 法律人工智能，强调法律工作的机器替代或智能转化，是一种内在视角的、以法律计算为本的思考和研究的理论进路。法律人工智能运用信息系统、建模计算和数理逻辑，建立基于法律规则和司法案例的推理系统，并进一步通过数据挖掘、深度学习、知识图谱等人工智能技术使法律活动转化为逻辑推导计算的自适应智能系统。

随着人工智能与法学交叉研究的兴起，带动了信息技术相关的各类法律问题的研究，传统的民法、行政法、刑法等部门法都在积极回应信息技术的发展带来的机遇与挑战，同时也出现了计算机法学、计算法学、计量法学、互联网法学、信息技术法学、数据法学、法律大数据、机器人法学、未来法学、法律科技、自动谈判技术等新的学科概念。[2] 国家鼓励高校在原有基础上拓宽人工智能专业教育内容，形成"人工智能+X"复合专业培养新模式，例如人工智能与法学专业教育的交叉融合。[3] 许多国内外法学院都将与信息科技的融合作为一个重要的学科发展方向予以建设，人工智能领域和法学领域的交叉研究成果不断面世，逐步形成了法律人工智能和人工智能法律的并行发展进路。

（三）服务国家发展人工智能战略

人工智能是引领国民经济发展的战略性技术，发展人工智能是我国提升国家竞争力、维护国家安全的重大战略举措。法律职业运用人工智能，促进人工智能与法律的跨学科交叉研究可从三个方面服务国家战略。

第一，丰富并拓展人工智能基础理论。司法裁判文书的互联网公开、智慧法院建设以及复杂多层次的法律服务实践，为大数据智能理论、混合增强智能理论、群体智能理论、高级机器学习理论、类脑智能计算理论提供了试验数据与法律领域的测试应用场景，为高级机器学习理论重点突破，实现具备高可解释性、强泛化能力人工智能，提供了模拟人类社会复杂活动的场域。

第二，为发展人工智能关键共性技术提供法律实践领域的利用场景。新一代人工智能关键共性技术的研发部署旨在以算法为核心，以数据和硬件为基础，将提升感知识别、知识计算、认知推理、运动执行、人机交互能力作为重点，形成开放兼容、稳

---

[1] 马长山："AI法律、法律AI及'第三道路'"，载《浙江社会科学》2019年第12期。

[2] 申卫星、刘云："法学研究新范式：计算法学的内涵、范畴与方法"，载《法学研究》2020年第5期。

[3] 《教育部、国家发展改革委、财政部印发〈关于"双一流"建设高校促进学科融合 加快人工智能领域研究生培养的若干意见〉的通知》。

定成熟的技术体系。人工智能关键共性技术的发展有利于提升人工智能技术在法律职业中应用的层次，降低深度人工智能在法律领域应用的成本。法律职业在多元化纠纷解决、区块链智能合约、智慧法院等多个法律领域对人工智能的应用，同时又反过来丰富了关键共性技术在社会治理"善治"的应用实践。

第三，运用法律大数据提升国家治理能力。智慧法院是司法体制综合配套改革的重要抓手，而智慧法院的信息资源基础是法律大数据。以裁判文书大数据为例，生效判决除了在个案中发挥着定分止争的作用外，还对后续的社会实践、法律活动有着指引规范作用。大数据分析能够为证据的运用、社会热点问题、争议多发领域风险防范提供治理智慧，为国家治理决策支持系统提供法律大数据挖掘和机器学习机制。

四、人工智能对法律职业的影响及限度

法律人工智能学科发展带动了法律科技的日新月异，越来越多的法律服务机构使用人工智能技术提高法律服务效率和服务质量，使社会公众更加便利地获取法律服务。以电子取证、合同管理与诉讼管理、法律工作自动化、法律大数据分析为代表的人工智能技术替代了重复性的法律工作。技术进步带来了工作流程、工作方法的改变，给年轻法律人的职业发展带来了机遇和挑战。虽然我们目前不能清晰地描绘出人工智能时代的法律职业，对人工智能技术对法律职业的影响仍然处于不断认知的过程，但是技术融入法律工作的趋势不可否认。如萨斯金在《明日世界的律师》一书中所提到的，律师职业的新工作包括：法律知识工程师、法律科技人员、多方位的法律人才、法律程序分析师、法律专业管理者、线上争议解决者、法律管理顾问、法律风险管理者。[1] 因此，由于初级法律岗位被人工智能技术替代，未来对年轻法律人的培养提出了更高的要求，法律论证思维的转变以及运用人工智能技术衔接法律工作流程，都是对于法律职业的挑战。

（一）法律人论证思维范式的转变

在诸多方面，人工智能的研究都与论证研究有联系，人工智能的论证进路整合了不同视角的洞见，从理论系统角度来看，关注的重点是论证的理论模型和形式模型。自20世纪90年代以来，对论证理论有重要意义的人工智能领域主要包括可废止推理、多主体系统和法律论证模型。[2]

法律人常见的论证说理的逻辑形式是法律三段论，而在法律人工智能领域，对于论证对话的研究更加广泛，通过建立计算机程序进行建模，对诉讼、仲裁、协商等论证性任务提供技术支持。哈赫认为对话论证模型在法律人工智能领域越来越受欢迎有

---

〔1〕［英］理查·萨斯金：《明日世界的律师》，麦慧芬译，商周出版社2014年版，第181~196页。
〔2〕［荷］范爱默伦等：《论证理论手册》，熊明辉等译，中国社会科学出版社2019年版，第735~740页。

两方面的原因，一是法律推理是可废止的，对话模型是研究可废止性的一个好工具；二是当探究具体案件中确立法律的过程时，对话模型具有价值。[1] 面对法律适用、事实认定的不确定性，似乎更好的建模理解方案是把法律程序视作一种论证对话。英语世界的法律人工智能学者从论证对话角度给出了理论框架模型，[46] 通过可废止推理逻辑建模多主体法律人工智能系统，将法律论证博弈过程以更精细化的论证、可视化的方式展示法律人特有的思维推理方式。

在人工智能对法律过程建模技术潮流下，法律职业应当充分留意论证思维范式的转变。对话论证人工智能框架能够评判法律论证，界定论证的证成（Warrant），以论证可接受性与逻辑有效性类比对应。在法律对话论证人工智能框架中，起方和应方共同进入对话后会产生一个共享前提集合，从该集合推导出来的结论是正当的。此外，在非诉讼程序的调解对话中，信息系统或人工智能框架更多的是一种支持对话而不是评估的制度，作为一种不保证结果正确性的不完美法律程序。

（二）法律信息系统对于工作流程的再造

当今世界正在经历百年未有之大变局，以互联网、5G 通信技术、云计算、大数据和人工智能为代表的信息技术加快了当下社会、经济、管理等多方面的变革。法律人以计算机、移动终端作为主要工具，通过互联网、移动通信网络进行团队协作、在线法律服务、在线司法程序，高效地开展法律工作中的协商、群体交流以及法律程序过程。信息时代改变了法律服务工作方式，法律职业使用信息系统是商业社会进步的必然趋势，人工智能通过信息系统作为载体对法律工作流程施加影响。

法律职业利用信息系统实现转型。信息时代造就了数字化组织，供应链上的企业和供应商、客户等的商业活动借助信息技术完成，法律服务也日益成为数字经济时代产业链的一环，以律师行业为代表的法律职业也不得不开始尝试转型与突破。"互联网+"通过连接实现了法律服务产业链各主体信息共有共治，借助供应链管理的思想，企业资源计划（ERP）、供应链管理（SCM）、客户关系管理（CRM）、商务智能（BI）、知识管理（KM）、决策支持系统（DSS）等商业领域成熟、先进的管理信息系统方案被运用于法律职业活动之中，传统法律服务机构将实现组织重构、管理进化以及互联网转型，继而满足智能社会更为广泛的法律服务需求。法律信息系统以包容姿态，涵盖了人工智能、法律人，形成"社会—技术"观下的人机系统，针对律所发展的种种痛点，提出数字化解决方案，利用信息系统，对律师行业的管理、业务、协作多方面进行数字化改造，为律所做服务、做连接，解决律所管理痛点，通过对法律服务

---

〔1〕 J. Hage, Dialectical Models in Artificial Intelligence and Law, *Artificial Intelligence and Law*, 2000, 2: 137~172.

流程的再造优化数字化法律服务产品，助力律师工作提效，律所创收提升，最终实现与智能互联网时代相契合的管理及业务能力。

人工智能是法律职业的有力工具，帮助法律人提升了认知能力，对于法律服务流程实现流程再造（BPR），这是对于法律职业的外在价值。

第一，法律服务从信息资源管理到知识管理。"知识管理"的概念起源于彼得·德鲁克的著述，他于 1988 年在《新组织的来临》一文中描述了知识工作者，提出运用组织的知识和能力创造新的知识，提供了获得竞争优势的机会。作为知识工作者的法律人，某项知识工作完成过程，使用了他的大脑，以及外在于他大脑的资源和工具，形成了知识产出："脑内知识 + 脑外资源 + 思考/合作 = 文件"。法律服务组织的知识以不同形态，正式或非正式地应用于组织之中，包括结构化知识、半结构化知识与非结构化知识。信息资源管理的目标在于为组织建立面向经营和管理的知识系统和知识工作系统，而知识管理侧重于知识发现和人工智能在应用系统中的使用。以案例推理技术（CBR）为例，起源于美国耶鲁大学罗杰·单克于 1982 年在动态存储（Dynamic Memory）中的描述，案例推理的研究方法源自人类的认知心理活动启发，优化了传统的专家系统中知识获取的来源有限问题，将定量与定性结合，具备动态知识库和保持增量学习的优点，在法律领域的应用主要分为解释型和问题解决型。

第二，数据驱动法律服务。以律师事务所的法律实践为例，律师事务所使用数据分析提供更"聪明"的法律服务。一是通过数据驱动法律服务营销，CRM 系统结合经营数据分析对潜在客户保持追踪，帮助确定法律服务营销在推动新业务方面最有效，衡量营销费用的投资回报，确定哪些做法和客户对律师事务所更有价值。二是运用数据提供更高质量法律服务，人工智能可能会打开一些以前无法触及的数据源，经营多年的律师事务所可能拥有非结构化、半结构化数据，如果能够转换、标准化并从中收集元数据，这些信息将会非常有用。三是数据驱动律师事务所管理，基于数据的管理信息系统目标是提升组织竞争优势，通过信息系统的运用促进组织效率提升、业务流程优化、法律文书管理以及人力资源管理。

第三，商务智能技术（BI）对法律职业决策的改变。商务智能在商业领域的成功运用在于通过对大量数据的分析和交互，将数据转化为新颖的、潜在有用的知识，使决策者得到有价值的洞察力，使他们能够做出更优的商业决策。[1] 通过建立数据仓库作为 BI 应用的基础环境，为律师或律所管理者提供面向主题的、集成的、随时间变化的、相对稳定的数据集合，通过联机分析处理以灵活、交互式地提供统计、趋势分析和预测报告，以及人工智能数据挖掘技术通过特定算法从海量的数据中获取有效的、

---

〔1〕　刘仲英主编：《管理信息系统》，高等教育出版社 2017 年版，第 205~209 页。

新颖的、潜在有用的知识模式。

（三）人工智能影响法律职业的限度

人工智能对于法律工作效率的提升，使得法律人对于技术的高速发展感到既迷恋又恐惧。迷恋是因为科技使人类生活更加便捷和丰富，恐惧则来自担心技术脱离人类的控制甚至反过来控制人类。人工智能不能完全替代法律职业？

第一，如果我们仅从外在价值出发把法律职业看作实现意义的工具，人工智能在法律领域要对法律职业提出根本性挑战，至少要克服三方面的困难。其一，人工智能当前仅在少数方面模拟人类智能，需要在丰富的数据、确定性信息、完全信息、静态事件、有限领域的单任务开展推理，任何一个条件缺一不可，而法律职业往往需要在信息不足并且时间有限的条件下做出判断。其二，规范理解难题，法律实践涉及对于法律规范的解释，法律适用的问题很多时候是法律概念解释，例如"诚实信用"通常指向两种观点：应当兑现自己所引发并被他方所接纳的信赖；以及双方当事人的关系中对对方利益应予考虑和体谅。[1] 显然这两种法律原则的解释，很难用人工智能逻辑建模的语法和语义所建构刻画。其三，人工智能面临道德价值化约难题，法律实践涉及价值判断，而价值与规范性问题难以量化或形式化为数据和算法，[2] 因为在法秩序、宪法以及被接受的法律原则中存在一些有约束力的价值评价标准，当法律职业在"适用"它们之前需要做进一步的理解与适用，例如具体化这些标准，而法律实践中决策过程的"正当化"与这些标准密切相关。

第二，从法律职业的内在价值来看，道德生活是人类生活意义的重要组成部分，如果作为道德实践的法律实践被人工智能替代，那么人类的道德实践将减损涉及生命、自由、平等、正义、尊严等几乎全部重要伦理价值，而这些价值往往涉及人类社会实践中的道德底线问题。考虑到法律实践在道德领域的特殊意义，人工智能技术在法律实践中的运用不应当以取代的思路推而广之。

第三，从人工智能的内部来看，如果将人工智能作为法律，这样的系统是一种混合批评讨论系统（hybrid critical discussion system），通过机器学习连接知识表示和推理。[3] 人工智能与法律的交叉研究是异常艰深的，难度不在于人工智能技术实现，而在于法律体系的开放性，这种开放性体现在法律术语的开放性。法律推理是规则指引的，而非基于规则的推理，不论对于法律解释适用还是对于案件事实认定的证据推理，虽然从技术上可以从缺省逻辑、非单调逻辑进行刻画，但仍离不开法律职业规则运用的智慧。此外，这种开放性还体现在对法律问题回答的开放性。法律问题可以有一个

〔1〕 ［德］卡尔·拉伦茨：《法学方法论》，黄家镇译，商务印书馆2020年版，第369页。

〔2〕 黄伟文："从独角兽到AI：人工智能应否取代法律职业？"，载《法制与社会发展》2020年第5期。

〔3〕 B. Verheij, Artificial Intelligence as Law, *Artificial Intelligence and Law*, 2020, 2: 181~206.

以上的答案，但必须给出一个合理的、及时的答案，并且这个当下合情合理的答案可能会随着时间的推移而改变。

人工智能一定程度上会对初级法律工作职位带来挑战，并同时提供了更多的法律科技岗位，可能这些工作岗位并非法律人进入法学院时心中所作的职业规划。面对人工智能技术对于法律职业的改变，已有学者指出，法律实践是精妙复杂的工作，特别是由于法律涉及理性、情感与价值，与生活的意义息息相关，法律实践被视为专属于人类的特殊领域。人工智能对于法律工作的替代或支持，不会触及法律实践的核心，难以影响法律职业对于道德生活的意义，人工智能和法律职业不会也不应当形成对立格局，而应以"社会—技术"视角让人工智能回归信息系统的工具价值，从而支持法律职业决策，帮助法律人更认真地对待法律职业，形成人工智能与法律职业融合发展的数字人文关怀。

五、人工智能时代法律人的理性应对

计算机与生俱来的使命几乎是应用，从其诞生之日起在人类社会各领域的应用不计其数，而以计算机、人工智能命名的数字科技与人文学科交叉学科所引发的学术讨论和研究引人注目。[1] 网络化、数字化和智能化的深度交融发展，是当今社会变革不可逆转的根本趋势，法律与人工智能的研究受到了这一趋势的深刻影响。由于法律实践的道德性，人文与科技的交叉互动要求越来越强，出现了法律与人工智能交融发展的"第三道路"。[2] 法律与人工智能交融发展是力图让法律与人工智能发挥其所长、避其所短，实现双向融合。因此，法律职业加强对人工智能的理解是时代的需要，同时促进了人工智能时代下法律职业伦理的变革。法律人善于驾驭人工智能优势的同时，确保机器与法律人在各自擅长的领域分工协作变得尤为重要。法律职业可从以下几个方面谋求调整与改变。

第一，法律职业将变得精通技术。人工智能工具变得越来越先进并与各类应用系统集成，这催生了一些新的法律服务需求和就业岗位，而传统的法律职业发展路径越来越狭窄。法律职业应当顺应新兴法律文化成长，熟悉技术运作的原理，开发更为灵活的方法来使用新工具，一方面理解客户的业务，另一方面理解信息系统工具的优缺点，懂得与技术专业人员共同探讨这些技术方法。通过使用合适的人工智能工具，法律职业将获得更多知识，使得人工智能产品服务客户的法律需求。而法律职业并不会在这个过程被替代。以律师职业为例，通过"人机系统"的不断磨合，掌握法律服务技术的律师将能够运用传统上只有更有经验的律师才能具备的法律智慧。

---

〔1〕　[美] 安妮·伯迪克等：《数字人文：改变知识创新与分享的游戏规则》，马林青、韩若画译，中国人民大学出版社 2018 年版。

〔2〕　马长山："AI 法律、法律 AI 及'第三道路'"，载《浙江社会科学》2019 年第 12 期。

第二，法律职业更关注法律事务策略。传统法律职业训练比较注重战术实操，从法学院开始，教授向法学生提出问题，然后法学生决定适用什么法律，将法律适用于给定的事实，并做出合理和有根据的建议。人工智能对法律工作的替代更多是战术层面的工作，而非战略工作。由于战术工作将逐步自动化，理解客户为什么需要某些东西，能够看到将出现的各种问题，并制定综合策略，将客户的目标与机器的任务联系起来，将日益成为衡量合格和有价值的法律工作的标准。因此，从法律专业主义浪漫理想回归现实主义的法律服务市场需求，战略指导意味着要把法律作为一个整体而不是单独的部分来熟悉。

第三，法律职业变得更富有商业管理才干。社会信息化浪潮将人工智能与法律融合，并将催生出一种新的法律文化，使得高度专业化的法律人转向更广阔的视野和知识结构。委托人希望律师能更多地理解和意识到他们的业务需求，以便更好地将法律人工智能应用于他们的产业链条。律师职业有待扩展他们的视野，包括传统上超出法律工作业务决策范围的商业管理才能。人工智能可能执行所有法律任务，但律师需要了解他们的弱点和客户的意图和目标是什么，并能够对人工智能法律产品提出建议并进行修改。将人类的思想与自动化的过程联系起来将是值得我们珍视的、不可替代的，以数字人文方式巩固法律职业在道德生活中的意义将真正实现两者的融会贯通。

第四，法学教育应当尽早正视法律人工智能的到来。[1] 人工智能技术对于未来法律人会带来何种影响？会对我们的法学教育带来何种深刻变革？一方面，随着人工智能技术的进步，新的技术工具在整个法律实践中被纳入，将为经验丰富的律师和那些能更好地利用这些新工具的初级律师创造公平的竞争环境。另一方面，未来提供给初级法律职位可能会减少。为了应对人工智能对于法律职业的挑战，以及人工智能为法律职业带来的新的发展机会，法学院毕业生在毕业之时应当成为专家、高级律师，或者成为掌握法律人工智能技术的跨界人才。因此，法律教育必须努力弥合法律技术鸿沟，通过调整培养方案成为创新和变革的起点，积极为法律学生运用法律人工智能技术提供必要条件，更好地为未来法律职业提供成功的保障。其一，法律专业的学生需要了解人工智能技术。法学教育需要以法律教学实践形式提供法律服务和司法管理技术课程，让学生了解什么是算法，什么是对话机器人、什么是机器人顾问以及人工智能的基础构成。法学教育能够提供高级课程供法律职业深入了解一般人工智能和特定领域人工智能的区别，人工智能机器如何思考、行动和行为，认知计算如何与人类互动，人工智能是如何随着扩展或新数据集的引入而不断学习和改进的。其二，法学生

---

〔1〕 H. Frostestad Kuehl, Technologically Competent: Ethical Practice for 21st Century Lawyering, *Case Western Reserve Journal of Law*, Technology and the Internet, 2019, 1.

需要使用人工智能来创新和跳出固有思维模式。法学教育传统上不擅长引导学生创新创业。为了让法学生适应法律服务业市场竞争并取得成功，他们需要了解这些技术，并为未来法律服务技术开发创新内容。未来的法律职业应当懂得充分利用人工智能技术的最佳方式，使得法律流程更加简便，同时也使委托人更加容易接受。其三，法学生必须学会质疑数据和算法。就像教学生质疑证人证言和动机一样，法学教育应该教学生质疑人工智能程序产生的数据，避免过度依赖技术本身，因为算法的设计是可能存在瑕疵的。其四，法学生需要培养高级律师技能力、领导能力、管理能力和人际交往能力。由于人工智能技术在提升工作效率的显著优势，法学院普遍要求学生利用和拥抱新技术。但现实情况是，年轻一代可能会发现现实中人际交往更具挑战性，因为他们已经变得更习惯于花更多的时间在数字虚拟世界上，而不是与人相处。法学院应通过实务类课程培养未来法律人道德主体性所必需的同理心和沟通技巧，以抵消人与人之间"关系距离"的影响。这些实务类课程包括律师学、法律职业伦理、法律服务与司法管理的技术等课程，旨在强化培养学生的人际交往能力。[1]

六、小结与展望

人工智能正在塑造人类历史新格局，包括法律职业在内的全体人类都需要严肃面对百年未有之大变局。2017 年已经出现第一位机器人律师，在英美等地被广泛使用，其能以极低成本处理交通罚单。其官网口号是："打击公司，打击官僚主义，只要按下一个按钮就可以起诉任何人。"法律领域人工智能的激增将使越来越多的外行（客户）能够更廉价、更高效地获得传统上由律师独家提供的信息和服务，尽管非律师群体缺乏分析和理解法律服务输出信息的培训。律师必须扮演的角色也将发生变化，即利用新的技术工具为他们的客户创造更好的产品和更高的效率。[2] 此时法律人工智能重构法的效益价值，不仅体现在通过缩短审判周期实现法官效率的提升、当事人实现法律的自助服务和律师的办案效率提升，从而实现了原有效益的提升，而且填补了原有效益价值领域的空白，开创了新的效益价值。例如预测法官倾向而理性投放诉讼成本，拓展了法律的指引效益；法官通过人工智能而理性把握既往案例，减少了上诉成本；机器学习构建错案预防模型，减少了纠错成本。[3] 人工智能时代的法律人职业共同体应该拥抱法律人工智能的效益价值，并努力坚守法的正义系统和秩序价值。

---

〔1〕　M. Reid, A Call to Arms: Why and How Lawyers and Law Schools Should Embrace Artificial Intelligence, *University of Toledo Law Review*, 2018, 477.

〔2〕　S. Semmler, Z. Rose, Artificial Intelligence: Application Today and Implications Tomorrow, *Duke Law & Technology Review*, 2017, 85.

〔3〕　杨延超："《机器人法》如何建构人类未来新秩序？"，载《知识产权研究》2020 年第 1 期。

再论区块链去中心化自治组织的法律性质

——兼论作为法人的制度设计

郭少飞 *

导言

工信部信息中心《2018 年中国区块链产业白皮书》指出，我国区块链产业初步形成，未来三年将在实体经济中全面落地。区块链应用广泛，前景广阔，引发学界积极研究，取得可喜成绩。基于区块链智能合约的去中心化自治组织（Decentralized Autonomous Organization，简称 DAO）开始大量运用于社会经济生活。在科技改变生活、塑造行为新范式之际，需要在法律上厘清重塑人们关系的去中心化自治组织，回应社会实践的制度之需。为此，笔者曾撰文以 The DAO 为例探讨去中心化自治组织的法律性质，主张应定性为有限合伙[1]。然而，去中心化自治组织的底层技术程式及组织功能目标存在差异，具体结构及运行方式分殊，既有结论是否适合其他去中心化自治组织，尚需考察当下其他主要组织类型，展开实证分析；在法律层面深入探析去中心化自治组织运行机制与现行法的匹配度，确证有限合伙定性的适宜性。最后，不以实证法为限，本文结合去中心化自治组织呈现之端倪及未来发展趋向，展望赋予其法人主体资格的可能性及相应的制度设计。

一、去中心化自治组织作为有限合伙的实证检视

去中心化自治组织的运行架构，除了区块链智能合约等底层技术外，通常包括五

---

* 郭少飞，河南师范大学副教授，法学院副院长。《苏州大学学报（哲学社会科学版）》编辑部授权转载。

[1] 郭少飞：" '去中心化自治组织' 的法律性质探析"，载《社会科学》2020 年第 3 期。

个方面：①成员或用户；②权益，表现为代币、股权或股份等；③价值，包括积分、代币、奖励或加密数字货币等各种形式；④治理，涉及具体机构、报告制度、管理决策等；⑤收益，包含利润分享、价值增加、投票、特定权利或组织地位等。它们在法律层面可归结为成员主体、组织财产、成员权利、治理机制等。针对主流去中心化自治组织，本文按组织数量、筹资金额、影响力等，选取 Aragon DAO、DAOstack、Colony，考察其架构，检视有限合伙定性。

（一）去中心化自治组织的实例分析

1. Aragon DAO[1]

Aragon 是目前最为人关注的去中心化自治组织项目，旨在"自由定义组织"。Aragon 基于区块链智能合约构建了操作系统 Aragon OS。只有获得授权的账户或合约才能实施特定行为。基于 Aragon 创建的去中心化自治组织表现为多个应用程序，具有诸多功能，如代币管理、投票、财务。Aragon DAO 的基本架构除了底层技术，还涉及治理、激励、组织形态等。[2]

在治理方面，Aragon DAO 实行治理提案，提案关系 Aragon 网络资源的管理、分配与使用。提案提出后，需要 Aragon DAO 成员投票表决。另外，Aragon DAO 通过访问控制清单（access-control list），可指定特定智能合约地址代表组织实施一定行为。多个智能合约集合，能够确定组织内部行为准则。从整个过程看，Aragon DAO 以提案为核心，经成员投票表决，自动予以执行，实现组织功能。发生争议时，Aragon DAO 以"法庭协议"（court protocol）构建的争端解决机制启动，成员可缴付押金成为"审判员"，在一定期限内作出裁决，结果以多数意见为准。事后，提供审判服务的成员可获得报酬。

Aragon DAO 发行代币，成员可购得或因工作等贡献获得。成员有权对组织规则和治理问题作出提案，但必须预存一定数量的代币作为押金，每个成员根据其持有的代币份额享有相应的投票权，共同决定提案的命运。Aragon DAO 实行信誉机制，全部业务合作皆可评分，凡为组织作出贡献者可获得信誉奖励，信誉不可转让，不可交易。信誉亦可作为成员组织权力的考量依据，在 Aragon DAO 中价值巨大。在组织形态方面，初期 Aragon 的控制权主要属于 Aragon 创始团队。随着技术发展，Aragon 逐步把控制权转移给用户，实现治理的去中心化。当下，Aragon 以少量团队为基础，在整个社区或生态系统中实行大规模自治。组织的技术、运用、监督、财政等由不同的 Aragon 板块负责。用户可自由定义 Aragon DAO 的类型、功能、治理结构、激励等。

---

〔1〕　参见 Aragon 主页，https：//aragon.org，及 Aragon 白皮书，https：//github.com/aragon/whitepaper。

〔2〕　丁文文等："去中心化自治组织：发展现状、分析框架与未来趋势"，载《智能科学与技术学报》2019年第 2 期。

2. DAOstack[1]

DAOstack 宣称自己是集体智慧操作系统，旨在提供分布式区块链治理的坚实架构。DAOstack 架构有三种模式。在常用的组装模式（assembly mode）中，信誉及相应决策权广泛分布，大量通过其智能合约在单个代理内进行决策交互。在联邦治理模式（federal-governance mode），组织由几个代理构成，每个代理再细分为若干代理，构成嵌套的代理网状结构。而复杂的网状网络模式（mesh-network mode）源自其以 DAO 堆栈提供的基础设施建构的区块（代理），权力（power）以精英方式分配，以有效利用集体智慧，并惠及整个组织。

智能体（intelligent agencies）或代理（agents）乃 DAOstack 基础，是原子化的治理单元，经区块链智能合约管理运营，有自己的代币、信誉机制和治理体系（嵌入智能合约的章程）。代理可以提出议案，投票，购买代币，变现代币。代理原则上可做任何链上能做的事务，尤其是代币分配、资金分配、信誉分配、集体数据监管、外部活动及治理体系升级。受限于约束列表，代理不得实施禁止行为或限制行为。

组织通过销售内部代币获得以太币等外部代币，作为储备，或支付给第三方，交换第三方的工作或贡献。代币亦可基于对组织的贡献分配给价值贡献者。代币的效用或利益由组织决定，可以是访问权，此乃效用代币（utility tokens）；或有权分享组织收入，此乃份额或股份代币（share tokens）。此外，组织实行信誉机制。信誉与成员对组织的影响力、享有的决策权息息相关，这构成精英治理体系的基础。成员对组织贡献越大，影响力随之增加，决策权更多。信誉分配基于成员的功绩和贡献。为激励用户持续为组织作出贡献，信誉随时间削减。

DAOstack 治理主要基于提案，即以特定方式触发组织基本行为的议案，由成员对提案投票，通过则自动执行。投票权并不完全以代币衡量，而是以信誉加权确定。为消除少数参与者代表多数人决策与多数人会作出的决策间的不匹配，DAOstack 采取"全息共识"（holographic consensus），即预测者（predictors）以代币押注，预测提案能否通过。通过预测，确定是否要强调提案，或修改提案通过人数的要求。由此，可使得少数人决策趋近集体决策，大大提升决策效率。

3. Colony[2]

Colony 以 Colony Network[3] 为基础，组织规则由代码界定，并通过区块链挖矿过程（blockchain mining process）执行。Colony 基本结构以域（domain）及账户权限为核

---

〔1〕 参见 DAOstack 白皮书，http：//daostack.io/wp/DAOstack-White-Paper-en.pdf。

〔2〕 参见 Colony 白皮书，https：//colony.io/whitepaper.pdf。

〔3〕 Colony Network 是用于创建和操作线上组织的基于以太坊的合约。

心。域犹如共享文件系统中的文件夹，除了文件外，还包括子域、资金和支出。它可以代表团队、部门、项目等。成员是持有代币及信誉的账户，账户代表匿名成员。权限（Permissions）按影响力由高到低分为：恢复、Root（根）、仲裁、架构、资金、管理，由以太坊账户持有。这些权限构建出复杂的授权系统，彼此分立，不同权限共同执行 Colony 功能。Colony 权限式设计令任务创建、资金提议、管理行为等不需要明示批准，而是由不同权限的账户协同完成。

Colony 发行代币，实行信誉机制。在 Colony 早期尚无收入及外部资金时，代币是对贡献者的奖励；表征成员为组织工作的时间；作为基于表现的奖励。内部代币用于分配信誉，从而分配所有权及决策权。信誉代表成员对 Colony 的贡献价值，是权衡成员决策权、奖励或分红的依据。信誉高则可对 Colony 施加更大的影响，要求更多的奖励。与代币不同，信誉在账户间无法转移，会衰减。在收入方面，Colony 通过出售商品或服务获得收入。收入不同于运营资金，前者是尚未计入资金池的代币，而后者是已记账的各个域中的代币总和。Colony 合约管理全部代币及货币，负责资金池记账，通过支出进行分配。资金池中的资金可以用作付款、赏金、预算、薪酬或营运资金。持有代币和信誉的账户可要求分配奖励。金额取决于成员的代币和信誉资产总和，以确保分红与其对组织的贡献相匹配。

在治理方面，Colony 核心乃提案机制（motion system），改变了 DAO 投票集体决策方式。主张改变组织的任何事务，可提出议案。只有信誉充足的成员质押一定数量的代币后，才能提出议案。通常提案自动通过，除非有人提出异议。提出异议的成员获得足够多的支持，则争议产生。依据争端解决机制，需要投票解决。争端解决机制允许多种决策提交由一些或全部成员投票。Colony 支持三类投票，主要涉及与 Colony 任务有关的提案，此时成员投票的权重与其信誉相匹配，此乃信誉加权投票。当必须基于资本，而非劳动、贡献（信誉值）作出决策更合适时，代币加权投票将得以运用。再者就是混合投票，信誉享有者与代币持有人均可投票。

Colony 由 Metacolony 负责管理。但初始决策权属于 Colony 团队，逐渐由团队移交给 Metacolony。最初 Colony 团队通过多重签名合约控制 Colony 基本属性，此后 Metacolony 能够提出变更合约的建议，但需团队签署同意。到了下一阶段，Metacolony 才能够自主更改，但团队保留否决权。到最后，Metacolony 直接完全控制 Colony，团队除基于代币和信誉享有的权利，别无特权，不再处于绝对控制地位。当然，Colony 团队仍负责技术方向、基本架构调整等。

此外，Moloch[1] 因其成员包括以太坊创始人维塔利克·布特林（Vitalik Buterin），

---

〔1〕 参见 Moloch 白皮书，https：//github.com/MolochVentures/Whitepaper/blob/master/Whitepaper.pdf。

在当前最受关注。Moloch 旨在解决协作失效，主要采取两种方式。一是按时间顺序提案进入决策，一定期限内全部参与成员集中于一个集体决策之上。而决策受限于代币及信誉值，二者可用于确定决策的权重。二是不满退出机制，成员对决策不满则可退出组织，代币变现。总体而言，虽然 Moloch 与 Aragon DAO、DAOstack、Colony 在技术路线、组织目的、管理举措等方面存在差异，但基本架构、要素特征并无本质区别。[1]

（二）有限合伙定性适合去中心化自治组织

作为典型的去中心化自治组织，The DAO 具备主体、财产、成员权、表决机制等组织要素；同时，从商事合伙主体要素、可推知的投资者意思、发起人最终控制者地位、衡平投资者保护与技术产业发展考量，应将其界定为有限合伙。[2] 上文的去中心化自治组织与 The DAO 组织要素实质相同，主要表现在四个方面。

其一，成员主体，均包括发起人、创始人等组织设立者，而投资者或参与者通过购买组织内部代币取得成员身份。有所不同的是，上述组织会根据成员价值贡献，赋予其信誉值，作为成员权的基础之一。这意味着，去中心化自治组织把人力资本纳入组织要素，改变了 The DAO 以货币资本为核心的做法，能够激励成员积极参与组织运营治理。从货币资本到货币资本与人力资本并重，只是组织财产构成的变化，不影响组织性质认定，毕竟劳务等亦可作为合伙企业出资。除了用户购买内部代币所得，组织还有经营收入，累积构成组织财产，"以 Token 持有人账户为基础，具备自有财产"[3]，此乃第二个组织要素。其三，成员权利。去中心化自治组织投资者、参与者均有提案、投票表决等决策权，差异在于决策权权重系于代币、信誉或二者组合；还享有要求分配收益的权利，即分红权。这些权利属于组织成员权。其四，治理机制，包括提案机制、投票机制、争端解决机制、退出机制等。通过链上治理，成员能够对组织保持控制力，并积极参与组织发展。总体上，去中心化自治组织具备法律上的组织主体要素，与众筹、信托、联营、资管计划等存在本质差异。

就法律形态而言，去中心化自治组织主体要素与合伙企业的合伙人、合伙财产、合伙协议、合伙名称等本体要素更加匹配。[4] 当下，商事合伙是最适宜去中心化自治组织的法律框架。而在去中心化自治组织架构中，普通用户或成员与组织团队或创始人的结构性地位仍然存在重大区别。尤其当下 DAO 技术尚不成熟，去中心化自治组织

〔1〕 Daniel Kronovet, Aragon, DAOstack, Colony, Moloch, GITHUB, 2019 (6).
〔2〕 郭少飞："'去中心化自治组织'的法律性质探析"，载《社会科学》2020 年第 3 期。
〔3〕 陈吉栋："区块链去中心化自治组织的法律性质——由 Token 持有者切入"，载《上海大学学报（社会科学版）》2020 年第 2 期。
〔4〕 郭少飞："'去中心化自治组织'的法律性质探析"，载《社会科学》2020 年第 3 期。

的稳定性、安全性、功能性等均依赖组织团队，故其对组织保留最终控制力实乃技术发展的阶段性问题，有其必要。另外，在经营中，去中心化自治组织为符合法律框架，通常由发起人"作为代币发行主体进行资金的募集、分配、管理以及监督等，同时委托部分公司进行技术开发、市场推广和运营、基金投资和管理以及其他法律服务"。[1]组织属性确定必须基于成员地位不完全对等的实际状况，令其权责匹配，由此在作为合伙的去中心化自治组织中，普通成员宜承担有限责任。而投资者或普通用户不愿因小额投资承担无限责任的可推定意思，衡平投资者（用户）保护与技术产业发展等论述[2]，仍然可作为有限合伙定性分析的理据。当然，随着上述各类去中心化自治组织进化，成员地位对等，亦可认定为普通合伙，甚至因有限责任的制度需求，不妨创新组织形式，赋予其多元主体资格。

二、去中心化自治组织作为有限合伙的法律可行性

去中心化自治组织的有限合伙定性是否妥适，尚需按现行有限合伙法律框架，根据主体要素、运行架构、治理方式等，探究去中心化自治组织与有限合伙的匹配度，最终明晰有限合伙定性在现行法上的可行性。

（一）事务执行

《合伙企业法》规定，有限合伙企业普通合伙人执行合伙事务，有限合伙人不执行合伙事务，也不得对外代表有限合伙企业。原因在于，普通合伙人承担无限责任，应享有更多权利，以实现权责匹配。在去中心化自治组织中，作为发起人（组织团队）的合伙人因享有实际控制权而配之以无限责任，也蕴含着上述权利配置思想。去中心化自治组织内部事务管理决策，由全体合伙人共同完成，如提案经全体合伙人表决通过，决定投资项目或分红。作为发起人的普通合伙人与作为有限合伙人的投资者分享组织管理权，不应由此否认投资者的有限责任，毕竟是发起人设计的组织结构体系，且对组织享有控制权，相较于投资者处于优势地位，应承担更大责任。

去中心化自治组织的对外代表权，应由发起人等普通合伙人享有。究其缘由，除了责任属性存在本质差异，还包括：投资者分散各处，不便代表；投资者在专业技术、合伙事务能力等方面普遍不及发起人等。实践中，去中心化自治组织是否需要代表人，取决于业务模式或资助项目。若利用人工智能技术、区块链智能合约与其他外部程序接口或资源开展交易，自动执行，则无须对外代表人。例如，设定股票交易价格、数量等条件，根据所得外部数据，一旦触发交易条件，区块链智能合约即自动交易，无须人为介入。而大多数商业活动尚未实现完全智能化、自动化，仍需代表人，此时由

---

〔1〕　丁文文等："去中心化自治组织：发展现状、分析框架与未来趋势"，载《智能科学与技术学报》2019年第2期。

〔2〕　郭少飞："'去中心化自治组织'的法律性质探析"，载《社会科学》2020年第3期。

普通合伙人担任即可。但无论是从事完全自动化的业务，还是从事由人员执行的项目，去中心化自治组织终需与国家发生联系，需要代表人纳税缴费等，除非将来有关国家事务智能运作，二者实现自动对接。

当仅有一个发起人，系唯一普通合伙人，当然是合伙事务执行人、对外代表人。但若有两个或两个以上普通合伙人，是全体均可执行合伙事务、对外代表组织，还是仅一人享有此类权利，或在各个普通合伙人之间分配权利，应按内部决议或协议确定。实践中，去中心化自治组织并未规定事务执行人、对外代表人，更遑论其权限、除名条件、更换程序。对此，现行法一方面可提供基本规范依据，另一方面应着眼于新技术新业态，实施制度创新。可规定，去中心化自治组织须构建包括上述事项的组织机制。

执行合伙事务，对外交往，就成本费用、收益亏损等应向其他合伙人报告。此乃事务执行人、代表人的经营状况、财务状况报告义务。其他合伙人有权要求其提交报告，查阅有关资料。若执行人、代表人不按去中心化自治组织协议或决议行事，须承担法律责任。监管人应依权限履职，超越权限，或在履职过程中因故意或重大过失造成损失，应承担赔偿责任。由于合伙人众多，遍布全球，且代币自由交易导致合伙人频繁变动，对于提案或合伙事务表决，无须全体合伙人一致同意。此外，应当允许表决或约定利润由部分合伙人享有，或亏损由部分合伙人负担，尤其利润由投资者享有，亏损由发起人承担。但若排除部分投资者分红权，或令部分投资者承担全部亏损，有违投资者保护准则，应属无效。内部约定或决议通常仅有内部效力，不得对抗善意第三人特别是债权人。

判断去中心化自治组织决议效力时应注意，代码算法与技术程式可能采取"说服技术"（persuasive technology），偏重发起人权益，不当限制投资者权利或令投资者遭受强制或引诱。如成员投票，须冻结代币，致使其无法交易。"然而，如果代币持有人不投票，则可避免这些限制，没有用于投票的代币能够随时抽出或转移。结果，代币持有人被激励要么投票同意，要么不投票。"[1] 若弊端严重，将影响决议效力。此可参考共同行为、格式合同法律规则。

概言之，去中心化自治组织的事务执行分为内外两面。在内部，普通合伙人和有限合伙人共享合伙事务管理权。在外部，由发起人等普通合伙人代表组织实施一定行为。

（二）与第三方关系

去中心化自治组织在运行过程中与第三方发生法律关系，主要涉及交易相对方、

---

[1] Dino Mark, A Call for a Temporary Moratorium on The DAO, *HACKING, DISTRIBUTED*, 2016, (5).

合伙人的债权人以及国家。首先，与交易相对方的关系。如果以完全智能化、自动化方式产生联系，则按该方式确定其法律关系。若由事务执行人、代表人对外达成交易，则按交易行为厘定法律关系。此时，去中心化自治组织对其执行人及代表人权利作出限制，仅具相对效力，不能对抗善意第三人。去中心化自治组织对其债务应以合伙财产清偿；剩余部分，则由普通合伙人承担无限连带责任。普通合伙人之间按比例分担，超额者可向其他普通合伙人追偿。作为有限合伙人的投资者以出资为限，对组织债务承担有限责任。

其次，去中心化自治组织合伙人负担个人债务，以其持有的代币直接抵债，或代币出售变现偿债，或代币被强制执行给债权人。此时，鉴于区块链上合伙人的匿名性、广泛性等特点，现行法规定的债权人"不得代位行使合伙人在合伙企业中的权利"，以及通知其他合伙人、其他合伙人享有优先购买权，应无适用余地。去中心化自治组织及其他合伙人不能进行干预。债权人取得代币，就成为组织成员，享有合伙人权益。

最后，不可避免的是与国家的关系。去中心化自治组织分布于网络，国家监管与管辖通常适用密切联系原则。广义而言，只要去中心化自治组织与某国有关，如发起人位于该国，或在该国发行代币，或积极针对该国实施 ICO 活动如推广、招揽，或者有投资者来自该国，或从该国网址发送数字货币、接收代币，则该国皆有管辖权。例如，The Dao 的发起人、监管人均非美国公司或国籍，但许多投资者来自美国，美国证监会据此对 The Dao 进行调查，提出监管要求。[1] 若仅采部分关联情形，则系狭义原则。广义原则势必增加组织设立难度及运行成本；狭义原则易致法律规避，造成监管漏洞。就此，需要达成国际共识，实现去中心化自治组织注册或代币发行的国家互认、豁免。而投资的项目应符合所在国监管要求，如组织登记、特定经营活动注册或备案，同时与之相关的经营收益应依法纳税。

（三）入伙、退伙

去中心化自治组织合伙人入伙退伙，根本上与代币得失密切相关。代币持有人是组织成员，享有合伙人权益；丧失代币，即退出组织。去中心化自治组织不注重有限合伙人即投资者的身份，其入伙退伙宽松自由。取得代币，即入伙，可基于多种事由发生，如购买、奖励、受赠、继承等，无须其他合伙人同意。当然，入伙意味着自动加入代码形式的合伙协议等组织规则，不必新订入伙协议。丧失代币，即退伙。退伙事由众多，通常应遵循自由原则。有疑问者，普通合伙人能否自由退伙？有多个普通合伙人，部分退伙无碍组织存续，应无过多限制；若退伙导致无普通合伙人，引发组

---

〔1〕 U. S. SEC, *Report of Investigation Pursuant to Section* 21 （*a*）*of the Securities Exchange Act of* 1934：*The DAO* Release No. 81207, 2017 （6）.

织解散，影响重大，当有法定或约定事由。

入伙退伙涉及组织债务承担。投资者以投资为限承担有限责任，其入伙退伙负担的企业债务明确。问题主要在于承担无限责任的普通合伙人。新普通合伙人对于入伙前的组织债务应承担无限连带责任。这契合普通合伙人法律地位，亦符合现行法规定。但合伙人能否约定新合伙人仅对入伙后的企业债务承担无限连带责任呢？应当可以，但仅有内部效力，不能对抗债权人。新普通合伙人可就超额部分追偿。普通合伙人退伙，对之前的组织债务应承担无限连带责任。退伙的普通合伙人财产份额，按代币市值及组织财产计算，当组织积极财产少于债务时，应分担亏损。若有合伙事务未了，尚待了结后结算。

另外，去中心化自治组织普通合伙人亦可适用当然退伙及除名退伙。当然退伙的事由主要有：自然人合伙人死亡或被宣告死亡，丧失偿债能力；法人或非法人组织合伙人，出现被吊销执照、责令关闭、撤销，或被宣告破产等导致主体资格丧失情形；若须专业资格，丧失该资格。现行法规定"合伙人在合伙企业中的全部财产份额被法院强制执行"可适用，无代币，非成员。就除名退伙，现行规定如"因故意或者重大过失给合伙企业造成损失""执行合伙事务时有不正当行为"，亦可适用。但合伙人一致决议除名，需有正当事由，否则无效。至于"正当事由"，除了法定事由，还包括由组织代码、公开材料或协议决议记载的约定事由，但须经合法性审查。

（四）解散、清算

去中心化自治组织出现特定事由应当解散，包括但不限于以下情形：其一，约定期间届满，合伙人未决议延长。其二，全体普通合伙人决定，且多数有限合伙人同意解散。去中心化自治组织成员众多，一致同意解散难以实现。在利害关系方面，应由全体普通合伙人同意，但同时应兼顾有限合伙人利益，至少半数以上且权益比例过半（或者更高比例）的投资者同意。其三，普通合伙人缺失长达一定时间，未补正，则其主体结构破裂，主体性丧失，应解散。其四，事业目的已实现，或无法实现，目的落空，去中心化自治组织自无存在必要。其四，被国家强制解散。国家依法命令去中心化自治组织停止运营，即应当解散。其五，约定解散事由发生。

解散事由一旦发生，应进入清算阶段，由清算人实施清算。去中心化自治组织的清算人应为全体普通合伙人。一是普通合伙人享有执行及对外代表权，更加了解去中心化自治组织；二是投资者人数众多且散居各地，不便于实行清算；三是普通合伙人与清算后果利害关系更大。清算人的职责，可参照合伙企业法，包括清理组织财产；处理与清算未了结事务；清缴所欠税款；清理债权债务；处理组织清偿债务后的剩余财产；代表组织参加诉讼或者仲裁活动。清算人没有及时清算，导致损失的，应承担赔偿责任。在清算期间，代币等冻结，不得交易。去中心化自治组织不得开展与清算无关的经营活动。就清算程序，清算人应将解散事项通知债权人。通知方式多样，包括书面形式、传统媒体、数据电文等。债权人接到通知后应及时申报债权，清算人对债权进行登记。经清算有剩余财产，则按合伙人权益比例分配。清算结束，清算人应当编制清算报告，在去中心化自治组织主页公布。去中心化自治组织清算后须进行注销登记。注销后普通合伙人仍对组织债务承担无限连带责任。

总之，虽然存在规范空白甚或冲突之处，但去中心化自治组织大体可以适用合伙企业法有限合伙法律框架，二者匹配度相当高。在现行法律体系内，去中心化自治组织的有限合伙定性具有法律可行性。

三、去中心化自治组织作为法人的法理分析

去中心化自治组织与现有法人尤其公司法人的主体要素、结构本质有别，无法纳入现行法人制度，导致其法人主体属性被否[1]。但在技术层面，逐步能够创建多元形态的去中心化自治组织，且作为法人的组织基础渐成，社会制度需求强烈，法人实践业已开始，赋予去中心化自治组织法人主体资格颇有必要。

（一）去中心化自治组织作为法人的理据

1. 技术空间

去中心化自治组织可溯源至 Brafman 提出的去中心化组织（Decentralized Organizations，简称 DO）[2]，以及 Benkler 提出的"平行生产"（peer-production）[3]。2013 年 Daniel Larimer 提出具有去中心、分布式特点的去中心化自治公司（Decentralized Autonomous Corporations，简称 DAC）[4]。后来，以太坊创始人布特林提出去中心化自治组织（DAO），指涉的组织范围及类型较 DAC 更为丰富。

布特林在技术上区分了去中心化组织与去中心化自治组织。前者是一组按照代码构造并在区块链上执行的协议相互联结的人（humans），后者则是以某种方式自我决策的事物（something）[5]。二者在法律层面呈现相似的结构特征：其一，去中心化组织的技术基础是区块链，去中心化自治组织根植之区块链智能合约实乃区块链技术。其二，二者本质上均系基于区块链而生的特定主体间的关系，关系结构、特点等相似。其三，二者决策均离不开人，无论自治或非自治，皆表现为人的意志与作用，差异在

---

〔1〕 郭少飞："'去中心化自治组织'的法律性质探析"，载《社会科学》2020 年第 3 期。

〔2〕 Ori Brafman & Rod A. Beckstrom, The Starfish and the Spider: The Unstoppable Power of Leaderless Organizations, Penguin Books, 2006.

〔3〕 Yochai Benkler, The Wealth of Networks: How Social Production Transforms Markets and Freedom, Yale University Press, 2006.

〔4〕 See Daniel Larimer, Overpaying for Security, https://letstalkbitcoin.com/is_bitcoin-overpaying-for-false-security.

〔5〕 Vitalik Buterin, DAOs, DACs, Das and More: An Incomplete Terminology Guide, ETHEREUM BLOG, 2014.(6).

于去中心化自治组织具有突出的自动执行特性，而去中心化组织不一定如此，在此意义上，去中心化组织范畴广于去中心化自治组织。

去中心化自治组织的公司形式问题是崭新且不可预知的前沿问题。[1] 在技术层面，区块链网络令人们能够创设去中心化自治公司，通过分布式计算可以使公司存活于成千上万的服务器上。[2] 去中心化公司获得现实世界的事实或数据，需要某种民主投票协议；并可以透过几种方式（首要且最明显的是 API[3]）切实影响周围环境而非坐等人们为其数据库条目赋值。[4] 由此，通过一系列技术构造，特别经由智能合约的体系化建构，去中心化自治公司或法人在技术上完全可能。由最初的 The Dao 到当下架构多样的去中心化自治组织，DAO 技术精进，已初步能够为去中心化自治组织法人提供技术支持。

2. 组织基础

当下去中心化自治组织作为有限合伙的重要原因在于去中心化并不彻底，仍然存在中心化的控制者，如 The Dao 的发起人及其选定的监管人、Colony 团队。去中心化自治组织建基的新兴区块链技术不是十分成熟，组织早期依赖团队，有其合理性。而此种有悖去中心化、自治理念的情势显然无法持久。综观 The Dao 以及当下其他主流去中心化自治组织的架构及功能目标，组织持续发展完善，对发起人、创始团队的依赖正在减弱，去中心化、自治两大核心特征愈发凸显。而基于 DAO 平台建构的去中心化自治组织，虽然依赖平台技术，但内部治理、日常运行无须平台介入，且组织成员可以皆非技术专家，组织在技术上不存在对单个或某些成员的倚重，成员组织地位更趋平等。

受 DAO 理念和技术驱动，组织架构演进，去中心化自治组织发起人或创始团队必然将控制权移交给组织，实现完全去中心化。而发起人或团队在组织中基于名下的代币、信誉等享有组织成员权利，根据组织规则行权，决策权亦动态调整。当去中心化自治组织无中心权威，实现分布式决策后，成员组织地位的平等性要求赋予各个成员相当的权利、义务与责任，实现权责匹配。此时，去中心化自治组织有限合伙定性的组织基础或成员结构地位已然丧失，部分成员（发起人、团队）作为普通合伙人承担无限责任也不符合其成员权利以及自利的基本人性。换言之，组织结构、成员权利、

---

〔1〕 Seth Bannon, The Tao of "The DAO" or: How the Autonomous Corporation is Already Here, *TECH GRUNCH*, 2016, (5).

〔2〕 Vitalik Buterin, Bootstrapping A Decentralized Autonomous Corporation: Part 1, *Bitcoin Magazine*, 2013, (9).

〔3〕 即 Application Programming Interface（应用程序编程接口），是用于计算机程序与特定网站或其他软件程序联通的接口，有助于增加开放性、交互性。

〔4〕 Vitalik Buterin, Bootstrapping A Decentralized Autonomous Corporation, Part 2: Interacting With the World, *Bitcoin Magazine*, 2013, (9).

责任承担等皆应变化，去中心化自治组织的法律性质亦应重新厘定。成员均承担无限责任显然难以满足社会之需，应设置有限责任组织形态，创制新型法人。

3. 制度需求

赋予去中心化自治组织法人主体资格也是社会制度需求的体现，具体包括三个方面。其一，适时赋予法人身份，构建完整制度体系，助力区块链技术及产业发展。我国《"十三五"国家信息化规划》把区块链作为重点前沿技术，提出加强区块链等新技术的创新、实验和应用。去中心化自治组织作为区块链应用之一，亦属重点研究领域。为此，加强去中心化自治组织研究，特别值法人制度于全球范围内尚未普遍构建之际，前瞻性地开展制度设计，积极立法，构筑我国在区块链领域的制度优势，助力国家获取区块链信息技术及产业发展主导权。

其二，随着彻底去中心化，组织成员平等性增强，去中心化自治组织法人身份更加契合投资者或成员的制度之需。去中心化自治组织开放、分布式、大众化，通过吸纳不特定主体数额不等的投资，筹措资金，开展经营活动，众筹特点显著。多数成员经济实力有限，投资小额，预期收益有限，仅愿承担有限责任。有必要为投资者或成员蒙上法人面纱，承认组织的法人主体资格，组织作为独立法人以其财产（控制的代币等）承担无限责任，组织成员以其投资为限承担有限责任，从而增强组织对广大投资者的吸引力，推动去中心化自治组织的创设发展。

其三，赋予去中心化自治组织法人主体身份，使其遵循一国法律框架，融入特定法治环境。这在一定程度上解决了去中心化自治组织因广布于互联网而带来的退出司法管辖的可能影响。去中心化自治组织与强调权威的中心化的国家制度、司法体制之间存在张力，匿名化、去信任、自动执行履行等特点加剧了国家的监管难度。而法人化后，去中心化自治组织法人的司法管辖国、法律基准以登记国为准，主权国承担应有的监管职责，规范引导去中心化自治组织合法有序发展。去中心化自治组织经登记使主体要素尤其财产制度得以明晰，为向第三人担责奠定基础。

4. 实践基础

在世界范围内，去中心化自治组织法人制度实践已经展开。2018 年 7 月欧盟国家马耳他通过《创新技术安排与服务法》（The Innovative Technology Arrangements and Services Act，简称 ITAS Act）[1]。根据该法，去中心化自治组织被认定为"创新技术安排"，进而能够获得法人主体身份。除此之外，美国佛蒙特州（Vermont State）率先为区块链开发公司 dOrg 推出的去中心化自治组织颁发法人执照，承认其为"DORG, LLC"，一家佛蒙特州内基于区块链的有限责任公司（Blockchain-based Limited-liability

---

〔1〕　参见"马耳他数字创新局"网站 https://mdia.gov.mt/wp-content/uploads/2018/10/ITAS.pdf。

Company，简称 BBLLC），自 2019 年 5 月 8 日起生效。[1] 在美国，LLC 有其特定的主体条件、设立程序、组织结构、缴税方式等，但成员承担有限责任，公司对外独立实施行为，承担责任，犹如我国有限责任公司。根据该州 2017 年《金融技术报告》（Financial Technology Report），佛蒙特州此举旨在以立法回应金融技术尤其区块链带来的机会和挑战，使经济发展与审慎及创新原则相协调。为推进我国区块链产业发展，有必要借鉴此类做法，赋予去中心化自治组织法人主体资格。

（二）去中心化自治组织作为法人的制度示例

马耳他"创新技术安排"制度涉及包括去中心化自治组织在内的基于创新技术的组织体，它为赋予"创新技术安排"法人主体资格保留了充足的制度空间。"创新技术安排"主要由 ITAS 规定，同时须遵循《马耳他数字创新机构法》（Malta Digital Innovation Authority Act，简称 MDIA Act）。依据后者，马耳他设立了"马耳他数字创新局"（MDIA）。该局负责与技术创新包括分布式技术有关的事务，监管"创新技术安排"和"创新技术服务"，制订有关规范。该局已发布"创新技术安排指南"，详细规定其资格及批准条件、申请程序、所需文件、一般要求、特别要求、审查程序或时间、更新程序等。

根据 ITAS，"创新技术安排"是指，①用于设计和实现分布式账本技术的软件和架构，通常但不必然：使用分布式、去中心化、共享的，和/或自我复制的分类账；可以是公共的，私人的或它们的混合；是许可的或无须许可的，或其混合；有较高的安全性，可防止追溯篡改，以使交易历史不能被取代；密码保护；可审计。②智能合约及相关应用，包括去中心化自治组织，或其他类似安排。③当局认可的其他创新技术安排。从范围看，"创新技术安排"主要有两类，一是分布式账本技术安排，当前主流是区块链技术，涵盖了公共区块链、私人区块链及联盟链，后两者统称为"许可区块链"[2]。二是作为区块链 2.0 代表的智能合约技术安排，明确规定了去中心化自治组织。可见，"创新技术安排"主要指向区块链及智能合约技术安排，包括去中心化自治组织。

就设立程序而言，任何人皆可填写官方申请书，向数字创新局提出设立申请，并提交当局要求的所有信息、文件和保证等。申请人非马耳他国籍，须经马国代理人提出申请。经初步审核，符合基本条件，该局向申请人发出意向书（Letter of Intent）。收到后申请人应聘请一名系统审核员（system auditor）开展官方要求的系统审核。系统审核员根据与设立申请人的书面约定检查或审核创新技术安排或智能合约，不必具有会

---

〔1〕 John Biggs, dOrg Founders Have Created the First Limited Liability DAO, *COINDESK*, 2019,（6）.
〔2〕 郭少飞："区块链智能合约的合同法分析"，载《东方法学》，2019 年第 3 期。

计或审计人员资质。经审核，系统审核员出具审核报告，申请人把报告提交给数字创新局，由其根据报告决定批准与否。经审核批准，在电子登记簿上予以注册，并于网上公示。若被拒绝，申请人可提出复审或上诉。另外，"创新技术安排"至少应注册一个全职正式的技术管理人（technical administrator），承担与之有关的特定职能。

ITAS 没有明确规定"创新技术安排"的组织形态，但根据第 8.4 条及附件 4 对该条的解释，"创新技术安排"及其财产构成法定组织的主要资产；成员包括适用于有限责任公司或合伙企业的任何特别法所定义的"股东"；资本分为股份。但同时规定，"创新技术安排"中的任何人可能都不属于管理人或股东。这意味着其组织形态不限于公司法人。根据附件 4，所谓"股份"乃法定组织持有的记载于登记簿上的权利，赋予持有人分红、投票等权利，或与组织形态相当的权益，如合伙权益、协会参与权、基金受益权等；"股东"则指向公司股份持有人、合伙人、基金受益人等。"创新技术安排"多元组织形态由此可见。

在 ITAS 中，"股东"包括公司股份持有人，合伙人，基金受益人，或合作社、协会中具有资本份额或利润份额、可以对通常由持有人提出的一般事项进行投票的人；有权对修正"创新技术安排"的软件或架构的提案进行表决的人，该提案可以修改持有人权利，而非管理上无关紧要的事务；或在符合法定条件下，仅包括代币持有人，无论该代币是参考"特定创新技术安排"发行，还是以其他方式发行。而有些用户拥有权利（包括通过代币）对提案表达观点或同意，该提案与构成"创新技术安排"的软件相关，而该用户是用户社区的成员，其持份或功能不允许他本人影响决策。此时，其非"股东"。如果用户享有的权利仅系一种旨在支持普通性质行为的简单的投票或表达机制，而这些行为意欲以民主方式就关系组织（该组织允许所有用户投票）目的的事务达成共识，用户亦非"股东"。概言之，ITAS 并非仅以是否享有投票权，而是以整体权利和组织地位判定成员身份。

此外，"创新技术安排"应设置管理人（administrator），在法定组织的控制与管理中承担代表和信托职能，但不包括技术管理人或本国代理人。管理人包括享有代表权且通常可在合同中约束法定组织的人，对该法定组织资产拥有控制权的人，对正在使用该安排的任何用户的资产拥有权利的人，发挥与"安排"有关的一般治理功能的人等。

四、去中心化自治组织作为法人的制度设计

去中心化自治组织法人需要特定法律框架，而我国现有法人形态是中心化科层式的制度设计，与其去中心、去信任等本质特点不符，无法直接套用，必须实施制度创新。下文立足我国区块链技术与产业政策及战略目标，革新理念，探索新型科技立法模式，借鉴"创新技术安排"制度，尝试提出实体与程序一体化的法人制度框架。

（一）基本理念

其一，注重制度前瞻性，积极创新组织形态。区块链智能合约乃新兴技术，基于此建构的去中心化自治组织是新事物，相较于现行组织特异性突出。面对新技术、新事物，既有理论与制度必然遭受冲击，应以宽广视野、战略思维，面向未来，革新观念，大胆接纳去中心化自治组织，开展前瞻性立法。此需立足去中心化自治组织的结构及特性，观察组织及底层技术的发展趋势，做好立法预测。同时，鉴于我国现行法认可的组织形式不够丰富，可以在立法中创制多种新型组织形态，构造包容性制度体系，为技术变革及去中心化自治组织演化提供充足的制度空间。

其二，多元共治，重视链上智慧治理。去中心化自治组织立法旨在提供基本制度保障，确保其符合价值共识，保护各方权益。去中心化自治组织本身强调自主自治，发挥成员协同管理作用，有关立法应根植于此，强化该类组织及成员功用，实现组织良好的自运行。此外，国家立法补充自治不足，供给基本制度，他律与自律相结合。国家对其治理应注重技术方法，通过区块链智能合约、人工智能等新技术构建新型治理方式，自主实时高效介入，及时发现问题，自动执行，防范化解系统风险。立法应为国家链上智慧治理留有余地。

其三，秉持审慎谦抑必要原则。去中心化自治组织及区块链智能合约技术作为新事物，发展迅速，客观上存在认知难度。而立法者理性能力有限，尤其面对新领域，并不能够全面认识规制对象、预见规制效果。故制度设计务必审慎，在自由与管制、效率与安全、有为与不为之间寻找平衡点，立法应保持谦抑，尊重市场及技术发展规律，以组织自律自治为重，仅供给必不可少的法人制度要素及框架即可。

（二）模式体例

去中心化自治组织法人制度设计须综合技术与产业现状及趋向、立法权配置、规制对象本质、立法规范性质等确定，模式应着重三个方面。其一，实验立法。区块链及智能合约技术与产业正处于蓬勃发展中，尚不成熟。面对其中存在的风险及问题，应开展实验立法。"实验法"应设定期限并伴有评估措施，用于风险治理。[1] 立法时，以开放性、临时性法律条款为主，为去中心化自治组织提供法律框架，并且随时追踪区块链技术产业尤其组织进展，及时更新完善法律。其二，混合立法。去中心化自治组织法人制度主要涉及私法规范，但有关组织的注册、监管、公法责任等需要公法规范。立法面对本质相同的同一事物，往往开展体系化规制，同时运用私法规范及公法规范。此种混合立法方式能够发挥系统调节、统一适用的功效。去中心化自治组织法

---

[1] 王贵松："风险社会与作为学习过程的法——读贝克的《风险社会》"，载《交大法学》，2013 年第 4 期。

人制度属于创新之举，需要公私法办力，共襄良法善治。其三，授权立法。去中心化自治组织实验立法要求对新问题新情况快速反馈，动态调整法律规定，而中央立法机关立法刚性强，周期长，况且因去中心化自治组织的不确定性、立法的临时性也不宜采取基本法律形式，授权立法较为妥适。然而，立法须放眼世界，旨在构筑全球范围内的制度优势，此需全球化的技术、法律专才，有赖于中央层面统一协调。故建议授权国务院立法，可由专职部门具体负责。

就立法体例而言，大体可采两种：一是如马耳他，在单一法律中赋予去中心化自治组织多种组织形态，涵盖法人，并系统规定有关事务；二是仅就去中心化自治组织法人制度立法。前者是综合性间接方式，后者是单一的直接方式。在笔者看来，去中心化自治组织形态应当多样化，以合伙企业为例，在现有普通合伙、有限合伙之外，可以增加有限责任合伙等常见类型。加上法人，可选的组织形态范围扩大，以增强制度吸引力及优势。当然，本文聚焦于去中心化自治组织法人制度，该问题待他处详论。在国家治理层面，针对区块链智能合约等新技术及应用，设立专门机构，类似于马耳他数字创新局，专注于新技术及相关事务，履行职责，包括但不限于行政管理、政策引导、规则制定等。该机构可以是独立的新部门，也可以在工信部等现有机构下设；有必要出台规范文件，系统规定其名称、组成、职能、地位等。在去中心化自治组织法人制度中，该机构系主管机关，负责组织的技术审核、监督管理等。

（三）体系框架

去中心化自治组织法人制度涉及一系列重大问题：法人主体资格或条件、股东及其权利义务、代表人（管理人）、法人治理、组织更新、申请注册程序、解散清算等。

首先，组织范围及设立条件。其一，确定去中心化自治组织的基本特点或特性，厘定其基本范畴。当下主流基于公链，可适当允许联盟链，排除许可链；应具有突出的去中心化、去信任、不可篡改、加密特点；决策权分布式，成员投票决定组织重大事务等。其二，设立条件。传统法人设立所需的资本、组织机构、住所均不必要。去中心化自治组织设立时不要求注册资本，毕竟注册资本在当下公司制度中业已不重要，但可选择注册资本，并在法人执照中公示；去中心化的链上法人治理，不需要传统组织机构；分布于网络，无具体住所。借鉴 ITAS，设立条件可考虑诸如组织目的功能的合法性，组织与其目的适配度；申请人、管理人正直性；组织功能及限制的透明度，尤其对用户信息披露充分与否；遵守相关法律和强行法，承担法定义务；可归责等，并细化为条件体系。

其次，组织构成人员。其一，股东确认。判断时，不以投票权为单一标准，还取决于其是否拥有组织财产份额，组织重大事务决定权，分红及剩余财产索取权等。凡取得组织内部代币，并对组织重大事务如根本结构改进、基本治理模式变革、组织解散，享有决策权，参与分红者，可认定为股东。因无注册资本要求，出资义务无须规定；取得方式不论，在设立时、运行中以数字币或货币购买，或因劳动贡献获得组织内部代币皆可。其二，组织代表人。组织需要特定主体履行代表及受托职能，此即组织代表人，可由发起人（申请人）担任；因受托执行组织事务，代表人应披露信息，满足法定的信息透明公开义务。也可设置多个代表人，赋予不同的代表权限。其三，技术管理人。技术管理人可以是组织成员或独立的第三方，受组织委任负责组织底层技术的维护、改进、升级，与组织可以是劳动雇佣或委托关系等。基于 DAO 平台创设的组织，由平台所属主体担任技术管理人较为适宜。

再次，法人治理与组织更新。缘于不同的区块链技术路线，去中心化自治组织治理模式存在差异，法律不宜完全强制，应以自治为主。但治理模式尤其投票机制，应符合法人基本条件、功能目的、不侵害股东权益等，否则法人资格会被否定。组织代表人及技术管理人作为组织与主管机关、第三方交往的具体中间主体，发挥着重要作用，尤其对组织设立、存续等意义重大，应依据法定及委任义务履行职责，及时向组织报告有关事宜；若导致组织损失，则应承担损害赔偿责任等。当技术更迭，组织结构与治理方式随之变化，涉及组织登记事项，应进行变更登记；不符合组织法人条件，应变更为其他相应的组织形态，没有可适用的组织形态则法人解散。技术变革可能导致组织形态变化时，技术管理人应当及时向组织报告，经投票表决。同意，则由组织代表人申请变更登记；不同意则维持现状，必须更新则组织解散。

最后，设立程序与解散清算。其一，设立程序。鉴于去中心化自治组织本身及设立条件完备的技术性特点，组织设立时的审核批准注册交由前述专门机构负责更加妥当。申请人提交申请，主管机关接收后，进行形式审查，核查材料完整性等，不全则通知申请人补交；形式完备则发出受理通知书，进入实质审查阶段。主管机关可设置专职审查员，负责审核组织是否符合法定条件与标准，符合则进行电子注册，发放法人执照。申请书应明确组织代表人及技术管理人，填报申请人信息。技术管理人在设立中应提交文件，详细描述组织的技术路线、方式及对组织治理的影响等。其二，解散清算。解散事由分为意定事由与法定事由。前者主要包括约定的存续期间届满，股东决议解散，约定的其他解散事由等；后者包括国家强制解散，技术更迭导致不符合法人条件，组织合并或分立等。一旦发生解散事由，去中心化自治组织停止运营，代币、信誉、奖励等权益不再交易、分配或实施，待清理。组织代表人、技术管理人乃清算义务人，应组成清算组进行清算。清算组职权、清算程序等，犹如上文去中心化自治组织作为有限合伙企业之所述。

结语

通过检视当下主流去中心化自治组织架构可知，它们表现出共同的属性、特点及主体要素，最贴近有限合伙。按照合伙企业法尤其有限合伙规范，发起人（创始团队）乃普通合伙人，承担无限责任；投资者（用户）是有限合伙人，以投资为限承担有限责任。组织内部决策由全体合伙人负责，普通合伙人代表组织对外实施一定行为。去中心化自治组织与交易相对方的关系按具体交易行为确定。合伙人的债权人取得合伙人的代币，成为组织成员，组织及其他合伙人无权介入或主张优先权等。投资者可自由交易代币，入伙退伙自由；普通合伙人入伙退伙须对一定范围内的组织债务承担无限责任，适用当然退伙、除名退伙。特定事由发生，应当解散清算。虽然存在不适用、相矛盾的情形，但去中心化自治组织总体上可纳入有限合伙法律框架，展现出法律可行性。此外，虽然不合现行法人制度，但鉴于作为法人的技术空间充足，组织基础渐成，制度需求强烈，实践已有成例，应考虑赋予去中心化自治组织法人主体资格，并基于我国区块链技术产业发展需要与战略定位，革新制度设计理念，探寻具体模式体例，展开一体化制度构造，为我国区块链技术创新、产业发展提供制度激励与保障。

中国区块链法律治理规则体系化研究

马治国*　刘　慧

2016 年国务院印发《"十三五"国家信息化规划》，首次将区块链技术列入国家级信息化规划内容。中国区块链技术持续创新，区块链产业初步形成。由中国信通院发布的《区块链专利态势白皮书》显示，截至 2018 年 12 月 20 日，中国区块链专利申请量为 4435 件，位居世界第一。2019 年 10 月 25 日，习近平总书记指出要把区块链作为核心技术自主创新重要突破口，加快推动区块链技术和产业创新发展。为区块链技术如何在民生、智慧城市、互联互通、数据共享等方面给社会发展带来实质变化指明方向。目前，中国区块链应用场景朝着物流跟踪、能源结算、社会管理、数字身份、版权交易、中医药产业等领域不断延伸。据中国电子学会统计数据显示，2017 年中国区块链产业规模为 21 亿美元，2018 年为 29 亿美元，2019 年预估达到 42 亿美元左右，2013~2019 年的年均增长率超过 65%。[1] 足见，中国区块链发展已经具有良好的政策基础、技术优势以及产业根基，这将对经济高质量发展产生重大引领带动作用。

然而，随着区块链的不断深入发展，区块链治理也成为一个世界性议题，很多国家存在"促进与限制"之间难以平衡的困境和僵局，中国亦是如此。区块链技术作为第四次工业革命重要的新兴技术，其凭借特有的属性为经济发展带来颠覆性的变

---

　*　马治国，西安交通大学法学院教授，博士生导师。原文载《西安交通大学学报（社会科学版）》2020 年第 3 期。

　〔1〕　李颋："区块链创新发展的机遇与挑战"，载《光明日报》2019 年 10 月 31 日，第 16 版。

革，[1] 但是从区块链发展现状来看，区块链向产业渗透的同时也带来了新的社会关系和市场秩序变革，具有全新的特点。只有理清其法律治理的规则体系才能保证相关市场高效安全地运行、发展。现有规则在鼓励、禁止或授权创新创造等新行为时存在一定的不确定性，尽管有时采用动态方法，但新技术的出现可能会使某些现行规则变得多余或过时。为了适当鼓励促进、规范或禁止新技术创造的新事物、新活动、新关系，可能需要新形式的法律治理规则体系响应[2]。因此，如何对区块链实施科学、合理、有效的治理，使其潜在利益得到最大程度发挥的同时又能有效管控风险，便成为不可回避的问题。目前，中国学界大多致力于该技术在特定领域应用的研究，对区块链治理的规制体系探讨较少，而域外在区块链治理上已经呈现出体系化发展趋势。为此，基于区块链技术应用的特殊性，在借鉴域外经验的基础上，探讨中国区块链法律治理的规则体系具有一定的必要性、前瞻性。

一、中国区块链的治理现状及问题

区块链技术为社会发展带来变革的同时，也为一些非法行为提供了可乘之机，引发了多元、复杂的治理困境，如区块链技术应用下的虚拟货币问题、开源公共区块链中的个人隐私保护问题、智能合约与传统合同是否相适应的问题、非人化信任机制问题以及不同链中数据的归属问题等等。尽管中国已经针对上述各种问题作出或多或少的探索，但是尚未形成体系化的区块链治理规则，其中仍然存在诸多问题。

（一）缺少专门性法律法规，现有立法无法实现有效治理

第一，专门性法律法规较少，重要领域的法律治理仍处于"空白"。区块链在金融领域中尚未有专门法律对其规制。即将出台的《中华人民共和国民法典》（草案）第127条规定，"对数据、网络虚拟财产的保护有规定的，依照其规定"。但是，该草案并未对数据、网络虚拟财产的具体认定或范围予以进一步说明。[3] 目前，中国对区块链中虚拟货币进行直接规制的规范性文件仅有2013年公布的《关于防范比特币风险的通知》（以下简称《通知》）以及2017年9月4日公布的《关于防范代币发行融资风险的公告》（以下简称《94公告》），尚且缺乏专门的法律对虚拟货币的交易平台及程序进行监管和规制[4]。最新修订的《证券法》未将虚拟货币相关活动纳入其中，可见，《证券法》也不适用于虚拟货币。

〔1〕 T. Astet, P. Tasca, M. T. Di, "Blockchain technologies: the foreaeable impact on society and industry", *Computer*, Vol. 2017, No. 18.

〔2〕 W. J. Riseley, "Blockchain-alinktofuture lawreform: factors for a regulatory framework response to disruptive technologies", *Wellington: Victoria University of Wellington*, Vol. 2016, No. 46.

〔3〕 杨立新："民法总则规定网络虚拟财产的含义及重要价值"，载《东方法学》2017年第3期。

〔4〕 邓建鹏："区块链的规范监管：困境和出路"，载《财经法学》2019年第3期。

第二，其他相关法律法规滞后，无法在区块链应用中实现有效规范。部分学者认为区块链的治理是有法可依的，其中的刑法问题可以适用"侵犯公民个人信息罪""拒不履行信息网络安全管理义务罪""非法利用信息网络罪""帮助信息网络犯罪活动罪"等罪名。其中的民法问题、行政法问题可适用《网络安全法》《电子商务法》《电子签名法》《计算机信息系统安全保护条例》《互联网信息服务管理办法》《金融消费者权益保护实施办法》等，但是这些法律法规都存在一个普遍性问题，即多数法律法规并未将区块链纳为规制对象，相对于区块链技术发展的规制需求，当前相关法律体系具有滞后性，缺乏针对性和全面性，亟需根据行业发展情况及时补充与完善。

（二）现有规范性文件内容缺乏准确性和可操作性

第一，现有规范性文件内容笼统，法律位阶低。以区块链技术在金融领域应用中的规范性文件为例，2013 年，中国人民银行、工业和信息化部等部门联合公布的《通知》对比特币的性质及监管方式予以明确，指出比特币是一种特定的虚拟商品，不具有与货币等同的法律地位，不能且不应作为货币在市场上流通使用。对于数字货币的法律问题，仅以《通知》的形式作了概括式、原则性的内容规定，其主要内容仅仅体现政府对比特币的宏观处理原则，而缺乏具体可行的监管手段和保障措施。究其原因，是当时对区块链技术应用中的数字货币问题认识不够清晰，缺乏足够的经验，导致《通知》对数字货币予以规制的内容过于简单，操作性较差，无法从实质上实现监管。此外，仅将数字货币视为一种虚拟商品的监管方式已经无法适应全球发展趋势，也会影响未来中国虚拟货币的监管和立法，为不法分子攫取利益留下法律漏洞。

第二，代币发行的监管内容不明确，且监管主体不确定，职责不清晰。《94 公告》明确"代币发行融资中使用的代币或'虚拟货币'不由货币当局发行，不具有法偿性与强制性等货币属性，不具有与货币等同的法律地位，不能也不应作为货币在市场上流通使用"。显然，该公告一刀切地否定了数字货币的金融价值。同时，对代币发行相关业务缺乏明确规定，致使许多代币发行变种模式的出现。此外，《94 公告》对于哪些行为指向哪个部门并没有具体说明。区块链技术的监管主体在金融领域模糊不清，在其他领域也存在类似问题。执法部门通常由央行、商务、银监会、证监会、税务、公安等多部门联合充当，但这种监管模式所导致的监管主体不明确问题可能最终造成市场秩序混乱。

第三，区块链信息服务规范性文件中对一些基本问题界定不够准确、适用性较差。2019 年 2 月 15 日，《区块链信息服务管理规定》正式施行。这是中国第一部与区块链技术应用相关的、重要的规范性文件。其中，该规定第 8 条确立了区块链使用者身份实名制，其对于减少区块链技术相关的违法犯罪活动，促进行业合法合规发展至关重要。但是，该规定的管理范围仅限定于区块链信息服务领域，且其中的一些基本概念比较模糊，如并未明确界定"区块链技术""信息服务""技术"和"系统"的区别、区块链信息服务的主体等，因此，对该规定的可操作性提出巨大挑战。

（三）区块链司法治理初现雏形，但尚未形成体系

中国区块链司法治理存在案例判决结果互相冲突的问题，且将区块链技术应用于司法治理中尚存法律风险。其一，虚拟货币的财产价值认定。已有地方案例在判决②中认定虚拟货币投资不受法律保护；但是，又有刑事判决③将篡改地址获取比特币视为盗窃行为，在一定程度上肯定虚拟货币的财产属性。可见，虚拟货币是否具有价值属性在各地司法判例中存在争议。其二，区块链存证的法律效力。国内现有区块链电子存证平台较多，如杭州互联网法院司法区块链、保全网正信链、易保全等均为司法认定的区块链电子存证平台。2018 年 3 月广州仲裁委认可基于"仲裁链"出具的裁决书。在民事案例方面，2018 年 6 月杭州互联网法院首次确认区块链电子存证的法律效力。2018 年 9 月，最高法院公布《最高人民法院关于互联网法院审理案件若干问题的规定》，其中第 11 条第 2 款规定"当事人提交的电子数据，通过电子签名、可信时间戳、哈希值校验、区块链等证据收集、固定和防篡改的技术手段或者通过电子取证存证平台认证，能够证明其真实性的，互联网法院应当确认"。这是中国首次以司法解释形式对区块链可信时间戳存证、固证手段予以确认。但是区块链电子存证的真实性、质证规范、质证流程等问题仍未得到有效解决，区块链电子存证作为证据的客观性、关联性无法证成，其作为证据的有效性还需进一步考量。其三，区块链智能合约技术在司法领域的应用。2019 年 10 月杭州互联网法院应用区块链智能合约技术实施网络行为"自愿签约—自动履行—履行不能智能立案—智能审判—智能执行"，这是中国首次将智能合约应用于司法领域。然而，智能合约本身就存在一定的法律问题，将其应用于司法实践更存在一定的风险。区块链的司法治理及应用虽未形成体系，但这些实践经验可为区块链治理带来新的路径思考。

整体来说，中国区块链治理规则仍处在摸索阶段，主要以传统的法律以及规范性文件为主，既不属于体系化的方法主义治理路径，也不属于"点对点"的产品主义治理路径，无法实现对区块链这一特殊性应用的规制。

二、域外区块链治理的经验及启示

中国区块链治理规则的专业性、科学性、系统性还有待加强。鉴于此，对域外经验进行分析研究，或可对中国区块链治理规则的完善提供借鉴。

（一）美国区块链治理的经验及启示

美国对区块链的治理以促进区块链技术应用为基本原则，为区块链技术发展提供宽松的法律环境。

在州层级，纽约是美国第一个正式推出数字货币监管的州，2015 年纽约金融服务

局发布"BitLicense 监管框架",明确虚拟货币的货币价值,[1] 而中国目前仍将虚拟货币定性为"商品"。随后,美国其他一些州也不断尝试为区块链的发展创造较为良好的法律环境。美国亚利桑那州签署 HB2603 法案(也称之为公司区块链技术法案),承认区块链存储和交易数据的法律地位,允许企业持有并共享分布式账簿上的数据,并将该法案正式写入州法律。特拉华州的普通公司法(The Delaware General Corporation Law)明确允许企业利用区块链数据库进行记账,包括股票分类账。[2] 存储和交易数据是区块链治理的核心问题之一,中国在该问题上也应重视,当涉及数据的可保护性问题时,例如是否可以保护记录在区块链上的大型数据和数据库?平台及用户各方应承担什么责任?对于公共区块链和未经许可的区块链如何识别数据控制器?这些问题的规制,均应纳入法律治理规则之中。俄亥俄州则在 SB300 提案中明确区块链签名和智能合约的法律地位,此提案对现行的俄亥俄州法规做出五项重大修改,在其中的一项修改中,规定区块链存证具备与其他存证等同(比如通过公证处等第三方权威机构)的法律效力。怀俄明州推出"金融技术沙箱"法案,允许区块链初创公司在监管"沙箱"中运营,为金融产品和服务开发商营造良好的商业环境,进而吸引金融科技人才。内华达州通过制定条例 398 号承认居民使用区块链的权利,同时豁免区块链和智能合约的赋税。[3] "金融技术沙箱"的做法以及对区块链相关应用予以赋税的做法可以较为有效地规范、促进区块链技术在金融领域中的应用。目前,中国支持北京、上海率先开展金融科技创新监管试点,并将区块链技术纳入"监管沙箱"测试,但未将虚拟货币纳入其中。在联邦层级,为了防止区块链技术在州级层面的认知、管辖、立法等方面的碎片化,2019 年 7 月,美国国会批准了《区块链促进法案》(Blockchain Promotion Act of 2019)。该法案要求联邦政府成立区块链工作组,把广泛的区块链利益相关者团结在一起,共同制定联邦层面的区块链定义和相关标准,促进区块链在非金融领域更大范围的应用,并为未来的区块链技术监管设置框架,从而推动区块链技术定义及标准的统一。可见,美国在联邦层面旨在形成体系化的区块链规范、监管体系。

美国对区块链规制的基本原则是坚持公法与私法交融治理。一方面,公法领域意在对区块链基本概念予以界定、对区块链的技术标准以及监管框架等进行统一。另一方面,私法领域主要对州内虚拟货币的定性、区块链上数据所有权的界定、区块链存证的法律效力、智能合约的法律地位、利用区块链数据库进行记录的法律效力等进行

---

〔1〕 G. Dewaal, G. Dempsey, "NewYork BitLicense regulations virtually certain to significantly impact transactions in virtualcurrencies", *JournalofInvestment Compliance*, Vol. 2015, No. 4.

〔2〕 W. Song, "Bullish on blockchain: examining Delaware's approach to distributed ledger technology in corporate governance law and beyond ", *Harvard Business Law Review*, Vol. 2017, No. 3.

〔3〕 赵磊、石佳:"依法治链:区块链的技术应用与法律监管",载《法律适用》2020 年第 3 期。

规范。美国对区块链的规范及监管持包容、积极的态度，采用公法、私法并用的治理模式，通过宏观的联邦监管和具体的州监管的方式开展，具有鲜明的层次感，较好地平衡了区块链的发展与限制。作为新兴技术，区块链与其他高新技术的法律治理并无本质不同，各国都应遵循科学的治理方法。相较而言，中国当前对区块链的立法相对滞后、体系化布局不够，尤其在区块链金融领域的法律治理相对保守和僵化，仅通过简单的规范性文件进行模糊处理，无法实现对区块链技术应用的有效规范。为此，将区块链治理上升到体系化的立法层面是一个亟需解决的问题。同时，应提早展开区块链在重点领域应用中的风险评估，避免违法犯罪行为给行业发展带来冲击。

（二）欧盟区块链治理的经验及启示

相较其他国家，欧盟对区块链发展及治理的特点在于以宽容而谨慎的态度稳步推进。第一，组建欧洲区块链和分布式账本技术专业中心———区块链观察站和论坛（EU Blockchain Observatory and Forum，EBOF）。2019 年 EBOF 发布《关于区块链和智能合约的法律和监管框架》（Legal and Regulatory Frame work of Blockchain and Smart Contracts），针对决策者应如何治理区块链技术提出了具体建议。这些建议体现了欧盟对区块链体系化治理的可持续性计划，其中包括：制订简要而确切的技术术语；尽可能广泛传播其法律解释；选择正确的监管方法；统一法律及其解释。最重要的是，应在整个欧盟范围内最大程度地统一区块链和智能合约监管；帮助决策者深入了解该技术；优先处理高影响力的用例；密切监视不成熟用例的发展，并鼓励自我调节；利用区块链作为监管工具等。这些建议为区块链的治理提供了较为全面的思路，中国区块链的治理也需要从明确基本技术定义、统一法律及相关解释做起，优先对重点领域进行治理，紧跟技术发展前沿，将法律治理、平台自我治理和技术监管高效协同。

第二，制定全球性区块链治理规则。2018 年 12 月欧盟议会通过《区块链：前瞻性贸易政策》决议。该决议认为，需制定全球范围可互操作的标准来促进区块链的跨境贸易，从而实现更为流畅的供应链流程，同时呼吁欧盟委员会追踪全球的区块链试点项目，起草相关应用的规则草案。区块链技术是全球共享的核心技术，全球化的治理规则的制定是促进区块链可持续发展的关键和大方向。因此，中国在区块链治理规则制定过程中应积极参与区块链治理规则制定的全球化进程，避免闭门造车。

第三，及时报告、修订与区块链发展相悖的规则。例如，欧盟当前实行的《通用数据保护条例》（General Date Protection Regulation，GDPR）中规定了被遗忘权，即数据主体有权要求数据控制者及时删除个人数据。显而易见，这样的要求与区块链技术

的 "数据一旦上链难以删除或篡改" 的特性相互冲突。[1]

欧盟正积极对《通用数据保护条例》中与区块链技术应用和发展相冲突的地方做出报告及解释。2019 年 12 月，欧盟发布《区块链和通用数据保护条例如何协调》（Blockchain and the General Data Protection Regulation）的报告，其中明确了具体的协调方案。相较之下，中国区块链治理存在着许多法律空白及与现行法冲突的问题。对此，中国可以采用欧盟的做法，积极修订有关法律并及时作出报告，如智能合约与传统合同的冲突问题、区块链应用的广泛性与现有专利法的冲突问题、虚拟财产与传统物权在确权规制上的冲突问题等，可以以报告或者解释的形式先给出解决方案，之后在立法层面逐步修订。

（三）日本区块链治理的经验及启示

日本在金融领域，从虚拟货币定性、交易程序、税收、权利义务、标准化评估等方面，对区块链技术的应用予以规范并已经形成初步体系。第一，虚拟货币的定性及法律地位。日本《资金结算法》修正案已正式承认虚拟货币①为合法支付手段，并将其纳入法律规制体系之内。同时，其对比特币进行全方位立法，从民法、刑法、经济法等各个维度对比特币进行定性，将比特币定义为外汇，与人民币和美元同一等级。比特币被正式规定为支付手段，其地位得到法律承认。第二，对虚拟货币征收税务。在税法上将其视作一种资产，规定通过虚拟货币取得的收入不被视作资本利得，而应视为其他所得（个人）或营业收益（法人），据此标准进行课税。[2] 第三，规范虚拟数字货币交易程序。日本要求依据法律向正式分类的企业颁发加密货币交换许可证，要求虚拟数字货币交易所必须申请交易所牌照才能合法运营。可见，在承认虚拟数字货币的价值属性的基础上，实施加密货币许可证制度是规范虚拟数字货币交易的手段之一。第四，在《犯罪收益转移防止法》中将虚拟货币交换者视为特定事业者，规定其应承担本法中特定事业者应承担的相应义务。[3] 在金融科技的相关法律体系里，日本已经实现数字货币及区块链相关法律、法规与传统金融法律体系的重构及融合。第五，制定区块链项目评估方法。2017 年 4 月，日本经济产业省（Ministry of Economy，Trade and Industry）发布《日本区块链项目具体的评估方法》，主要包括 32 个指标，这些指标与区块链技术特点紧密相关，包括可扩展性、可执行、可靠性、节点数量、性能效率等。[4] 制定区块链技术标准将是未来加速推动整个区块链产业发展的突破口，

---

〔1〕 M. Finck, "Blockchains and data protection in the european union", *European Data Protection Law Review*, Vol. 2018, No. 1.

〔2〕 杨东、陈哲立："虚拟货币立法：日本经验与对中国的启示"，载《证券市场导报》2018 年第 2 期。

〔3〕 O. Schlossberger, "Economic and legal aspects of electronic money", *ACTA VSFS, University of Finance and Administration*, Vol. 2016, No. 1.

〔4〕 杨白雪等："区块链加速服务实体经济"，载《信息通信技术与政策》2018 年第 7 期。

中国已经开始布局区块链国家标准的制订，然而，尚未形成统一的行业标准和技术准则。此外，随着区块链项目的增多，制定充分评估技术特征并与现有系统对比的评估指数或标准，进而客观衡量区块链项目，是区块链应用高质量发展的关键。为此，中国可以借鉴日本制定区块链项目评估方法的经验，制定严格的区块链项目评估办法。

（四）韩国区块链治理的经验及启示

第一，虚拟货币认定及使用。韩国取消首次币发行（Initial Coinoffering，ICO）的全面禁令，将比特币视为一种合法的汇款方式，并将加密货币交易所重新归类为法律实体。随后，韩国通过《特别金融法修订案》，其中规定了加密货币交易所牌照制度以及允许银行支持加密货币交易所账号实名登记制度等。韩国将虚拟资产正式合法化且加密货币交易所也会被正式视为金融机构，与美国、日本对虚拟货币的态度基本一致。第二，区块链产业合法化。韩国国家统计局、科技部以及信息通信部三部委共同制定新的区块链行业分类计划的最终草案，该计划是韩国区块链政策制定的基础，尤其是针对区块链的推广、监管框架的构建、区块链系统的建设及分散的应用开发等。区块链行业分类发展计划使得区块链治理顶层设计更具针对性、实操性，对促进产业合法化至关重要。第三，区块链货币交易。韩国禁止对区块链加密货币进行匿名交易，支持对区块链减免税收并不断加大对区块链项目的投资。第四，韩国的区块链专家计划成立"区块链法律协会"（Blockchain Law Society），借助该专业的法律机构探索、规范区块链技术在社会各个领域中的应用。中国大多数省份成立了区块链行业协会，致力于区块链技术在各个领域的应用。但是，尚未成立区块链法律协会对区块链立法需求进行探讨。韩国对区块链技术"点对点"的治理优势在于其可以根据产业发展的具体情形来调整监管手段，进而根据产业发展需求制定科学合理的治理方法。中国应当从韩国经验中得到一些启示，区块链治理应考量不同领域的发展需求，从而进一步为区块链治理规则的体系化打好基础，从立法上解除对区块链有关应用的禁令，促进相关交易合法化。同时，应重视发挥区块链专门法律行业组织在产业中的监督、管理作用。综合分析域外区块链治理经验，可发现各国积极构建完善的区块链法律治理规制体系，并配有区块链治理专项立法，法律建设中多为对治理区块链发展中存在问题的直接规定，抽象性原则较少，可操作性较强。立法明确了区块链的技术定义及其基本概念、虚拟货币的法律定性、智能合约的法律地位、区块链在金融领域应用的统一监管、区块链数据存储的合法性及责任主体等，并采取其他多元化监管手段综合治理区块链发展可能存在的风险，如制订区块链技术标准、项目评估办法，参与相关国际标准的制订，发挥行业自律组织的监管作用等。此外，各国注重从产学研用各个维度研究区块链应用发展中可能存在的问题，进而从监管层面提出解决方案。目前中国区块链技术应用发展态势良好，但关于区块链法律治理并未在立法、司法上有层次、有重点地显现。因此，当下在借鉴国外经验的基础上，提出区块链法律治理规则体系的中国思路显得意义重大。

三、中国区块链技术应用治理规则体系的完善

基于区块链技术在促进产业发展方面的优越性，对其应用的治理应当持适度规制的态度。中国区块链治理的基本原则应当是鼓励与预防相结合，鼓励区块链技术创新发展的同时积极评估和预防相关风险的发生。由于市场环境的差异，中国应当在借鉴域外治理经验的同时，根据自身特点，开拓具有中国特色的区块链治理路径，完善中国区块链治理规则体系。

（一）完善区块链相关的法律法规及配套制度

1. 完善区块链基础立法。中国目前尚未对区块链技术相关的基本概念、术语的定义、特征、范围作出清晰的法律界定，而对这些基本内容予以法律定性是完善区块链立法的基础。在这方面，中国可以借鉴美国和欧盟的经验，例如制订简单可用的区块链技术定义，明确"区块链技术"和"智能合约"的法律内涵、外延以及法律地位，统一区块链和智能合约的监管；确定各个区块链应用的责任主体、归责原则、救济措施等。中国可以根据区块链技术的特点，从数据、技术、场景应用等不同角度出台具有针对性的专门法律法规及配套制度，修改滞后的法律法规，如《民事诉讼法》中证据的相关规定，将区块链电子存证实体的真实性的认证方式以及区块链电子存证的质证规范、质证流程纳入其中；另外如修正《证券法》《反不正当竞争法》《消费者权益保护法》等，从而真正尽快实现区块链治理有法可依；修订《区块链信息服务管理规定》，对其中的基本概念如"区块链技术""信息服务""技术"和"系统"等予以清晰界定，并明确区块链服务主体，以提高该项专门性规定的可操作性。

2. 明确虚拟货币的法律界定和交易程序。区块链技术在解决信息方面问题的优势，使其在金融行业中得到大量应用。美国、欧盟、日本、韩国均采用立法形式规制数字货币问题，在立法层面对虚拟货币的货币价值予以肯定，并对虚拟货币制定体系化规制。中国目前尚未在立法层面对虚拟货币进行法律界定，进一步工作需要全面考虑不同虚拟货币的法律定义、性质、交易程序、监管方式、规制范围等，并将其纳入现有法律体系当中。为了促进区块链产业发展，中国可以对虚拟货币 ICO 采取监管与适度放开相结合的原则，制定位阶较高的法律法规对其予以规制，切实实现监管主体明确、权利义务翔实，而不是简单依据《94 公告》中一刀切的禁止性规定，致使许多企业为了规避国内监管，采用一些变种的 ICO 模式或者将资产转移到境外实施 ICO 活动。对 ICO 项目可以采取严格的许可、备案制度，即 ICO 项目的发起均需向监管部门申请许可、备案，对于符合条件的平台颁发相应的资格牌照；对于不能满足条件的 ICO 项目，

应认定为涉嫌非法集资，要求相关主体承担赔偿责任。对于实施虚拟货币交易的平台应当实施严格保证金制度，实现区块链金融适度放开地发展与有效地监管。此外，中国可以借鉴日本、韩国的做法，对虚拟货币进行税收规制，对虚拟货币交易主体实质性征收交易税，防止虚拟货币作为非法货币成为逃汇、非法集资、洗钱、贩毒等违法行为的工具。最后，可以借鉴美国、韩国协同监管的理念，形成以政府、平台、行业协会并行的监管模式，对区块链金融进行全面、有效地监管。

3. 加强区块链数据治理。首先，由于区块链用户的匿名性等特点，如何在保护客户隐私的前提下，合规地采集、应用、存储数据？如何在去中心化的数据分布和组织中明确数据责任主体？这将是区块链应用面临的新挑战。因此，应对区块链数据收集、应用、管理等单独立法，创设符合其特点的数据监管手段，如可以在联盟链上建立适当的干预机制，从而满足法律上的数据主体的权利保护要求和其他合规要求等。其次，区块链具有不可更改的特点，因此，需在与个人信息安全相关的法律法规中确定区块链技术应用中所涉及的数据主体及其权利，同时还需明确这种不可更改的数据的合法、合规性。譬如，美国一些州已经在立法中明确区块链上存储和交易数据的法律地位并允许采用区块链数据库进行记录。最后，区块链在国际贸易中的应用是未来区块链发展的重要领域，中国需积极进行相关的跨国数据治理，参与区块链数据国际规则及标准的制定，从而为解决区块链技术应用中的数据跨境流转、管辖权等问题做好铺垫。

4. 制订区块链项目评估办法。中国已经开始逐步建立和完善区块链技术应用的标准体系，例如《区块链参考架构》《区块链数据格式规范》《信息技术区块链和分布式账本技术参考架构》《金融分布式账本技术安全规范》等，但是仅有这些标准仍然无法促进区块链应用高质量发展，还需建立专业全面的评估办法，这样不仅有利于区块链项目风险评估结构化、标准化、透明化，也有利于更多初创区块链科技创新公司不断规范、健康发展。可借鉴日本的相关规定，制订关于区块链标准具体的评估指标、评估办法，使得区块链标准更加客观、实用，从而对产业发展真正起到规范及促进作用。另外，可以设立区块链项目评级规范，针对不同风险的项目设立不同控制体系，这样有利于建立与区块链应用机制相适应的安全保障体系。

（二）加大"金融科技监管沙箱"机制试点力度，明确监管框架

1. "金融科技监管沙箱"机制允许区块链金融领域的应用在"监管沙箱"中运营，既能鼓励区块链金融企业创新又能实现有效监管。在监管沙箱机制下，通过监管机构、金融机构、金融新创企业与学界的合作，产生高度自动化和有效的"数据驱动"型监管体系，以此实现业务总规模限制、业务地域限制等，使得业务风险受控。同时业务运行数据要向监管部门透明报送，让监管部门能够对业务数据进行分析评估，以此在

推动金融创新的同时把控风险。中国在北京、上海等地积极布局推动金融科技创新监管试点建设，但未将虚拟货币纳入其中。未来需加大"金融科技监管沙箱"试点力度，可在法定框架下将虚拟货币纳入"监管沙箱"中予以探索，与虚拟货币在全球发展趋势相适应。

2. 明确"沙箱"监管的主体、权限、职责等。中国需正视区块链在金融领域所带来的创新性变革，通过科学的治理规则认定区块链金融的性质、地位，促进区块链金融的发展，防止利用虚拟货币逃税等问题。为此，需尽快明确区块链技术金融创新的监管原则、监管手段、监管对象以及法律责任。第一，在监管原则上，在风险控制范围内，鼓励区块链在金融领域的应用。第二，在监管手段上，根据区块链金融创新的发展变化，在发展中加快明确监管框架，并统筹行业试点应用，探索信息与权属上链规则、价值流通中存在的非真实交易监管等。第三，在监管主客体上，明确区块链金融创新监管部门及职能，明确区块链金融交易平台、创业公司和投资者等的权利义务。第四，在监管方式上，出台有关虚拟货币税收监管制度，防止利用比特币等虚拟货币避税、逃汇的行为。

（三）明确智能合约的法律地位，制定智能合约示范文本

智能合约利用数字手段，协助、验证和/或强制多方或个人团体之间谈判或履行合同。中国目前还没有智能合约方面的专门法律框架。如前文所述，美国以俄亥俄州为代表的几个州明确了智能合约的法律地位，并在传统法律框架基础上对智能合约进行调整，这对中国智能合约的规制方向具有借鉴意义。故需在立法中明确智能合约的法律地位，并对智能合约的要约、承诺、变更、撤销以及合约平台的权利义务等予以明确。此外，尽快制定智能合约示范文本、统一的技术开发标准，规范智能合约使用的兼容性问题。第一，制定智能合约示范文本时除了包含合约的基本要素外，还应包含具有针对性的条款，明确应用中各方的权利义务关系，充分体现合约的合法、平等、公平原则。对于已经定义、设计、开发的智能合约模板和示例，无论是个人还是团体均可以共享。第二，智能合约的具体内容中明确应记载事项和不得记载事项的范围，如应记载用户的实名信息、具体权利义务条款等，不得记载"某某具有最终解释权"等字样或其他显失公平、法律禁止等事项。第三，智能合约的履行方面，智能合约示范文本应明确平台担保条款、保证金条款等，以降低交易风险。智能合约中的违约责任应明确平台与用户、用户与用户之间的具体违约责任。尽管这是基于相关法律规定的应有之义，但基于智能合约的特殊性，仍应将其明确规定于智能合约示范文本中，从而为相关纠纷的解决提供明确的方向。在没有明确标准前，应确保使用智能合约输入资料时，该合约都附有非常明确的争议解决流程。第四，监管部门在推动智能合约在国内合法合规应用的同时也需积极加强国际交流合作，参与国际统一的智能合约开

发标准制定，推动智能合约在全球范围的适用。

（四）建立多元化的治理手段，实现对区块链立体化的法律治理

1. 建立跨国监测区块链工作组。借鉴欧盟的实践经验，寻求区块链技术的全球标准化并实施必要的监管。区块链去中心化的特点要求各国监管机构协同监管，中国可以建立跨国区块链监测工作组，开展持续深入的跨国区块链研究与合作，加强国际监管协调，形成较为一致的监管政策。同时，可以积极推动建立统一的区块链技术应用国际纠纷解决机制，共同打击违法区块链跨境交易、跨境支付等，未来可以成立专门的区块链技术国际纠纷调解联盟，既能调解区块链国际纠纷，也能在联盟内实现相关信息共享，从而降低区块链技术跨国纠纷。

2. 建立政产学研用合作的区块链技术立法研究工作组。日本为了促进区块链技术应用的监管和立法，建立政产学研用的沟通以探讨和推进监管立法的良性机制的经验值得借鉴。建立专门的政产学研用联合的区块链技术立法研究组或机构，既可以作为政府内部顶层设计头脑风暴研究组，汇集广泛利益相关者的代表，从政产学研用的综合角度研究区块链技术应用，尽早确定市场、安全、道德、监管等方面的潜在问题，并就如何解决这些问题提出立法、政策、监管等建议。同时，通过资源共享和外部专家指导，加强立法、执法、司法等各个部门在区块链方面的专业知识，提升法律工作者对区块链知识的认知水平，促进执法行动和其他相关项目的内部沟通和外部协调，在实践过程中更好地解决区块链法律相关问题。

3. 强化专业性行业协会的自律监管作用。除了政府监管治理、平台自检治理外，也应加强行业协会的辅助监管作用。加强已有区块链技术应用行业协会对区块链技术应用的监管，不仅有利于规范行业的有序发展，也有利于保障用户的利益。此外，还需成立区块链法律协会，通过行业专家的共同努力，研究区块链有关法律，为区块链立法建言献策。行业协会和区块链法律协会应共同制定较完备的投诉、纠纷解决处理规则、惩处办法等，提升区块链技术应用中产生的纠纷的解决效率。此外，政府部门在出台规范性文件、部门规章或政策时，应充分吸收行业协会及区块链法律协会的意见，以提升未来的执法效能。

四、结语

中国区块链技术发展拥有良好的基础，但在治理方面仍然面临着严峻的挑战，只有建立体系化的治理模式，区块链技术应用发展才可能迈向科学与法治的轨道之上。域外的区块链治理发展快速，其中一些经验可供中国借鉴。在学习、借鉴先进经验的基础上，中国应当构建符合社会实际发展需要的区块链治理规则体系：以法律治理为基础，明确基本概念，实现对重点领域的治理，采用多元化手段并行治理。在法治的框架下，建立健全的与区块链竞争力提升相匹配的治理规则体系，以形成良好的区块

链技术应用及产业发展营商环境，进而提升中国区块链技术的全球竞争力。随着科学技术的不断发展，区块链技术应用也可能会出现新的方式、方法，随之也会演化出新的法律问题，对区块链技术应用的法律治理需要不断持续而深入地进行研究。

区块链赋能政府治理的实现机理及其法律规制

林群丰*

一、区块链赋能政府治理的意义与关键技术

（一）相关研究述评

区块链是一种去中心化、不可篡改、可追溯的分布式数据库技术，能够以去中介化的形式实现点对点价值传输，区块链技术在能源、金融、医疗、教育、政府工作等多个行业都具有广阔的应用空间，能够在很大程度上提升政府治理效能。2019 年 1 月，国家网信办出台了《区块链信息服务管理规定》。关于区块链赋能政府治理问题，政治学、行政管理、信息工程等学科的学者已经从电子政务等角度进行了较多研究。如区块链技术给政府治理创新带来了机遇但也给政府管理权威带来了挑战[1]，要利用区块链技术提供"精准化""服务化""个性化""定制化"的治理服务[2]，区块链在政府房管、文化、税务等都有治理应用[3]。有学者梳理了多国区块链技术的政府治理实践[4]，区块链技术在构建政府信任方面的作用、优势和路径[5]，如何运用区块链底层技术解决数据孤岛、数据确权和信任构建以及该过程中的治理结构变迁问题。[6]

---

* 林群丰，河北经贸大学法学院副教授。原文载《河北经贸大学学报》2020 年第 3 期。
〔1〕 张毅、肖聪利、宁晓静："区块链技术对政府治理创新的影响"，载《电子政务》2016 年第 12 期。
〔2〕 王鹏、丁艺："应用区块链技术促进政府治理模式创新"，载《电子政务》2017 年第 4 期。
〔3〕 王毛路、陆静怡："区块链技术及其在政府治理中的应用研究"，载《电子政务》2018 年第 2 期。
〔4〕 巢乃鹏："国外区块链技术的政府实践与治理"，载《人民论坛·学术前沿》2018 年第 12 期。
〔5〕 陈菲菲、王学栋："基于区块链的政府信任构建研究"，载《电子政务》2019 年第 12 期。
〔6〕 赵金旭、孟天广："技术赋能：区块链如何重塑治理结构与模式"，载《当代世界与社会主义》2019 年第 3 期。

"应用区块链技术有助于解决雄安新区生态价值实现过程中存在的监管难、信息不对称和交易机制不完善等问题"。[1] 区块链技术虽被视为自由主义的典范，但构成区块链的共识驱动模式所形成的分布式自治组织，都具有较强的社会主义倾向。[2] 应明晰区块链技术治理中的错误思潮，树立主权区块链意识。[3] 这些研究成果揭示了区块链技术在变革政府治理模式上的巨大作用，初步展现了区块链技术对于赋能政府领导方式变革的重要意义。然而，这些研究也存在三个问题：一是对区块链赋能政府治理的内部机理研究不够；二是过度夸大或忽视该进程中的风险；三是对运用法律来规制区块链赋能政府治理进程的研究也较为粗浅。有鉴于此，本文对运用区块链赋能政府治理的内部机理以及如何运用法律来控制该进程开展研究，明确其主要优势、技术原理、运作方式及法律治理方案，以推动区块链技术更好应用于政府治理。

（二）区块链赋能政府治理的关键技术支撑

随着信息时代的蓬勃发展，电子数据逐渐替代了传统的物理载体成为信息交换的新媒介，互联网的普及又使得大量商业环节与业务往来向互联网迁移。然而，采用二进制编码表示的电子数据不同于传统物理信息载体，其客观性、可靠性和不可抵赖性受计算机网络系统及其所依存的软硬件环境的影响很大。第一，电子数据容易被篡改，且没有时间标识，其完整性和真实性亟需可靠的技术验证手段；第二，电子数据复制的边际成本无限趋近于零，互联网加速了数据的传递，使电子数据泄露的风险远大于传统载体；第三，信息化的快速发展使电子政务不能只满足于专网环境，如何确保数据在不可靠的互联网环境下可信可靠传输是一个巨大挑战。

自 2008 年中本聪发布比特币白皮书以来，区块链技术和产业蓬勃发展，从仅仅局限于以比特币为代表的数字货币发展到广泛应用于商业活动的智能合约以及政府管理的分布式数据库。目前，区块链已经成为推动政府领导方式变革的重要技术手段和思维方法，对于推动政府治理效能提升具有强大的赋能作用。区块链技术可广泛应用于资产登记、知识产权保护、司法存证、交易结算清算等多个政府治理领域，拥有提升政府治理效能的巨大潜力。区块链技术本身具备的不可篡改、非对称加密能力和数据可追溯等特性，有助于保护公共信息，维护政府数据安全可靠。

1. 区块链特有的共识算法可以防止数据的篡改和伪造。在区块链中，共识算法从设计上保证了数据一旦上链即几乎无法被篡改。以比特币所采用的 POW（工作量证明）共识模式为例，攻击者只有控制全系统绝大多数节点（多数情况如比特币需要控

---

〔1〕 管志贵、田学斌、孔佑花："基于区块链技术的雄安新区生态价值实现路径研究"，载《河北经贸大学学报》2019 年第 3 期。

〔2〕 S. Huckle, M. White, "Socialism and the Blockchain", *Future Internet*, Vol. 2016, No. 4.

〔3〕 杨柠聪、白平浩："区块链技术的政府治理实践：应用、挑战及对策"，载《党政研究》2020 年第 2 期。

制超过全网 51% 算力的节点），才能使篡改行为被区块链网络所接受。进行 51% 算力攻击要耗费巨额成本，且掌握 51% 算力的理性人会将其算力运用于挖矿牟利，促进区块链系统的正常运转，因而从理论上讲这种攻击在政务区块链领域是不可能实施的。在采用 POS（股权证明）等其他共识模型的区块链系统中，攻击者想要改变区块链上的数据也往往会因成本巨大和违反自身利益而放弃。

2. 区块链中的非对称加密技术可以满足信息所有权验证和信息安全性的需求，提高不法分子攻击政府数据库的技术难度。以比特币为代表的诸多区块链加密技术仍为现阶段的顶级加密技术之一，以目前的技术发展水平难以攻破，即使未来技术突破（如量子计算机时代到来）可以攻破现有加密手段，届时区块链只需进行一次"硬分叉"便可将加密技术进行更新。

3. 区块链提供了兼顾信息公开和信息保密的数据授权系统。区块链的一大优势在于公开透明，能够将全部信息记录在向全体节点公开的分布式数据库上，也可以在区块链上部署智能合约，使信息部分公开或者可授权使用。在保障特定信息的具体内容不被公开的条件下，社会公众可以根据区块链上的公开信息判断信息真伪及其在区块链上的权属关系。如在归属于某个行政单位的法定数字货币账户中，社会公众可以通过区块链上的钱包地址准确掌握该钱包地址的资金流向，监管机构也能够很容易地对财政资金进行监管。法定数字货币钱包地址虽然是公开的，但是如果钱包地址实际持有人不透漏该权属关系，则该钱包地址持有人的信息仍然是私密性的，监管部门和社会公众只能够依据法定程序来获取这些信息。政府在某些特殊应用场景中需要针对某些群体进行适当的信息保密，以维护信息安全，防止重要信息泄露，区块链技术为此提供了可能。政府可以通过建立私有链等方式，利用区块链的加密技术，根据客观情况选择仅对享有知情权的主体进行信息披露与公开，任何得到授权的主体都能够很容易判断该信息是否经过篡改，更好保障信息安全。

二、区块链赋能政府治理的实现机理

目前，区块链技术已经开展了较多试验，数字人民币、税务区块链、司法区块链存证等重要的区块链应用正在改变目前的政府治理。此外，在疫情防控、智慧城市建设、电子政务等多个领域，区块链技术都有强大的赋能作用，可以彻底打破数据孤岛，减少数据失真。区块链赋能政府治理的功能主要表现为三个方面：区块链技术能够优化权力配置，使政府治理效能得到大幅提升；提升政府内部各层级成员之间的信任，降低信息在不同主体之间的传输成本，强化信息共享；基于区块链技术的政务系统实现多主体实时监督，真正做到事前防范权力腐败，减少不作为。

（一）运用分布式治理，优化权力配置

优化权力配置是提升治理效能的重要途径，区块链技术的应用能够在很大程度上优化权力配置，提高治理绩效。区块链技术具有较强的分布式治理特征，能够推动实现政府治理过程中的多中心参与，强化各个参与主体之间的平等地位，改变了以往上级领导在治理体系中的"一言堂"状态，赋予下级工作人员较大的灵活性。

1. 区块链技术的应用能够优化政务活动的操作流程，提供了多主体即时参与的技术平台，大幅提升行政效率。层层审批、处处留痕，是现代政府治理中常见的职业化官僚组织治理手段。职业化官僚组织能够提高治理的专业化水平，但官僚制在运转过程中却容易被异化[1]。条块分工壁垒、冗繁的规章和严格的程序，使官僚制成为效率低下的代名词。20世纪80年代，组织流程再造运动兴起，基本思想是利用信息技术减少工作流程摩擦，实现跨功能、跨权限、跨层级的数据库信息共享以大幅度提高效率。[2] 互联网技术在一定程度上推动了这一思路的落实，然而这种传统的互联网难以有效保障信息安全，故以促进信息共享为核心的组织流程再造运动并未得到深入发展。区块链技术的出现，使建构更为安全高效的信息共享平台成为可能。区块链政务信息平台能够以远超传统互联网的力度来促进政府内部的信息共享，提升政府事务的透明度。作为分布式数据库，区块链系统中的每个参与者可以作为权利相同的节点读取和存储数据，随时将任何数据的更新同步到整个网络，实现政府内部或政府与社会公众等多主体之间的数据交流与共享。区块链的分布式存储技术使数据在多个节点进行备份，有效增强了数据的安全性。以需要多个部门协作进行的行政审批为例，申请人提交的材料往往需要在各个部门之间传递，耗时费力，而各个部门需要对申请人的身份信息等进行重复审核，加剧了个人信息泄露的可能。基于区块链技术的行政审批平台，能够利用加密技术对申请人的信息进行加密处理，申请人的身份信息等私密信息经过哈希加密处理后，生成不可伪造、易于识别真伪的哈希代码，各个部门或单位都能够在获得申请人授权时，仅仅根据申请人提供的哈希代码就能够判断该信息的真伪。同时，这些经过区块链政务平台加密处理的数据信息，能够根据申请人授权或者法定条件按照智能合约的指示在区块链政务平台各节点储存和共享。

2. 区块链的共识机制要求各主体之间遵守共同协议并履行义务，共同管理和协调整个网络体系，共同维护和监督数据的安全，自发协调地形成有序的自组织网络，上级领导的角色和作用也从最初的领导者变为积极的协调者和参与者。因此，区块链形成的新信任网络有助于建立上下级之间良好的合作秩序，在相互信任、平等合作的基础上进行有效沟通、深度对话。一个由多个主体组成的联盟链，基于此可以对信息进行存储、交换和共享。在此场景下，联盟链上的各个主体可以抽象为政府间的具有较

---

〔1〕［美］罗伯特·K. 默顿：《社会理论和社会结构》，唐少杰、齐心译，译林出版社2008年版，第190页。

〔2〕 Michael Hammer, James Champy, *Reengineering the Corporation: A Manifesto for Business Revolution*, New york: Harper Collins, 2006, p. 240.

多联系的机构主体，联盟链节点之间通过协商达成一定共识，并共同维护该共识。在既定的共识机制下，根据多方主体的实际需要和权限形成智能合约，智能合约在区块链上自动运行，单一或少数节点无法终止该智能合约的运行。当由于实际情况需要对该智能合约进行一定修改时，需要由多个节点共同决定后方可对其进行修改。智能合约可以实现各节点之间直接对接，并进行信息的共享、交流、传送、存储和管理。联盟链上的各个节点共同维护、监督上链信息，只有当某节点信息与其他信息保持一致时，该节点才可以将自身需要传输或共享的数据上链，这样可以保证链上信息的可靠性和非重复性。信息上链时由特定加密算法进行加密并加盖时间戳，各节点可以根据手中私钥对链上信息进行查询、获取等操作，已上链信息不能被单一或少数节点篡改，只有在多数节点达成一致的前提下，才能对链上信息进行修改，且修改记录会被永久性记录在区块链系统上。各机构主体可以通过合作、协同等方式，就各种问题进行讨论、协商，最终达成一致，从而保证决策的科学性与准确性。同时，区块链上的各节点有权利共同监督和维护链上数据，数据的形成来源可追溯，通过技术手段最大程度地保证了信息的可靠性，从而极大地提高了组织运行效率。

（二）打造基于客观数据的信任关系

古罗马史学名著《塔西佗历史》描绘了信任机制被破坏的"塔西佗陷阱"，即一旦君主丧失公信力，则其任何举措都将被认为是谎言和坏事而招致怨恨。塔西佗陷阱不仅可能发生于政府与民众之间，也有可能出现在政府治理体系内部。政府各行政科层之间广泛存在信息传递失真、信息理解偏差、信息掌握程度不对称和信息反馈迟延等问题，这是严重降低治理效能的重要原因之一。

有时上级领导很容易因信息掌握不全面而对下级工作人员产生不信任感，甚至对其作出错误的考评；下级工作人员也有可能因理解、执行上级领导命令不到位等原因受到怀疑。区块链技术的应用可以有效地实现多中心参与、多主体治理、点对点平等、信息对称、数据自治等，从根本上再造政府各科层之间的良性互动关系，打造基于客观数据而非人格品性的信任关系，优化政府治理体系的内部结构。

正如德国学者卢曼所言，信任在本质上是"对不确定性的容忍"，是简化社会复杂性的重要机制[1]。人类生存面临着诸多不确定性，过于复杂的生存环境意味着不确定性增加，不确定性加剧意味着风险增加，人类社会的存续必须要创造一些简化机制，以提升协作效率，降低风险[2]。政府内部各机构关系中也存在需要简化的现实需要，

---

〔1〕〔德〕尼克拉斯·卢曼：《信任——一个社会复杂性的简化机制》，瞿铁鹏、李强译，上海人民出版社2005年版，第10页。

〔2〕孔凡义："信任、政治信任与政府治理：全球视野下的比较分析"，载《中国行政管理》2009年第10期。

信任是上级领导将工作任务交付下级工作人员办理的基础，也是下级工作人员信服上级领导工作安排的保障。没有充分的信任，上下级之间就必须就每件事进行详尽交流并制定约束方案，在方案执行过程中也时时刻刻提防对方违反约定。同样，在跨部门协作中，信任也是各方协同工作的基础。在一些单位，信任被滥用的情形广泛存在，"老实人"努力工作却得不到领导重用，溜须拍马之徒却成为领导身边红人，"潜规则"往往会战胜规章制度。信任被滥用的重要原因之一就是信任建立过程的主观性过大，部分领导往往因为熟人推荐、第一印象甚至是偶然性事件就建立了高度信任或者产生强烈不信任。另外，由于缺乏必要信任，参与某项工作的主体为了推卸责任或强化监督，就会不断增加审批流程。区块链技术的应用，能够在较大程度上减少信任建立过程的主观性。通过不可篡改的区块链系统，各级工作人员所开展的各项业绩成果、重要政务数据信息都能够被纳入到分布式数据库中，各人员学习能力、工作能力高低、工作态度优劣都可以通过区块链上的数据反映出来，而不再是仅仅依靠该员工直接领导的主观评价。根据区块链上的学习记录、业绩成果等，上级领导可以更好地对下级员工作出评判，并给出相应较为客观的信任等级。同样，将要参与某项事务的政府机关工作人员，都可以根据需要在无需大量审批环节的情况下获取相关政务数据，提高政务效率。

（三）提供全新的权力监督模式

权力滥用、权力腐败一直是政府治理中的难点问题，如何"把权力关进制度的笼子"、强化权力监督是社会普遍关注的问题，目前学术界也提出了大量关于强化权力监督的设想，推进党内监督制度化[1]等建议也已经转化到党内法规和法律当中。区块链技术的诞生，既能够优化党政机关的内部监督，也可以从根本上改进现有的社会监督模式。

1. 区块链技术提供了几乎全新的权力监督渠道，能够从根本上变革现有的党政机关内部权力监督模式。第一，运用区块链技术优化党政机关的内部工作流程，实现低成本地"全程留痕"，根治"懒政怠政"现象。党和国家的各项战略任务，需要各相应部门的全力工作方能完成，区块链技术的应用，能够更好督促党政机关工作人员落实工作任务。上级领导在进行工作部署之后，可以通过区块链数据平台实时掌握下级工作人员的工作进度，视察待办事项在各个科室或工作人员处所停留的时间，从而实现人力资源和业务流程的优化改造。第二，运用区块链技术监督财政资金流向，从源头上治理腐败。在很多腐败分子看来，财政资金是"唐僧肉"，法律和党内法规虽然在很大程度上能够以严厉惩罚遏制人的贪腐欲望，但却难以根治。如果以法定数字货币

---

〔1〕 林群丰："党内规范性文件审查问题及其解决思路"，载《理论探索》2018 年第 1 期。

的形式来发放和流转财政资金，就能够使财政资金得到全程监控。另外，政府机构也可以为数字货币设置专门的智能合约，当财政资金发生异动时会自动向监督部门报警。以法定数字货币形式存在的财政资金，使得监管成本大幅降低。数字货币在各钱包地址的流转记录将全部呈现在区块链系统中，党政监督部门可以随时依据相关程序调取数据，无需经过极为繁杂的审批、账目稽查等程序。当此之时，贪污罪、职务侵占罪等犯罪将会成为历史，行贿受贿等犯罪也将会大幅减少。

2. 区块链的不可篡改性保证了政务信息的真实性，从根本上改善了对权力的社会监督。区块链技术的诞生源于传统金融治理体系出现重大问题之时，以比特币为首个应用场景的区块链技术逐渐成为重塑金融基础设施的重要技术支撑。2008 年，美国次贷危机爆发，银行、证券公司、金融监管部门等都未能发挥监督职能，次贷危机带来的巨额损失最终由全社会买单。中本聪设计了比特币系统，能够通过随机散列对比特币的全部交易加上时间戳，并将这些交易合并到一个不断延伸的基于随机散列的工作量证明的链条作为交易记录[1]，形成不可篡改的分布式账本。中本聪创造的区块链技术，为提升信任关系的质量提供了关键性技术支撑。在基于区块链技术的账本系统中，重要的数量、状态改变都可以通过区块链技术得到永久性留存并被广泛共享，且几乎不可能被篡改。政府各个机构的数据平台可以基于区块链进行多方协同，进行全面信息交流与沟通，对数据资源进行讨论梳理并达成一致。基于区块链的共识机制，根据需求推动数据资源"上链"[2]，形成数据共享平台，在此实现数据的存储、更新、交换、查询等功能。利用区块链网络，各主体节点可以实时从数据平台获取真实信息。政务区块链能够全面整合各方面的政务信息，包括公民基本身份信息、财产所有权登记信息、医疗社保教育信息等，社会各主体可根据需要按照法定程序进行查询、存储，为公民监督公权力的行使提供了良好途径。同时，基于区块链技术的政务系统，能够促进政务数据公开、透明、规范运行，改善政府信任构建的技术环境基础，大幅提高政府政务处理效率，增进公民对政府的信任度。[3] 区块链是多主体共同参与的分布式账本数据库，基于区块链的政府信任网络实现了对政府政务信息管理的优化，能够形成自下而上的信息反馈与社会参与机制，打造平等、高效、通畅的交互环境，从根本上提高普通社会公众作为监督者的地位。此外，区块链的防篡改、可追溯特性使得链上的所有信息活动都可查询与追踪，自动形成所有成员的信用档案，能够最大限度地实现社会成员对政府官员等交往对象的监督。

〔1〕 Satoshi Nakamoto："Bitcoin：A Peer-to-Peer Electronic Cash System"，https：//bitcoin. org /bitcoin. pdf，最后访问时间：2021 年 8 月 25 日。

〔2〕 肖炳恩、吴应良："基于区块链的政务系统协同创新应用研究"，载《管理现代化》2018 年第 5 期。

〔3〕 张毅、朱艺："基于区块链技术的系统信任：一种信任决策分析框架"，载《电子政务》2019 第 8 期。

三、区块链赋能政府治理进程的法律规制

区块链在改善政府信任、降低政府运行成本等方面发挥了重要作用，能够提升政府治理效能。然而，区块链赋能政府治理的过程本质上是新型科技嵌入到整个政府治理流程当中，推动原有治理体系的结构转型和功能升级。如果区块链赋能政府治理的进程未能得到良好的法律规制，政府治理体系的结构转型过于剧烈，就难以有效应对外部风险冲击。因此，必须健全区块链赋能政府治理的法治保障，及时研究制定政务区块链管理规范，保障基于区块链技术的政府治理转型升级得以顺利进行。同时，要正确认识技术赋能的社会风险，防范区块链具有的去中心化等技术特征被教条化，避免资本逐利逻辑主导区块链共识的建构，从直接目标和实体价值维护两个层面明确区块链赋能政府治理的法律边界，并将民主集中制嵌入到区块链法律治理体系。

（一）及时研究制定政务区块链管理规范

区块链赋能政府治理的进程需要法律来予以保障，法定数字货币、税务区块链、司法区块链存证等多种类型的政务区块链应用都需要制定相应的管理规范。2019年，国家网信办出台了《区块链信息服务管理规定》，重点就区块链信息服务提供者的信息服务活动进行了规定。然而，政务区块链管理规范的内容十分庞杂，该规定并未完全覆盖。就政务区块链的运行特点来看，数据上链、私钥管理和节点行为治理是其核心内容，与传统互联网空间的法律治理存在重大差异。因此，政务区块链管理规范的要点，也应集中于数据上链规则、私钥管理规则与节点监管规则等三个方面。

1. 及时研究和制定政务区块链的数据上链规则。区块链技术确实能够改善政府组织体系运行效率，但是其作用的发挥也需要相应的制度和思想观念作为支撑，区块链赋能政府治理也是如此。

区块链赋能政府治理的基础性手段之一是建立分布式政务数据库，将政府信息录入到公有链，以公共分类账的形式存储到各个节点当中。因此，隐私和机密性是区块链技术必须面对的问题。虽然目前区块链可以运用分片存储等技术手段确保信息安全，然而这些技术手段仍然依赖于各个节点的数据上传、修改和日常维护。由于区块链网络中的每个节点都拥有完整的数据历史记录，可以提供给每个节点用户或治理参与者检验。如果任一节点的管理密钥被破解，所有政府治理记录及公民信息就面临被不法分子利用的风险。这对保密性政府信息、公民信息带来了限制，故应当制定专门针对政务区块链的数据上链规则。2021年6月通过的《数据安全法》虽然规定了国家机关对在履行职责中知悉的个人隐私、个人信息、商业秘密、保密商务信息等数据应当依法予以保密，建立健全数据安全管理制度，但是尚未认识到政务区块链数据管理的特殊性，亦未进行系统研究和立法。此外，由于区块链具有不可篡改性，任何录入政务区块链的信息都将立即同步传输至其他节点。如果在节点较多的以太坊（ETH）等公链

系统中，所有链上信息理论上已经丧失了删除的可能。

2. 建立政务区块链私钥管理规范。在政务区块链系统中，公钥和私钥的验证是进行身份识别或政务执行的基础性手段。在传统的政务管理活动中，无论是互联网用户的密码还是仓库钥匙，其丢失都能够以较低成本找回或重新配置，且在强大的安保力量护卫之下，这些行为造成的社会危害较小。然而，按照现有的共识机制，如果一个节点方密钥丢失，相应节点将永久性丧失权限，必须通过其他节点或者重新创造节点来继续履行原有职能。这一技术特征无疑会降低区块链技术在政府治理中的灵活性。如果过大幅度改变现有共识机制，又必然带来区块链系统的安全隐患。丢失政府区块链私钥行为在本质上与丢失现金、印章等行为的性质相似，其危害性甚至更大，应当进行惩罚。因此，建立较为完备的区块链私钥管理规范十分必要，其内容包括区块链私钥的存储、使用、变更、交付等方面。

3. 建立政务区块链节点的法律监管规则。区块链赋能政府治理的重要技术手段之一是其安全高效的共识机制，每个链上节点都是平等自主的决策单元，多数节点或掌握多数算力的节点形成共识，即意味着决策通过。区块链技术的分布式结构提供了监督政府的高效机制，为公民参与政府治理提供平台。对于维系政府组织体系运转和完善来说，制度、组织成员的思想认识水平也发挥着不可或缺的作用，运营政府区块链节点的主体事实上决定了该系统的运转情况。完善的政务区块链节点监管规则是区块链赋能政府治理的重要保障。莱维特·哈罗德（Leavitt Harold）曾指出，技术与组织结构、组织成员、组织任务是相互影响和制约的[1]。史蒂夫·巴利（Stephen Barley）也提出，技术大部分情况下只是引起组织变化的"诱因"或"触发机制"，真正起决定性作用的是社会制度。[2] 在现代法治国家，法律既是制度的基础性内容，也是塑造组织成员思想认识的基础性要素。也就是说，区块链技术既可以成为保障政务运行安全的工具，也可以在缺乏审查的情况下成为隐藏犯罪活动的"保护伞"。具体来讲，政务区块链的日常运营由全体网络节点共同维护，这意味着政府对区块链的监管仅限于宏观层面的组织管理，使得各个区块节点本身缺乏监督。[3] 与此同时，如果缺乏相应的法律规则，区块链的任一节点都不必承担数据安全的法律责任[4]，如果在缺乏技术监管的情况下将政府治理的权力下放，就等同于将腐败或犯罪的权力下放，反而破坏了

〔1〕 Leavitt Harold, "Applied Organization Change in Industry: Structural, Technological and Humanistic Approaches", *James March*, Vol. 1965, No. 1206.

〔2〕 Stephen Barley, "Technology as an Occasion for Structuring: Evidence from Observations of CT Scanners and Social Order of Radiology Department", *Administration Science Quarterly*, Vol. 1986, No. 1.

〔3〕 戚学祥："区块链技术在政府数据治理中的应用：优势、挑战与对策"，载《北京理工大学学报（社会科学版）》2018 第 5 期。

〔4〕 周瑞珏："区块链技术的法律监管探究"，载《北京邮电大学学报（社会科学版）》2017 年第 3 期。

政府治理。《区块链产业安全分析报告》显示，2011 年到 2018 年 4 月，全球因区块链安全事件造成了巨大的经济损失。在选择 POW 共识机制的区块链赋能政府治理应用中，当非理性参与者或者黑客控制了全网 51% 的算力时，就有机会破坏区块链的安全机制，篡改、控制大部分区块链，获得力量来垄断共识，破坏区块链技术在政府治理中的民主机制。即便是选择其他类型的共识机制，政府区块链上的节点也可能被黑客攻击，转而颠覆政府区块链的治理体系。这些都将会限制区块链技术在政府治理中的开发和应用。当然，这并非是说政府区块链的安全性已经无法忍受，须知黑客攻击政府区块链系统的成本远高于其攻击传统互联网系统，政府区块链仍然是目前的最优选择之一，增加攻击政府区块链节点行为的违法成本，是减少攻击行为和增强政府区块链安全性的重要方法。具体而言，最高人民法院、最高人民检察院可以在适当时间出台关于《数据安全法》的司法解释，明确政府区块链节点的法律地位，强化对政府区块链节点的法律保护。

（二）明确区块链赋能政府治理的法律边界

技术赋能本身具有较强的不确定性，可能因各种社会力量的博弈呈现出不同的演变路径，其对社会的影响也可能截然不同。韦伯·比克（Wiebe Bijker）等指出，技术本身是中立性的，唯有社会群体才能赋予其特定意义。[1] 中本聪等区块链技术的创造者虽然具有很强的无政府主义色彩，但是这并不意味着区块链的发展和应用必然以无政府主义为主导，其具体的发展方向和对社会的作用具有较强的不确定性，有待于法律等治理方式的形塑。从历史经验看，类似区块链技术的创造者往往并不能决定技术的未来走向。如中国人发明火药的最初目的绝非对外征服掠夺，但是在火药技术被西方人掌握之后，运用火药开展征服掠夺则成为火药发明的最重要用途之一。一些原本旨在造福人类社会的重要科技创新，在发展中却走向了创造者意图的反面，成为杀伤人类的利器。因此，在应用区块链技术赋能政府治理的进程中，必须在法律上准确把握其价值定位。

1. 确保区块链赋能政府治理的直接目标是提升治理效能，防止赋能过程中区块链的某项技术特征被教条化。在一个以法治作为基本治理方式的国家，政府治理效能的提升，意味着法律对自由、财产权等权利保障力度的增强。人们关于自由、财产权保护等法律价值在宏观层面基本能够达成共识，但是在具体事务上却可能存在很大分歧，在区块链赋能政府治理场景上也可能出现此种情形。譬如，应当选择何种类型的区块链技术方案才能更好保障自由？应当将哪些主体纳入到区块链节点才是公平的？区块

---

〔1〕 Wiebe Bijker, Thomas Hughes, *Social Construction of Technological System: New Directions in the Social and History of Technolo*, Cambridge: MIT Press, 1989, p. 405.

链智能合约的决策机制如何建立才是民主的？要回答这些争议问题，需要回归到权利义务平衡并合乎治理这一基本的法学范畴中来，在提升治理效能这一整体框架当中予以解决。事实上，将提升治理效能作为区块链赋能政府的价值基础，则可以避免陷入细节上的反复争论，推动区块链赋能政府治理法律体系的完善，提升政府治理效能，从整体上更好保障自由、公正等价值，维护公民权利。此外，政务区块链确实能够强化数据和行为追踪溯源，但是如果过度追求可追溯性，则可能陷入另外一个极端，如权力划分过于细密、要求事事上区块链留痕，反而可能增加权力运行成本，削弱治理效能。

2. 建立公共利益保障规则，防止资本逐利逻辑主导区块链共识。自区块链技术诞生以来，除法定数字货币、税务区块链、司法区块链存证等项目之外，其他区块链技术方面的创新与应用大多源于企业盈利需求。因此，在运用区块链技术重塑政府治理模式进程中，区块链技术的运作逻辑很有可能仍然受制于资本增值逻辑主导下的算法，从而与作为政府治理核心需求的公共利益产生冲突。也就是说，发端于企业盈利需求的区块链技术创新，以实现资本增值为基本价值追求，而应用于政府治理的区块链技术则以实现公共利益为核心价值。公民并非顾客，政府也非公司，将资本运作的逻辑照搬到政府中，会对民主、宪政等基本公共行政规范造成损害。[1] 因此，运用区块链技术重塑政府治理结构之时，应当严格遵循公共利益最大化的原则，减少资本逐利性的不利影响。

（三）将民主集中制嵌入到区块链法律治理体系

一定程度的去中心化是区块链技术的重要特征，这是区块链技术应用和赋能政府治理的重要基础，但过于强调区块链赋能政府治理的去中心化特征可能导致权力的高度分散化，削弱政府权威。传统政府治理是"金字塔"式的等级或者层级结构，部门之间界限分明，政务处理存在高成本、低效率、反应迟缓、话语垄断、暗箱操作等问题。[2] 区块链技术具有较强的去中心化特征，能够改变传统治理体系中熟人依赖、信息传递迟缓等缺陷，实现扁平化管理，大幅降低组织运行成本。然而，区块链具有的去中心化必然会对传统政府组织运行的基本伦理价值形成冲击。[3] 有研究认为，区块链技术让传统"治理术"穷途末路，使得人们可以在旧的"废墟"上建立全新的治理平台。[4] 区块链技术"反集权的天性"对传统政府治理权威造成了重大挑战，特别是

---

〔1〕 ［美］珍妮特·V·登哈特，罗伯特·B·登哈特：《新公共服务：服务而不是掌舵》，丁煌译，中国人民大学出版社 2010 年版，第 123～128 页。

〔2〕 陈菲菲、王学栋："基于区块链的政府信任构建研究"，载《电子政务》2019 年第 12 期。

〔3〕 赵金旭、孟天广："技术赋能：区块链如何重塑治理结构与模式"，载《当代世界与社会主义》2019 年第 3 期。

〔4〕 朱婉菁："区块链技术驱动社会治理创新的理论考察"，载《电子政务》2020 年第 3 期。

对中央集权式的政府权威构成威胁。一些西方无政府主义者甚至公然声称国家是完全非必要的，认为区块链等新技术就是反政府治理权威的重要手段。极少数无政府主义者试图通过区块链技术替代政府，建立彻底去中心化的无政府主义社会。"激进的自由主义者甚至建议通过区块链技术建立无国籍社会，取消民族国家和主权治理的限制，使治理服务更多地依靠世界市场而不是各国政府。"[1] 去中心化特征的过度强调，必然会导致政府在社会治理中的权威遭到削弱。亦即，随着区块链技术重塑政府治理流程的深化，以及区块链技术在其他社会领域的推广应用，去中心化将会对政府自身的权威形成消解作用，需要积极应对。运用区块链技术重塑政府治理结构的直接目的是为了降低行政成本，提高政府治理效能，而非纯粹为了权力制衡或者其他目标。诚然，区块链技术的重要基础之一就是分布式治理，去中心化是其重要特征，其应用能够推动上下级权力责任配置的明确化、减少不必要的信任成本和优化权力监督。然而，分布式治理并不意味着必然反对集中统一，一定程度的集中统一反而是推动区块链赋能政府治理的基础条件。中国社会长期存在"以吏为师"的政治伦理传统，政府不仅是政治权力中心，也是实施道德教化的中心，"政统""道统"集于一身。在当代社会，民主化已经得到深度拓展，政府在调控经济社会、实施再分配等方面的权力继续扩大，必要的权力集中对于实现政府功能是必须的。也就是说，基于权威中心的政府治理机制要求上级领导具有较高的权威性。另外，必要的权力集中统一也是维持治理效能的保障。区块链赋能政府治理的法律规制也应当以提升政府治理效能为原则，将民主集中制的治理逻辑嵌入到区块链法律治理体系，防范去中心化对我国集中统一领导治理体制的冲击，维护政府权威。其中，最为重要的是选择能够兼顾政府权威需求与治理效能提升的区块链技术方案。区块链技术拥有不同的技术方案，其中的共识机制是区块链技术方案中的重要内容。在不同的共识机制中，节点的数量和各节点的权力存在较大差异，区块链政务系统的工作效率也会存在一定差异。如果采用比特币底层技术为代表的公有链技术方案，其共识机制是工作量证明机制（POW），理论上任何拥有一定算力的主体都可以作为一个节点加入到区块链系统中，而且区块链上的各个节点地位绝对平等，有权力存储系统中的全部信息，并利用自己拥有的算力参与到系统的记账过程中。按照此种技术方案塑造的政府治理体系中，上级领导与下级工作人员一样被设置为区块链上的节点，处于分布式网络结构中的上级与下级将会被强制削平，上级领导的权威性可能会遭到大幅削弱。如果将更多的社会组织、公民纳入到区块链系统的平等节点之中，则意味着政府权力的进一步下放，政府作为权威见证中心的职

---

〔1〕 Marcella Atzori，"Blockchain Technology and Decentralized Governance：Is the State Still Necessary？"，*Social Science Electronic Publishing*，Vol. 2017，No. 1.

能亦将消失。与此同时，区块链技术还会使非政府参与主体的权力增强，造成权力不对称，形成高度分权的治理模式和去中心化的自治社会，使治理主客体模糊并可互换和替代。反之，采取股权证明机制（POS）的联盟链技术方案，则可以在节点准入上设置相应门槛，而且往往赋予不同节点不同的决策权。在基于 POS 共识机制的政务区块链中，政府能够相对更好地掌控区块链系统，有利于贯彻民主集中制的治理逻辑，维护集中统一领导体制。但是，从安全性等角度来看，POW 共识机制的区块链技术方案远胜于 POS 方案。在目前的主要区块链商业应用中，BTC、ETH 等 POW 共识机制的公链占据了绝对主导地位。因此，在运用区块链赋能政府治理的进程中，立法者应当建立引导性规范，将民主集中制嵌入到政务区块链系统中，使区块链赋能政府治理的技术方案能够兼顾政府权威和治理效能提升。笔者建议应强化对区块链技术创新和产业发展的引领，在技术创新产业的资金扶持、政府采购等政策支持方面，推动兼顾政府权威需求与治理效能提升的区块链技术创新和产业发展。此外，政府要积极介入区块链应用场景中，进一步发挥政府在社会治理方面的主导作用，使民主集中制的治理逻辑能够贯穿到所有重要的区块链应用场景之中。例如在网络言论治理方面，有学者就曾经提出"利用区块链及大数据打造技术驱动型和数据驱动型的监管智能合约，构建网络言论治理的多元共治体系"。[1]

---

　　〔1〕　丁春燕："区块链上网络言论治理的技术驱动模式"，载《法学杂志》2020 年第 7 期。

存证赋能：从"数据库"走向 SaaS、PaaS 和 IaaS

焦　翔

当我们讨论区块链赋能的时候，我们真的知道如何"给出"能力吗？当我们在说把某个数据存到"链上"，我们真的知道用区块链是怎么"存"的吗？当我们让用户接入联盟链，认为它作为节点接入即可实现数据共享时，我们真的知道数据是从哪流转到哪吗？下文将对这些问题展开讨论。

一旦存证成为大家认可的能力，存证服务将不再是一个"数据库"，而可能成为 SaaS 等基础设施，让客户自己上来根据需求、开发场景。知识产权就是这样的例子：某大型保险机构希望能登记用户的知识产权信息，并对专利证书进行查验，然后把知识产权信息和查验结果存证下来，形成存证报告。这个过程中，我们不但可以提供数据登记的接口，还可以在接口埋点，全过程自动存证，并且可以产生存证报告证书，最后可以供下载使用或仲裁作证据使用。

这些数据在存的同时，也会同步映射，呈现在数链空间的知识产权金融服务专区。这样的应用场景是典型的 SaaS：某保险公司根据需求，利用平台自己开发，平台就提供接入的节点，然后某保险公司提升业务收益反哺平台。

所谓 SaaS，Software as a Service，其通过网络提供软件服务。SaaS 的下一代是 PaaS 和 IaaS：Platform as a Service 和 Infrastructure as a Service。

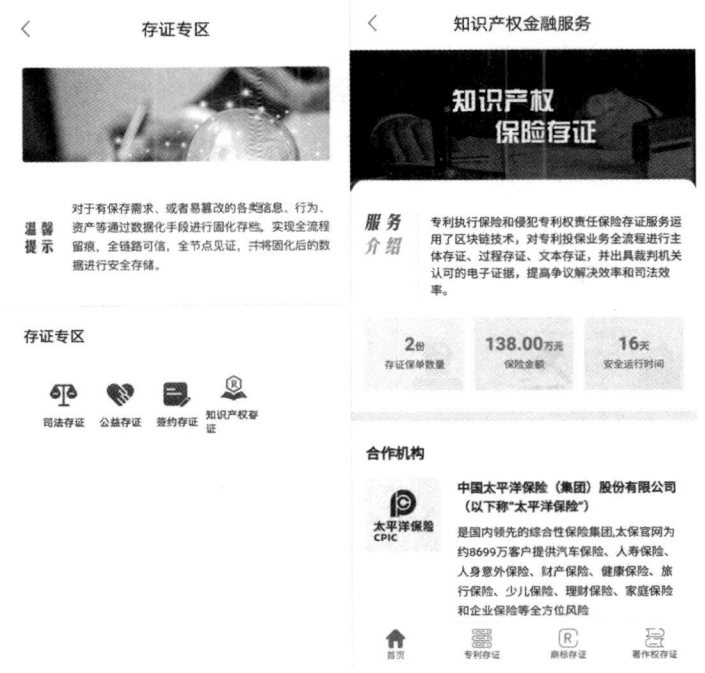

图1 数链空间知识产权存证服务专区

SaaS平台供应商将应用（存证服务能力）部署在自己的服务器上，客户可以根据工作实际需求，订购所需的应用服务（进行知识产权证书的存证）。这固然是很好的尝试，但还不够。存证服务如果只是个"应用"，那很可能是浪费了我们链上的多节点和智能合约，也浪费了我们在格式化合同创设与审校方面的能力，以及数据安全标准与资金清结算方面的能力。

我们可以将人保跨界平台本身作为节点，在该平台上埋点，实现用户上传证书、用某程序到知识产权局后台进行核验、发现确有该证书、并查询与该专利和该用户有关的其他专利信息，这一切过程都埋好点、存下来、打上戳，供仲裁和诉讼使用。

这可以说是IaaS的雏形。目前可实践的两个场景包括：

第一，作为IaaS，让保险业务全流程上链。以知识产权侵权保险为例。既然从投保开始，已经存了有关的知识产权信息，并且与知识产权局后台打通；那为什么不能向前走一步，把保单的权利义务条款也上链呢？再往后，为什么不能把出险之后、核保赔付的过程，也在链上完成呢？

这个过程的好处是，让整个流程清楚可见，结果更可预期；未来一旦出现纠纷，可以给出不容置疑的合规证据和诉讼凭证；更重要的是，核保赔付时的专业判断，可以交给专业机构（律所），将其作为一个节点。如此，诉讼完成后，收回多少钱，直接全链广播，接入节点的各方亦可同步知晓，一目了然。

第二，提供更多标准化合约（甚至不必是智能合约），以丰富知识产权及保险服务场景。以知识产权质押（甚至保单质押）为例，卖不出去或卖不上价的，就不接受质押。即"以终为始，交易增信"。这个交易不用进场，但更为真实和直接。用这个知识产权能赚多少钱，被侵权了能赔多少钱——这是知识产权的价值所在。

图2　去中心化金融（DeFi）应用总览（资料来源：DeFiprime，国盛证券研究所）

也许，我们能为知识产权（及其他资产）提供的服务方向还有很多；为保险公司（及其他金融机构）提供的存证服务、和以存证为基础提供的 PaaS 服务和 IaaS 服务也会很多，我们将继续开发挖潜。

美国推动区块链发展的主要做法及启示

广义的区块链技术是利用加密链式区块结构来验证与存储数据、利用分布式节点共识算法来生成和更新数据、利用自动化脚本代码（智能合约）来编程和操作数据的一种全新的去中心化基础架构与分布式计算范式。区块链技术最初的应用主要是为了实现支付手段的去中心化，在比特币之后，其他基于区块链技术的数字货币，如莱特币、瑞波币等相继出现。区块链的研究和应用已经逐渐从数字货币延伸至金融、能源、制造、教育和医疗服务等领域。当前，全球区块链技术和产业创新正处于加速发展态势，根据 Web of Science 数据，自 2017 年以后，有关区块链的论文呈爆发式增长，中国和美国发表相关论文数量位居全球前列，美国在跨链操作、隐私保护、智能合约等领域引领全球技术走向。截至 2019 年 8 月，由各国政府推动的区块链项目数量达 154 项，荷兰、韩国、美国、英国、澳大利亚等国的政府推动项目数排名前五位，其中，英国在央行数字货币方面的探索较为领先。因各国国情和技术、产业所处阶段不同，对区块链的支持和监管政策也各有侧重。多数国家一方面重视区块链技术与实体经济的融合作用，另一方面，对数字货币持审慎监管态度。美国作为推动全球区块链发展的重要力量，一些做法值得探讨和借鉴。目前，学术界对美国的相关举措分析大多基于监管的视角，认为美国的监管措施将对全球产生重大影响。近年来，美国在区块链技术研发等领域也已开始积极布局，本文将遵循技术研发支持——监管措施——标准建设的分析框架，探讨美国推动区块链发展的主要做法。

---

* 郭滕达，中国科学技术发展战略研究院副研究员。原文载《世界科技研究与发展》2020 年第 5 期。

1 美国联邦政府对区块链的研发支持已延伸到多个领域

2018 年 10 月，美国国家科学技术委员会（National Science and Technology Council，NSTC）发布的《先进制造中的美国领导战略》中提到，需要开展新的研究工作，以制定或更新标准、指南，以便在制造系统中实施新的网络安全技术，包括用于识别和处理威胁事件的人工智能、用于敏捷制造领域信息安全的区块链等。然而，2019 年初，美国白宫科技政策办公室（Office of Science and Technology Policy，OSTP）发布的两篇报告中均未提及区块链。例如，2019 年 2 月，OSTP 的报告《美国将主导未来的产业》提出，特朗普政府一直专注于四项关键技术，包括人工智能、先进制造、量子信息科学和 5G，这些技术有望在未来推动美国繁荣、改善国家安全，区块链并未作为一个核心技术被提及。同年 4 月，OSTP 发布的《美国引领科学技术世界》指出，特朗普政府利用人工智能、海洋科学与技术等确保美国科技占据全球领导位置，报告中也未提及区块链。尽管 OSTP 未把区块链作为美国联邦政府优先发展的事项之一，但是其他若干政府部门对区块链的研发支持却已展开。

1）美国国土安全部资助区块链项目

美国国土安全部（Department of Homeland Security，DHS）一直在探索区块链和分布式账本技术的应用，认为区块链可以为数字交易系统带来弹性。DHS 科学技术局对区块链领域的支持十分积极，DHS 科学技术局设立了区块链项目，资助区块链安全性、隐私、互操作性和标准等方面的研发工作。DHS 科学技术局也在致力于将区块链整合到 DHS 下属的美国海关边境保护局、公民移民服务局以及运输安全管理局等机构的任务中。例如，2019 年 11 月，DHS 科学技术局资助 Mavennet 公司 182700 美元，用于在海关边境保护局中使用区块链进行跨境石油进口跟踪。

2）美国国防部发布《国防部数字现代化战略》

2019 年 7 月，美国国防部（Department of Defense，DOD）发布《国防部数字现代化战略》，提出未来四年的数字化计划。报告提到，DOD 拥有全球最大的 IT 网络，对网络进行管理并确保其安全是 DOD 的主要职责之一；DOD 正在试验基于区块链进行网络安全保护，DOD 对区块链的使用可包括确保野外军事单位与其总部之间的通信安全，并允许情报人员安全地将敏感信息传递给五角大楼。作为 DOD 的关键研发部门，国防高级研究计划局（Defense Advanced Research Projects Agency，DARPA）将区块链看作一种颠覆性技术。目前，DARPA 主要支持两个区块链项目的研发：一是测试用于保护消息和交易的协议，将这些活动的历史日志存储在区块链中，以构建一个新的或改进的通信和交易平台；二是利用区块链开发几乎无法破解的代码。但是，DOD 对于区块链的应用还只停留在测试阶段。

3）美国能源部着重促进区块链对电力等领域基础设施安全的保护

美国能源部（Department of Energy，DOE）支持的区块链研发项目非常之多。2019年，DOE 主要支持的项目有：1）资助佛罗里达国际大学集成区块链和机器学习技术研发新型平台，用于化石燃料发电网络中的安全数据记录和处理（40 万美元）；2）资助欧道明大学开发基于区块链的平台，用于保护化石燃料发电网络传感器身份管理和数据流安全（40 万美元）；3）资助北达科他大学建立基于区块链的化石燃料发电网络安全保护系统（39.9778 万美元）；4）资助小企业开展"用于基础设施保护的区块链安全结构"项目。DOE 的基础能源科学办公室、地热技术办公室、化石能源办公室和电力办公室均已经开展了区块链的研发部署，研发支持领域主要集中于利用区块链保护基础设施安全等。

4）美国航空航天局将区块链应用于飞机飞行数据的私密性和安全性管理

近日，美国航空航天局（National Aeronautics and Space Administration，NASA）艾姆斯研究中心的航空工程师罗纳德·里斯曼（Ronald Reisman）发表文章，提出基于超级账本和智能合约建立一个原型，即航空区块链基础设施，可以控制与授权公开或私有数据。文章指出，区块链和智能合约可以帮助缓解航空领域的安全问题，考虑到军方对机密性的要求及空中交通数据的敏感性，NASA 采用区块链将具有重要意义。截至目前，NASA 至少开展了两项区块链领域的研究：一是支持自主航天器的开发，该航天器可以使用区块链技术做出决策，而无需人工干预；二是支持利用以太坊的应用研究，以自动检测浮动碎片。

5）美国国家科学基金会支持区块链的扩展性、公平性和多行业应用研发

根据美国国家科学基金会（National Science Foundation，NSF）官网数据，NSF 在区块链领域的项目资助主要集中在区块链的可扩展性、公平性以及在制造、环保、医疗、交通、能源等领域的应用，数字货币领域的研究也得到了 NSF 的支持（表1）。

表 1　NSF 重点支持的区块链研究领域（只列举部分）

序号	批准/年	金额/万美元	资助项目名称	核心内容
1	2019	50.00	区块链公平	寻求解决区块链系统中普遍存在的公平性缺陷，研发适用的设计原则和技术
2	2019	49.91	在气候治理中使用分布式账本技术	研究将分布式账本技术应用于气候治理中可能面临的制约和挑战

序号	批准/年	金额/万美元	资助项目名称	核心内容
3	2017、2019（持续资助）	44.49	区块链的测量、分析和新应用	开发一种新的开源区块链分析工具 Block-Scl，验证机器学习方法（包括频谱图分析）对区块链中丰富数据的适用性
4	2019	30	提高应用于医疗保健的区块链的可扩展性	开发编码理论架构；设计方法，使受计算约束的设备能够以安全的方式协作验证区块；开发框架，允许受网络限制的设备能够优化其网络资源
5	2019	30	通过区块链网络实现可持续的供应链	开发区块链网络框架，连接农民、供应商和消费者
6	2019	22.5	通过区块链和机器学习减少医疗保健中的索赔拒绝	利用区块链、智能合约、非线性优化，自然语言处理等技术，预测发生索赔的可能性
7	2019	22.5	用于分布式能源的可改造存储+区块链模块	为并网的分布式能源创建分布式分类账
8	2019	23.37	用于互联和自动驾驶基础设施的区块链微服务	建立可扩展的区块链网络，以在互联环境中访问智能基础架构，同时确保互联汽车数据的可信性和安全性
9	2018	49.98	使用可扩展语义增强的区块链平台实现智能市场	建立数据驱动的信任模型，实现区块链可扩展性
10	2015、2018（持续资助）	31.97	私人数字货币和封闭式支付社区——比特币之后的法律、法规和金融排斥	监管机构如何应对比特币对支付领域和法律的挑战
11	2017	25.77	使区块链私有且靠地扩展	研发新的理论框架和算法工具包，以确保支付渠道交易的可用性和服务质量

2 美国国会和各州府对区块链的监管较为积极

2.1 美国国会逐步建立清晰的区块链监管体系

美国对区块链监管的注意力一直在加密货币方面，即采取保守的加密货币监管策略。例如，美国证券交易委员会（Securities and Exchange Commission，SEC）一再拒绝关于比特币交易型开放式指数基金申请的提议。联邦政府则认为对一种新兴的技术模式，从联邦政府层面进行严格监管并无意义，放任自流是较为合适的方法。2017 年美国国会成立的区块链核心小组对区块链发展的态度也是如此。然而，从 2018 年底起，这一切已经有所转变。

1) 2018 年 9 月，共和党议员汤姆·埃默（Tom Emmer）和民主党议员比尔·福斯特（Bill Foster）被任命为区块链核心小组联席主席，与共和党议员大卫·史威克（David Schweikert）以及民主党议员贾芙德·波利斯（Jared Polis）一起成为核心小组的领导人，以两党合作方式致力于促进区块链发展，并努力使国会在其发展中扮演重要角色。汤姆·埃默等人的主要观点有：①区块链的发展与 20 世纪末的互联网类似，互联网的繁荣在一定程度上得益于美国政府为全球信息基础设施制定的五项原则中所体现的宽松监管方式；美国应优先加快区块链技术发展，使美国私营部门能够引领区块链创新；②为某些区块链开发者及区块链服务供应商提供一个安全港，使他们免受发牌及注册监管，允许使用或交易加密货币但不持有代币的公司免受资金转移法律的约束；③为拥有"分叉"数字资产的纳税人建立安全港，阻止美国国税局对试图报告分叉币收益的纳税人征收任何罚款。

2) 出台《2019 年令牌分类法》（Token Taxonomy Act of 2019）、《2019 年数字分类法》（Digital Taxonomy Act of 2019）和《2019 年区块链促进法》（Blockchain Promotion Act of 2019）。前两项法律由共和党议员沃伦·戴维森（Warren Davidson）和民主党议员达伦·索托（Darren Soto）于 2018 年 12 月提出，并于 2019 年 4 月颁布，成为为美国企业和监管机构提供司法管辖权和监管确定性的主要法律。《2019 年令牌分类法》提出了更加明确的加密货币定义，赋予加密货币在美国国内的法律地位。《2019 年数字分类法》提出不应将所有代币销售都纳入证券或商品监管中。这两项法律的出台为美国数字资产市场监管增强了明确性，可能会进一步释放虚拟货币对美国经济的促进潜力。《2019 年区块链促进法》由民主党议员多丽丝·松井（Doris Matsui）和共和党议员布雷特·格思里（Brett Guthire）共同制定，并于 2019 年 7 月获得批准，旨在指导美国商务部对区块链进行定义，为技术监管设置统一框架。

美国在区块链领域之前一向缺乏一致的监管策略，SEC 部分承担了加密货币监管职能，却在创新方面屡被诟病。美国国会已经认识到在区块链发展和加密货币监管领域的落后行为，致力于通过制定法规和政策促进美国私营部门引领创新，确保美国在关键技术上保持全球领先地位。

2.2 各州府对区块链的监管侧重点不同

美国的监管体系遵循联邦政府和州府双层架构。目前，美国绝大多数州府已经明确对加密货币和/或区块链技术的监管立场，很多州府已经制定或颁布了区块链领域相关法律（表2），这些法律主要集中在承认区块链和智能合约在进行电子交易方面的法律权威、建立监管沙箱等方面。

表2　美国各州已制定或颁布的区块链领域相关法律

州府	提出或颁布时间/年	内容
伊利诺伊州	2020	《伊利诺伊州区块链技术法》于2020年1月1日正式生效，为区块链和智能合约提供了四种许可用途，解决了有关该州区块链和智能合约法律地位的不确定性
怀俄明州	2019	允许该州区块链初创企业测试新技术，并确定初创企业在现在监管制度下的运作方式
华盛顿州	2019	承认并保护与区块链相关的电子记录的法律地位
田纳西州	2018	承认区块链数据具有法律约束力，赋予智能合同法律效力
内华达州	2017	禁止地方政府对区块链使用征税
新罕布什尔州	2017	规定数字货币交易商免受该州货币流通条例的约束

然而，各州府之间的法律、各州府与联邦政府之间的法律是否存在冲突，仍然存在不确定性。布鲁金斯学会发布的《区块链和美国政府：初步评估》报告按照不同州府对区块链技术的接受程度和加密货币的态度，将各州府划分不同组别：未知、反对、赞赏、有组织、积极参与、认识到创新潜力等。根据该报告的分类：阿肯色州、南达科他州等对区块链技术或加密货币没有采取任何行动，也没有制定任何法规、制度；印第安纳州、爱荷华州、得克萨斯州等对加密货币的态度较为消极；亚利桑那州、特拉华州、伊利诺伊州等认为区块链在美国的经济中将发挥重大作用。对智能合约的约束力不同、对区块链数据法律地位承认程度的不同等，可能会导致美国不同州府跨地区开展区块链应用遇到难题。

3 通过构建标准体系掌握国际主动权

区块链标准的制定，关乎未来该领域国际主动权的争夺。对于美国政府和很多企业而言，引导和领导国际标准化组织（International Organization for Standardization，ISO）的标准制定过程至关重要，这将关系到全球标准高地的抢占，并可确保区块链生态系统不会因为标准的不同而产生分裂。ISO于2016年设立了TC307技术委员会，着手定义区块链参考架构、分类和本体。制定标准的过程最初由澳大利亚发起。到目前为止，TC307技术委员会已经有35个成员国（P成员）、13个观察成员国（O成员），公开发布了 1 个区块链领域标准，另有 10 个标准正在制定中。美国国家标准协会（American National Standard Institute，ANSI）为 ISO 中唯一的美国代表和成员，在其中发挥着积极作用。ANSI 几乎参与了 ISO 的全部技术计划（近 80%），并管理着许多重要的委员会和小组。ANSI 已经提交了区块链参考架构等诸多文档。2019 年 9 月，美国电气和电子工程师协会（Institute of Electrical and Electronics Engineers，IEEE）计算机标准协会下设了区块链标准委员会，偏重应用层面的标准设计，委员会下设基础工作组、技术工作组、应用工作组、资产工作组、服务工作组和数据工作组，致力于推动区块链国际标准化工作。

与此同时，美国一些政府部门和行业协会也在致力于解决行业内某些操作和标准问题。例如，DHS 正在探索在海关与边境保护等业内实施区块链的最佳实践以及全球可用的规范；认证标准委员会 X9 是美国代表金融服务行业并被 ANSI 认可的非营利组织，它的区块链研究小组正在开发美国区块链技术的通用术语；区块链货运联盟 BiTA 正在促进区块链在运输和物流行业的应用，并希望在这些领域建立全行业的区块链使用标准。全球金融区块链联盟 R3 旨在通过行业内标准的确立，打造良好的生态系统。

4 启示与建议

习近平总书记提出，区块链技术的集成应用在推进新技术革新和产业变革中的重要作用不可低估，是我国核心技术自主创新的重要突破口。联盟链相关技术是我国区块链的主流技术方向，但是在联盟区块链的性能、可交互性、安全隐私等方面还不够成熟；区块链在我国跨境贸易、金融、政务等多领域已尝试应用，但是颇具规模化的商业模式还未出现；关于区块链的相关政策频频出台，但是在区块链治理领域依然存在标准不完善和监管手段不先进等诸多问题。

1）区块链与非金融领域融合的前景已经显露

从美国 DHS、DOD、DOE、NASA、NSF 等部门近期资助的一系列项目来看，区块链与非金融领域融合的前景已经显露。学术界关于在实体经济中使用区块链的文献也越来越多。就世界范围来看，欧盟发布的《区块链的现在与未来：评估分布式账本技术的多维影响》以及德国联邦政府发布的《联邦政府的区块链战略》中均重点提及了区块链与工业领域的结合。"区块链+非金融行业"会是未来区块链发展的重要方向。

2）加大对区块链关键技术和应用研究的支持力度

区块链的可扩展性、互操作性、标准，以及不同行业区块链基础设施或平台的建立已经得到美国很多部门的重视，这是值得研究的方向。同时，需要注意的是：密码学是区块链技术中的核心关键之一，目前，区块链仍采用椭圆加密算法（ECC），而未来量子计算的实现将对其产生致命打击，抗量子计算也是值得研究的一个方向。加强在密码学、共识算法、脚本、账本模型、存储等相关领域关键技术研发，并大力支持区块链在不同行业的应用研究十分关键。

3）完善数字资产定义、分类

美国国会对区块链的监管日益明晰，亲数字资产、加密货币的态度更为明确，中国要加紧对数字资产进行准确定义、明确分类，根据数字资产不同性质进行监管，推出数字货币试点，掌握数字资产定价的主动权，推动全球制定比较统一的区块链监管框架或共同指南。

4）成立区块链测试认证标准化国家实验室

中国目前已经以 P 成员的身份加入了 ISO/TC307 的标准制定过程，在 TC307 技术委员会的提案中，中国是"分类和本体""数据流动和分类"研究项目的牵头人，在国际上已经具有一定话语权。应进一步应依托中央企业、科研机构等成立区块链测试认证标准化国家实验室，颁布行业和工程详细算法步骤及各项指标说明，进而推动国际标准的制定。

5）避免对技术和产业发展施加不当约束

美国国会议员汤姆·埃默和多位学者曾表示，目前对区块链的监管存在对其抑制的风险，而这种风险主要来自于 SEC 不明朗、出尔反尔的行动。汤姆·埃默提到，"在互联网早期，美国政府制定了一项名为《全球电子商务框架》（The Framework For Global Electronic Commerce）的倡议报告，使得美国抵制了过度监管的诱惑，赢得了互联网领域的胜利。"该报告中的一些原则值得中国政府在应对区块链监管时借鉴，即政府应避免施加不当约束，要参与适度不应"加戏"等。

6）建立广泛的区块链评估体系

联合国秘书长安东尼奥·古特雷斯（Antonio Gutteres）将对新兴技术的治理列为联合国 2019 年五个优先事项之一。他提到，尽管此类创新"可以加速"促进和平与可持续发展，但同时警告说，这些创新"超过了我们对其影响力进行评估的能力"。美国已经有学者对区块链技术应用时涉及的权责问题进行分析，提出对数据条目负责的应是用户而不应是区块链管理器。应建立广泛的区块链评估体系，围绕可靠性、开放性、平等性、责权对等性、活跃度、监管透明性等进行评估，促进全社会负责任地发展区块链。例如，应评估区块链项目的不确定性是否收敛、区块链系统的参与者是否可以获得对等的责任和权力分配等。

下辑 ——

云链建设报告

第五章

国际仲裁云链理论基础

—— 以终为始，前置治理

信息不对称与信用不对称

—— 以《最高人民法院关于加强区块链司法应用的意见》为中心展开

徐秋琳

信息是人类社会交流的基础，信用是人类社会交易的基础。交流产生交易，交易创造价值，信息加上信用等于交易。这是最完美的交易模式。信息和信用的充分对称是一种理想社会，是人类社会永恒的追求。

信息不对称

信息不对称指交易中的各人拥有的信息不同。在社会政治、经济等活动中，一些成员拥有其他成员无法拥有的信息，由此造成信息的不对称。在市场经济活动中，各类人员对有关信息的了解是有差异的；掌握信息比较充分的人员，往往处于比较有利的地位，而信息贫乏的人员，则处于比较不利的地位。

在现实经济中，信息不对称的情况如此普遍，其影响如此之大，以至于影响了市场机制配置资源的效率，造成占有信息优势的一方在交易中获取太多的优势，出现因信息力量对比过于悬殊导致利益分配结构严重失衡的情况。因此，互联网技术应运而生，互联网技术从一定程度上解决了信息不对称的问题，互联网的本质是一种连接，人与人的直接连接，人与信息的直接连接，这种直接连接实现了点对点的信息交流，去除了中间的传递媒介传递信息的过程，降低了信息在传递过程中造成的失真，从一定程度上解决了信息不对称问题。但是点对点的信息交流依然存在信息不对称的问题，作为信息的拥有者，会因利益间的"博弈"，存在只"透露"有利信息而"封锁"不利信息的情况。

信用不对称

基于信息不对称，产生了信用不对称。信用之所以存在，首先源于一种不言自明的安全感，更多的时候则是依赖于日积月累的，基于所交流信息的真实性所产生的信任，长期的习惯使经济生活中的主体产生强烈的心理预期，日积月累的点滴行为使人们依据理性作出可靠的判断，如此反反复复，最终铸就信用的围城，就像一个印记，深深地刻印在经济生活的每一处。

信用难得却易失。经过百般考验千般磨难洗礼之后的信用堡垒，或许只因为偶尔的"一不小心"或"有意为之"而坍塌。信用的产生、建立、维系、恶化、缺失和瓦解从来都是不可逆的，从固若金汤到危如累卵，只那么一步就会陷入万劫不复。简言之，信用存在于"信"，巩固于"用"，既可以因"用"而更"信"，也可以因"用"而不信，信用来之不易。

最初的信用表达是从信任开始的，信任推动交易便产生了信用。表达信用也许只需一张简易粗糙并不规范的借条，或者一句口头承诺，简单的表达方式并不妨碍信用的完美实现，有借有还成为亘古不变的规则。如今为了表达信用，动辄数月草拟合同，洋洋洒洒万语千言，意图穷尽所有不诚信的可能性，囊括可预见的一切风险。满纸的法律条文、错综的名词概念、纷繁的行为规范、复杂的结构设计，细化出的各种守则条例不断揭示出人与人之间内心的"恶"，不信任成为人们践行信用的最大成本。

人们偏离了信用的轨道，为了践行信用，又创造出金融，金融成为信用的化身。当交换的大门打开，双方或多方的物物交换无法满足实际需求或者止步于不信任时，代表双方信用的中介机构即应运而生，扮着"信用持有人"、"信用守护神"的角色走向历史前台。这些机构承载信用、储备信用、放大信用、守护信用，以其自身职能的不断完善，润滑着不同交易群体，牵连着社会各个层面，增加着社会的交易成本，整个社会交易不断趋向熵增。

解决机制——国际仲裁云链

信息不对称和信用不对称是一切经济社会问题的根源，解决这些问题的根本在于解决信息不对称和信用不对称。

当今社会正处于一个全新的时代——数智化时代。数智化时代带来了数智化技术，数智化技术改变了传统的交易方式，解决了交易过程中的信息不对称问题，也解决了交易过程中的信用不对称问题，这是数智化时代下的两个全新的变革。这两个全新的变革使得金融机构的传统功能正在逐渐弱化，基础价值正在流失。

我们需要金融服务，但不一定需要金融机构。信息不对称和信用不对称是国际仲裁云链建设的理论基础及实践基础。国际仲裁云链作为基于数智化技术研发的"（国际）商事纠纷解决的法律服务基础设施"，搭建了用数字化技术解决信息不对称和信用不对称的"区块链技术服务平台",该平台通过"两链一云"的建设,利用确权技术和共识机制,各业务主体基于共信建立共识机制,通过自信解决担保问题,从而最终实现商事行为确认,并最终通过司法纠纷解决机制快速解决纠纷:

通过源头数据链,将可信根源信息进行数字化留痕,实现全合意链条、全参与主体、全周期信息的上链存储,从源头实现民商事活动信息的数字化治理。

通过解纷证据链,提前置入与不断迭代的法律知识,对于所有根源信息的存储和保管进行引导;按契约形态、分参与方视角、以法定证据形式,完成证据上链,为"一键裁决"提供证据基础和裁决书样本。

通过智能裁决云,一方面为法院、仲裁委、调解机构、公证处提供线上庭审系统;前述机构可以利用智能裁决云受理争议、在线开庭、质证验证、作出判决书、裁决书、调解书和公证书。另一方面,经前述司法机构指导,根据纠纷类型梳理形成的智能文书系统,在事实具备、证据确凿、规则明晰的情况下,智能地提供确认证明函、履约催告函、违约提示书、模拟裁决书,等等文件模板,为一键裁决提供基础,也为契约各方提供法律后果的预测服务。

纠纷与纠纷解决的选择

王　栋

《史记·货殖列传》有云："天下熙熙皆为利来，天下攘攘皆为利往。"有了交往就有交易，有商事活动就有纠纷。商事活动的发展和商事纠纷解决方案选择密不可分。

商事纠纷是特定社会主体之间基于利益冲突而产生的一种对现有秩序有破坏性的对抗行为，其作为一种社会现象，与人类社会发展相伴而共生。

避免纠纷的发生是所有商事活动的共同理想。有效化解纠纷一直是商事活动永恒追求的目标。

当前，全球的商事活动集体陷入纠纷解决的困境。

契约与违约

我国西周时期的民事法律制度中已然通过"契约"来保障交易安全进而鼓励交易。

后来的罗马人更是将合同之债喻为"法锁"，在表达"债"对契约双方稳固关系和强大约束力的同时润养了一代又一代人严守契约的精神品质。

《史记·季布栾布列传》所云："季布一诺，千金不易。"更是将诚信作为个人立身之本而万古流芳的典范。

然而，在"人来人往"的社会中，虽然"法无禁止即自由"是社会交往和商业合作的"通行证"，但社会资源的有限性和社会主体需求的无限性使其在参与社会竞争的过程中难免产生纠纷。有契约就有违约。

中国古代的先贤们意欲通过倡导"不能使民无讼，莫若劝民息讼"的理念来建构无讼和谐社会，时至今日却无一人敢"狂妄"地画上纠纷休止符。

高昂的纠纷解决成本

在现代社会商事活动对法律的依赖性越来越高。而事实是法治越发达纠纷解决的成本越高，效率越低。

在复杂的、高度专业化和技术化的社会生产和极其频繁的经济往来中，社会主体不得不通过法律确保稳定性和可预测性。公证、调解、仲裁、诉讼等解决纠纷的方式成为满足其利益或者扩大利益分配权力的首选、必选和终选。也正是这样的选择使得契约双方的博弈必然要在实体法和程序法"坚硬的"框架下进行，使得纠纷解决活动陷入低效率、高成本的困境。

通过《2021年度最高法院专利侵权纠纷案二审判决大数据报告》中呈现的案件审理时长来看，大部分案件的审理时长集中在78天以上，276天以下，中位数为121天。

人们寻求解决方案的目的是让商事活动更有效果。但事实是，所有进入法律程序的商事活动都和预设的结果背道而驰。越来越多的案例证明了这一点。

在王老吉和加多宝凉茶之争中，加多宝赢了官司，输了市场的事件至今仍令人唏嘘。类似的案例不胜枚举，通过耗费时间和丧失商业机会而争得的利益并不能使原本欣欣向荣的企业恢复往日的生机，更不能弥补常年诉累所带来的损失。相反，企业会因此而走下坡路，甚至走向"死亡"。

高昂的纠纷解决时间与经济成本成为阻碍商事活动发展的重要原因。

还原技术是证据的核心

欲解纠纷先求证。

在纠纷解决过程中，当事人陈述发生了什么不重要，证据证明发生了什么才重要。

还原是证据的核心。因为客观事实具有时空唯一性而无法还原。大多数时候法官、仲裁员只能依靠证据佐证来认定当事人所陈述事实的真假，从而尽可能地还原事件的全貌，并基于此法律事实来适用规则进而确定争议双方的权利、义务以及相应的责任。因此，一切真实的、合法获取的且与待证明事项有关联性的证明材料是尽可能还原法律事实的关键。

在现实当中，用以还原法律事实的原始文件、真实信息、基础资料受制于其存储条件，存储介质可能遗失，也可能被篡改。尤其是电子证据相对于传统证据具有形式多样性的特点，计算机或者其他电子设备表现出的信息内容通常不只是图像或声音，更多是数据、声音、图像、图形、动画、文本等两者或多者的结合。电子证据由于其非连续性表达具备脆弱以及易破坏性。

虽然，传统的中心化的电子证据存储在保存证据的能力毋庸置疑，但其组织冗余、效率低下、存储成本高的弊端常使人有苦难言。同时，中心化机构潜藏着"监守自盗"的道德风险，即数据极易被篡改甚至丢失。同时，各机构数字化水平信息化水平千差万别，有些电子数据因保存格式、制作规范，留存标准不一而冗余繁杂，甚至不具有证明力，这就为还原真实的法律事实留下诸多隐患。

链证技术是最好的还原技术

"山重水复疑无路，柳暗花明又一村"，基于数智化和区块链技术的链证服务使事实还原焕发生机。

区块链技术在重构社会组织形态、生产生活方式的同时，也为商事活动带来诸多便利，其基于共识机制的分布式记账、可追踪的技术特性对商业活动全流程的行为和文本进行留痕保真。

诚如《国语·越语上》所云："贾人夏则资皮，冬则资絺，旱则资舟，水则资车，以待乏也。"任何商事活动都需要未雨绸缪，链证服务正是商事主体从源头上进行风险管理最好的技术，它能够从根本上消除当事人"有心说理，无力举证"的窘境。

商事主体通过标准化合同，在各类商事场景中进行商事活动，从身份确认到意思表示，从签署协议到履约违约，全过程数据存证上链。在关键业务节点埋点，数据自动存为证据，并通过区块链进行法院、仲裁机构、调解机构、公证机构、律师事务所、信用评级机构以及各类商业机构等节点产生共识。各节点"异口同声"产生共识后，以《链证报告》公诸于世，证明上链存储的证据"已成共识，难以篡改"。一旦发生纠纷，商事主体即可通过唯一的 hash 值进行溯源追踪关键信息，确保精准举证，高效质证，精确验证，如此可方便法官仲裁员、调解员还原真实事件全貌，以达到高效定分止争的效果。

凡事行动前的计划不如计划前的行动，秉持"以终为始，前置治理"理念的链证服务将使当事人彻底告别"有理无证，望案兴叹"的历史。

不仅如此，链证服务，创造了全新的确权机制，各参与主体共同接受的基于存证的"共识"机制，由"共信"替代"公信"、"增信"，由"自证"替代了"他证"、"公证"、"函证"、"保证"，创造实现了全新的"共识"，即各主体自己确认，其他参与主体在线见证的"共识交易"，真正实现共识即证据，共识即执行，共识即交割的"无感交易"的数智化交易，是数字经济时代商事活动的不二之选。

云链机制衔接破解解纷困境

国际仲裁云链作为易接入、跨地域、全周期且共同适用于各类纠纷解决机构的"云上解纷平台"，破解了纠纷解决中，立案难、举证难、审理周期长的困局。

国际仲裁云链构建了"云链并举"、"双向奔赴"的法律服务机制，创造性地破解了以往纠纷解决过程中"铁路警察各管一段"的难题。国际仲裁云链通过智慧法院、云上仲裁、云上调解、云上公证和其他云上纠纷解决服务，为法院、仲裁委、调解机构、公证处提供多角色，多端口、破除时空限制、确定真实身份的线上庭审系统。法官或者仲裁员、调解员通过在线举证，在线质证，在线验证得以还原事实真相，并基于此在线作出判决书、裁决书、调解书和公证书，提高了纠纷解决的效率，降低纠纷解决成本。

国际仲裁云链衔接为商事活动提供从头到尾的法律服务，在任何环节发生任何争议事件，法律服务机构可以第一时间，提供服务，避免纠纷发生，能真正为商事主体在"时间就是金钱，效率就是生命"的商业竞争中保驾护航。

不仅如此，以基于共识多节点理念建构的国际仲裁云链，颠覆了中心化权威主义的法律服务机制。基于国际仲裁云链平台，法律服务机构提供的服务也会发生根本性改变。以往，法院、仲裁机构、调剂机构、公证机关等法律服务机构都是在纠纷发生后才根据当事人的请求提供相应服务。如今，法律服务机构融入商事主体具体的经营活动中，从法律合同起草开始到履约结束的全过程提供服务。这也正好契合了当今社会纠纷全生命周期管理的时代需求。

随着智能合约的广泛应用，通过大数据分析将商事主体在具体的经营活动中的常见频发的争议分门别类处理，并通过不同协议形成智能化的纠纷管理系统。系统会自动识别并作出某个当事人可能违约的预警。同时，一旦发生违约情形，即可触发裁决系统，真正实现"一键裁决"的解纷效果。

未来，随着互联网、人工智能、大数据、云计算、区块链、5G 等数智化技术在纠纷多元解决机制中的深度应用，国际仲裁云链不断深化"数智+解纷"迭代，同法院、仲裁机构、调解机构、公证机关等机构共建、共治、共享，真正成为数字经济时代"链通万家"的解纷息讼命运共同体。

从商事入手

徐秋琳　丁森国　吴冬雪

何为商事？

"商"是朝代，是星宿名，还是五音之一。在《新华字典》中，"商"的常用义是"相互之间交流观点，引申指贸易，再转指从事贸易的人"。而在《历史语言研究所集刊》中，徐中舒这样解释"商"的"商事"之义的由来："殷亡以后，商人土田为周人所夺，故多转而为商贾，商贾名称当由此起。"意思是说，殷朝（商朝）在灭亡之后，其国家人民的田地被周国的人掠夺，周国人成为商人土地的占有者，即称其为商贾，这就是商贾这一称呼的由来。

在现代经济社会，商事即商事行为，相对于民事行为具有独特性，是商主体所为的以营利为目的的经营性行为。大多数商事法律关系的设立、变更和终止均通过商事行为实现。

商事行为是无处不在的，也是不可或缺的，基于数智化技术研发的国际仲裁云链即是专门为"（国际）商事纠纷解决提供法律服务的基础设施"。

产学研在商事领域齐头并进

企业及科研院所分别从不同的研究目的和对象开展研究，而他们"殊途同归"，都在商事领域展现出了丰硕的研究成果。

中国政法大学深耕课题研究，研究涉及民事、商事、行政、刑事等多个领域，而在商事领域的研究成果颇丰，产出了包括《司法存证及一键结案学习手册》等在内的诸多优秀研究与实践应用成果，中国政法大学牵头的仲裁云项目，就是为解决商事仲裁难题而专门设立的；与此同时，很多企业亦加大研发力度，不惜重金投入研发，主动利用数字化技术研究存储技术、鉴证技术等内容，这些技术研发后的应用场景首先在商事行为中。

"国际仲裁云链"就是由中国政法大学基于"区块链证据理论与应用研究项目""电子证据存储与司法存证课题研究""一键仲裁技术和电子数据司法存证技术"等多项研究成果转化形成的法律技术平台；是由中国政法大学孵化的、产学研一体化的司法实践平台；是由中国政法大学作为监督节点并协同法院、仲裁委、公证机构、调解机构、律师事务所、会计师事务所、其他服务机构等法律服务及专业机构共同搭建的争议纠纷解决综合服务平台。

为什么从商事入手?

其一，商事具有重要意义和明朗的发展前景。

商事是强国之本，是社会经济活动的重要基础，是最活跃的市场行为。商事能够优化产业结构、推动市场发展；商事历史悠久、服务体系周全、标准化文本亦较为健全；同时，商事活动全球统一，是最活跃、最开放、最民主、最透明的；商事国际化程度最高，贸易全球化和国际化是全球历史最早、最悠久的共识，WTO 是世界上最大的国际商事组织。

商事，尤其是进出口贸易，更是国力竞技场。据国家统计局数据，2021 年我国货物进出口总额 391008.54 亿元人民币，占 GDP 比重高达 34.19%，对外贸易规模和国际市场份额均显著提升，为国民经济持续恢复发展作出了积极贡献。

其二，数字化技术在商事中的融合最为深刻，应用最为广泛。

数字化技术在商事中的应用非常深刻、成果非常显著，这对促进商事纠纷解决的健康发展至关重要。

一方面，数字化技术带来发展新机遇。商事领域坚持推动国内、国际商事与科技深度融合，提升商事纠纷调解网络化、智能化水平，促进商事纠纷高效率、低成本解决，增强纠纷处理透明度，迈向更加智能互联的新时代。

另一方面，企业主动进行科技研究的成果是最明显的，并且和产业的结合是最接近的，企业的商业动力最容易与技术融合，数字化技术对企业的发展推动作用最大，数字化技术与企业发展融合得最快，数字化技术在企业商事中的运用最为深刻，发展得最好。

其三，我国是商事大国却不是商事话语权强国。

习近平总书记指出，由于大国竞争和贸易保护主义抬头等风险因素，"我国企业拓展海外利益遇到的阻力和挑战势必增大，跨国纠纷和法律问题也将更多更复杂。"特别是发生国际纠纷的时候，我国企业的话语权还存在严重的短板。北京国际仲裁中心的统计数据显示，中国企业签订的涉外合同中，超过 90% 约定通过仲裁方式解决争端；

其中产生涉外商事纠纷的，90%选择国外仲裁机构进行仲裁；而这些仲裁的案件90%以上均以败诉告终。这"三个90%"的痛点，对中国主导的国际法律服务基础设施提出了非常迫切需求。积极参与国际商事仲裁和调解机制的建设，对于保障我国企业的商事主动权，打造贸易强国，有着至关重要的意义。

国际商事的竞争，说到底是规则把握能力、规则应用能力和规则发展能力的竞争。习近平总书记强调，"国际竞争越来越体现为制度、规则、法律之争。我们必须加强涉外法律法规体系建设，提升涉外执法司法效能，坚决维护国家主权、安全、发展利益。"而在当前，这一工作的重要性进一步突显。谁掌握了规则，谁就在纠纷解决中掌握了主动权，就能够在包括纠纷预防与风险化解在内的治理竞争中占得先机。

商业是无国界的，商业规则也是全球统一的，因此，从商事入手是必然的，从商事入手也是践行习近平新时代中国特色社会主义思想。我们是贸易大国，却不是贸易强国，面对众多国际纠纷，我们没有话语权，没有制定规则的权利。国际仲裁云链从商事入手，定位于国际商事法律服务基础设施，通过"双向赋能""服务两端"的运营机制，一端链接商事用户，为商事用户赋能，为商事用户提供全生命周期的、安全的、标准的数据存储服务；另一端链接争议纠纷解决机构，为国际商事用户合约的履行提供保障和支持，为纠纷解决提供专业、高效的服务，从而掌握未来商事的制高点。

循环证明的困境和破解

张世煜

在 2015 年的一次国务院常务会议上，李克强总理曾提到，"我看到有家媒体报道，一个公民要出国旅游，需要填写'紧急联系人'，他写了他母亲的名字，结果有关部门要求他提供材料，证明'你妈是你妈'！"总理的话音刚落，会场顿时笑声一片。"这怎么证明呢？简直是天大的笑话！人家本来是想出去旅游，放松放松，结果呢？"李克强说，"这些办事机构到底是出于对老百姓负责的态度，还是在故意给老百姓设置障碍？"

循环证明的怪圈

在哲学上，安全与效率是一对负相关的概念，它们总是存在反比例关系，为了社会运转的安全，势必会使运转效率降低。我们为了实现每一个诉求、达成每一个交易，都普遍通过借助第三方的力量来帮助我们更加稳妥、安全地实现。

有人统计过，我们从出生到死亡，会需要办理数百个证，但鲜有人思考我们是否真的需要这么多的证？我们要证明母子关系，就要依赖公权力机关的确认，要想获得公权力机关的确认，就需要基础材料的支持，要获得基础材料的支持，就又需要其他公权力机关的背书，环环相扣、无从破解。而我们是否思考过，"我妈是我妈"本来就是一件无需任何人来证明的客观事实！这就是我们当今社会运转中难以摆脱的循环证明怪圈。

循环证明的根本症结在哪里

循环证明的根本原因在于互不信任。

我们处在一个信息爆炸的时代，伴随着有用的真实信息而来的，更多的无用的虚假信息，使得我们终日面对高立的信息壁垒，我们随时都需要为破除信息不对称付出高昂的代价，而信息壁垒带来的后果就是互不信任。

德国社会学家尼可拉斯·卢曼将农业社会和工业社会状态下的信任分为人际信任和系统信任。人际信任是基于熟悉的信任，中国传统社会的信任就是典型的人际信任。但这种建立在"熟人"基础上的信任，有着天然的局限性，因为每个人能够认识且熟悉的人数是有限的。并且，在基于地缘和血缘的"熟人"社会，信任更多地体现了人与人之间的情感纽带，但熟人社会的信任在很大程度上是一种情感认同，因为缺乏必要的数据而无从推理，更没有制度上的保障。

信任是人类社会维持协作最重要的机制，尤其是双方平等的商业交易，没有信任，交易就不可能达成。这点在熟人社会问题不大，在陌生人社会，情况就变得很麻烦。随着科技的发展、社会的进步，工业化、城市化、信息化接踵而来，以地域和血缘为纽带的社群被打破，系统信任取代人际信任。

陌生人的协作需要一个彼此都信任的东西作为信任中介。为此人类社会建立许多组织和制度，维持信任系统的运行，比如货币、法庭、银行、保险公司等。在互联网时代，一些电商平台在本质上也提供了信任服务。人们在平台买卖，通过平台旗下的电子支付方式转账，平台承担着信任担保的作用。

现代商业的飞速发展，究其根本就是得益于解决了信任扩展。两个各处天南海北、素未谋面的陌生人，他们敢于交易，是发达的信任中介在起作用。跨国公司、银行和互联网，他们是商业世界的信任中心，他们可以连接无数的人，促成数量庞大的交易，创造巨大的信用价值。为此，这些第三方中介也从中发展壮大、获益颇丰，整个经济世界成为由第三方中介建立秩序的世界。

由此我们可见，第三方中介在曾经一段时间促进了交易，从而促进了生产力的发展，但在数字化时代来临时，第三方中介显然又限制了交易的进一步扩展，我们亟待另一种建立信任的新模式，于是，从"他证"转向"自证"的时代来临。

重构社会的信任

要破解循环证明的难题，就是要彻底摆脱对第三方的依赖，脱离第三方保证、第三方证明、第三方增信等主观规则的限制，从根本上建立一个依靠客观规则运行的，去保险化、去见证化、去公证化、去中介化的崭新世界。

从重构信任关系的角度来看，区块链技术的进一步应用，可谓恰逢其时。区块链正在悄悄改变社会的交易方式、生产效率和人际关系，其核心价值不在于计算机技术，而是链接各行业，让数据经济时代没有信任难题。信任由最初的基于"熟人"进化成基于"制度"，最终将演变成基于"技术"的信任。现在，随着社会网络向虚拟网络的进一步迁移，社会信任有可能完全基于信息技术，而区块链正是其核心技术，通过区块链技术的应用，建立在信任基础上的一切将会获得跨越式的发展。

区块链基于其不可篡改性、信任可量化性、智能合约的自动性等特点，使交易双方彻底摆脱第三方的"增信"，只要同处区块链上，都可以轻松获得对方的信用值，从而决定是否进行交易，信任成本将不断趋近于零。区块链将信任数字化和量化，以网络为边界，以代码为载体，以数据和算法为依据，是重构社会信任的利器。

国际仲裁云链破解了循环证明难题

正如前文所述，破解循环证明关键在于彻底摈弃第三方。国际仲裁云链在区块链技术的加持下，在链上的中国政法大学、法院、仲裁委、公证机构、调解机构、律师事务所、会计师事务所、其他服务机构等法律服务及专业机构共同搭建和合作共建之下，国际仲裁云链轻松实现了建立共识先于纠纷产生，通过数字化技术使证据固定化和标准化，获取链上多个法律机构的共识，从而真正实现在纠纷真正来临时一键止争。

在区块链技术的护航之下，全新的确权机制应运而生：各参与主体共同接受的基于存证的"共识"机制，由"共信"替代"公信""增信"，由"自证"替代了"他证""公证""函证""保证"，创造实现了全新的"共识"，即交易主体自己确认，其他参与主体在线见证的"共识交易"，共识即证据，共识即执行，共识即交割的"无感交易"技术。

正是通过这种"他证"向"自证"的转换，国际仲裁云链为破除循环证明、重新构建交易秩序提供了新的思路、指明了新的方向。

以终为始，数智技术重塑商事风险管控机制

郑　杰　张世煜　邓音昱

以终为始，正所谓"凡事预则立，不预则废"。这是商事活动共同追求的理想状态。

以区块链技术代表的数智化技术则让以终为始得以实现，重塑商事活动风险管控机制。

纵观世界商业与行政活动风险管理历史，基于社会信用制度的体系大多是制度性、合约化的间接作用机制，不管是制度论，还是卢曼的系统信任论，以及吉登斯的符号与专家体系等都反映了非直接的信用基础。不过，随着区块链等信息技术广泛而不断深入地运用，建立共同信任社区，构建基于数智化的直接信任机制，进而建立既符合社会实际需要又符合技术实现能力的全新风险管理机制，已然可以实现。

数智信用构建多方共识

"数智化"这个概念原本的含义为：数智化与智能数字化的融合。这种概念主要包括三层意思：一是"数字智慧化"，相当于云计算的"计算"，即在信息中加入人的智力，使统计信息附加值加强，提升信息的有效性；二是"智力互联网数字化"，即利用互联网，把人的智慧管理出来，相当于从"人工"到"互联网智能化"的升级。数智信用则是依托数智化，形成相互信任的生产关系和社会关系，链接并传递信用的场景。

在区块链时代的商事，特别是金融领域，面对数据来源丰富、难以收集导致的融资贷款信息不对称、成本提高等问题，区块链技术提供了"市场互信"的发展方式。而"市场互信"又分为"互相信任"与"无需信任"两种实现方式。因为"互相信任"对于竞争市场来说基本不可能，因此本文试图构建一个"完全可信"的征信机制。

在此环境下，注意到区块链的本质便是一种去中心化、去信任、开放自治的新型数据库解决方案。作为一种去中心化的数据库系统，区块链使用密码学基本原理，把产生的各种关联数据加以整合，从而在里面记载大量数据。在区块链上，各个区块都有密码标签，并且所有的节点之间都可以使用这个方法相互连接。使用时，每一个节点都是一本账本，既可以被查阅，也可以进行信息共享。理论上，区块链这一系列的运作特性都有利于实现"无需任何主体背书的信任"的征信体制。

借助"国际仲裁云链"的数智信用，双方旨在形成多机制协议，利用上述节点的投票，在最短的时限内实现对行为的检验与确认，即在一个互不信任的市场上，要能够与各节点取得一致的充分条件是各个节点基于对自己收益最大化的考量，都能自觉忠诚地按照交易中事先制定的原则，确定每一个数据的真伪，最后将确定为真的数据录入区块链当中。"国际仲裁云链"利用区块链技术，在机器之间建立"信任"网络，从而利用信息背书的非中介型信用机制来实现新的信用创新，实现全面共识。

全新的信用创造和传递

在数智化社区，每个主体自己创造自己的信用，并且实现了自己管理自己的信用。数智化技术和基于数智化技术的信用算法可以自动地对每一个数智化社区的主体以及主体活动产生的信用自动进行记录，并且按照数智化社区标准进行评估打分并进行管理。其中最大的创造就是，每个数智化社区的主体信用同时得到数智化社区其他主体的共识，从而不再需要第三方评级机构的再加工，改变了信用不对称的状况，从而建立一种全新的信用创造和评级机制。

特别是在信用传递上改变更为彻底和深刻！

由于各方面的原因，当前个人信用评估多是通过第三方信用机构进行的。这种信用信息虽然是经过专业机构并经过专业标准得出的结论，即使都是一个标准，仍然存在时延和高昂的成本，这种信用机制本身为信用制造了代价。

数智化技术和数智化社区信用传递是即时的，直接的，可以无限降低成本的信用传递。

数智化社区，我们生活在理想的信用环境下。

实现以法律管控风险

风险管理是社会组织或者个人，用以降低风险的消极结果的决策过程，包括危险辨识、风险估计，运用各种风险管理方法，对风险进行合理管控并妥善处理可能造成危险的后果，进而用最少的投入获得最高的安全保障。

国际仲裁云链是将区块链与自主、自助的信用记录合而为一的全新的风险管理体系。国际仲裁云链服务两端用户，一端链接司法公权机构，为法院、仲裁委、公证机构、调解机构等提供服务；一端链接商事业务客户，为商事业务提供法律保障和支持保证合约的履行。"国际仲裁云链"为两端用户实现双向赋能，即将用户合同及相关行为直接转化、即时转换为法定证据，同时为裁决机构提供数智化的裁决平台。定分止争的方法完全法律化。

"国际仲裁云链"利用信用识别、一键裁决、机构共识的能力，从源头上实现风控合规，构建多国互认的、数智化的风控逻辑和基础设施替代原有风险管控模式。通过联系隶属于"国际仲裁云链"系统的理事单位（权威节点）、成员单位和现场服务组织，有效运用标准化签约场景、标准化存证接口、标准化合同文本、标准化存证用证、标准化争议仲裁，以合理化解平等市场主体之间出现的合同或者其他财产利益争议，为重塑风险管理新理念提供了重要参考。

云上解纷　链上证据

林　海

商事活动中，往往充斥着"签约拍脑袋，履行拍胸脯，违约拍大腿"的遗憾场景。从相谈甚欢到相见两厌，有时只需要一瞬间。但是，如果真要诉诸公堂，人们又有种"厌诉"心理。原因很多，其中重要的一点是，周期长、效率低、成本不可控。因此，人们希望快速裁决，甚至"一键裁决"。

裁决要快，无非依赖二者：事实清晰，规则明确。事实层面，需要做到精准取证、如实举证、迅速质证、高效用证；规则层面，明确好"大前提－小前提－结果"的三段论。特别是，针对某些标准化的契约和争议，就可能从一开始按照规则要求的方式，保留好证据文件，并且确保其系"原件"，从而缩短取证、举证、质证、用证的时间，做到快速裁决，甚至一键裁决。久而久之，甚至可能预测出违约的类型，将标准化的纠纷解决方案前置于纠纷发生之前。所谓"以终为始，前置治理"。

我们时常提及的"云上解纷"，一层意思是，不用双方到场，即可在线立案、审理、裁决；另一层意思则是，在纠纷发生之前，给出"标准化的纠纷解决方案"，从而进行预防和化解。所谓"标准化的纠纷解决方案"，其实是基于证据（按解纷要求进行）存储，根据长期积累的裁判经验，针对特定类型、相对标准化的潜在纠纷，提前或即时予以一系列法律服务。

这些法律服务可能包括以下几类：

（1）有关权利义务的确认证明函；

（2）履约条件已具备的及时催告；

（3）违约的责任提示及裁决样本；

（4）具备执行效力的终裁裁决书；

（5）具证据效力和证明力的公证书。

当然，这些文书不可能凭空颁出，而是需要倚赖于以下证据"三性"：一是真实性，有可供验证的链证报告，证明链上存储的证据与当时双方签署的文本完全一致；二是完整性，证据链条完整，能够充分证明事实（例如，一份纠纷可能需要四份合同才能定分止争）；三是关联性，凭借证据链条，足以证明事实确凿，并根据相关法律规则，足以作出相关权利义务归属的判断。

因此，当我们说"云上解纷"离不开"链上证据"时，实际上是在说，链上证据不但留存了作为判决基础的证据原件，还根据云端给予的智识与经验，以"三性"为指导去完成证据的上链存储。换句话说，将纠纷预防与化解的治理需求，前置部署于整个合意链条与证据系统。

根据建设的经验，云上解纷与链上证据的有机结合，可能会表现为这样的技术系统：

1. 根源信息链，即可信根源信息的数字化留痕。接入证据存储系统的各个场景，均要实现全合意链条、全参与主体、全周期信息的上链存储，从源头实现商事活动信息的数字化留痕。

2. 解纷证据链，经过仲裁、调解或法律服务机构指导的证据保存平台；通过提前置入与不断迭代的法律智识，对于所有根源信息的存储和保管进行引导、梳理；按合同法律关系类型、分参与方视角、以法定证据形式，完成证据上链，为"一键裁决"提供证据基础。

3. 智能裁决云；一方面，指的是为法院、仲裁委、调解机构、公证处提供的线上庭审系统；另一方面，指的是经前述解纷机构指导，根据纠纷类型梳理形成的智能文书系统。前者的功能是，远程云立案、云受理、在线开庭、质证验证、作出判决书、裁决书、调解书和公证书。后者的功能则是，在事实具备、证据确凿、规则明晰的情况下，智能提供确认证明函、履约催告函、违约提示书、模拟裁决书等文件文书，为契约各方提供有助于揭示法律后果的"解纷"参考。

凭借前述的"两链一云"体系，或许能为商业场景能够提供以下三项保障：

第一，以裁决促履约的信用保障。履约进展不畅，出现潜在违约风险，可自动触发预提示，推荐预调解，督促交易双方积极履约。一旦违约，立即一键裁决，并送达至交易双方，重新构建信用机制，从根本上解决"履约难"的问题。

第二，穿透至契约底层、跟踪至交易全程的核查保障。利用区块链技术的可追溯、防篡改特性，对商事活动中形成的合同文本、电子证照、支付结算证明、交接单等进行穿透识别，实时跟踪主体身份变动、资金流向，并实现与监管部门数智化监管措施的对接（如有必要，可主动与监管链实现跨链）。

第三，创新业务的确权依据与合规保障。以智能合约为底层，以高效解纷为导向，能够为尚未明确业务边界的创新活动护航。换句话说，通过明确归责机制，确认权利归属，确保义务履行，落地新场景，发掘新业态，为新产品、新业务确认安全合规的边界，颁发看不见的"牌照"。

进一步地，基于"两链一云"，或许还可以建设一个面向商务世界的标准化服务平台。其中可能有以下功能：

（1）标准化签约场景：依场景需要，分客户视角，将民商事行为分解为若干个最小单位的节点；每个节点自主、独立、合规运营，通过根源信息链接入证据系统，排列组合形成对交易、登记等功能的千级式替换。

（2）标准化证据接口：各节点通过"接口"嵌入数链空间，每个"接口"都是自动抓取数据、进行证据存储的关键节点，应当具备符合 SF/T 0076-2020《电子数据存证技术规范》所要求的时间戳、电子签章、文件加密等要求；

（3）标准化契约文本：从客户商事需求出发，以司法、仲裁机关出具一键裁决为导向，每个场景、产品、流程、节点应当梳理具备证据"三性两力"（真实性、完整性、关联性、证据能力、证明力）的契约文本与附录文件，经有权机关指导验证后不断升级迭代。

（4）标准化留痕用证：每个独立运营的节点通过接口，接入根源信息链；每个接口实时持续自动抓取数据，存入解纷证据链；客户和有权机关可随时调用《链证报告》，并在权威第三方网站进行验证质证。

（5）标准化纠纷裁决：基于场景、产品的标准化，从客户视角出发，提供裁决预测、履约提醒、违约预警、预违约调解、违约后一键裁决、高效（自动）执行的纠纷解决机制，提前导入法律服务，为客户提供有效救济，实现迅速定分止争，从根源上做好风险管控，让客户安心，法律放心。

第六章

建设历程：五年+3.0

双面需求，互为价值

彭　博

循着用户内在需求的方向，我们一直执着而坚韧地改进和深化，如今的国际仲裁云链已是3.0版。

从纠纷解决端看平台功能进化和技术迭代，1.0版是单个仲裁机构的信息化建设；2.0版是服务整个仲裁行业的云平台建设；3.0版则是基于数智化和区块链技术探索证据标准化以及前置治理的深水区。

从商事活动实践对纠纷解决需要端看，1.0版是打通信息不对称、提高效率为目的的SAAS服务；2.0版是解决信用不对称、以增信（征信）为目的的去增信、去担保等去中介服务；3.0版则是全面解决信息与信用不对称，把用户对法律服务的需求，法律对商事活动维护深度融合并实现，兼顾效率与安全的全面升级。

至此，从争议解决端到商事活动端，双方在3.0发生了汇合并深度融合。通过相互影响和作用，合而为一，殊途同归。最终由互生进入共生，形成双面需求、互为价值，双向赋能的国际仲裁云链技术服务体系。

需求是商事活动永远的动力

需求本质上是人类的欲望、诉求、渴望，这种渴望成为人不断追求资源的动力，也促成了资源的不断重新配置、高效配置。因此产生了供需关系。

在供需关系中，存在的价值和意义是由对方的需求而决定的。需求越高，资源的匹配度就更高；相反地，从供给侧提供的资源越优质，反推需求上升到更高的层面。

在需求提出与实现中，其是一个不断进步与迭代的过程。人们为满足个体生存需求，将诉求转化为动力；一旦满足了基本生存需求，人们就会去继续追求更高层的需求。周而复始，螺旋上升，因此提出需求与满足需求，也是一种双向影响。

在系统建设中，需求是一种将业务需求转化为产品需求，进而转化为系统功能的过程。本质上，是为满足人们对系统实现功能的要求。需求要满足"做什么""为了什么""什么标准""达到什么指标""产生什么效果"等功能需求和性能需求。对需求的识别，是一个综合收集与分析的过程。首先需要对复杂又专业的应用领域有理解，其次业务变化会导致需求的变化，使需求具有动态性，再次需求并不是服务于一个客户的，不同客户会从不同维度提出多面需求。因此收集与分析需求的过程，需要对用户有不断地正向反馈，才能保证系统功能的正确性，完整性和清晰性。

因此通过不同角度观察和分析，可以得出需求的两个共性。一是需求是一种进步的动力；二是需求是多面的、复杂的、相互作用与影响的。

商事活动需求的分析

商事活动极为发达的今天，却深度陷入合同执行纠纷解决困境中，全球的商事活动都需要高效率的纠纷解决机制；同样，在世界法治建设极为健全的今天，却远远不能满足商事活动全生命周期服务的需要。

商事活动为解决纠纷付出了巨大代价，法律机构为商事活动也是绞尽脑汁，大家都在持续寻找解决方案，都付出了巨大代价。

数智化技术和区块链技术为我们解决带来了机遇。

在国际仲裁云链3.0的搭建中，我们深刻地践行了需求的两个性质。一方面，我们通过需求的实现与正向反馈，不断指导国际仲裁云链的升级；另一方面我们通过寻找需求的各方用户，意图准确表述需求并且完善需求的多面性。

首先，从商事主体的角度来看，商事行为中存在着大量的信息与信用不对称情况，也面临着诸如循环证明等很多困境。为了解决问题，商事行为中不断层层加码，导致为了解决一个问题而创造出一个新问题的现象。现实中，商事行为的双方，往往只需要一个互信的意志表达即可。他们的关注重点在达成交易以实现利益。而如何达成交易却成为其绊脚石。商事交易的双方亟待一种模式，既能够在交易前解决不信任的问题，也能够在交易过程中解决争议与纠纷的问题。

其次，在争议解决的终端上，这些机构也面临着举证难、验证难、证据标准化低、流程漫长复杂、达成共识难等多方面难题。这多重困扰一直阻碍着仲裁、调解、公证等行业的快速发展。仲裁常常遇到的难题即是，双方当事人拿出同一份证据，却各不相同，为了验证真伪，裁决机构付出了很大精力，加大了裁决的困难；仲裁还会遇到的问题，是事实清晰、证据确凿，但无论如何就是无法让双方当事人达成一致，公权力的分离，让仲裁难以更好地发挥作用和价值。设计一套机制，实现证据标准化、提高争议解决的效率、提升纠纷解决能力，是学界和行业内共同的目标与诉求。

最后，围绕商事活动中，还有一群默默服务的专业机构，其为了解决信用问题而存在，却也因为设置了信用验证的"关卡"而被客户所不理解。这些机构有律所、会计师事务所，也有公证处等等。他们可以方便快捷地为客户提供信用服务，但没有标准统一、公开公平、规范透明的平台去宣传自己。这些机构，也需要一个平台、一个窗口展示其专业能力、拓展业务。

围绕商事活动，还有很多客户或主体，他们有着各自的目的与诉求，国际仲裁云链是为解决客户需求而存在的，以客户为抓手、以需求为动力，即是国际仲裁云链建设的目标。

多方共识让双面需求得以实现

在此基础上，国际仲裁云链创造性地提出了双面需求的理念：一方面满足商事行为信用问题的需求；另一方面满足商事行为纠纷解决效能问题的需求。基于双面需求，搭建了基于数智化技术研发的"国际商事纠纷解决的法律服务基础设施"，其既是一种创新业务模式，也是一套信用解决机制，更是一个多方共识平台。

国际仲裁云链通过链的建设，解决质证与信任的问题。通过前置治理理念，将纠纷解决过程中的证据标准化，前置到商事行为发生时即采用此标准。通过区块链确切技术的形式，将商事行为全过程上链，实现全合意链条、全参与主体、全周期信息的上链存储，从源头实现民商事活动信息的数字化治理。通过共信基础建立共识机制，让参与机构将商事行为确认，从根本上解决信任、担保与信用风险。

国际仲裁云链通过云的建设，解决纠纷处理能力与效率的问题。通过流程标准化的云服务，为仲裁委、调解机构、公证处等提供线上仲裁调解系统。其可以在线受理争议、在线组开庭、质证验证、作出裁决书、调解书和公证书等，提高了裁决调解机构的纠纷解决能力。通过证据标准化的云服务，形成事实具备、证据确凿、规则明晰的判断标准，形成统一的裁决书、调解书等文件模板，为一键裁决提供基础，极大地提高了裁决调解机构的纠纷处理效率。

国际仲裁云链双面需求的实现，既是一次司法创新，是前置治理模式的实践，是习近平总书记纠纷预防与解决并重的思想的践行；又是一种商业创新，是客户需求为先的意识，是全面升级数字治理的挑战，是为实现诚信经济环境目标的期望与决心。

双向赋能，链接两端

时海丹

国际仲裁云链定位为数智化的商事法律服务基础设施。"双向赋能""服务两端"是国际仲裁云链的运营机制，服务两端用户。一端链接纠纷解决机构，为仲裁委、公证机构、调解机构等提供服务；另一端链接商事活动的客户，为商事业务提供法律保障和支持，保证合约的履行。

国际仲裁云链通过其两大主要功能为商事业务客户和司法公权机构实现"双向赋能"，一是区块链证据数智化存储服务；一是为调解员、仲裁员、法官提供"云上智能解纷服务"。

为商事业务行为保驾护航——区块链证据数智化存储服务

当前交易中间面临的两大难题，一是信用、信息不对称，互相不信任导致的交易成本升高或交易风险加剧；二是纠纷解决难，交易双方一旦发生争议解决困难。

一方面，交易过程的信任问题，一直困扰着商事行为的双方。交易过程包括权属的确认、要约、交易达成、交割、权属转移确认，整个交易过程混乱，流程繁琐漫长，充满了不确定性。任何环节的信息不通畅，都会导致权利义务受到影响，商事主体的双方苦于信用和信息不对称，达成交易困难重重。

另一方面，即使达成交易，倘若当事人不遵守约定，解决这个问题的办法只能是借助于第三方重新确认，再借助裁决机构明确裁决权利义务，裁决后的权利与义务借助国家机关强制执行。事实上，任何交易中，在双方权责及对应的证明，行为所产生的结果并不清晰明确的时候，争议和纠纷就成为常态，这是交易的灾难。

国际仲裁云链通过数智化存证机制，赋能商事主体解决信用问题、快速达成可信交易。将交易全过程得以充分地记录，通过数字技术，在交易之初就确定清楚交易双方的权利与义务，并让所有参与人共同确定这个记录。存储的技术、方法、数据量，不仅得到当事人的确认，更是得到了终极解决机构的确认，且任何一个人都无法单方面修改。发生争议时，通过"一键发起仲裁/调解"，直通云上仲裁机构，并能够快速准确地调取使用已存储并得到多方确认的证据链条，从而保证双方利益。为打通交易环节的信用问题保驾护航。

国际仲裁云链通过区块链共信机制，赋能商事主体规范业务标准，前置治理纠纷。在交易发生时，就将司法标准前置在合同约定及交易过程中，实现签约过程的"五大标准化"，即标准化签约场景、标准化存储接口、标准化契约文本、标准化存证用证。在交易行为公开透明、权利义务明确清晰、证据链条已获取多方确认的情况下，交易双方很难再就此商事业务行为产生争议。这极大地提高了争议的解决效率。

为纠纷解决机构添砖加瓦——云上智能解纷服务

纠纷解决机构也同样面临着问题。一是发展困境，案件小额分散非标准化，商事业务发展纷繁复杂，数字化业务催生数字化证据，这些都需要纠纷解决机构拥有持续创新的能力、与时俱进的裁决手段和标准；二是公信力困境，证据处理过程人为行为多，争议解决周期长，执行困难等，迫使纠纷解决机构亟待更好的机制来"破局"。

比较典型的背景变化就是近些年来的互联网、数字化的发展。互联网仲裁、线上诉讼、线上调解等网络解纷行为近年来井喷式发展，特别是小额分散的互联网金融类案件占据了互联网案件的绝大部分。线上业务的迅速发展使金融行业在依托科技创新业务模式、升级服务体验、不断创收的同时，也因线上业务流程和数据的电子化处理催生出相关新型法律问题，如证据或证明材料准备成本高、效率低，收集人为参与程度过多，可靠性会受质疑，在线业务量大，律师代理费成本高，争议解决周期较长，实现债权的效率较低，结果执行困难，公信力低等等问题。

国际仲裁云链的云上智能解纷服务以"仲裁云平台"和"调解云平台"为服务核心，既提升了纠纷解决机构的服务效能，又提高了机构的公信力，是国际仲裁云链的双向赋能的重要实践。

仲裁云平台协同仲裁和调解行业资源对接商事活动产生的纠纷。在仲裁流程合规层面，建立完善涉网仲裁规则，明确网络仲裁受案范围，完善仲裁程序和工作流程；在系统功能建设层面，搭建功能完善的线上仲裁系统，并借助国际仲裁云链的云生态圈，将仲裁环节中涉及的各参与方全部引入线上，前置完成证据线上化的工作。为各地仲裁委提供一个规范、便捷、高效且仲裁结果认可度高的线上仲裁平台，从而大大缩短争议解决周期，规范线上仲裁流程，使仲裁结果更有保障。

首先，调解云平台为争议双方提供了一个公开透明且高效的云上平台，使解决纠纷的地点、时间的选择上更能尊重当事人的意愿，申请、应答、送达程序等都简便迅速，提高了调解人员的工作效率，充分体现了高效标准友好的服务原则。

其次，通过国际仲裁云链的司法证据数智化存储服务，在交易双方在发生商事业务行为的同时，将交易数据及交易过程实时同步至国际仲裁云链中，让包括纠纷解决机构的所有参与人共同确定这个记录。保全数据满足证据的真实性、合法性、关联性要求。如发生纠纷，仲裁机构可直接查阅取证。国际仲裁云链同时提供电子数据前期规范取证、中期安全存证以及后期便捷出证的一站式综合服务，解决电子数据保全过程中遇到的取证手段有限、证据效力不高的问题。

最后，通过对商事场景与仲裁标准、调解标准的大数据的分析应用，构建多方参与的网络治理协作机制，指导仲裁、调解与商事活动的深度融合，从解决纠纷转化为预防纠纷，实现预防与调解的有机结合。

综上，国际仲裁云链体系的建设，一方面，解决了商事行为中的信用问题、纠纷解决难题，帮助其打通交易环节中的信用问题，极大地提高了争议发生时的解决效率。另一方面解决了仲裁调解机构的流程慢、取证难、公信力低的问题，通过国际仲裁云链，进一步提升了行业服务效率，规范行业服务标准，践行了纠纷预防与解决并重的思想，实现了商事发生端和纠纷解决端的双向赋能与链接。

国际仲裁云链组织架构

皇甫文圣　刘晓芹

公权与私权的相互平衡与和谐稳定是当代人类社会文明进步的重要标志，组织权力的去中心化一直是人类社会的追求。从英国"君主立宪制"到美国三权分立，人类政治文明的进步史就是一部组织治理权力的去中心化历史。"去中心化组织"这个概念从 20 世纪初就已经出现在社会文献研究之中，虽然当时没有成为社会学和管理学主要研究对象，但已是自由主义思潮的映射现象。那时还没有互联网和信息技术，所谓的去中心化更像是将权力分散，分布到不同的部门。随着 Web3.0 时代到来，区块链技术成熟导致新型经济体系、身份体系、社会协作和利益分配机制发生变化，让权力的去中心化成为现实，在公权和私权之间找到了平衡点。因此，Web3.0 时代的组织也在发生重大变化，企业这种组织有可能消亡。未来组织将仅靠算法就能开展各类业务活动，将不再依靠董事会、管理层、公司章程，"无组织形态的组织力量"将成为经济系统的强大内在驱动机制。

国际仲裁云链就是一个独立的、专业的、多个参与方并联、数智科技与组织融合互构驱动的新型平台组织；国际仲裁云链就是数智化时代在"共信""共识"基础上形成的充分开放、去中心化的组织；国际仲裁云链就是以中国政法大学作为监督节点并协同法院、仲裁委、公证机构、调解机构、律师事务所、会计师事务所、其他服务机构等法律服务及专业机构共同搭建的争议纠纷解决综合服务平台。这些参与方在仲裁云链这个社区内自下而上地聚集在一起，不受生态隔离的限制，云链内部基于不同基础设施的应用之间可以被"跨链"协议解决互联互通。

组织目标

协调机制是人类社会文明存在的最重要的基础。如果人类社会没有自我协调的机制，那人类社会就会成为按照丛林法则运行的黑暗森林。在丛林法则下，飙升的合作成本必然会大大阻碍生产力的发展。人类社会的发展就是探索更高效、公权和私权平衡的协调机制的历史，要通过数智技术从丛林法则的周期循环中跳出来。

国际仲裁云链秉承"以终为始，前置治理"的价值观，致力于为（国际）商事用户争议纠纷提供独立、高效、专业、公正的法律技术服务。作为基于数智化技术研发的（国际）商事纠纷解决的法律服务基础设施，"国际仲裁云链"具有两大主要功能，一是司法证据数智化存储服务；一是为调解员、仲裁员、法官提供"云上智能解纷服务"。国际仲裁云链服务两端用户，一端链接司法公权机构，为法院、仲裁委、公证机构、调解机构等提供服务；一端链接商事业务客户，为商事业务提供法律保障和支持，保证合约的履行。国际仲裁云链为两端用户实现双向赋能，即将用户的交易行为转化为便于取证、核验的法律证据，同时为后端纠纷解决机构提供数智化的商事纠纷解决平台。

国际仲裁云链则是把组织的内部管理制度与运作规范，以智能协议的形式编码到国际仲裁云链上，以便实现在没有国家集中控制或第三者干涉的情形下，自由运作。国际仲裁云链和传统的机构不同，大家可以在"链"和"云"上自由互动，不受实际物理世界的时间空间约束，也没有权力中心的制约，其工作由事件或目标所驱使，迅速地产生、高度互动，并随着目标的消失而自行解体。

组织成员

一、国际仲裁云链理事会

国际仲裁云链由国际仲裁云链理事会按照《国际仲裁云链理事会章程》运营，理事会是"国际仲裁云链"最高决策机构。

国际仲裁云链理事会下设专家委员会和秘书处，专家委员会是仲裁云链的专家顾问团队，对仲裁云链的建设、发展进行专业指导。

秘书处为国际仲裁云链理事会常设机构，根据《国际仲裁云链理事会公约》的规定，对理事会负责，负责理事会日常行政工作和国际仲裁云链运营管理的组织协调工作。主要职责包括：

（1）根据理事的提案，组织召开理事会会议，并组织实施理事会决议；

（2）根据服务机构的申请，组织审议业务场景存证标准的备案；

（3）根据服务机构或理事单位的申请，实时组织审议业务争议解决规则的备案；

（4）负责仲裁云链有关行政管理工作；

（5）根据国际仲裁云链建设发展需要，组织培训；

（6）组织编制国际仲裁云链年度工作报告、下一年度工作计划、内设机构的设置方案，并提请理事会予以审议；

（7）理事会赋予的其他职责。

二、节点机构

加入国际仲裁云链的相关社会主体有：中国政法大学（监督节点）、法院、仲裁委、公证机构、调解机构、律师事务所、会计师事务所、其他服务机构等法律服务及专业机构。这些主体就是国际仲裁云链的节点机构，每个节点机构管理一个或者几个节点。

这些节点机构在达成共识的基础上，自发加入国际仲裁云链。在国际仲裁云链这个平台中各个组织成员共创、共建、共治、共享，这是各主体协作的一种新模式，是一种新进化的组织形态。

共识的节点单位持续丰富、无上限、无边界。

组织特征

国际仲裁云链组织具备如下特征：

一、平台化与共享性

平台型组织的一个关键标准是组织内否有共享机制。国际仲裁云链是法治建设的平台型组织，律所、仲裁委员会、调解中心、征信关联机构、信用评级机构、专业第三方机构及高校和研究机构都是平台组织的成员单位，大家在这个平台上从各自职能优势出发，提供专业服务，能共享链上数据，形成资源洼地，共同见证商事主体的展业全过程，共同存储展业产生的数据文件，形成规模效应，降低商事运营成本、提高协同效率，真正实现商事发生端和纠纷解决端的双向赋能与链接。

二、分布式与去中心化

国际仲裁云链中没有任何中心节点，也无层级化的管理架构，它是通过共识节点之间平等互动、竞争协作来达成组织目标。因此，仲裁云链中各节点与节点之间、各节点与组织之间的业务往来，不再由行政隶属关系决定，而是遵循平等、自愿、互惠、互利的原则，依靠相互间的专业功能、资源禀赋、优势互补、利益共赢等因素驱动。每个权威节点都将根据自己的资源优势和才能资质进行有效协作，从而产生强大的协同效应。

三、自主性与自动化

《国际仲裁云链理事会公约》《链证报告公约》作为国际仲裁云链理事会的行动指南和行为规范，也是参与方达成的"协作共识"。在这个公约的指导下，组织内部的管理是代码化的，是程序化的，也是自动化的。分布式的组织，权力的中心化，模块自治的管理，组织运行高度自动化。此外，由于国际仲裁云链是在利益相关方共同确定的标准下运作，因此组织内部的共识与信任更容易达成。能够最大程度地降低仲裁云链内部各主体间的信任成本，沟通成本，交易成本。

四、快速、无边界的业务决策

在国际仲裁云链上，各参与主体在链上从本模块职能出发，快速协同，解决了决策的效率问题。国际仲裁云链提供了一种最佳解决方案，可以通过遵守一套标准规则，让各参与主体在同等条件下共同工作，而根本不用考虑所在的地理位置。本质意义上应该说，区块链的技术底盘为组织的成立和运营提供了平等的体系。

国际仲裁云链底层以数字化、智能化、链上链下协同治理为治理手段，依靠封装起来的区块链及其衍生应用的所有基础设施（互联网基础协议、人工智能、大数据、物联网），实现了组织的智能化管理。

五、组织化与有序性

国际仲裁云链各参与主体有共同的目标或是共识，有明确的核心价值观。根据《国际仲裁云链协作公约》，云链上的运转规则、参与者享有的职责权利以及奖惩机制等均公开透明。它是包容和开放的，律所、会计师事务所、各类公司都可以申请参与。大家在云链上所做的任何行为是完全透明的、留痕记录的。国际仲裁云链作为去中心化的组织能更好地实现目标一致，灵活合作，环节自制、组合式创新。

国际仲裁云链的治理机制

——以理事会为核心

张　倩

为了实现"双向赋能，双面需求"的功能，国际仲裁云链必然是一个独立的、专业的、并且有多主体参与的机构，因此，从源头上保障机构合规健康运营显得尤为重要。

国际仲裁云链理事会设立的初衷

我们遵照国际仲裁云链"以终为始，前置治理"的文化理念，通过建立一种决策机制对各参与主体进行赋权，并对权利和义务进行相应的规范和约束，只有这样，才能保证国际仲裁云链依法合规，健康运营。

在国际仲裁云链的决策机制和职能配置下，国际仲裁云链某一主体的董事会或者经营管理团队来行使职权显然是不合适的，特别是在业内专家学者的指导和建议下。参照国际组织通行的治理规则和治理结构，我们决定设立国际仲裁云链理事会来行使职权，参与国际仲裁云链的日常治理。

国际仲裁云链理事会的职能

国际仲裁云链理事会作为独立的、中立的且高度专业的决策机制，是国际仲裁云链最高的决策机构，规范参与理事会各方的行为，行使国际仲裁云链业务规则和标准的制定、修改、解释、决策等各项权力。

《国际仲裁云链理事会公约》的效能

古语云："正人者必先正己。"为保证国际仲裁云链理事会自身的合规运营，我们立足国际仲裁云链理事会自身的运行规则，博采众长制定了《国际仲裁云链理事会公约》《链证报告公约》作为理事会的行动指南和行为规范。

国际仲裁云链理事会的治理模式与运行规则

国际仲裁云链采用委员会领导的管理架构，形成制定、实施、评价有效制衡的管理机制。

国际仲裁云链委员会由每个理事单位推举的理事构成，下设主席、副主任委员、常务副理事长，每个理事单位可推举一位理事，由该名理事代表所对应的理事单位发表专业意见并表决。

理事会下设秘书处负责日常工作的执行和管理，同时国际仲裁云链还设置了专家委员会，专家委员会是国际仲裁云链的专家顾问团队，对国际仲裁云链的建设、发展进行专业指导。

（一）理事会

理事会是国际仲裁云链的最高决策机构，主要通过标准的制定、研究开展活动，积极推进与境内外相关行业和组织开展交流与合作，引入国际商事调解、仲裁先进理念，为商事争议的多元化纠纷解决提供建议与指导。

国际仲裁云链理事单位默认成为仲裁云链的权威节点。理事单位作为权威节点，需接受 SF/T0076-2020《电子数据存证技术规范》等司法存证标准，并作为接入节点对在国际仲裁云链上存证的数据达成共识。

理事会成员由理事单位推荐，理事代表该理事单位表决。委员会主要由司法界、法律学术界、商界以及其他有关方面的专家组成，理事会成员总数应为奇数。

理事会设理事长一名、常务副理事长一名，根据需要可设副理事长多名。主席由国际仲裁云链的组织单位（中国政法大学律师学研究中心）共同推举，由理事会会议表决产生，由全体参会理事 2/3 以上投票赞成。常务副理事长、副理事长由中国政法大学律师学研究中心、中国政法大学仲裁研究院提出，由理事长任命。理事会构成工作人员每届聘任时限为 5 年，届满后可连任或连聘，但一般不超 2 届。

理事会的主要责任：制定和修订理事会公约、理事会议事规则；建立理事会的理事单位和理事名册；制定和修订链证报告公约、存证通用准则及其他形式的规则；拟定了国际仲裁云链管理和运营的重要规章制度；决定国际仲裁云链秘书处秘书长、副秘书长的人选；审定专家委员会的设置、变更和撤销，决定专家委员会的组成人选；审定年度工作报告和下一年度的工作计划；为国际仲裁云链的发展制定技术标准和法律程序要求。

理事长的主要职责：召集和主持理事会会议；督促理事会有关决定的执行；负责建立理事会运作的各种机制；保障国际仲裁机构云链合规及有序运作的其他工作。

理事会会议一般分为年度会议和临时会议，年度会议每年最少应举行一场，临时会议可以依据工作需要或者理事的提议而召开。根据工作需要，理事长或不少于三位理事的书面提议，可召开理事会会议。一般理事会会议由理事长进行召集和主持，但理事长也可委托常务副理事长进行召集和主持；未设常务副理事长的，可委托一位副理事长进行召集和主持。理事会会议参加人员须占全体理事总数的 2/3 方能有效。理事会会议优先采用线下召开的方式，必要时可以视频等有效方式进行。

会议表决包括重大决定和一般决议，重大决定须经所有参会理事 2/3 以上投票赞成才能通过；普通议案须经所有参会理事 1/2 以上投票赞成才能通过。修订理事会公约、审议年度工作报告及下一年工作规划的相关事项属于重要决议，其他事项均为普通决议。

理事会可根据需要设立专家委员会、（国际）仲裁证据标准专委会、调解证据标准专委会、公证证据标准专委会、智慧争议解决流程专委会、其他证据标准专委会。各委员会应根据工作需要建立和完善工作规则。

国际仲裁云链理事会的运行保障经费由各理事单位、会员单位、业务合作单位提供保障，确保理事会的工作机制发挥作用。理事会运行保障经费可以通过资助科研课题形式专款专用，具体拨付事宜由国际仲裁云链理事会程序与各相关单位沟通协商落实。

（二）专家委员会

专家委员会是国际仲裁云链的专家顾问团队，对国际仲裁云链的建设、发展进行专业指导。专家委员会设置主席一名、副主席两名，专家若干名。专家委员会的成员通常为法律界、司法界、工商界的权威人士。

专家委员会每年至少召开一次全体会议，听取理事会、秘书处的年度工作报告，为下一年度国际仲裁云链的发展指明方向。

（三）秘书处

国际仲裁云链理事会下设秘书处，秘书处的办公地点设在北京。国际仲裁云链设秘书长一名、副秘书长若干名，并按照需要设立相应的内设部门和分支机构，以承担国际仲裁云链日常任务的实施与管理等工作。

秘书长直接对理事会负责，受理事会监督。根据实际工作需要，秘书长、副秘书长之间的分工应当适当明确。秘书长、副秘书长由国际仲裁云链理事会聘任，并具备履行其职责的专业法律知识和相应履历。秘书长在副秘书长的协调下，承担以下工作：组织实施理事会决议；根据国际仲裁云链服务机构的申请，组织审议业务场景存证标准的备案；根据国际仲裁云链服务机构或理事单位的请求，实时组织审议业务争议解决规则的备案、组织培训；负责国际仲裁云链的行政管理；负责撰写年度工作报告、下一年度工作规划、内设管理机构的设置议案，并提交理事会审定；理事单位公约及其他形式所规定的以及理事会赋予约其他工作。

志同者不以山海为远，同行者不以崎岖为险。理事会作为国际仲裁云链的治理机制，将为保障国际仲裁云链独立、公正、专业、高效地运行，明确国际仲裁云链运营发展过程中的重大事项发挥重大作用。

技术实现

左建华

一、国际仲裁云链整体架构

国际仲裁云链整体架构分为证据链（区块链底层+核心层）、仲裁云和调解云平台（服务层）以对外业务支撑的开放能力平台和数智化资产交易平台。

整体架构图如下：

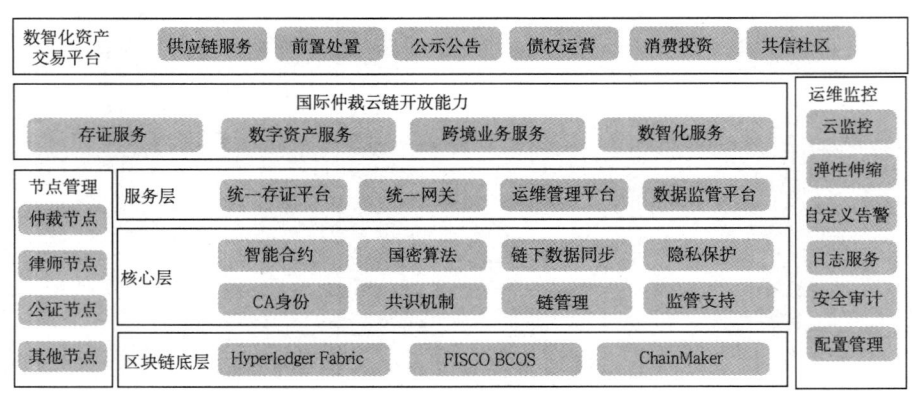

图 1　云链整体架构

二、区块链底层平台"证据链"

证据链是国际仲裁云链联合司法公权机构、科研机构、行业协会组织、企业等各类型组织机构，通过区块链、Hash 校验、数字签名、不可篡改时间戳、多方共识协议等技术保障电子数据法律效力，面向政府、企业、科研机构等各类用户，打造适用于

234

多类应用服务场景，支持合同协议、凭证、网页、图片、音频、视频等多种类型的数据存证，实现存证数据从上链、查询到验证的闭环应用。它是所有业务的底盘，是经司法认可的统一证据平台。

统一存证平台是证据链存证业务平台与上层业务平台之间的桥梁，提供数据存储服务、统一接口服务、底层区块链网络随时切换等服务。

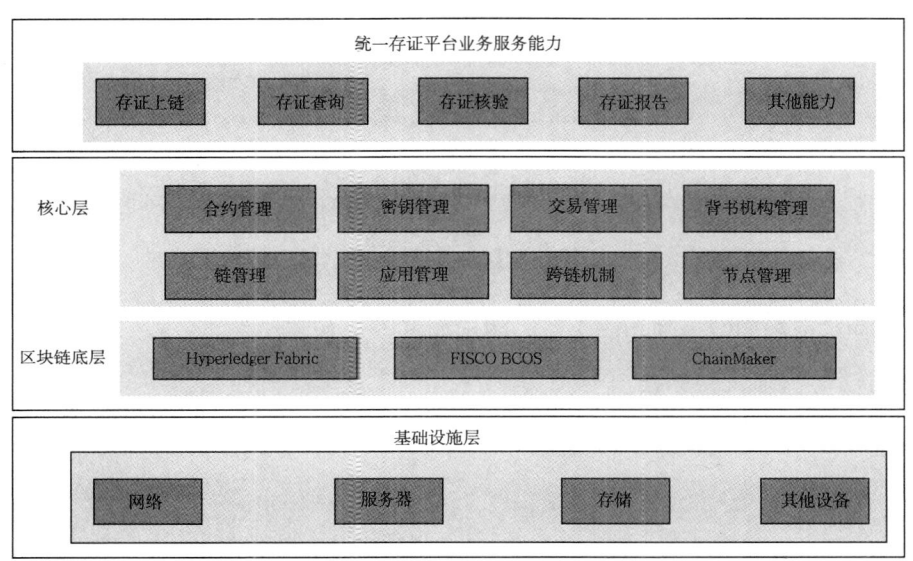

图2　统一存证平台

三、云上法庭"仲裁云平台+调解云平台"

仲裁云平台和调解云平台对外提供仲裁和调解服务。仲裁云平台提供网络仲裁服务，仲裁当事人、仲裁委及其他服务机构均在平台上完成包括申请、证据提供、立案、受理、庭审、送达等环节。当业务过程发生纠纷发起仲裁，仲裁委使用仲裁云提供的仲裁业务平台实现全流程、全线上进行裁决，从而实现一键裁决。业务场景能够实时获取裁决书，从而起到定分止争作用。调节云负责纠纷发生后的调解服务，平台对接调解中心，提供在线案件立案、组庭和调解服务。

系统架构图如下：

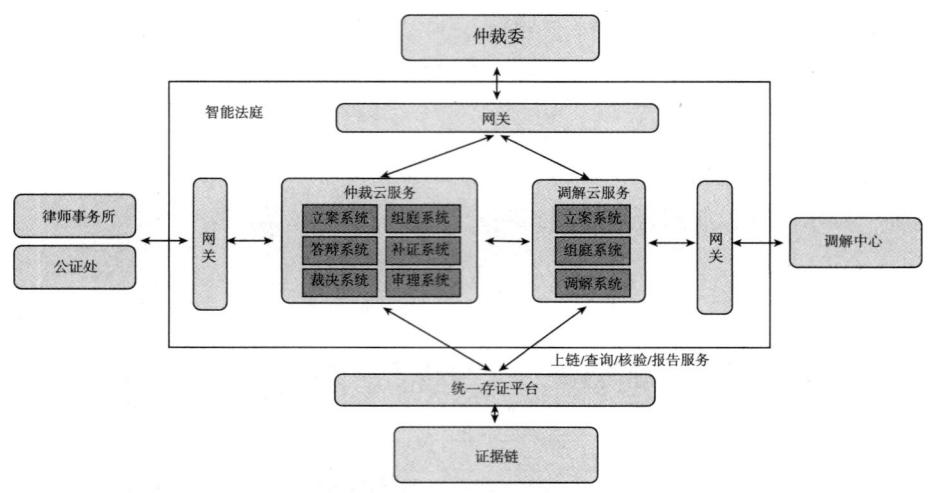

图 3　系统架构图

根据仲裁云和调解云的功能定位，图示如下：

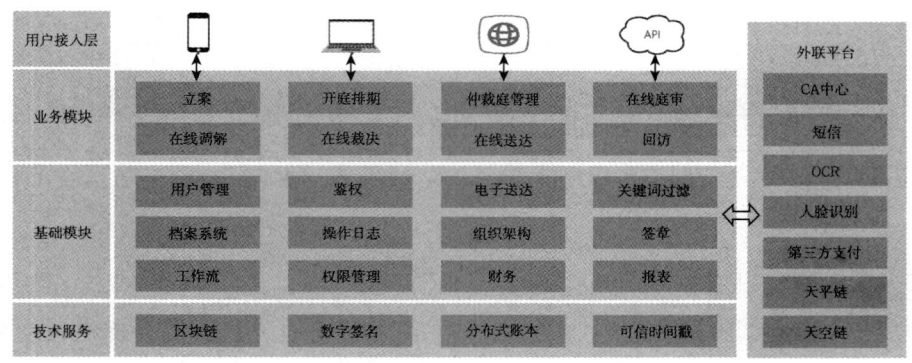

图 4　功能定位图

四、业务平台"数智化资产交易平台"

数智化资产交易平台基于国际仲裁云链，利用数智化技术面向各类商事交易主体提供服务。平台链接两端用户，一端链接司法公权机构，为法院、仲裁委、公证机构、调解机构等提供服务；另一端链接商事业务客户，为商事业务提供法律保障和支持，保证合约的履行。主要服务场景包括供应链服务，前置处置，公示公告，债权运营，消费投资，共信社区。

第七章

自证清白，众口一词

纠纷解决的痛点："证据三性"

李　璐

真实性、合法性和关联性是证据的三大特性，简称为"证据三性"。在法庭上当事人进行质证的关键是证据的真实性、合法性以及与待证事实的关联性[1]。最终作为认定案件事实的证据必须具备以下三点特征：一是能够反映案件真实情况；二是与待证事实相关联；三是来源和形式符合法律规定。可见，在纠纷解决过程中，证据为王，当事人双方中能够对"证据三性"进行强有力举证的一方，通常是胜诉概率较高的一方。因此，围绕"证据三性"进行举证，既是纠纷解决过程中的关键点，又往往会成为当事人双方的"痛点"。

本节将通过论述我国诉讼法中对"证据三性"的要求，探讨"证据三性"成为纠纷解决痛点的原因，进而针对性地说明国际仲裁云链解决"证据三性"这一解纷痛点问题的方式。

一、我国诉讼法对"证据三性"的要求

（一）证据的真实性要求

真实性是对过去事实的一种客观反映。当事人主观臆想、凭空猜测捏造的事物不具备真实性。

证据的真实性包括以下要求：

1. 能够通过视觉、听觉等方式被人所感知的客观存在；

2. 是对真实发生过的事情的客观反映，不包含假设、杜撰、捏造等内容。

---

[1]　《民事诉讼法》第104条规定的内容。

（二）证据的合法性要求

法律明确规定了证据的展示形式、收集查证方式等内容，最终在法庭上作为事实认定的证据必须符合法律规定的采证标准，即为合法性。

法律对证据合法性的要求大致包括以下几点：

1. 符合法律明确规定的相关人员才能收集证据。在民事纠纷中，能够按照法律规定收集证据的人员包括当事人及其辩护人、代理人、检察人员、审判人员；

2. 必须按照民事和刑事的诉讼法中明确规定的程序收集证据；

3. 物证、书证、证人证言、当事人陈述、鉴定结论、勘验检查笔录、视听资料等是法律明确规定的证据种类；

4. 证据必须来源合法、形式法定；

5. 证据必须经法定程序查证属实。

（三）证据的关联性要求

关联性是指必须与事实存在实质性联系，从而对事实有证明作用。

证据的关联性主要包括以下两点要求：

1. 证据与事实存在直接或间接的联系；

2. 证据对证明事实发挥正面或反面的证明作用。

二、"证据三性"成为纠纷解决痛点的原因

审查"证据三性"是诉讼或仲裁等解决纠纷过程中不可缺少的重要一环，也是认定事实的前提和基础。正是因为"证据三性"在纠纷解决过程中十分关键，但当事人双方在举证过程中极易产生各种问题，导致不能满足法律对"证据三性"的要求，从而使"证据三性"成为纠纷解决的痛点。

（一）证据合法性易产生的问题

举证主体不合法、举证程序不合法、证据形式不合法、证据取得的手段和方式不合法，是当事人在证明证据合法性过程中通常会面临的问题。

以证人证言这一形式的证据为例，证人证言必须是证人亲眼所见、亲耳所闻的完全肯定的事实。证人在陈述过程中使用"大概、也许、可能"等不确定的词语表述或者通过转述、道听途说、主观臆测等方式发表的言论均不符合合法性的要求。同时，证人在作证时只能客观陈述自己所知道的事实本身，不可以加入对纠纷争议的自身评价，否则也会影响证据的合法性。

（二）证据真实性易产生的问题

当事人提供的证据不真实、不准确、与事实存在较大出入，是证明证据真实性过程中容易产生的问题。真实性要求证据客观存在，即不以人的意志为转移和改变，且是以某种方式能够被人认识和利用的。

比如传来证据在证明证据真实性上，就逊色于原始证据。因为传来证据在转述、复制、传抄过程中容易产生错误，极易导致证据产生失真的问题。

（三）证据关联性易产生的问题

当事人提供的证据与事实不存在必然的关联，即提供的证据对事实的证明力较弱，从而导致不符合证据关联性的要求。

在举证过程中，为增强证据的证明力，应优先使用与事实关联紧密的证据。以合同纠纷为例，为证明行为人权利义务内容，合同中对双方权利义务的范围、履行程序、方式方法等内容规定得越是详细、明确，证据的证明力相对来说就越强。

三、国际仲裁云链解决"证据三性"解纷痛点问题的方式

在纠纷解决过程中，国际仲裁云链通过应用区块链技术、引入成员单位建立共识节点、实施标准化格式存储，为当事人证明"证据三性"赋能，提升纠纷解决效率。

（一）国际仲裁云链应用区块链技术，通过技术加持生成、存储、核验证据，进而强化了证据的真实性

区块链技术具有哈希校验、时间锁定与节点印证等特点，通过使用密码技术链接，将各节点共识确认过的区块按顺序追加，进而形成的分布式账本。区块链技术有效地使产生的证据的真实性得到极大的增强。

通过区块链技术收集、固定的证据，具有一定的防篡改特点，若当事人能证明其所提交的上述电子证据的真实性，互联网法院应当进行确认[1]。同时，针对采用区块链技术收集、固定的证据的效力、真实性的审查规则及补强认定等内容，最高人民法院也已经颁布了相关文件进行规定[2]。国际仲裁云链将区块链技术引入纠纷解决过程，针对数据服务形成生成、存证、取证、采信等为一体的综合服务体系。区块链技术在解决纠纷过程中最大的优势，更是解决电子证据的存证问题，区块链带来的证据存证比一般证据更能保证真实性，释除了整个司法行业以及仲裁行业对于电子证据真实性的疑虑。

（二）国际仲裁云链通过引入成员单位建立共识节点形成《链证报告》，确保证据的合法性

国际仲裁云链由国际仲裁云链理事会负责运行。高校、律所、仲裁委员会、调解中心、征信管理机构、信用评级机构等组成理事单位即权威节点、律师事务所组成成员单位，对上链存证的内容进行审核，确认其合法性、真实性、有效性，并在《链证报告》上进行共识表示，确保证据的合法性、真实性。

---

[1]　最高人民法院 2018 年《关于互联网法院审理案件若干问题的规定》。

[2]　2021 年《人民法院在线诉讼规则》第 16~19 条相关内容规定。

（三）国际仲裁云链对数据进行标准化格式存储，有效确保证据的关联性

国际仲裁云链服务于快速裁决标准化合约业务。通过将民商事行为分解为若干个最小单位的节点并接入各个民商事行为场景自动抓取数据，并在每个场景、产品、流程、节点梳理形成具备证据真实性、完整性、关联性的契约文本和附录文件。经过上述流程形成的标准化的文本和数据可以最大程度保证证据的关联性。

真实性：何以证明是"原件"

焦　翔

区块链存证是基于区块链技术的数据存储新应用，利用"去中心化"的分布式账本存储信息，通过加密算法和链式存储技术的双重保障护航信息安全。区块链作为一种新兴技术，其特有的算法极大地提高了数据的真实性和不可篡改性以及使用者的信任感。但大部分人对区块链的原理都不了解，比如区块链是如何存储信息的，其相较于传统的信息存储方式有什么区别，又如何验证信息的真实性，何以证明是上传的信息是"原件"。其实，通过了解区块链的算法逻辑可以知晓这些问题。

一、区块链的算法逻辑

（一）区块链通过算法建立信任

在所有的交易中，交易双方几乎不可能做到信息完全对称，因此需要建立信用保障机制，以往这个机制一般是由双方长期的交易慢慢积累形成，或者是依靠权威的第三方背书，比如银行以及政府机构。如果没有权威第三方机构，交易方就很难确认对方的信息真实性，或者需要很高的成本才能辨别对方的信息，这就会极大地提高交易成本，阻碍交易的顺利完成。但即便现在有权威的第三方机构，但依然存在诸多问题，比如第三方会收取高额的费用，暗中收集用户信息侵犯用户的数据隐私，甚至有可能做不到完全的中立。因此只要有第三方在交易中存在，就会自然而然地出现中立性、道德风险、代理费用和交易费用等棘手问题。

而区块链技术则将这一系列问题迎刃而解。交易双方通过区块链技术"点对点"进行交易，完全去中心化。区块链约分布式公共账本，将所有的交易信息都由网络中的每一个节点参与，用户的交易信息会实时向所有人进行通知，所有的交易信息都是真实且无法篡改的。在区块链技术中，参与者之间的信任是通过算法建立起来的，而不是权威第三方。相较于传统交易中的权威第三方，算法完美地解决了中立性、道德风险、代理费用和交易费用等棘手问题。

（二）区块链的密码学算法保证了信息数据的真实性

区块链交易不需要第三方信用的根本原因，是因为它利用了两种密码学算法：非对称加密算法和哈希算法。

在传统的对称加密算法中，一把密钥就可以担任加密和解密两项任务，而非对称加密算法则需要两种不同密钥来分别对应加密和解密数据。区块链中非对称加密算法将交易中的密码分为公共密钥和私人密钥。当用户是见证者时，他们只持有公共密钥，当他们是交易的一方时，他们同时持有公共密钥和私人密钥。能够使用经过公开密钥解密的加密信息就可以被证明是真实的。

哈希算法又称"安全散列函数"，它可以把任意的信息集，通过非常简单的信息予以描述，类似于文章中的摘要。区块链利用哈希算法将交易生成数据摘要，并将哈希值包含在下一个区块中，这样一来，每一个区块都包含了上一个区块中的哈希值，将这些区块全部串起来，就形成了一根链条，也就是区块链。

（三）共识机制

非对称加密算法和哈希算法的共同使用构成了区块链系统的共识机制。共识机制的意思就是通过各个节点的确认来对交易进行验证，比如在一项交易中，如果互不相识且利益不相关的群体能对此项交易达成共识，说明能确认此项交易的真实性。再打一个通俗的比喻，比如你宣布自己是一个好人，如果此时一个中国的教师、欧洲的工人、美国的游客、非洲的农民等互不相识且利益不相关的人都能对此表示认可，那就可以判断你确实是个好人。区块链通过共识机制保证了其记录的数据是透明且安全的，因此即使是陌生的群体甚至是互不信任的群体也能通过区块链算法达成共识。

区块链有三种类型，分别为公有链、联盟链、私有链，不同类型区块链的共识算法也不一样。因为随着参与者分散度的提高，说明去中心化的程度也越高，信任和安全度也越高，但与此同时形成统一共识机制的难度也随之增大，效率也会因此降低。所以，公有链的共识算法是最复杂的算法，私链的共识算法是最简单的算法；联盟链则处于居中的位置。

二、区块链存证：从权威信任转向技术信任

在传统的交易中，交易双方的信任往往是基于权威第三方的信任。比如网上购物，基于对购物平台的信任，买家放心把钱转给陌生卖家，卖家也放心把货物发给陌生买家；比如网上转账，双方基于对银行的信任，才能放心地汇款；再比如投资者购买股票，投资者在查阅招股说明书或者审计报告之后决定购买股票，也是基于对证券公司、审计机构以及交易所的信任，投资者相信这些权威的第三方中介机构能够提供真实的、全面的、有效的关于上市公司的各种信息。

但即使第三方再怎么权威，也天然存在中立性、道德风险、代理费用和交易费用等棘手问题。因此传统交易中会出现各种问题，比如购物平台没有审核卖家资质，导致交易出现纠纷，甚至交易平台自己卷款跑路；比如跨境跨地区转账可能会被收取高额的手续费；再比如审计公司没有勤勉尽责，出具的审计报告未能反映上市公司的真实情况，投资者也会因此作出错误的投资决定导致损失惨重。在未来，随着区块链存证各个领域的成熟应用，上述问题将不复存在。

司法活动中的区块链存证是指将需要存证的电子数据以交易的形式存储下来，以无利害技术作为第三方的身份，在区块内打时间戳并记录以完成存证的过程。2018 年9 月，最高人民法院发布的《关于互联网法院审理案件若干问题的规定》第 11 条第 6项首次明确电子诉讼中可以使用区块链存证的电子数据，标志着我国司法解释对区块链存证技术的认可。

除了中国，欧美等发达国家和地区也在不同程度上，从法律层面给予了区块链技术肯定。在美国，俄亥俄州和伊利诺伊州等地区，在 2020 年已从法律层面承认智能合约以及其他基于区块链技术的记录是合法的工具。在英国，政府于 2018 年确认区块链技术可以在金融行业应用。区块链技术自 2008 年问世之后，短短十几年迅速在全球范围内得到了广泛应用，反映了在传统交易中权威信任的局限性和缺点，同时也彰显了区块链技术带来的技术信任优势。

国际仲裁云链为破解证据合法性、关联性难题提供更多可能

林　茂

如何理解证据的合法性、关联性，一直是民事诉讼法理论界、实践中的热点和难点问题。相对于学术界的争鸣与复杂的司法实践，我国民事法律对于证据合法性、关联性的规定比较有限，更增加了法律实务操作的难度。如何破解难题，国际仲裁云链为破解证据合法性、关联性难题提供了更多可能。

权威机构，专业意见

关于证据的合法性，很多专家学者作过论述。[1] 相比于学术界的争鸣和分歧，我国民事法律对于证据合法性的规定显得相对原则性和简单化。2022 年修正的《最高人民法院关于适用〈中华人民共和国民事诉讼法〉的解释》和 2019 年修正的《最高人民法院关于民事诉讼证据的若干规定》仅强调了证据来源、证据形式的合法性，以及因证据形成或获取手段问题导致的证据排除原则。

从理论争议到法律规定，民事证据合法性本身裹挟着伦理价值的判断，增加了对其认识的难度，而民事司法实践的复杂程度远远超过现行民事法律的规定，在实务中

---

〔1〕　江伟教授认为证据合法性包括收集证据的合法性、证据形式的合法性和证据材料转化为诉讼证据的合法性；张卫平教授认为证据的合法性包括证据主体合法、证据形式合法、证据取得形式合法和证据程序合法；吴英姿教授则认为，在民事诉讼证据合法与非法的划分上，显然不能简单套用刑事诉讼的非法证据排除规则，民事诉讼证据合法与非法之间存在一个灰色领域——"瑕疵证据"，即因民事诉讼当事人收集证据的手段或证据表现形式有缺陷，导致证据能力待定或者证明力下降的证据，可以通过补强证据弥补这种"瑕疵"。

更难以恰当把握。[1]

如何解读证据关联性甚至难于解读证据合法性。一方面，我国民事法律关于证据关联性的规定非常有限；另一方面，证据的关联性与真实性、合法性、证明力问题之间存在着一定程度的交叉。[2] 在司法实践中，关于证据关联性的判断更难，它涉及了法律逻辑和生活经验的判断。

用法律的手段解决纠纷，打赢官司，离不开专业法律人、专业法律机构的努力，国际仲裁云链远不止于此！它由中国政法大学牵头互联网技术企业、中国金融市场研究中心、仲裁委、公证处、调解中心等纠纷解决机构、各类商事服务机构跨界共创，基于"区块链证据理论与应用研究项目""电子证据存储与司法存证课题研究""一键仲裁技术和电子数据司法存证技术"等多项研究成果，从用户签约到纠纷解决，为商事用户提供权威、专业的法律服务，提供全生命周期、安全的、标准的数据存储服务，将证据合法性、关联性这类专业、疑难的问题交给权威、专业的机构解决，为商事活动保驾护航。

国际仲裁云链以"以终为始，前置治理"为理念，通过存证引导机制，促使商事用户在一开始便清楚了解上链存储的文件必将影响自己未来的权利义务，促使商事用户对证据内容合法性、证据材料与待证事实之间有无关联性更加审慎地评估与行动。

共识共信，难以抵赖

有学者研究了 2013 年 1 月至 2015 年 7 月期间作出的 181 份涉及电子证据的民事判决书，案由广泛涉及了的合同纠纷、知识产权与竞争纠纷、劳动争议、人事争议等 10 类案件，构成了一个小规模案例库。研究表明，在上述 181 份民事判决书中，原被告任一方对电子证据合法性、关联性争议的频率，分别为 29.8%、40.3%[3]——也就是说有近 30%的证据被认为不具有合法性，有约 40%的证据被认为不具有关联性。

如果有一个法律服务产品或平台，从用户注册起就建立起一种共识共信机制，在权威节点专业优势的支持下，对交易活动的相关材料进行合法性、关联性判断，从证据形成到证据存储、获取，全程留痕、难以篡改，将降低交易各方对证据合法性、关联性质疑的可能性。

---

[1]　比如，"侵害他人合法权益""违背公序良俗"到什么程度不得作为认定案件事实的根据；又如，《民法典》第 209 条规定，不动产物权的转让经依法登记发生效力，未经登记不发生效力，当事人之间因房屋转让产生的民事纠纷，如果买方主张已取得房屋所有权，但仅提供房屋转让合同，未提供房屋转让经不动产登记机构登记的证据，是不是欠缺了特定民事法律关系变更的合法要件？这个问题显然已经超越了证据来源、证据形式、形成或获取证据手段的程序规定，已经涉及民事实体法。再如，金融借款利率和民间借贷利率保护上限不同，小贷公司和金融租赁公司同带有金融属性，小贷公司对外签订适用金融借款利率的借款协议，金融租赁公司对外签订适用民间借贷利率的借款协议，证据内容是否具有合法性……

[2]　刘品新："电子证据的关联性"，载《法学研究》2016 年第 6 期。

[3]　刘品新："电子证据的关联性"，载《法学研究》2016 年第 6 期。

国际仲裁云链创建了一种共识共信机制，一方面，区块链技术为形成各节点共识提供了可靠的技术保障，增加了商事用户抵赖的难度；另一方面权威节点的共识表示对于商事用户而言是一种"说话要算数""言行要一致"的威慑，降低了商事用户对证据合法性、关联性质疑的可能性。

法治与科技的互动——区块链技术的保障

司法实践中，对关联性的质疑可谓五花八门，比如社交软件的真实使用人身份无法查清，主体缺乏关联性；不能证明某个 U 盘就是当事人使用过的，介质缺乏关联性；侵权行为主体注册的 IP 地址与被告的 IP 地址一致，能不能认定被告就是侵权行为主体；用以证明案件事实的证据材料不完整，缺乏黏合各个证据材料的关键证据材料，甚至单独看每一份证据材料似乎都与案件事实缺乏关联性……

国际仲裁云链通过权威机构的"前置治理"，有效解决了证据上链存证前的完整性和内容关联性；通过区块链技术的可靠保障，有效解决了证据上链存证后的完整性，让证据材料更加贴近案件事实全貌。

从用户注册、身份验证，到意思表示，从证据形成到上链存储、使用，借助共识机制、时间戳、哈希验证等可靠的技术手段，国际仲裁云链有效推动了主体关联性、介质关联性、时间关联性、地址关联性等难题的解决，黏合了案件事实的主体、时间、空间、事件、行为，从而黏合了案件事实。

区块链技术叠加公证处、律所等权威机构的赋能，国际仲裁云链作为一种高信任机制、法治与科技互动的平台，本身就实现了高证明力的自我"背书"，为破解证据合法性、关联性难题提供了更多可能。

参考文献：

1. 江伟主编：《民事诉讼法》，高等教育出版社 2007 年版。

2. 张卫平：《民事诉讼法》，法律出版社 2004 年版。

3. 吴英姿："论民事诉讼'瑕疵证据'及其证明力——兼及民事诉讼证据合法与非法的界线"，载《法学家》2003 年第 5 期。

4. 刘品新："电子证据的关联性"，载《法学研究》2016 年第 6 期。

5. 奚哲涵："区块链存证的电子数据之证据'三性'判断"，载《社会科学家》2022 年第 7 期。

6. 刘品新："论区块链证据"，载《法学研究》，2021 年第 6 期。

7. 张玉洁："区块链技术的司法适用、体系难题与证据法革新"，载《东方法学》，2019 年第 3 期。

分布式存储何以互信

卜天舒

一、区块链技术为电子证据存储提供新方式

近年来，新兴技术持续发展，人们的工作方式和生活方式等方方面面都发生了深刻的变化。数字化、电子化的工作方式正在渗透到各行各业，大量的数据以电子文本、线上文字等形式呈现，办公越发趋于无纸化发展。而这影响着司法诉讼过程中证据举证工作，电子数据比重越来越大，《2018 年中国电子证据应用白皮书》指出，我国范围内，超过了 73%的民事案件中，电子数据被作为证据来使用。近年来，电子证据的占比还在不断攀升，已经进入了"电子证据时代"。

电子证据增加的同时，如何有效在案件审理过程中举证电子证据成为仲裁、诉讼不得不面对的问题。对于数量庞大的电子证据而言，想要满足不易丢失、多次备份、保留原始存储媒介等需求，传统存证方式并不是一个很好的选择，它存在效率低、耗时久、成本高的问题。

互联网技术中的区块链技术已成为解决电子证据存证痛点的首要选择，该技术特有去中心化存储、难篡改等特点。2018 年 9 月 7 日，随着《关于互联网法院审理案件若干问题的规定》的公布，可以认为：最高法院承认经区块链存证的电子数据可用在互联网案件举证中。因此，也可以认为该文件标志着司法解释认可了区块链存证技术。

二、区块链中的分布式存储不同于传统存储

区块链技术不是简单地进行多点记账，它是对多种技术的融合创新，是在相关技术融合的基础之上，建立的分布式共享账本。因此，在一定程度上，也可以理解为分布式的数据库技术，是可由多个参与方共同进行维护的数据库。区块链存储的所有参

与方都是通过 P2P（peer-to-peer）网络架构连接，这是去中心化的存储方式，同时每个参与方都存储了完整的共享账本，即全副本式存储。在 P2P 网络架构中，位于统一网络的每个计算机都互相对等，不存在任何"特殊"节点，服务由各个节点共同提供。

区块链技术中使用的分布式存储，与传统的集中式存储技术，以及分布式存储技术在很多方面都有不同。首先，分布式存储不存在集中式存储技术中，集中存储服务器自身的系统性能短板。具体来说，集中式存储在运行过程中，通过一个系统来实现整个存储过程，所有的数据都要经过一个统一的入口，通过传统纵向扩展方式，即通过更换小型机、中型机至大型机来提高系统整体处理能力。这就好比货车拉货，单个货车载重是有上限的。分布式存储由数量众多、低成本、高新性价比的服务器通过网络连接而成，破解了单机处理器性能瓶颈。

其次，区块链分布式存储技术，汲取了全复制式存储模式的优点。一般认为传统分布式存储中，数据包需要进行分散之后，再存储至多个存储服务器，通过这样的方式，使数据分散存在于企业的不同区域。多点位、多储存器集合形成的虚拟储存资源比单个存储设备的安全性强。为定位存储信息需要用到位置服务器，为解决存储异常则需要采用建立副本，通过以上两种主要方式来提高系统访问效率和可靠程度。区块链在存储结构化数据集合的逻辑与传统分布式存储是一样的，具有数据物理上分散、逻辑上统一，如每个节点可以独立决定与其他参与者通信的方式，其他参与节点也可以自由的选择加入和退出系统的时间。之所以有这么大的自主性，是因为区块链分布式账本共享着全局数据，每个参与节点都可以在本地复制全部数据，这是集中式存储的特点，使区块链在访问上具有了透明性。

最后，去中心化存储、独有数据安全性机制、共识机制也是区块链分布式存储技术的优点。所有参与方通过 P2P 网络结构进行连接，因此仅利用邻居的通信地址，各网络节点就能通过通信控制器（CM）实现通信的目的。在这种去中心化的结构基础上，节点加入和退出都非常容易。对比传统的分布式存储技术，传统方式会建立出覆盖全局的网络管理层，通过网络管理层来统一存储多个局部数据库节点地址，同时存储局部数据模式信息。如何保证数据的正确性和可信性呢？最关键的点就是要确保数据的一致性，为此区块链采用了共识机制，包括使用 Paxos、Gossip、RAFT 等各种高效算法来保证各个节点实行了达成的共识规则，维护了数据一致性。此外，数据篡改问题也是用户最担心一类问题，而区块链技术就可以解决此类问题。包括应用数据篡改验证、加密安全机制和数据溯源等技术方法，不断提升数据篡改的难度与成本。当需要验证数据篡改情况时，则可校验前后区块的哈希值。因此，想要篡改数据，就需要所有参与者都认可，这种篡改所要求的算力也要花费高昂的代价。

综合来看，可信性、透明性和分布性是区块链分布式存储相较于传统的存储方式所独有的优点，更有着丰富的安全防护功能。不论是在节点彼此信任的环境下，还是节点彼此并不完全信任的环境下，通过加密安全机制和防篡改验证机制，区块链分布式存储均提升了数据安全性。

三、区块链分布式存储的互信逻辑

传统的分布式存储是需要建立在信任环境之下的，该环境中，所有节点都是完全互信的。而区块链技术以及分布式记账功能，则可以解决非信任环境下的数据可信问题。非信任环境是常态，具体来说，非信任环境指数据存储节点能够随意修改编辑数据，而其他参与网络结构中的节点则无法识别出修改的可信性，进而使得节点之间无法互相信任。区块链通过全复制式存储、去中心化存储、一致性共识机制、独有数据安全性机制解决非信任环境下数据的可信性问题，使节点之间互相信任。

通过共识机制来确保数据的一致性，同时由区块链中各节点共同维护数据链，这两者共同保证了数据的可信性。去中心化的数据存储模式不仅让全部参与节点都具备了存储数据的可能性，而且让全部参与节点都能保存一份相同的完整数据。分布式的共识机制使得数据的一致性得到保证，而所有节点共同维护持续增长的数据链，两者使事物能够持久发展，也保证了数据可验证、可信任。此外，参与节点可自由安排加入和退出区块链系统的时间，可保存完整的共享数据，这使得新加入的节点能够方便地下载全部数据并验证数据的正确性，这些都保证了数据的可信性。

区块链数据存储可溯源、不易篡改和可验证，确保了数据在不可信任的环境中的可信性。区块是区块链系统中数据记录形成的集合，多个区块组织成了链式结构，各个区块内都有区块头，区块头则记录着前一区块链的哈希值。在分布式存储中，为了提高系统数据的安全性，通过加密算法将各个存储着数据的区块链接在了一起。数据关联方式采用哈希值串联，数据写入机制基于共识算法的确认，要想篡改区块上的数据极其困难。此外共识后的共享数据均可被每个参与方保存，还可进行溯源查验，因此任何单方面的数据改动都极难，这样也就确保了在不可信环境中数据的可信性。

国际仲裁云链建立在区块链分布式存储技术之上，各节点完整拥有仲裁环节所需全部的证据存证数据，律所、仲裁委、调解中心等链上节点机构共同维护国际仲裁云链上数据的一致性，确保了数据在基于验证基础上的可信性，新加入的节点可以下载全部数据并验证数据的正确性。此外，证据存证数据以区块为单位通过加密算法链接在一起，使仲裁云链存证证据不易篡改、可溯源、可验证，确保了证据在不可信环境中的可信性。基于区块链分布式存储技术的国际仲裁云链解决了非信任环境下证据存证数据的可信性问题，使各个节点机构之间互相信任。

可保护：一键裁决

王　栋

习近平总书记指出："法治是最好的营商环境"。法律是一切商事活动最安全、最高效的保护措施。

英国著名法学家波洛克认为："法律不能使人人平等，但是在法律面前人人是平等的。"平等保护思想至今受人尊崇。社会主体在受到法律约束的同时必须得到法律的平等保护业已成为人类社会的基本共识。

在商事领域中，商事主体在满怀着合作顺利、回报丰厚的美好期望的同时也必须对潜在的商业风险和未知的不可抗力因素综合研判并设置相应的应急预案。在实践中，虽然有合作方自身的诚信品质、商业习惯、行业惯例等商业道德的柔性约束，但都不如法律的刚性保护安全和高效。

诚如德国著名法学家耶林所言："法律是最低限度的道德。"法律为一切商事活动筑起了风险防控保护墙，守住了定分止争最后的防线。

平等保护

商事合作历来讲究合作双方互利互惠，合作双方所取得的经济回报是在确定时空中相对稳定的客观条件利益博弈的终极结果。中国自古就有"受人之托，忠人之事"的训言，也就是说诚实履行合同是合同本身的目的。正如我国著名民法学家谢怀栻先生所说："债的发生是为了消灭"，意即只有诚信履约才能解除约束合同双方的权利与义务，存在于双方之间的债权债务关系才能消灭。

然而在实践中，并非所有的合同凭诚信就能顺利履约，也并非所有的合同履约之后经济汇报更丰厚，也并非所有的违约是由商业风险引起的。民商事法律赋予合同双

250

方平等的地位，既明确了在商业风险范畴内守约与违约的利益平衡机制，也在商业风险范畴之外设置了很多保护机制。

《中华人民共和国民法典·合同编》（以下简称《民法典·合同编》）对双方缔约过程中的意思表示和行为做了全生命周期的保护。《民法典·合同编》赋予了商事主体缔约前的缔约过失责任；缔约时显失公平的合同解除权；情势变更的救济权；不可抗力时的免责请求权。上述种种规则围绕着商事主体是否存在过错展开，倘若主观故意，则赋予较为严厉的法定解除权；如确属于不能预见的商业风险以外的情形则予相应的救济措施，可以协商解除合同，亦可以请求法院解除合同；如确属不能预见、不能避免并且不能克服的客观情况时，法律对违约方亦很"慈爱"，豁免其违约责任。

如何客观地证明合同双方在合同全生命周期的主观形态呢？国际仲裁云链当仁不让，给出了完美的答案。

存证·一键裁决

一切与商业活动相关的原始资料信息都将成为商事纠纷解决的关键证明材料。过去商事主体往往重视商业活动的实效而忽略出现争议后的法律的保护，致使具体商业活动中的原始文件、基础资料、真实信息等材料因没有有效而便捷的保管措施而遗失、损坏，甚至被篡改。商事主体通常在纠纷发生之后才着手收集相关资料，这一过程不但耗时费力，而且往往也不能达到证明目的，更不能弥补其商业损失。

然而，国际仲裁云链秉持"以终为始，前置治理"的理念，打造适用于多应用场景，支持合同协议、凭证、网页、图片、音频、视频等多种类型的数据存证，实现存证数据从上链、查询到验证的闭环应用，将各类商事交易的文本和主体行为全程保真留痕。存证链根据仲裁、调解、公证、司法等纠纷解决机构的标准和要求，制定体系性、标准化的满足证据"三性二力"（真实性、合法性、关联性、证明力、证据效力）基本要求，实现数字时代"数据证据化，证据法定化"的创新存储，为商业决策，商事纠纷"一键裁决"提供根本保障。

一键裁决·决策·解纷

一切商业竞争的本质是效率之争。

企业高效运行不仅体现在其业务流程的高效，产品创新的高效，也体现在其应对商业环境时的快速应变决策能力，更体现在其遭遇纠纷时的快速解纷的能力。

国际仲裁云链"数据证据化，证据法定化"赋予商事主体高效决策和快速解纷的能力。通过存证链，提前置入与不断迭代的法律知识，对于所有根源信息的存储和保管进行引导；按契约形态、分参与方视角、以法定证据形式，完成证据上链，进行模拟仲裁、模拟调解，将某一确定的商事合同不同时间的履约成本与违约成本进行系统化、智能化推演，得出相应的结论以供商事主体在客观环境发生变化时权衡利弊后作出尽可能"互利互惠"的商业决策。

"Evidence in a court of law, only, no fact."（在法庭上，只有证据，没有事实。）商事纠纷解决过程中，国际仲裁云链彻底颠覆了以往"举证责任之所在，即败诉之所在"所描述的情形。国际仲裁云链既破除了以往举证责任人"无证可举"的困境，又通过共识节点上法院、仲裁机构、调解机构、公正机构、律师事务所等机构建立的互信机制，利用可追踪、防篡改的技术特性破除了法官、仲裁员自由心证过程中存在的任何不公正嫌疑。

双方当事人在国际仲裁云链上举证、验证不再是"自说自话"，而是与一切在链上的共识节点共享数据的过程，正所谓"众口一词，异口而同声"。

通过，"云链并举""双向奔赴"的法律服务机制，国际仲裁云链通过智慧法院、云上仲裁、云上调解、云上公证和其他云上纠纷解决服务，为法院、仲裁委、调解机构、公证处提供多角色，多端口、破除时空限制、确定真实身份的线上庭审系统。真正实现"让证据多跑路，让当事人少跑路"的数智化、快速解纷的目的。

随着智能合约的广泛应用，国际仲裁云链通过大数据分析将商事主体在具体的经营活动中的常见频发的争议分门别类处理，并通过不同协议形成智能化的纠纷管理系统，提供标准化的法律文本和裁决书样本。在商事活动的具体进程中，系统自动匹配与该项商事活动相关的数据信息，并根据不同算法体系形成法定事件，赋予其特定的风险等级，一旦发生违约情形，即可触发纠纷解决系统，证据链根据特定的算法将相关事件的核心证据实现快速归集。与此同时，云端解纷系统的智慧法庭等将智能化认定事实，使用规则，第一时间出具裁决书，真正实现"一键裁决"的解纷效果。

诚如明代改革家张居正所云："法无古今，惟其时之所宜与民之所安耳"。国际仲裁云链通过数智技术特性建立保真互信，虚实共生的法律元宇宙，实现"一键裁决"，快速解纷，平等保护的价值追求，让一切接受国际仲裁云链服务的商事主体在炫奇争胜的数智化时代得以安身立命。

第八章

云链的功能：以《链证报告》为例

《链证报告》的价值和应用

金　轲

数智化时代的追问

数字经济时代日益深入与繁荣，以及连续多年全球疫情影响的不断强化，民商事主体在日常经营活动中的商务行为线上化，经济、金融行为互联网化已经逐渐成为一种新常态。

商事主体在这种新常态的作用之下，对待商事行为、权益维护措施、解纷解决机制等方面的观念也在不觉间发生着深刻改变。

"是否可以有一种新的方式，来升级我们过往的商事行为，更好的保护己方与合作方的合法权益？"

"是否有一种新的路径，可以固化、公示我们依法享有的权利或权利实现依据？"

"是否有一种更高效、科学的路径，可以在我们的合法权益出现毁损或实现不能的情形时，快速的帮我们定分止争？以较小的成本获得司法救济，为我们的经营活动保驾护航？"

……

上述种种，已是无数企业家们深入思考并持续追问的问题。

数智化服务平台产生的必然

国际仲裁云链平台，是由权威学术组织——中国政法大学牵头发起，联合了国内外多家知名的纠纷解决机构、司法裁决机构、法律服务机构、财务服务机构、互联网技术服务机构等专业机构共同创设的——以多项学术研究成果为理论指引依据，以区块链技术为平台建设底盘，秉承"以终为始，前置治理"的价值观，始终围绕打造

"多元化一站式纠纷解决机制"为目标，将"世界民商事纠纷给出中国解决路径"为使命的专业化、科技化、综合化的新型区块链技术法律服务平台。

这个平台所有的研发都直接指向用户的需求，以提高商事效率，降低商事成本为唯一标准。平台正式运营后即吸引了所有商事用户的关注并主动校验平台的价值。

当用户按照平台要求自主完成平台提供的服务，获得《链证报告》的时候，所有用户都认为是将过往"朦胧"的诉求，得到了一个具象的"确信"。特别对于《链证报告》的价值和应用场景有了更明确的认知。

《链证报告》的价值

价值一：《链证报告》是国际仲裁云链平台，给予用户特定技术服务成果的一个凭证，上面不但记载相关服务事项内容，同时也记载了专业服务机构的服务意见，权威节点单位的共识表示意见，让我们这种技术小白用户可以在传统服务和数智化服务之间有一个"过渡性"体验感受。

价值二：《链证报告》是存证标的链上查询的"钥匙"，它上面记载的哈希值代码，是在未来用证环节的唯一、不可篡改的查验工具。

价值三：《链证报告》也可以起到定向公示的功能价值。即当用户需要将其已"链证"的标的文件或"链证"事项本身披露于特定对象或社会大众时，用户可以通过定向提供《链证报告》或在适当渠道公告该报告的方式，将前述内容进行公示。

价值四：《链证报告》可以对报告项下相关各方的合法权益实现提供间接保障价值。即参与"链证"共识的权威节点机构，在每份报告项下的"链证"标的文件或"链证"事项均进行了区块链技术的分布式节点上链处理，并出具了共识表示意见，以一种"见证者"的角色，输出了各自的功能赋值，对存储标的的相关方可能出现的违约、权利损害行为，起到了极大的震慑作用，提高违约成本，并可预判违约的不利后果，促使相关各方更好地履行各自义务，实现各自权益。

价值五：虽然作为非技术型企业还很难准确地理解什么是数智化时代，但是伴随近些年区块链技术的普及、应用，"元宇宙"概念的兴起，我们已经真切地感受到一个全新时代的到来，任何拒绝数智文明的企业，在未来都可能会成为经济社会活动的"异类"，所以我们要提前入局。我们认为接受国际仲裁云链提供的全新数智化服务，就是我们开启企业数智化转型的一个里程碑，而《链证报告》的价值就是为这个历史时刻提供了一个载体，将其永恒地记录下来。

《链证报告》的应用

分析了《链证报告》可以为用户带来的价值，它的应用场景也就很好理解了，用户只需要思考在企业的生产、经营、交易等环节，有哪些特定标的、特定行为是需要数智化升级的即可。

顺着这个思路，用户认为《链证报告》可应用的场景有以下几个：

场景一：在企业的内部管理、经营决策环节，可将的企业制度、内部决议等重要文件，通过国际仲裁云链平台进行链证，获取《链证报告》，将其进行可溯源、不可篡改的技术固化。

场景二：将企业的核心资产或核心资产凭证，通过国际仲裁云链平台进行链证，获取《链证报告》，将其进行可溯源、不可篡改的技术固化，此应用场景也是为企业培养一种"数智化"资产认知，核心资产的链证也许就是未来"元宇宙"中的某种数智资产的雏形，或者说是一种现实资产的虚拟化、技术化"映象"。

场景三：企业的经营、交易行为，可通过国际仲裁云链平台进行链证，获取《链证报告》，将其进行可溯源、不可篡改的技术固化。

场景四：企业的确权行为，通过国际仲裁云链平台进行链证，取代原来线下确权模式，获取《链证报告》，将其进行可溯源、不可篡改的技术固化。

链证报告

——一个可以自我进化的区块链电子证据报告

吕　佳

区块链电子证据报告泛指"一方当事人以数字形式向法庭出示的任何形式的证据信息"。

链证报告作为国际仲裁云链研发的电子证据报告，是在原有基础上摸索出更加符合用户需求，满足用户需要的一种新型电子证据报告的展现形式。它本质上是商事客户诉求的演进，和区块链电子证据报告产品迭代的结果。链证报告走过了固化证据、有效披露、专业意见、节点生态四个阶段。

固化证据阶段

国际仲裁云链的电子证据报告是基于存储服务系统并运用区块链技术，形成了电子数据在第三方电子数据综合服平台上存证时的各种重要信息（时间、主体、来源、证据类型、哈希校验值等），对本服务项下用户拟存储合同（包括但不限于民事主体之间设立、变更、终止民事法律关系的合同、协议、意向书、承诺函）的合同内容、签署主体等信息要素进行采集、固定、安全存储、形成的电子证据报告。

固化证据的信息主要包含报告名称、存储方名称、存储时间、区块链 hash 值及二维码等。办案人员可通过扫描报告中二维码跳转至国际仲裁云链平台，通过 hash 值查看到该存储文件在链上的存证确认记录，这是一种新型的证据核验方式，有效地判别数据是否被篡改，进而保障了数据的客观性、完整性和有效性，为证据审查进一步加速。

有效披露阶段

存储文件的有效披露主要包括文件名称、文件编号及存储说明等，是存储文件中重要信息的展现，能够简明扼要、准确地概括出文件信息，使阅读者在看到报告时就能知晓存储文件的主要信息，因此报告主文具有十分重要的意义和作用。同时，主文也是报告检索的重要工具，通过对关键字、关键词的提炼与检索，便于对电子证据的快速定位，快速取证固证。

易保全及存证云作为两家区块链电子证据领域专业公司，所提供的证据报告主要包含固化证据和有效披露两个阶段。如下图所示。

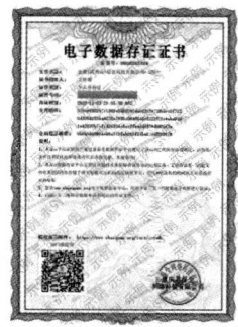

图1　"标配版"电子数据证据报告示意图

专业意见阶段

与"标配版"电子数据证据报告不同的是，国际仲裁云链的电子报告中增加了专业机构对拟存储文件出具的专业意见及签章。

专业机构节点需要遵守《国际仲裁云链理事会公约》，充分发挥专业优势，为各项业务开展进行专业支持；对用户的存储资料和身份信息进行审核。如果客户存储目的仅仅是希望获得区块链存储所赋予的效力，那么专业机构将仅对其存储资料进行形式审查并给出存储资料的真实性的意见。如果客户希望专业机构能对其存储的文件赋予更多的价值，则专业机构则会进行更实质的审查，并给予相应的专业意见。如果客户希望专业机构对其存储文件所承载的资产情况进行管理，专业机构将承担起更多的管理职责。

图2　专业机构意见示意图（公证处）

图3　专业机构意见示意图（律所）

专业机构（如公证处、律所）服务加载于区块链的电子证据平台，提供具有准确、即时、真实、便捷、权威的专业意见。这一阶段生成的电子证据报告，意味着一般的区块链存储报告加上专业机构线下出具的意见书，能够更好地满足客户的多样化需求。对于类似区块链存证这类新型证据形式的证据效力问题，专业机构的介入也可以视为一种有效途径。在提交区块链证据时，专业机构的专业意见作为律师鉴定意见书的另外一种表现形式，用以增强证据的证明效力。

节点生态阶段

随着客户需求的丰富，一份电子证据报告需要承载更具深度和广度的信息。例如，其需要说明链上信息产生共识的机制，以及提供共识的节点。以超级链出具的这份电子证据报告为例：

图 4　超级链存证保金函

该报告载明了证书的签发机构和证书的签发节点。客户不但希望看到电子数据证据存在什么链上，还希望看到该区块链的构成节点——即相关证据以各种形式，传递到了哪些机构节点。

图 5　节点生态示意图

"徒法不足以自行"。仅仅列举出节点，显然是不够的。顶配版本的电子证据报告，不但要介绍链上节点生态，还要通过节点的共识意思表示，载明这些节点提供共识时的权利义务边界。如下图所示：

图 6　节点共识示意图

有了专业机构出具的专业意见，再结合公证处、律所、仲裁委及调解中心等机构组成权威节点联盟，提升多元化综合治理能力，针对用户需求与业务场景，服务于多业态领域，打造出更具有国际仲裁云链特色的共识机制。

综上所述，国际仲裁云链的电子报告在原有电子数据存证基础上的创新，依托于"专业机构+权威节点"电子证据"顶配版"服务新模式，即各个节点以权威法律角度全程监督、司法鉴定机构以科学意见鉴证"加持"，使得这一新型电子存证证明效力有了显著提升。

专业机构的跟随与贴身服务

——区块链技术应用的深化

刘　瑶

为重要文件提供上链存储，以哈希印章确保文件安全性，已经是当前区块链存储行业的"标配版"。然而，国际仲裁云链出具的《链证报告》却不仅限于此，更是一款洞察未来的"升级版"——升级即体现在增加了第三方专业机构（例如，律师事务所）的专业意见。有了专业机构出具专业意见的《链证报告》，相当于一般的区块链存储报告加上专业机构线下出具的意见书，不仅具有区块链存储"保真"的效果，还加上了权威机构"合法性"的解读和意见，无疑可以使《链证报告》应用到所有的商事场景，能够更好地满足客户的多样化需求。

第三方专业机构的遴选

第三方专业机构的专业身份是其专业意见的依托，因此选择合适的专业机构非常重要。

首先，这些机构需要是具备专业技能的、能够"读懂"各种文件并给出深入浅出的专业意见的机构。

其次，这些机构需要具备一定的社会公信力。即大众无需探究具体内容，单凭意见是专业机构出具的这一点即可以形成初步的朴素判断。

再次，这些机构在《链证报告》上出具意见，应该与其既往业务具有关联性。如果跨度太大，可能会超过其"能力圈"，无法给出适当的意见，进而可能会影响其社会印象。

最后，专业机构的数量需要足够多，其设立门槛只是专业限制而非某种特许。唯有如此，才能保证每个客户都可以选用自己信赖的专业机构提供专业意见，专业机构也可以选择特定客户提供服务。这种开放性是国际仲裁云链非常珍视的重要特征之一。

根据以上标准，律师事务所、会计师事务所等专业机构均可以经国际仲裁云链理事会的筛选，为客户提供服务。

律师事务所和会计师事务所是两类专业的咨询服务机构。二者都是根据法律设立的，法律对其机构的设立、变更和终止都有明确的要求。此外，相关法律对在上述两机构任职的专业人员的资格授予、管理和考核也有明确的要求，安排了全国统一的资格考试，由专业的政府机构进行管理。两机构所提供的法律和财会相关内容服务也是一般民商事主体非常熟悉并且需求比较多的，与国际仲裁云链的业务领域具有一致性。因此，由这两类机构作为国际仲裁云链的专业机构，为客户存储的文件提供专业的意见是非常合适的。

另外，国际仲裁云链也尝试引入各地的公证处等机构为客户提供专业意见。这些机构有政府背景，无论是在专业度方面还是在公信力方面比之律师事务所或会计师事务所都不逊色，且在整个民商事活动的链条上处于偏后端（比如，公证书具有证据效力，某些类型的公证书还可以产生强制执行程序）。

专业机构专业意见的形成

专业的人员通过审阅基础资料，结合其专业知识，必要时诉诸更权威的资料、人士即可形成专业的意见。至于人员的"专业"可通过前述对专业机构的筛选来保证。

在国际仲裁云链上，由于合同等文件资料能确保一定程度的真实性，专业人员据以做出专业意见时，也会更为便利。而专业人员也会反过来，对客户提出资料完整性、合法性与关联性的要求，以便基于完整的业务基础资料，在线流畅地表达意见，并进行沟通和反馈。

下面简单描述专业机构出具意见的流程：

一、客户发起需求，并自主选择专业机构为其希望存储的文件发表意见。确定专业机构后，专业机构可接到系统推送的审核提示信息。

二、系统会将之前客户上传国际仲裁云链系统的所有存储文件开放给专业机构，专业机构可在自己的管理后台审阅包括客户信息及存储文件。

三、专业机构审阅过程中，如果对此材料有反馈沟通需求，可通过线上补充索要材料，或驳回需求，并附上审阅意见，该需求即回选择专业机构的步骤。

四、客户可根据专业机构的意见对其请求进行修改，也可以选择新的专业机构，再次重复之前的步骤，寻求专业机构的专业意见。

如上，专业意见顺利作出，并将显示在《链证报告》上。

专业机构专业意见的表现方式

专业机构将根据客户的需要给出专业意见。

国际仲裁云链是个开放的区块链存储技术平台，根据存储内容的不同、客户需求的不同，分成多个业务板块。所以专业机构的专业意见的内容及表现形式也会有所差异。

如果客户存储的目的仅仅是希望获得国际仲裁云链区块链存储所赋予的效力，那么专业机构将仅对其存储资料进行形式审查，给出的意见也仅限于存储资料的真实性这一层面。在形式审查过程中，如果专业机构认为存储资料的多个文件之间有明显的矛盾或不一致之处，影响最终的存储效果，专业机构可向客户提出，并在客户调整后对存储文件的真实性给出意见。

如果客户希望专业机构能对其存储的文件赋予更多的价值，比如对存储文件的合法性、有效性等方面进行评价，则专业机构则会进行更实质的审查，并给予相应的专业意见。在审查过程中，专业机构可能会要求客户提供更多的补充资料和解释说明。

如果客户希望专业机构对其存诸文件所承载的资产情况进行管理，包括债权到期存储、到期催收等，专业机构将承担起更多的管理职责，相应地《链证报告》中的专业意见也会更多地体现这些管理人的职责。

针对其他客户需求和业务场景，专业意见的内容会进行灵活调整。

总之，国际仲裁云链是个包容、开放的平台，未来会不断纳入更多的业务场景，也会不断地吸纳更多的专业机构，不断为客户提供更好的服务。

如何理解链证报告中的共识表述?

张轶舸[*]　林　海

区块链电子证据报告中通常有一个核心部分：共识表述。国际仲裁云链的链证报告也同样具有。该表述如下：

"本《链证报告》由国际仲裁云链成员单位出具。用户发生与存证内容相关的纠纷时，成员单位可出具催收函、公证书、律师函、调解书、仲裁调解书、仲裁裁决书等法律文书快速高效定分止争。有关合同及相关法律文书已上链存证。

国际仲裁云链理事单位暨权威节点对上链存证文件已成共识。权威节点包括仲裁委员会、公证处、调解中心、律师事务所等法律及专业服务机构中国政法大学为监督节点。理事单位的印鉴使用不代表法律意见的意思表示。"

这两段话应当如何解读？先从一个古老的故事讲起。

拜占庭帝国是公元 5 世纪至 15 世纪的东罗马帝国。拜占庭城邦拥有巨大的财富。在其周边，十个蛮族邻国对其垂涎已久。但是拜占庭高墙耸立，固若金汤，没有一个单独邻国可以成功侵入。除非所有邻国的一半以上同时进攻，才能攻破。但是，如果其中的一个或者几个邻国本身答应好一起进攻，但实际过程出现背叛，那么入侵者可能都会被歼灭。于是每一方都小心行事，不敢轻易相信邻国。这就是著名的"拜占庭将军困境"。

"拜占庭将军困境"归根结底就是要解决共识的问题。如何能够证明，传播于十个邻国之间的信息为真（各邻邦决定于某时某分进行攻打）？假设十个邻国分别有十个将

　＊　张轶舸，中国政法大学网络安全和信息化办公室副主任。

军领军，其中既有决定要攻打拜占庭的忠诚将军，又有被拜占庭所收买的叛军。那么，他们何以能够在不被叛军试图阻止将军们达成一致行动的前提下，形成共识呢？这个问题又可以分成以下两个问题：

第一：怎样传播信息，让友军获知信息的同时，防止叛军获得信息？

第二：怎样保证友军之间，能够达成共识？

提出这个问题的，并不是拜占庭时代的人。而是 1982 年的 Leslie Lamport。Leslie Lamport 是微软研究院的首席研究员。他曾获得 2013 年图灵奖——计算机界的诺贝尔奖。Leslie Lamport 认为用故事来引出理论比较受大家欢迎。因此他在提出观点和问题时常用故事来吸引大家的眼球。"拜占庭将军困境"就是 Leslie Lamport 在研究分布式系统的节点共识机制时编出的一个故事。

自从"拜占庭将军困境"被提出，几十年来，科学家提出了很多解决方案，比如说口头协议、书面协议等等。但都存在各种各样局限性。区块链却完美地解决了"拜占庭将军困境"。在区块链当中，绕着拜占庭城蠢蠢欲动而信息彼此不通的将军们，可以抽象成一个一个用户节点。将军们传播的军令抽象成信息。那么相应的"拜占庭将军困境"问题就转换成了两个问题。

第一：怎样防止恶意节点冒充善意节点获得信息；

第二：怎样保证所有节点记录的信息一致，形成共识？

对于第一个问题，区块链技术使用了非对称加密技术。通过非对称加密算法，加密和解密使用不同的两个密钥。这两个密钥就是我们经常听到的"公开密钥"（公钥）和"私有密钥"（私钥）。公钥和私钥一般成对出现，如果消息使用公钥加密，那么需要该公钥对应的私钥才能解密；同样，如果消息使用私钥加密，那么需要该私钥对应的公钥才能解密。非对称加密的作用是：保护消息内容，并且让消息接收方确定发送方的身份。

比如，将军 A 想给将军 B 发送消息，为防止消息泄露，将军 A 只需要使用 B 的公钥对信息加密，而 B 的公钥是公开的，B 只需要用只有他自己才有的私钥解密即可。将军 B 想要在信件上声明自己的身份，他可以自己写一段"签名文本"，并用私钥签名，并广播出去，所有人可以根据 B 的公钥来验证该签名，确定 B 的身份。由此，一个不可信的分布式网络变成了一个可信的网络，所有的参与者可以在某件事上达成一致。

对于第二个问题，为了保证 50% 的节点达成共识，可使用这样的游戏规则：每隔一段时间，重新对一次信息。任何节点都有权力发起信息确认，那么，以谁的数据为准？规则是以"工作量"做得最多的节点打包的数据为准。所有节点都只承认工作量最多的节点的数据。这样就可以保证所有节点记录的交易信息的一致性。只要恶意节点的算力占全部节点算力的比例小于50%，就可以保证"工作量"（即"话语权"）掌握在善意节点手中，信息永远不会被篡改，又能达成共识。这样，区块链技术就完美地解决了"拜占庭将军困境"问题。

回到链证报告的"共识表述"会发现，这一表述其实在说以下五件事：

第一，链上节点的构成：包括仲裁委员会、公证处、调解中心、律师事务所等法律及专业服务机构；

第二，这些节点对于某些信息达成共识：某些信息就是指上链存证文件；

第三，各个节点的印鉴使用不代表法律意见的意思表示，而仅代表对于"共识"生产机制的认可；

第四，达成共识后，意味着上链存证的文本，其真实性能够得到"不证自明"。因此，相关机构能够据之出具催收函、公证书、律师函、调解书、仲裁调解书、仲裁裁决书等法律文书；

最后，将有一个权威机构确保共识达成后保存的信息能够不被篡改——即没有发生50%以上算力节点"叛变"的情况。而这个权威机构即是"监督节点"。

诸位请看，区块链技术就是这样在解决信息不对称和信用不对称的难题。这就是藏在短短几行共识表述中的话语，载于《链证报告》上，盼能惠及世人。

第九章

国际仲裁云链节点运行机制

节点的定义和类型

左建华

国际仲裁云链作为基于数智化技术研发的"（国际）商事纠纷解决的法律服务基础设施"，搭建了用区块链等数字化技术解决信息不对称和信用不对称的区块链技术服务平台。

国际仲裁云链的理事单位作为一个个实体组织接入该技术服务平台，每个组织在区块链网络中是由节点和 CA 证书来表示。所有节点共同组成了区块链联盟网络，共同见证商事主体的展业全过程，共同存储展业产生的数据文件，利用共识机制构建一个服务商事主体的信任网络，从而实现"他证"向"自证"的进步。

但是，该技术服务平台作为信仁的基石是否值得信任呢？各节点所处的网络环境是否安全？各个节点是否能够发挥"可信"价值？这就需要从节点的定义、节点如何接入区块链网络，节点之间如何可信交互等节点运行机制来阐述如何实现去中心化，如何实现防篡改，从而为信任基石创造"信任"条件。

一、节点的定义和分类

区块链节点通过执行共识协议验证交易，并各自维护每一个账本的副本（即分布式账本），账本通常以区块的形态出现，在每个区块中通过哈希与每个区块连接，保证数据无法被篡改。国际仲裁云链，是指一种由分布式网络的节点所维护的不可修改的账本的网络联盟。

技术实现线上节点是区块链交易处理和账本维护工作的主体，主要承担参与共识化过程并通过执行智能协议完成对账本的读写操作。节点按照用途的不同划分背书节点和共识节点。背书节点按照规定的方法，对交易进行签名背书并确定交易顺利进行。

在智能合约安装中可以设定背书策略，确定为哪些节点背书。在与用户进行了一笔交易之后，唯有背书节点才能进行交付和记录。而共识节点则是保护区块链的状态记录，和分布式账本的副本。

国际仲裁云链理事单位每个实体组织经过申请、审批、授权后，将作为独立节点存在区块链网络中，其中包括律师事务所、高校研究院、仲裁委、公证机构、调节中心等机构。每个组织依据自身角色和职能，被分配成为服务背书节点和业务提交节点。

二、节点数据的防篡改性

节点数据防篡性在技术上主要是通过区块链创新技术得以保证，其中包括：哈希函数、非对称加密算法、数字签名和分布式账本。

哈希函数是一种数学函数，是区块链的基础，它将无限数据输入转化为固定长度输出，通过自身避免哈希碰撞和计算过程单向不可逆特性，保证结果无法被破解。通过哈希函数所导出的非对称加密算法，将成为现代数字签名系统和分布式网络结构账本的基石，使得证券交易由仅有发起者签名进行，而其他人才能通过公钥密码进行认证，保证节点交易数据无法被篡改。

国际仲裁云链是一个许可区块链。许可区块链，是指一个由已知的、已确定、已同意的，且通过审查的成员来运行区块链，参与者必须在特定程度信任的治理模式下运行、并共同维护区块链。智能合约通过审核后才能部署到区块链网络中，降低了参与者和使用者故意植入恶意代码的风险。在网络中，每个节点都是许可区块链中的一个节点，所有交易都执行一套唯一的智能合约，通过区块链的技术保证交易数据的合法性、无法篡改。

三、节点隐私和保密性

在系统结构层面，国际仲裁云链主要采用如 Hyperledger Fabric、FISCO BCOS、ChainMaker 等的底层区块链系统，并利用其通道结构的私有数据特性进行管理保密。运用网内通道方法建立起一个子网，即只有子网的人员才能看到其进行的交易。在特定通道的节点也可以通过访问智能合约存取交易信息，由此提高了安全性度与保密度。私人信息通过在管道中的所有人员之间进行聚合，从而获得了与管道一样的私密能力而且可以不必建立或者保护自己的管道。

四、节点运行如何维持公信力

基于区块链的应用程序是要在"现实世界"中运行的，是一个受传统法律规则监管的世界。国际仲裁云链通过去中心化治理，分布式账本存储、依据自动执行的智能合约等技术手段实现节点的最大公信力。

智能合约以一组承诺的数字形式表现，它代表着交易双方在其中履行的承诺。通过自动化执法，可以提高效率和透明度，但最终也将会减少个人的作弊和隐藏的合同违约风险。

随着国际仲裁云链权威节点的不断加入，搭建理想数字化时代，符合监管的法律基础设施。国际仲裁云链将代表未来数字化时代平台开放、民主的方向。

国际仲裁云链节点的价值

吕　佳

区块链作为数字社会生产力变革的直接产物之一，具有去中心化、公开透明、难以篡改、可追溯等特点。利用透明原则和可信准则，通过建立不能篡改、无法修改和可追溯的区块链式数据结构，在现代法律背景下使得司法机构实现司法事务处理模式进一步智能化、自动化。数智化技术将促进法治建设的深度变化，加速法治化的进程。

国际仲裁云链作为法治建设的先行平台，将充分发挥区块链独特的优势，特别是节点的价值。

节点和节点机构

节点是区块链的框架，是区块链网络中一个不可或缺的基本组成部分，用于传播和保存区块链数据，是维护加密信息的账本。

国际仲裁云链采用联盟链方式，节点机构主要是由律所、仲裁委员会、调解中心、征信关联机构、信用评级机构、专业第三方机构及高校和研究机构等组成。每个节点机构管理一个或多个节点，读取权限是由该国际仲裁云链决定，因此自身的隐私保障更好。

节点机构的作用

在一个区块链中，所有的节点都是相互连接的，并不断地相互交换区块链上的最新信息。区块链通过节点向网络广播，进行区块链确认。区块链网络不能仅仅提供信息确认的通道，也要确保安全性。

节点就是记录下整个链上的数据，而且还要将这些数据存储下来，这样消息才得到确认，信息也更加地安全和透明。

国际仲裁云链节点，从业务层面主要分为监督节点和权威节点。成员机构权威节点需要遵守《国际仲裁云链理事会公约》，充分发挥专业优势，为各项业务开展进行专业支持。权威节点需要对上链存证的内容和数据进行共识，提高存证内容的可信度，并在链证报告上进行"标准共识表示"确认。

节点机构的共识机制

国际仲裁云链是依托区块链技术构建的一种新型的信任机制。各个节点把一段时间内接收到的交易信息和代码保存在具有时戳的区域内，同时全网任何其他节点也将同时记录这些新增加的信息，以确保整个区块链信息的统一，使得各个节点建立起一种信任共识。

当前，国际仲裁云链已关注到了区块链技术在推进诉源管理、提高审判效能、实现司法便民、推进司法公平、加强监管等方面的巨大使用价值。

节点结构和结构图

国际仲裁云链中的存储数据属于联盟内部成员所有，各个节点均为各类专业机构（如下图所示）。在业务场景作用下，当选择一个专业节点机构作为成员机构节点，这些专业节点机构具备专业技能，具有社会公信力，出具专业意见并签章。其他节点机构则默认作为权威节点，对成员机构节点的专业意见表示共识。

国际仲裁云链节点建立适应了司法便民的需要，也可以实现更接近正义。司法资源必须可接近、可获得，方可达到司法为民的要求。节点由双方共同参与管理，基于信任制度，即利用区块链的多方可信参与、信息无法伪造、保密安全、信息公开与透明性高等优点的天然技术特点。节点建设使当事人减少了举证时间，也提高了当事人的司法安全感与获得感。但按照最高人民法院有关要求，通过区块链系统存证后，人民法院可以直接提供有关电子资料作为原件，证明其真伪，极大降低了双方的诉讼压力。

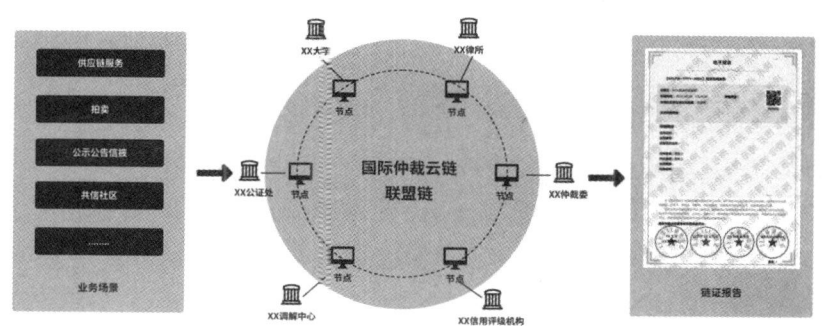

图 1　国际仲裁云链中的节点

节点和多中心化形成

每个节点就是一个中心。

　　国际仲裁云链是由各类专业机构节组成的联盟链，多中心化是指以多个专业机构为"中心"节点，对于客户存储的目的进行相应检查与核验，其他权威节点对上链存证的内容和数据进行共识达成一致意见。存储的数据只归属联盟内的会员拥有，更快地取得共识，交换、存储效率迅速提高；一旦发生了问题，就能够快速地通过人工干预进行恢复，同时还可以通过共识式计算缩短区块周期，以便于更快进行大数据更新。

　　总之，国际仲裁云链节点构建提高了司法公正和监管的有效性。在"全流程记载、全链路可信、全节点可见"的区块链节点之内，任何操作记录都无法被篡改、可追溯地记载。这样"全要素的数据可视"极大提高了司法工作信息公开的效能与水平。

节点安全策略

杨同晟

理事单位作为联盟链的区块链接入节点，参与或监督"区块链技术服务平台"的运行，确保该平台的公信力。必须要具备相应的安全防御能力来保证该平台自治、开放、透明地运行，从而利用共识机制构建一个服务商事主体的信任网络，实现"他证"向"自证"的进步。

一、物理和环境安全

（1）机房出入控制：实现门禁控制，严防外部人员进入机房擅自操作。

（2）业务系统访问权限均由指定人员掌管，离开电脑时应锁定系统；

（3）运行环境采用集中监控、集中管控，物理环境设施轮岗值班管理，保障 24 小时不间断运行，维护人员具备维护专业能力。

（4）供电系统均采用 UPS 冗余供电，保证供电系统稳定可靠，负载能力强，完全有能力满足机房电能需要。

（5）空调系统具备足够的有效性和冗余性，有能力提供稳定的恒温恒湿条件；具备足够的冗余和容灾备份设施，具备较强的容错容灾能力。

（6）机房必须配套防盗窃、防雷、防火、防水、防静电、防鼠和电磁保护等措施，确保机房正常运转。

二、网络安全

（1）内网网络安全管理：联盟节点网络系统内部，需具备必要的安全防护部署策略，必要网络节点必须配备安全防护策略的部署和管控能力，具备病毒及入侵相关行为的监测和预警管控能力，能针对安全事件做出相应的应急处置。

在网络边界路由器上通过设置过滤规则，形成防护屏障。使用过滤规则设置功能，过滤内网间有害流量，形成内网系统间的一道安全屏障。防火墙的合理配置和使用可以成为安全防护的关键策略，所以防火墙的建设应具备体系性和策略性，为能更好的实施安全策略而设置，为联盟节点的重要数据和内部网络系统提供了一层可靠的安全保障。

（2）外部网络安全管理：网络访问边界必须配备足够的安全防御设施，面对互联网安全威胁有足够的防御能力，同时具有足够的容错、容灾能力，针对基础设施的攻击和暴力性的网络攻击具有一定的防御能力。

外网防御应同步建立安全情报中心和自查自监督系统，快速响应发现的安全漏洞和对自身安全漏洞的感知和管控，尽快弥补系统漏洞。

同时，外联网络能够实现动态的链路切换，可根据实际网络情况采取网路切换的方式实现应急处置的方法，同时可以完成故障规避的平滑过渡，从而保障网络系统稳定可靠地持续运行。

（3）通信加密技术：传输数据建议采用 VPN 技术，网络传输路径上部署安全通信设备及机密技术，从而加强信息传输过程中的安全防御能力。各联盟节点优先选择VPN 传输技术，保障各联盟节点通信和共享信息的安全性，根据联盟链要求对共识数据进行传输加密，对于网络设备认证过程中敏感的信息进行加密。

三、应用安全

（1）认证和鉴权：联盟节点具备相应的人员权限架构，系统用户名及密码相关负责人各自使用、各自管理，采用双认证方式完成身份认证，使用时登录，离开时必须退出相应权限。

（2）访问控制：前台系统和后台系统访问实现权限隔离和控制，各业务负责人和相关人员只能行使其权限内的操作和功能。

（3）数据安全：全部数据传输实行加密处理，存储敏感数据应进行加解密处理，同时用户数据具备通信完整性校验能力和业务逻辑性校验能力。重要数据按计划执行备份。数据的管理应具备系统的应急处置能力并定期进行完整性数据应急演练，核验各备份数据的完整性和可恢复性，保障恢复流程和备份数据的准确有效性。

作为节点的机构：未来对行业的改变

张世煜

在司法审判和仲裁流程线上化的大背景下，国际仲裁云链的仲裁流程和司法存证的云端化和快速化，已成为行业内的领跑者。那么国际仲裁云链是否能得到广大司法机关和仲裁委的广泛认可、云端司法存证及证据传输过程的安全性和私密性能否得到保证、能否全面保障仲裁双方的知情权及相应合法权益，程序本身的公平性和争议性是否会受到影响等问题，都是国际仲裁云链将来的发展方向。我们深信不疑的是，国际仲裁云链一定会给司法实践、仲裁、纠纷解决等领域带来变革性的改变。推动这一改变的，是链上各节点机构共同形成的共振效应。

现有节点所扮演的角色

国际仲裁云链已形成由中国政法大学、仲裁委员会、律师事务所、公证机构等多类法律机构组成的开放联盟链。目前司法系统所建立的司法区块链本质上也是一种联盟链，依靠多种第三方合作平台的加盟，才能够使司法区块链信息不断丰富。为了使区块链能够安全可靠地运转，需要建立多重分链机制。目前，北京、杭州、广州三家互联网法院的司法区块链都可以分为三条独立的区块链条。通过这一链条，司法机关工作人员可以了解案件当事人、诉讼参与人案件办理的进度。还能整合法院已经审结和亟待办理的案件，全程留痕地向办案人员展示所有裁判文书的科学统计分析数据，为日后司法审判提供指引。不仅如此，内部信息共享链可以实现不同法院之间的信息交流，改变原来各法院信息闭塞的不足。通过对接司法鉴定中心和公证处，也可以及时完成证据的在线认证和校验。

法院作为我国司法流程当中最神圣也最重要的一环，如果司法机构本身的判决过程都可以实现直接的线上化和信息化，说明包括仲裁流程在内的其他司法流程的信息化亦可以大力推进。同时，法院的线上化的成功实践说明，只要能够完善技术路线，在信息化的时代确保司法过程本身的公开透明和程序正义，那么对该流程本身的具体实现方式不应该有过多的犹豫和质疑。技术是实现国家司法功能的手段。如果技术本身的安全性和可靠性能够得到保证，那么就可以使用它来革新公共事务的参与方式。

国际仲裁云链未来也将在区块链技术上，积极推动与法院实现互联互通，将法院纳入节点或主动接入法院的区块链系统，这样则实现了仲裁云链上包括律师事务所、公证处、中国政法大学、仲裁委员会、法院等各类司法主体形成共识，从而真正实现建立在共识基础上的以终为始、前置治理。

仲裁云链的节点将对司法实践带来的改变

第一，提升审判、仲裁的管理效率，建设智慧法院、智慧仲裁委。区块链技术不可篡改、全流程可追溯的特点与司法审判业务管理的要求是高度一致的，法院和仲裁委作为司法机构对自身工作的客观、公正性具有最高的要求，因此将区块链技术应用到法院、仲裁委的内务管理、法院审判流程当中是最恰当不过的技术。区块链技术可以有效地对司法审理过程、司法程序流转过程和卷宗文档进行存证和追溯，这对于保障司法审判业务的公正性具有重要的基础作用。在国际仲裁云链的助力之下，相信下一阶段法院内网信息化的重点将如周强院长所指出的，以区块链技术和人工智能技术提升法院业务能力，区块链技术重点从计算机技术层面保障法院的客观公正性，而人工智能技术则重点提升法院工作的效能。从目前我国互联网法院的区块链实践情况来看，三家互联网法院均将诉讼过程全流程通过区块链技术进行存证和归档，但亟待推广使用于全部法院和仲裁委。

第二，通过多元的合作链，提升司法效率，降低社会整体的纠纷化解成本。通过社会主体的广泛参与，最大限度地囊括电子数据，对接司法存证平台，实现数据的共享。在这一过程中，仲裁云链的参与主体提供的数据，应严格遵循数据采集统一标准、储存标准，以完成与司法区块链数据平台的对接。多方数据的交汇融合，不仅整合了社会上的数据资源，也破除了长期困扰司法实践的数据资源孤岛难题。

通过云链系统，可以实现电子数据的固定，把当事人诉讼各阶段的行为记录在公共服务链条上。这种方式可以改变以前数据系统的不同步的问题，提高数据的安全性、减少数据传输的时间和错误。同时，在法院、仲裁委员会系统内部，也可以实现裁判信息实时共享，只要裁判数据运行了区块链指令，就可以迅速捕捉到司法工作中需要的信息，从而减少了数据录入、数据转化的工作成本。区块链所具有的独特优势，能够在技术层面满足未来智慧法院建设过程中的数据隐私保护和信息校验功能，其所具有的共识算法、存储、更新数据的去中心化计算方式，也是智慧法院建设所必需的。

通过提升法院和仲裁委员会的司法效率，能大大降低整个社会的纠纷化解成本。

第三，推动实现国家治理体系和治理能力现代化进程。司法改革和智慧法院是人民法院审判体系和审判能力现代化的"车之两轮、鸟之双翼"，在这一进程中，国际仲裁云链将助力司法与区块链的融合发展，充分结合我国的制度优势和科技优势，全面发挥了区块链在促进数据共享、优化业务流程、降低运营成本、提高协同效率、建设可信体系等方面的作用。国际仲裁云链在推动建设全国统一司法区块链平台和推动全国司法区块链规范统一的过程中，还需要进一步探索司法区块链的更多具体应用场景，为推进国家治理体系和治理能力现代化贡献力量。

节点的解决方案

柯金虎

国际仲裁云链是多国参与、多边组织参与的、多国互认的、数智化的国际商事法律服务基础设施。国际仲裁云链理事单位按照公约要求加入国际仲裁云链"区块链技术服务平台"，共同搭建一个区块链联盟网络，理事单位可以部署区块链节点加入这个自治、开放、透明的网络，参与或监督该技术服务平台的运行，确保区块链平台的公信力。

考虑不同国家、不同类型理事单位的技术能力，比如多样的 IDC 机房情况及区块链技术人员情况，为此国际仲裁云链"区块链技术服务平台"为理事单位提供了如下节点建设方案，理事单位可以根据自身实际情况选择不同方案接入国际仲裁云链区块链网络。

一、"技术外包、节点托管"方案

"技术外包、节点托管"方案指的是，将理事单位节点所在的服务器托管在国际仲裁云链现有机房内，同时委托国际仲裁云链技术团队在此服务器上部署节点程序并接入国际仲裁云链区块链网络。

该方案对于理事单位技术能力要求最低，理事单位不必拥有运行国际仲裁云链区块链节点的机房，同时也不必拥有区块链技术人员。这种情况下，理事单位可以将国际仲裁云链区块链节点所需的服务器资源托管在国际仲裁云链机房，同时为了确保服务器资源不被恶意使用，保障理事单位拥有节点服务器的管理权限，确保节点处于可信状态下运行节点服务；国际仲裁云链技术团队在理事单位的授权下，在相应服务器上部署区块链节点程序，提供 CA 服务器部署、节点部署、智能合约部署、加入国际仲裁云链区块链网络、部署存证 SDK 以及联调等服务。

二、"技术外包、独立部署"方案

"技术外包、独立部署"方案指的是将理事单位节点所在的服务器托管在国际仲裁云链机房以外的机房内，但是委托国际仲裁云链技术团队在此服务器上部署节点程序并接入国际仲裁云链区块链网络。

该方案对于理事单位技术能力要求较低，理事单位需要准备国际仲裁云链区块链节点服务器并保证与国际仲裁云链机房网络联通，但是不必有区块链技术人员。这种情况下，理事单位的基础架构部门准备好国际仲裁云链区块链节点所需的服务器资源，并由基础架构部门和国际仲裁云链技术团队配合进行网络的联通，确保服务器和国际仲裁云链处于同一个虚拟网络，然后国际仲裁云链技术团队获得节点服务器的操作权限部署区块链节点程序，提供 CA 服务器部署、节点部署、智能合约部署、加入国际仲裁云链区块链网络、部署存证 SDK 以及联调等服务。

三、"自主研发、独立部署"方案

"自主研发、独立部署"方案指的是将理事单位节点所在的服务器托管在国际仲裁云链机房以外的机房内，同时理事单位技术团队独立此服务器上部署节点程序并接入国际仲裁云链区块链网络。

该方案对于理事单位技术能力要求较高，理事单位需要准备国际仲裁云链区块链节点服务器并保证和国际仲裁云链机房网络联通，同时也需要区块链技术人员来执行节点程序部署。这种情况下，理事单位的基础架构部门准备好国际仲裁云链区块链节点所需的服务器资源，并由基础架构部门和国际仲裁云链技术团队一起进行网络联通，确保服务器和国际仲裁云链处于同一个虚拟网络，然后理事单位技术团队在节点服务器上部署区块链节点程序，提供 CA 服务器部署、节点部署、智能合约部署、加入国际仲裁云链区块链网络、部署存证 SDK 以及联调等服务。

四、节点解决方案比较

我们将上述三种解决方案从研发成本、实施成本以及实施周期等维度上进行比较，从而便于各理事单位根据实际情况选择合适的解决方案，更快地接入国际仲裁云链区块链。

表·　节点解决方案比较

编号	方案	技术团队要求	实施成本	实施周期
1	"技术外包、节点托管"方案	无需技术团队	成本最低	周期较短
2	"技术外包、独立部署"方案	需要运维团队	成本较低	依赖理事单位机房、网络准备及联调安排协调，时间较长
3	"自主研发、独立部署"方案	需要运维团队和区块链团队	成本较高	依赖理事单位机房、网络准备及联调安排协调，时间较长

第十章

国际仲裁云链服务标准

供应链服务标准

金 轲

近年来，围绕着中小企业经营难、融资贵的问题，国务院、各部委推出一系列举措，加大对中小企业的支持力度。

如何让中小企业资产高效、便捷地流转起来，减少因信息不对称给企业带来的融资受阻或高额交易成本？

如何在多方参与的供应链场景中解决信任问题？

如何将核心企业的信用有效传导到需要增信的中小企业，帮助其获得更低的经营成本，反哺供应链全链条相关主体？

……

面对上述种种问题，国际仲裁云链尝试通过"区块链+专业法律服务+供应链"的方式，给出解决方案。

一、服务的内容和价值

（一）服务内容

供应链服务是指，基于国际仲裁云链存储服务系统，运用区块链技术对本服务项下用户拟存储合同（包括但不限于民事主体之间设立、变更、终止民事法律关系的合同、协议、意向书、承诺函）的合同内容、签署主体等信息要素进行采集、固定，形成电子数据并安全存储的技术服务。

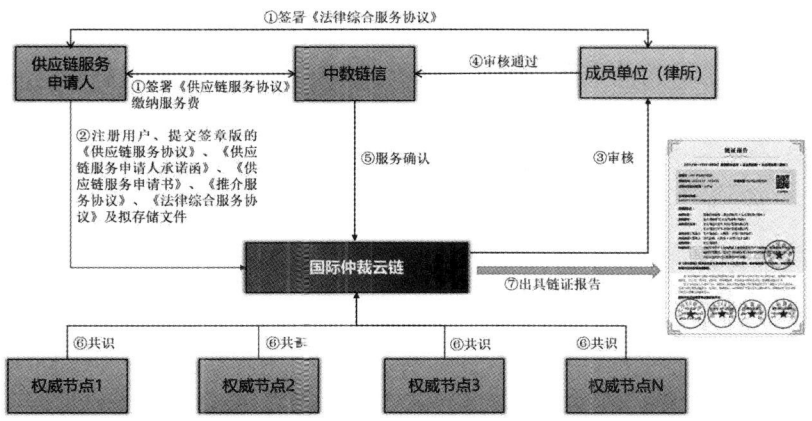

图1　供应链服务结构图

（二）服务的价值

中小企业要解决其经营难、融资贵、资产流动性弱等问题的前提条件，就是要解决因为信息不对称、信息真实性被质疑的痛点。以中小企业的应收账款类资产流转场景为例，国际仲裁云链的供应链服务价值如下：

1. 为资产流转提供先决条件，通过"资料上链＋专业机构审核＋权威节点共识"的服务机制去伪存真，具体为：

（1）在"上链"过程中，由专业机构（律所）对拟存储的应收账款项下合同文件、履约证明文件、贸易背景文件等材料进行专业审核，并出具法律意见；

（2）在"上链"过程中，由应收账款的履约义务方进行线上确认，取代传统的线下确权模式；

（3）可在"上链"环节，引入核心企业共同确认，进行信用传导，为中小微企业后续流转赋能；

（4）由权威节点进行"链证"共识表示，对标的资产赋予一定的"公信力"；

（5）通过多方权威节点共识，震慑履约义务方，提升资产质量。

2. 在资产的流转场景，通过"交易过程上链＋权威节点共识"的服务机制，确保交易安全，具体为：

（1）从资产流转伊始即可在国际仲裁云链线上进行，将交易的全过程，法律文件、交易凭证、资产交割凭证等材料进行"链证"存储，并由权威节点共识，起到交易"见证"的功能价值；

（2）权威节点中的专业登记结算机构，可基于交易"链证"，为交易项下资金提供第三方清结算服务，保障交易资金安全，并将清结算服务全程上链；

（3）可在交易环节，加入资产项下义务方的交易通知确认节点，明细还款义务方的还款路径，并将确认环节全程上链。

二、《链证报告》的报告主文部分呈现内容

基于前述，供应链服务的《链证报告》的主文部分包括存储的合同名称、合同编号、合同签约主体、合同金额、合同共识金额、合同期限等基本信息，以及专业机构（律所）出具的专业审核意见等。

三、专业机构的服务

国际仲裁云链平台作为一个多元、开放的法律服务平台，可以为用户提供多类型的专业服务机构供其选择。

同样以企业资产流转场景为例，如用户想通过供应链服务对其资产进行真实性的判断，那么律所类专业机构就可以通过专业审核出具《法律意见书》的方式为客户提供服务；如果用户更倾向于对其拟流转资产的价值进行判断，那么评估公司类专业机构就可以通过专业评估出具《资产评估报告》的方式为客户提供服务；如果用户想通过本服务对其资产后续交易流转提供帮助，那么像拍卖公司等交易类机构来担任专业服务机构，对后续交易提供方案，促使交易完成。

因此，在国际仲裁云链的供应链服务项下可提供的专业服务机构也是多元且开放的，最终根据用户需求匹配不同的专业服务机构，恰为平台"一专多能"的功能体现。

四、服务准入标准

1. 供应链服务申请方，申请条件如下：

（1）为拟存储合同的当事人，且应当具有相应的民事权利能力和民事行为能力；

（2）合法存续的法人或其他组织。

2. 存储申请方存在以下任一情况的不予以准入：

（1）被法院列为失信被执行人的；

（2）在黑名单系统内，且无法进行修复的；

（3）在灰名单系统内，且无法合理解释进入事项不存在重大影响的。

3. 合同标准：

（1）拟存储合同签署经过有效授权（包括但不限于根据《公司法》或公司章程、公司制度需履行相应审议程序），已盖章签署并生效；

（2）拟存储合同合法有效，不存在无效或可撤销的情形；

（3）拟存储合同应当基于真实、合法的民事活动而订立；

（4）拟存储合同应包括以下核心条款：当事人的名称或者姓名和住所、标的、价款或者报酬、履行期限、履约地点和方式、违约责任；

（5）拟存储合同涉及权利转让的，应当不存在权利负担、权利瑕疵或限制转让情形。

4. 服务规则清单：

（1）《供应链服务业务规则》；

（2）《供应链服务操作流程》。

5. 服务文本清单：

（1）《供应链服务申请书》；

（2）《供应链服务申请人承诺书》；

（3）《供应链服务协议》；

（4）《推荐服务协议》；

（5）《法律综合服务协议》。

五、案例介绍

A 公司与 B 公司因贸易往来签署了《采购协议》，A 公司自行注册成为国际仲裁云链用户，并在供应链服务系统将前述协议及相关资料进行上传，发起存储申请，国际仲裁云链运用技术手段对《采购协议》及相关资料内容、签署主体、合同金额、合同期限等信息进行区块链技术固定化、数字化、不可篡改化处理，向申请人出具《链证报告》并提供查询服务。

前置处置服务标准

刘　瑶

金钱债权关系是商事主体之间普遍存在的一种法律关系。出借人通常要求借款人提供物的担保作为还款保障，一旦发生借款人违约的情况，出借人即开始行使担保物权。如果根据公司内控要求（金融机构通常是这种情况），行使担保物权要通过司法裁判，再进入司法拍卖程序。由于司法资源紧张，司法处置资产的资源有限，整个担保物处置流程旷日持久，无疑极大地影响出借人的放贷积极性。

是否存在一种安排，既不改变"担保物"对于债权人的保障作用，同时又能避免繁琐的司法裁判、司法拍卖等针对"担保物"的资产处置程序，进而实现资产快速处置呢？

······

面对上述种种问题，国际仲裁云链尝试通过"区块链+专业机构的服务+专业资产管理服务"的方式，给出解决方案。

一、服务的内容和价值

（一）服务内容

前置处置服务是指，债务人、债权人、第三人（"担保物"的所有人，如有）在债权关系形成的同时（此时甚至可以尚未放款）即签署协议，授权服务机构在约定时间、约定条件成就时直接将债务人或者第三人的某项资产进行处置，以尽快实现对债权人的偿付。国际仲裁云链基于其存储服务系统，运用区块链技术对前置处置场景下的借款合同、各类公告、资产处置协议、资产处置结果等信息要素进行采集、固定，形成电子数据并安全存储、为客户出具存储报告并提供相关的服务。

（二）服务的价值

前置处置服务充分利用了签约时点债务人配合度最高的特点、服务机构对"担保物"全程管理的能力和丰富的资产处置资源，将后面的资产处置前置，即"以终为始"，进而绕开司法程序直接实现资产处置，大大提高了资产的处置时效，充分保障出借人的利益。

另外，根据当事各方的安排，服务机构可以在受托伊始即开始处置程序，唯交割需在债务人违约后进行，这样既可以对债务人产生一定的压力，督促其履约，同时也能够保障"担保物"所有人的权利。

国际仲裁云链的前置处置服务板块是为此类场景量身定制的。客户将该场景下的法律文件上链存储，可以获得国际仲裁云链赋予的标准服务，即可以有效地防范虚假证据或者材料丢失篡改的业务风险，提高纠纷解决效率；对于未在物上为债权人设定担保的情况，可以将"担保物"的前置处置安排即为服务机构所控制的情况公示，使得对债权人的保障安排不至于落空。

二、《链证报告》的报告主文部分呈现什么内容

基于前述，前置处置服务的《链证报告》的主文部分包括存储的合同名称、合同编号、合同签约主体、金额、合同期限等债权关系的基本信息，以及前置处置标的资产（即"担保物"）名称、前置处置标的资产所有人等。

对于各类公告、资产处置协议、资产处置结果等信息的存储，《链证报告》将显示关键信息。

三、专业机构的服务

金钱债权关系是最常见的商事关系，由律师事务所为其出具专业意见非常合适。另外，因为一部分"担保物"之上没有为债权人设置担保，如果公证处作为专业机构对存储文件和前置处置的保障安排给予专业意见，必将增强债权人实现债权偿付的信心，也更有利于"担保物"的处置。

律师事务所和公证处可以根据客户的需求，针对存储文件的真实性、有效性等方面出具审核意见。此外，律师事务所还可以向债务人出具《债权到期提示函》、《违约风险提示函》、《法律意见书》和《催告函》，公证处可出具《公证告知书》、《公证书》等法律文件。

四、客户的标准

前置处置服务申请方存在以下任一情况的不予以准入：

1. 被法院列为失信被执行人的；

2. 在黑名单系统内，且无法进行修复的；

3. 在灰名单系统内，且无法合理解释进入事项不存在重大影响的。

五、具体的服务文本

服务文本包括国际仲裁云链存储服务的相关文本和前置处置委托服务合同模板及附件两类文本。

（一）国际仲裁云链上链存储的相关文本

1.《前置处置服务申请书》及附件；

2.《前置处置服务申请人承诺书》。

（二）前置处置服务委托协议及附件

前置处置服务有两类四种合作模式。两类分别指在"担保物"上为债权人设定担保和未设定担保。在此两类情形下，分别设置由第三方提供"担保物"和债务人提供"担保物"两种子类型。

1.《资产前置处置委托合作协议》；

2.《违约通知书》；

3.《资产处置告知书》（分成约定处置和违约处置两种情形）；

4.《债权人/债务人/标的物所有人董事会决议书》。

六、案例介绍

A 公司是一家经营实业的公司，拟向 B 公司借款以补充运营资金，并拟将其名下的房产作为还款的保障。A、B 与服务机构 C 签署资产前置处置委托合作协议，委托 C 公司在特定情况下对房产进行处置，已偿还其对 B 的欠款。在履行受托业务过程中，当事方可以将前置处置安排的相关法律文件、业务的重要节点等在国际仲裁云链上进行存储，国际仲裁云链将向申请人出具链证报告。

公示公告信披服务标准

李 欣

随着近年来各类经济商事活动日趋频繁，为保障相关商事活动的有序开展和商事主体间的融通发展，有关部门开始越来越重视商事活动全生命周期管理。

如何满足企业在不良资产转让、国有资产转让、政府采购与招投标、拍卖业务、企业信用评级等广泛业务领域的公示公告信披需求？

如何规避上述商事行为过程中因"暗箱操作"带给企业的未知风险？

如何使上述商事行为"证据化"，为可能产生的商事纠纷提供必要的证据依据？

……

"阳光是最好的防腐剂。"面对上述种种问题，国际仲裁云链尝试通过"区块链+权威媒体披露+交易服务机构"的方式，给出解决方案。

一、服务的内容和价值

（一）服务内容

公示公告信披服务是指，基于国际仲裁云链存储服务系统，搭建多家媒体组成的信息发布矩阵，运用区块链技术对本服务项下权威媒体公示公告等信息要素进行采集、固定，形成电子数据并安全存储的技术服务。

商事用户日常经营过程中，按照国家有关部门要求发布公告，是保障其经营发展、业务拓展的先决条件，以最大程度规范其经营行为，并为其经营有"证（据）"可循。

（二）服务的价值

以为拍卖企业发布拍卖公告场景为例，国际仲裁云链的公示公告信披服务价值如下：

1. 拍卖阶段（拍卖人接受委托阶段）：

（1）对拍卖资产适当性作出专业判断＋"上链"；

（2）通过拍卖人介入交易，使交易公开、透明，避免暗箱操作的风险＋"上链"；

（3）拍卖人专业指导交易使交易更高效、规范＋"上链"。

2. 公告发布阶段：

为拍卖活动的合法合规性提供先决条件，通过"拍卖公告内容上链＋权威媒体发布＋权威节点共识"的服务机制将公告所涉事项证据化，具体为：

（1）由权威媒体对拟存储的上述交易公告及材料进行审核发布，刊登在该媒体的官网（或纸媒上），并"上链"，使交易"阳光化"、"合法化"；

（2）由权威节点进行"链证"共识表示，对发布内容进行"证据化"，进一步增强该公告内容的"公信力"。

通过多方权威节点共识，赋予拍卖违约方震慑力，促进其最大化地履行应尽义务，最大程度体现公告公信力。

二、《链证报告》的报告主文部分呈现内容

基于前述，公示公告信披服务的《链证报告》的主文部分包括存储的公告名称、公告编号、公告发布主体等基本信息，以及权威媒体出具的专业审核意见等。

三、专业机构的服务

国际仲裁云链平台，作为一个多元、开放的法律服务平台，其公示公告信披服务场景可以为商事用户提供可供选择的多家权威媒体的专业信息公示公告信披服务。

同样以拍卖场景为例，如果用户希望对其拍卖行为进行公告，那么除可以选择该平台上媒体进行发布外，还将通过国际仲裁云链上的共识节点进行共识。

四、服务准入标准

1. 公示公告信披服务申请方，申请条件如下：

（1）申请方应当具有相应的民事权利能力和民事行为能力；

（2）合法存续的法人或其他组织；

（3）拟申请服务事项的相关协议签署经过有效授权（包括但不限于根据《公司法》或公司章程、公司制度需履行相应审议程序），已盖章签署并生效。

2. 服务申请方存在以下任一情况的不予以准入：

（1）被法院列为失信被执行人的；

（2）在黑名单系统内，且无法进行修复的；

（3）在灰名单系统内，且无法合理解释进入事项不存在重大影响的。

3. 服务规则清单：

（1）《公示公告信披服务业务规则》；

（2）《公示公告信披服务操作流程》。

4. 服务文本清单：

服务文本包括国际仲裁云链存储服务的相关文本和公示公告信披服务合同模板及附件两类文本。

（1）国际仲裁云链上链存储的相关文本：

①公示公告信披内容正文（网页截图/存储信息）；

②《存证服务授权书》。

（2）公示公告信披服务委托协议及附件：

①《入会申请书》；

②《用户服务协议》；

③《委托公示公告信披服务协议》及附件。

五、案例介绍

A 拍卖公司因举办拍卖活动需要事前发布拍卖公告。A 公司自行注册成为国际仲裁云链用户，并在公示公告信披服务系统选择在媒体 B 上发布相关拍卖公告，同时将相关协议、资料进行上传，发起存储申请，国际仲裁云链运用技术手段对拍卖公告内容、公告发布主体等信息进行区块链技术固定化、数字化、不可篡改化处理，向发布人出具《链证报告》并提供查询服务。

债权治理服务标准

金 轲

在市场经济的大背景下，企业在其生产、经营、贸易等环节将依法获得并持有大量债权资产，但由于诸多企业在资产管理方面专业能力的匮乏，时常出现债权回款迟延甚至回款不能的情形。最终对企业资产结构产生负面影响，影响企业运营效率，制约了企业的高效发展。

是否可以有一种服务能够帮助企业更好地维护其依法持有的债权资产，并最终如期实现其资产价值？

是否可以为一些中小型企业提供一种事半功倍的债权资产治理机制？

是否可以通过治理模式的优化，将债权资产实现不能的风险前置处理，防患于未然？

……

面对上述种种问题，国际仲裁云链尝试通过"区块链+专业法律服务+专业管理服务"的方式，给出解决方案。

一、服务的内容和价值

（一）服务内容

债权治理服务是指，管理人（律所、专业资产管理机构等）基于债权人（下称"委托人"）的信任和委托，以国际仲裁云链区块链技术系统为服务底盘，对债权人依法持有的债权提供信息公示、定期资产评价、债务方偿债提示、债权款项清结算、债权及服务数据存证等综合性技术服务。

（二）服务的价值

面对企业在传统自行管理债权资产过程中存在的怠于管理、制度缺失、权责不一、监控不力等问题，企业可尝试将"专业问题交给专业机构处理"，以较小的成本获得更大价值。按照这个逻辑，国际仲裁云链的债权治理服务可以为企业提供的价值如下：

1. 在管理人接受委托阶段：

（1）管理人（律所、专业资产管理机构等）对拟接受委托的标的债权项下合同文件、履约证明文件、贸易背景文件等材料进行专业审核，并出具法律意见，确认债权真实有效，并可将前述服务及相关债权资料，实现"上链"，由权威节点进行"链证"共识表示，对标的资产赋予一定的"公信力"；

（2）在接受委托"上链"过程中，由标的债权的履约义务方进行线上确认，取代传统的线下确权模式；

（3）在接受委托"上链"环节，由管理人或其指定专业机构，对标的债权进行资产质量测评，并出具《资产评价报告》，让委托人可直观、量化地知悉其资产质量情况；

（4）管理人可出具《债权管理公告》，对于已接收委托的标的债权情况及管理事项进行公示，并全程"上链"，且由权威节点进行"链证"共识表示。

（5）通过上述服务及权威节点共识，震慑履约义务方，提升资产质量。

2. 在管理过程中：

（1）由管理人或其指定专业机构，对标的债权进行定期及非定期（或有，依据委托人要求）的资产质量追踪测评，并出具《资产评价报告》，让委托人可及时地知悉其资产质量变化情况；

（2）在标的债权临近到期日时，管理人可对债务人及担保人（或有）进行债权偿付提示，并将提示回复情况告知委托人；

（3）管理人或权威节点中的专业登记结算机构，可基于债权治理服务，为标的债权项下资金提供第三方清结算服务，保障标的债权项下资金安全，并将清结算服务全程上链。

二、《链证报告》的报告主文部分呈现内容

基于前述，债权治理服务的《链证报告》的主文部分包括标的债权的项下合同名称、合同编号、合同签约主体、合同金额、合同共识金额、合同期限等基本信息，以及管理人名称、管理期限、债权治理专业意见等。

三、专业机构的服务

国际仲裁云链平台作为一个多元、开放的法律服务平台，可以为用户提供多类型的专业服务机构供其选择。

基于债权治理服务的服务标的及用户需求，本服务的管理人通常由律所或专业的资产管理机构担任。

四、服务准入标准

1. 债权治理服务申请方，申请条件如下：

（1）依法持有标的债权，且应当具有相应的民事权利能力和民事行为能力；

（2）合法存续的法人或其他组织。

2. 服务申请方存在以下任一情况的不予以准入：

（1）被法院列为失信被执行人的；

（2）在黑名单系统内，且无法进行修复的；

（3）在灰名单系统内，且无法合理解释进入事项不存在重大影响的。

3. 债权标准：

（1）拟委托债权治理服务事项的相关协议签署经过有效授权（包括但不限于根据《公司法》或公司章程、公司制度需履行相应审议程序），已盖章签署并生效；

（2）拟委托治理的债权合法有效，债务人履行其付款义务不存在抗辩事由和抵销情形；

（3）拟委托治理的债权应当基于真实、合法的民事活动而产生；

（4）拟委托治理的债权除付款期限条件外，其他权利实现条件均应满足；

（5）拟委托治理的债权，应当不存在权利负担、权利瑕疵或限制权利实现情形；

（6）债务人予以确权。

4. 服务规则清单：

（1）《债权治理服务业务规则》；

（2）《债权治理服务操作流程》。

5. 服务文本清单：

（1）《债权治理服务申请书》；

（2）《债权治理服务申请人承诺书》；

（3）《债权治理服务协议》；

（4）《推荐服务协议》；

（5）《债权治理公告》；

（6）《债权监测报告》（或有）；

（7）《债权到期偿付提示函》。

五、案例介绍

A 公司依法持有对 B 公司因贸易往来产生的债权，A 公司自行注册成为国际仲裁云链用户，并在债权治理服务系统将标的债权相关资料进行上传，发起治理服务申请，国际仲裁云链系统为其推荐管理人，并完成治理事项委托受理合意，签订《债权治理服务协议》。债权治理服务期限内，管理人运用其专业性及国际仲裁云链技术手段对委托人提供信息公示、定期资产评价、债务方偿债提示、债权款项清结算、债权及服务数据存证等综合性技术服务，并向申请人出具《链证报告》。

云链为国际业务的开展创造了条件

樊洪宇

国际仲裁云链定位于服务商事的法律服务基础设施，这个定位即决定了国际仲裁云链的两个基本属性：一是国际仲裁云链是通过数智化技术研发的平台，数智化技术是没有国界的，是全球通用的；二是国际仲裁云链是按照法律规则在运营的，而商事法律的规则是全球通行的。上述两个基本属性注定国际仲裁云链可以为国际业务的开展创造有利条件。

一、为更高效的国际贸易的开展创造了条件

国际贸易活动是构成商事活动的最重要组成，而中国货物和服务贸易总额达 6.9 万亿美元，位居世界第一，是全球国际贸易中最重要的国家之一。良好的国际贸易法制环境与高效的纠纷解决机制是我国国际贸易继续高速健康发展的必备条件。

国际仲裁云链是通过数智化技术研发的，数智化技术解决了信息不对称、信用不对称等问题，并提供了信息传递的功能。国际贸易是物流、资金流、信息流和信用流的集合体现，国际仲裁云链是天然的可为上述四流的运行提供帮助的绝佳平台。

同时，国际仲裁云链平台运用了解决国际贸易纠纷的规则，制定了国际商事证据标准体系，可大大促进多国多边贸易的开展，降低国际贸易商事活动的成本，建立国际商事领域通行的纠纷解决全球行业规范，促进国际贸易的便利化。可以想象，所有的国际贸易合同都可以在国际仲裁云链进行存储，所有的纠纷都可以通过国际仲裁云链得到解决，所有的国际贸易法律机构都可以借助国际仲裁云链服务于全球国际贸易企业。

二、为国际资本流动的开展创造了条件

在后疫情时代，国际资本流动呈现流动规模上升、短期化流动比例上升、新兴产业投资引力增强、新兴市场投资地位上升等新趋势。国际投资环境的变化，使得陈旧的资本流转机制与体系不再适应国际资本流动新变化的要求。

国际仲裁云链是数智化的创新的平台。目前全球金融数智化转型的趋势不可阻挡，数智化创新技术在金融场景的应用极大地拓宽了金融服务的边界，尤其是资本的流动可以通过数智化技术替代现有庞杂、低效、冗长的资本流通机制，实现国际资本全球化、高效化、智能化、无感化流动，有效降低国际资本的运营成本，极大促进国际资本流动的便利化。

三、为国家间经济合作提供基本功能

国际仲裁云链是全球通用的、全球通行的法律服务基础设施，为全球各国间的经济合作提供了如下 4 个基本功能：

（一）存

存是数据的抓取和存储；利用物联网技术（5G＋AIoT），埋设关键节点，将生产、经营、销售、物流等环节中形成的数据，进行自动抓取、分类和清洗，并利用分布式账本技术进行存储。

（二）证

证是利用全球公认、各国互认的区块链验证机制，打造数据可验证、可自证的共信力。利用区块链不可篡改的特性，经各节点形成共识后，通过唯一哈希进行验证，可作为国际通行司法/仲裁机构认可的证据进行使用。

（三）汇

汇是标准化、结构化的数据汇集方式。依托国际仲裁/司法对于证据的分类和指导，依托信用生态建设需要的信息标准和要求，依托数字孪生所需要的全维度和全周期要求，对于存储、验证的数据进行结构化、去标识化地登记和汇总，是智能化、无感化支付划转的具体体现。

（四）算

算是对数据的超级运算。通过与人民网等超级计算机实验室合作，深挖贸易、清关、物流、仓储、信用等国际贸易场景与各类国际资本流动场景需求，形成不断迭代的多维度模型，反哺和优化前述数据采集和验证策略，形成"存-证-汇-算"的功能闭环。

本书在习近平总书记依法治国法治思想以及一系列经典论述和理论指导下，在中国政法大学仲裁研究院理事会理事长黄进教授（国际仲裁云链理事会专家委员会主席）、中国政法大学律师学研究中心主任王进喜教授（国际仲裁云链理事会理事长）的指导下，以及中国政法大学姜丽丽老师、周蔚老师协调中国政法大学仲裁研究院、中国政法大学律师学研究中心及其他国内外法律服务机构、科技企业和研发机构等各主体单位的支持，经过国际仲裁云链理事会《云链建设报告》编辑团队数月的共同努力，最终顺利编写完成。

国际仲裁云链"以终为始，前置治理"的价值理念源于习近平新时代中国特色社会主义法治思想的"源头治理"理论，国际仲裁云链是在深入研究总书记法治思想关于坚持"源头治理"、"多元化纠纷解决机制"、"预防为主"和涉外法治建设等一系列经典论述之后，经过中国政法大学长达五年的产学研融合之后代表性实践成果。国际仲裁云链通过探索区块链、云计算、人工智能等数字技术赋能企业数字化转型的创新实践来完善数字经济治理，确保法治护航数字经济行稳致远。

本书上下两辑分别对区块链法治建设及云链建设作出了详细报告，从理论研究到实务分析，从实践经验到政策分析，结合律师法律服务、商事仲裁、商事调解、法院、公证行业、司法鉴定行业各项视角，全方位地多元探讨了区块链法治实践对国家治理和全球治理的贡献。基于对各方面因素的研究和思考，国际仲裁云链做出了一系列尝试，数智化法律服务技术设施的建设不仅需要专业的知识技能和充分的思考，还需要敏锐的洞察力和前瞻性的思维，才能将新技术法治实践升华为新的交叉研究理论。

最后，感谢中国政法大学出版社编辑对本文的顺利出版所提供的帮助，衷心感谢参与编写本书的每一位成员，无论是在撰写文章、资料整理和审校编辑等方面都付出了巨大的努力。在未来的工作中，我们将更加注重区块链法治建设，不断完善并实现云链设施的高质量发展，为新时代数字经济和法治社会发展作出更卓越的贡献。

本书的相关内容在区块链与司法程序的衔接方面尚有不足，近期将启动本丛书第二辑的编撰工作，不足之处以期予以补充完善。

区块链法治建设丛书撰写小组
二〇二三年二月

图书在版编目（ＣＩＰ）数据

云链建设报告/区块链法治建设丛书编写小组编. —北京：中国政法大学出版社，2023.7
ISBN 978-7-5764-0999-4

Ⅰ. ①云…　Ⅱ. ①区…　Ⅲ. ①区块链技术－科学技术管理法规－研究报告－中国　Ⅳ. ①D922.17

中国国家版本馆CIP数据核字(2023)第128825号

出　版　者	中国政法大学出版社
地　　　址	北京市海淀区西土城路25号
邮　　　箱	fadapress@163.com
网　　　址	http://www.cuplpress.com（网络实名：中国政法大学出版社)
电　　　话	010-58908435(第一编辑部) 58908334(邮购部)
承　　　印	固安华明印业有限公司
开　　　本	787mm×1092mm　1/16
印　　　张	20.5
字　　　数	400 千字
版　　　次	2023 年 7 月第 1 版
印　　　次	2023 年 7 月第 1 次印刷
定　　　价	89.00 元